中法合作办学的探索与实践
（2016—2020）

主编　张　瑾　洪冠新

北京航空航天大学出版社

内 容 简 介

"中法教育合作发展联盟"于 2011 年由北京航空航天大学中法工程师学院牵头成立,旨在促进各机构单位之间的交流合作,共同探讨卓越工程师培养体系的建立和发展,截止 2021 年底,"联盟"成员已扩展为 18 家中法合作办学机构,且定期举办研讨会等交流活动。

本汇编文集收录了 2016 年至 2020 年联盟成员单位撰写的关于中外合作办学的高质量论文,内容涉及人才培养模式探索、教学管理与改革、外语类/预科类/工程师类教学探讨、校企合作模式和党建思政与学生事务。旨在提供一个相互学习借鉴、共同交流讨论的平台,分享各机构在长期办学过程中累积的经验和开展的思考与探索,并期待能够促进中法合作办学发展联盟的工作。

谨此向文集中所收录论文的作者和参与本书编撰的所有编辑表示由衷的感谢! 由于征稿时间和文集容量限制,很多优秀论文并未收录在内,此外,由于编者能力有限,不当之处,请读者包涵,并欢迎批评指正。

图书在版编目(CIP)数据

中法合作办学的探索与实践 :2016—2020 / 张瑾,洪冠新主编. -- 北京 :北京航空航天大学出版社,2023.2

ISBN 978 - 7 - 5124 - 4027 - 2

Ⅰ. ①中… Ⅱ. ①张… ②洪… Ⅲ. ①国际合作—联合办学—研究—中国、法国—2016 - 2020 Ⅳ. ①G522.7 ②G565.2

中国国家版本馆 CIP 数据核字(2023)第 017507 号

中法合作办学的探索与实践(2016—2020)
主编 张 瑾 洪冠新
策划编辑、责任编辑 蔡 喆

*

北京航空航天大学出版社出版发行

北京市海淀区学院路 37 号(邮编 100191) http://www.buaapress.com.cn
发行部电话:(010)82317024 传真:(010)82328026
读者信箱:goodtextbook@126.com 邮购电话:(010)82316936
北京富资园科技发展有限公司印装 各地书店经销

*

开本:787×1 092 1/16 印张:25 字数:640 千字
2023 年 4 月第 1 版 2023 年 4 月第 1 次印刷
ISBN 978 - 7 - 5124 - 4027 - 2 定价:99.00 元

本书编委会

主　　编　张　瑾　洪冠新

副主编　(按照学校代码排序)：

陈　超	秦培勇	关　静	牛一凡	刘增路	李少远
黄光团	刘宛予	杨　森	罗小兵	张承才	王　为
姜德波	沈世伟	尹　玲			

编委成员　(按照姓氏笔画排序)：

王　蓉	于　雷	马仁锋	马纪明	马显锋	马雷妮
王　洁	王　梅	王　彪	王　敏	王雯馨	王舒悦
毛屹华	邓　甜	华佳捷	刘东亮	刘成盼	刘　洋 (华中科技)
刘　洋 (中山大学)	刘新桦	安　炜	许才国	阮旭贤	孙　佳
孙晓鸣	苏志刚	李小睿	李永生	李　婧	杨东华
杨　柳	杨新涅	何　辛	张　力	张小英	张水燕
张纯禹	张明军	张艳峰	张留伟	张　巍	陆佳亮
陈亚军	陈　威	陈梦婷	陈暄溪	林　婷	欧亚飞
易　辉	屈　萍	赵　静	赵　凌	赵加强	胡雪兰
钟圣怡	侯　虹	姜文达	贺秀杰	袁岑溪	袁双龙
顾雨竹	倪欣欣	徐　舟	徐　平	徐　颉	殷传涛
郭琛琛	唐宏哲	黄行蓉	崔　敏	康明亮	章丽辉
梁　君	梁晓舒	梁萍萍	韩东梅	韩玉梅	韩　涛
焦会莹	温　楠	谢海华	蔡顺康	漆　琦	谭　捷

CRESPREL Vincent　GEWIRTZ Océane

HARPER Oliver　MERLE Guillaume

RABAUD Noé RIOU Hervé　SKRZPEK Renaud

VIOLIER Philippe

参编单位：

北京航空航天大学中法工程师学院

北京航空航天大学法国研究中心

中法合作办学发展联盟

中法合作办学现状概述

（代　序）

2018年底,中共中央、国务院印发的《中国教育现代化2035》系统勾画了我国教育现代化的战略远景,明确了教育现代化的战略目标、战略任务和实施路径,是新时代推进教育现代化、建设教育强国的纲领性文件。其聚焦教育发展的突出问题和薄弱环节,立足当前,着眼长远,重点部署了面向教育现代化的十大战略任务,其中第九个任务是"开创教育对外开放新格局",包括全面提升国际交流合作水平,推动我国同其他国家学历学位互认、标准互通、经验互鉴。为此应扎实推进"一带一路"教育行动;积极参与全球教育治理,深度参与国际教育规则、标准、评价体系的研究制定;推进与国际组织及专业机构的教育交流合作等。我们要扎根中国大地,坚定不移地走中国特色社会主义教育发展道路;放眼世界,充分吸收世界先进办学治学经验;融通中外,努力发展具有中国特色、世界水平的现代教育。此外,提高中外合作办学水平、加强中外合作办学监管势在必行且任重道远。

依据2003年国务院颁布实施的《中华人民共和国中外合作办学条例》和2004年7月起实施的《中华人民共和国中外合作办学条例实施办法》,并遵从教育部先后发布的相关规范性文件《教育部关于进一步规范中外合作办学秩序的通知》《教育部关于当前中外办学若干问题的意见》《教育部关于做好中外合作办学机构和项目复核工作的通知》,中外办学机构在蓬勃有序地发展中不断提高办学水平和质量。

改革开放以来,中法两国间的教育交流从逐步复苏到日趋频繁,留学生数量逐年增加。在学生交流数量大幅提升的同时,两国高校间的合作也日趋紧密和多样化,由此促成了多种形式的联合培养和合作办学,以期充分发挥各自优势,培养社会所需的优秀人才。1996年签署的"4＋4"项目和2001年签署的"9＋9"项目合作协议,在中法两国间合作办学历史上具有里程碑意义;在此基础上,2004年成立的北航中法工程师学院,成为中法两国间的第一个合作办学机构,对此后中法合作办学机构的创建发挥了引领和借鉴作用,两国间陆续开展了多种合作办学项目、创建了多个合作办学机构。中法合作办学的整体水平、办学质量和社会评价在我国中外办学体系中一直处于优势地位,在两国政府的支持下,合作办学机构和项目的数量也在继续稳步增长。

此外,中法两国的教育合作带动了中法非三方的教育交流。2018年,武汉大学组织举办了首届中法非高等教育论坛,扩大中法非三方高校、学生、学者交流。北航中法工程师学院2018年和2019年连续与摩洛哥卡萨布兰卡工程师学院开展了丰富的教师和学生交流活动。上海交大-巴黎高科卓越工程师学院与摩洛哥哈桑二世大学、华为公司开展合作,为华为摩洛哥分公司培养未来的本地员工。由于法国与非洲国家在历史上的联系,随着《推进共建"一带一路"教育行动》的实施,中法非教育合作与交流将有着更多的前景和空间。

1. 中法合作办学机构与项目概况

截至 2020 年 12 月,按照教育部中外合作办学监管工作信息平台上显示①,17 个省市有中法合作办学机构或项目(港澳台未在统计范围内):注册的中法合作办学机构共有 18 家[1],合作办学项目 40 个(已停办、停止招生、并入其他机构的项目未统计在内),具体信息参见表 1。参照国内中外合作办学情况,中法两国合作机构总数在我国中外合作办学机构总量的排名中稳居前五位(根据 2018 年的统计数据,仅低于美国和英国),中法合作项目总量在我国中外合作办学项目总量的排名中位居前十名。

表 1　中法合作办学机构和项目分省(市)统计表

序号	省市	项目	机构	合计	序号	省市	项目	机构	合计
1	北京	6	2	8	18	陕西	2	0	2
2	上海	9	4	13	19	山西	0	0	0
3	天津	3	2①	5	20	黑龙江	0	0	0
4	重庆	1	0	1	21	辽宁	2	0	2
5	江苏	1	5	6	22	吉林	0	0	0
6	浙江	6	1	7	23	广西	0	0	0
7	广东	2	2	4	24	云南	1	0	1
8	海南	0	0	0	25	贵州	0	0	0
9	福建	0	0	0	26	甘肃	0	0	0
10	山东	1	0	1	27	内蒙	0	0	0
11	江西	1	0	1	28	宁夏	0	0	0
12	四川	2	0	2	29	新疆	0	0	0
13	安徽	1	0	1	30	青海	0	0	0
14	河北	1	0	1	31	西藏	0	0	0
15	河南	0	0	0	港澳台未在统计范围内				
16	湖北	1	2	3	总计		40	18	58
17	湖南	0	0	0					

注:① 在注册平台上未能找到天津大学国际工程师学院的相关信息。

2005 至 2020 年,共 18 家中法办学核心载体,即中法合作办学机构创立,办学层次覆盖本科、硕士和博士,具体信息参见表 2。在有统计数据的 40 个合作办学项目中,有 20 个本科培养项目,17 个硕士培养项目,3 个博士培养项目。

---

① http://www.crs.jsj.edu.cn/

表 2 中法合作办学机构办学层次和有效期统计表

序号	机构名称	办学层次和类别			开始招生时间	许可证有效期
		本科	硕士	博士		
1	北京航空航天大学中法工程师学院	√	√	×	2005	2056
2	上海大学中欧工程技术学院	√	√	×	2006	2026
3	中国民航大学中欧航空工程师学院	√	√	×	2007	2028
4	中山大学中法核工程与技术学院	√	√	×	2010	2027
5	上海交通大学上海交大—巴黎高科卓越工程师学院	√	√	×	2012	2027
6	华中科技大学中欧清洁与可再生能源学院	×	√	×	2012	2022
7	中国人民大学中法学院	√	×	×	2012	2025
8	天津大学国际工程师学院	×	√	×	2014	NA
9	南京理工大学中法工程师学院	√	√	×	2015	2029
10	东莞理工学院法国国立工艺学院联合学院	√	×	×	2017	2029
11	北京化工大学巴黎居里工程师学院	√	√	×	2017	2027
12	宁波大学昂热大学联合学院	√	√	×	2017	2025
13	武汉理工大学埃克斯马赛学院	√	√	×	2018	2038
14	东南大学雷恩研究生学院	×	√	√	2018	2027
15	中央美术学院艺术与设计管理学院	√	×	×	2019	2027
16	华东理工大学国际卓越工程师学院	×	√	×	2020	2029
17	南京审计大学国际联合审计学院	√	×	×	2020	2030
18	河海大学河海里尔学院	√	√	×	2020	2035

从地理位置上来看,国内合作高校主要分布在我国东部经济相对比较发达和高校资源相对比较集中的城市,如北京、天津、上海、南京、武汉 5 所城市共有 14 所。从高校专业类型来看,国内合作高校多数为理工类院校,少数为综合性大学。从高校的办学层次来看,有 14 所国内合作高校为 985 和 211 院校。

法国合作单位以位于巴黎的高校较多,其他地区的分布相对比较均衡和分散,没有太明显的地区性差异。从高校类型来看,法方合作单位类型多样,但多数为小而精的工程师院校,少数为综合性大学和商校。此外,法方高校在和中方高校合作时大多采用学校联合体的形式进行。

对于中法合作办学项目来说,上海和北京两地的办学项目较多,这和城市的高校资源与经济发展情况相对应(见图 1)。

从专业设置上来看,中法合作办学机构共开设本科专业 37 个(见表 3),包括工学 17 个,理学 6 个,管理学 5 个,艺术学 4 个,经济学 3 个,文学 2 个,显示出以工学为主的特点。对于合作办学项目来说,则以管理学专业为主。

中法合作办学项目城市分布(截至2020年12月)

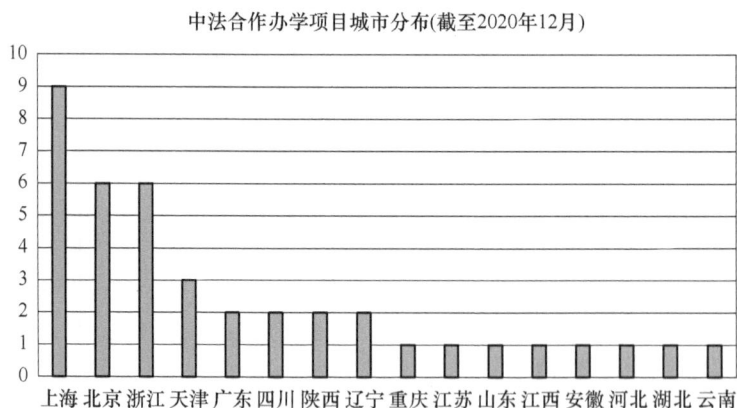

图1 合作办学项目的地理分布

表3 中法合作办学机构本科专业一览(截至 2020 年 12 月)

本科专业	专业代码	专业门类
金融学	020104H	经济学
国民经济管理	020105H	经济学
金融工程	020302H	经济学
法　语	050204H	文　学
传播学	050304H	文　学
数学与应用数学	070101H	理　学
信息与计算科学	070102H	理　学
应用物理学	070202H	理　学
应用化学	070302H	理　学
人文地理与城乡规划	070503H	理　学
生物技术	071002H	理　学
工程力学	080102H	工　学
机械工程	080201H	工　学
机械设计制造及其自动化	080202H	工　学
材料科学与工程	080401H	工　学
高分子材料与工程	080407H	工　学
能源与动力工程	080501H	工　学
核工程与核技术	080502H	工　学
通信工程(电子系统与机载设备)	080703H	工　学
信息工程	080706H	工　学
软件工程	080902H	工　学

本科专业	专业代码	专业门类
土木工程	081001H	工 学
化学工程与工艺	081301H	工 学
制药工程	081302H	工 学
飞行器设计与工程(飞机结构与材料)	082002H	工 学
飞行器动力工程(推进系统运行与维护)	082004H	工 学
环境工程	082502H	工 学
生物工程	083001H	工 学
信息管理与信息系统	120102H	管理学
工程管理	120103H	管理学
人力资源管理	120206H	管理学
审计学	120207H	管理学
旅游管理	120901KH	管理学
艺术史论	130101H	艺术学
艺术管理	130102TH	艺术学
美术学	130401H	艺术学
服装与服饰设计	130505H	艺术学

在办学的机构规模和招生方面,截至 2020 年底,中法合作办学 18 个机构总办学规模为 17 080 人。以 2018 年为例,当时 11 所合作办学机构有招生计划 2 080 人,实际招生 1 481 人,比率为 71.2%。有 10 所本科招生机构均纳入国家统招计划,其中 5 所通过统招和自主招生相结合的方式。对于硕士招生,主要采用统招和保研相结合的方式。34 个合作办学项目 2018 年共招生 1 679 人。

根据统计的学费设置数据,中法合作办学机构的学费分布从 5 500 元/年到 60 000 元/年不等,差异相对较大(见图 2)。

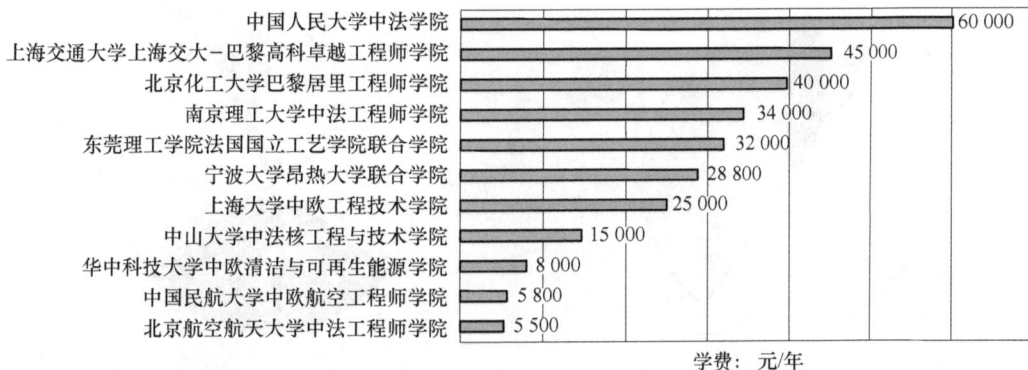

图 2 合作办学机构的学费设置情况(2018 年数据)

对于合作办学项目来说,学费差异进一步加大(见图 3),数学经费大多在 1～4 万元之间,最高的 81.25 万元(清华大学与法国英士国际商学院(INSEAD)合作举办高级管理人员工商管理硕士学位教育项目),这与合作项目中的商校性质有关。

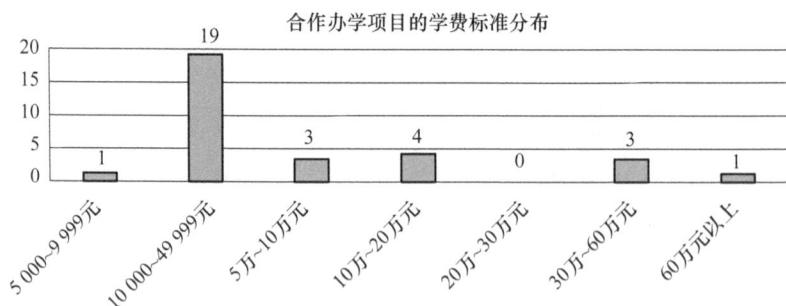

图 3　合作办学项目的学费设置情况(2018 年数据)

在师资队伍方面,中法合作办学机构的教师队伍 54.40% 具有博士学位,59% 的具有高级职称,其中正高级占比 37%(见图 4),对比全国高等教育平均师资水平的正高级职称占 17%,副高级职称占 31.2%,中法合作办学的师资水平还是具有优势的。在合作办学项目中,师资队伍 49% 具有博士学位,28% 的具有正高职称(见图 5)。

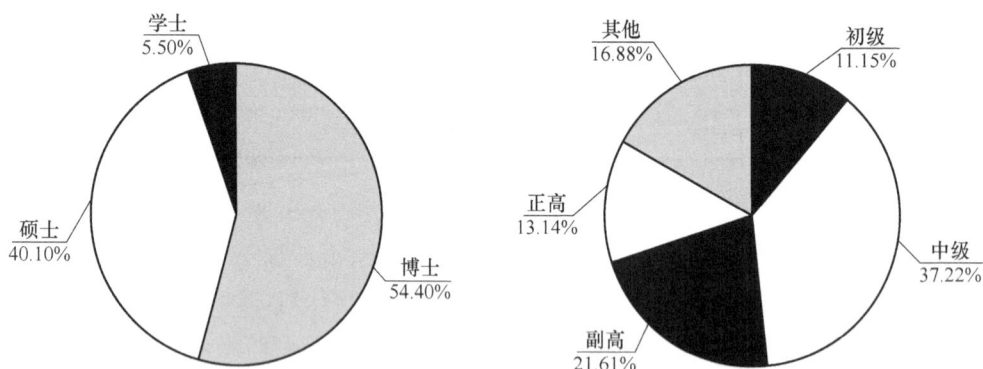

图 4　中法合作办学机构的授课教师学历和职称结构分布情况(2018 年数据)

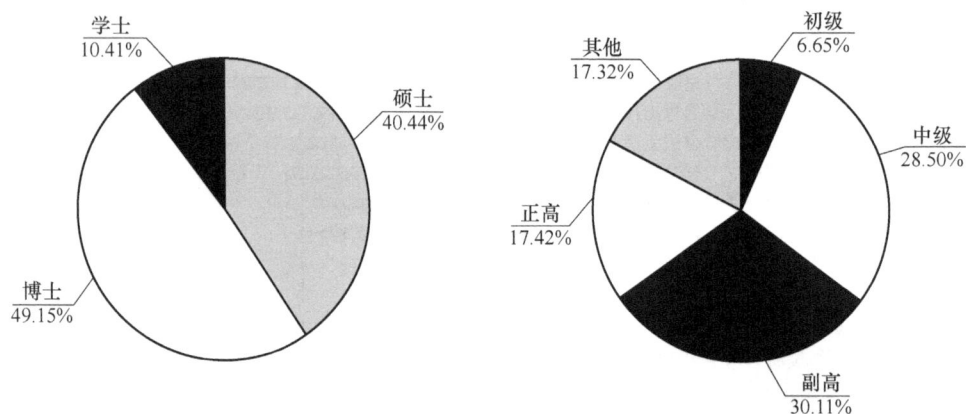

图 5　中法合作办学项目的授课教师学历和职称结构分布情况(2018 年数据)

涉及授课人员与授课语言情况,中法合作办学机构 30％课程由法方教师讲授,45％由中法双方共同承担(见图 6)。中法合作办学项目法方教师授课占比 37％,中法双方共同开发的课程为 6.5％,超过半数的课程为中方开设(56％),见图 7。

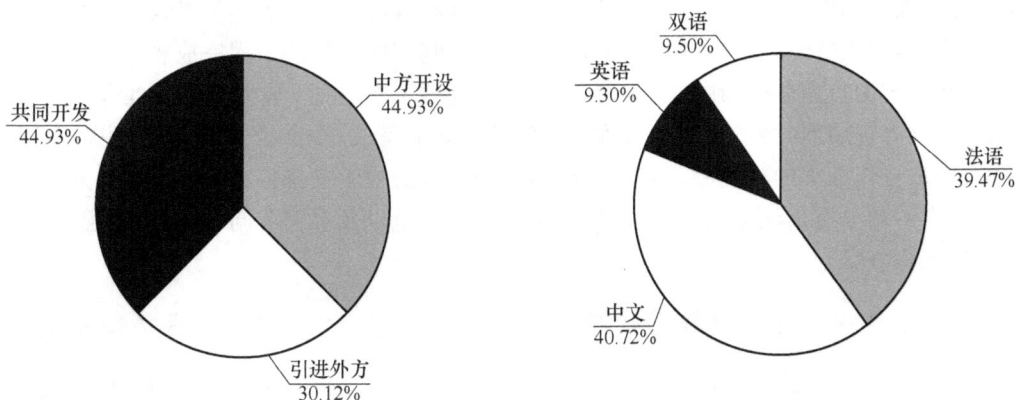

图 6　中法合作办学机构授课教师及语言情况(2018 年数据)

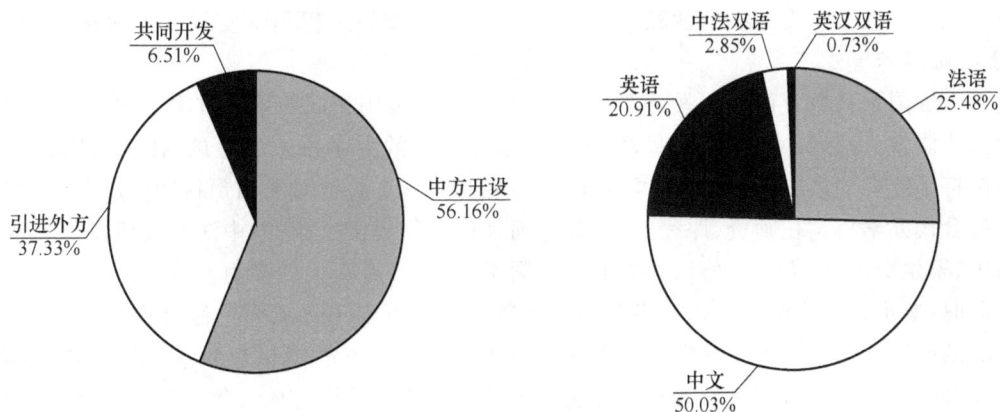

图 7　中法合作办学项目授课教师及语言情况(2018 年数据)

2. 中法合作办学机构的特点

2.1　合作办学集中在工程技术领域,接受法国工程师文凭的认证评估

18 家机构中,有 15 家合作开展工程技术领域的人才培养,其中有半数机构给毕业生颁发工程师职衔(文凭),足见法国工程教育水平和宽口径、注重工程人才人文素养和管理能力的通用工程师人才培养理念已经被我国多家高校所认同和接受。

且颁发工程师职衔(文凭)的中法合作办学机构都需要定期接受法国工程师职衔委员会(CTI)的认证评估,评估过程严谨,质量要求严格,从另一个方面体现了中法合作办学较高的国际化能力和水平。

机遇永远与挑战并存,专业教学需要大量的法方师资来保证中法合作办学工程师阶段的教学质量,但法方专业教师大部分是法国工程师学校的全职教师,不同于预科教师,专业教师还有各自的科研工作要完成,目前的中法合作办学,除了个别学院(如中山大学中法核工程与技术学院等)外,很少独立承担某个学科或与法方有高水平紧密的科研合作,所以长期直接派驻法方专业教师到中国从事教学工作还是比较困难的。因此,目前各办学机构一般采用"飞行教授"的方式,即法方专业教师利用法国教学课余时间派驻中国1~2周完成密集授课。"飞行教授"存在一定的负面影响,在教学层面,短时间内完成一门课程,学生接受难度大,学习效果欠佳;在教学管理层面,为了保证课程在1~2周内集中完成,排课模式和考试安排都被迫改变,导致中法合作办学的学院跟所依托学校内其他院系的教学安排存在一定差异。此外,外籍教师在国内的教学质量认证、教学工作量认定、住宿、安全以及费用等问题,都亟待思考讨论并寻找最佳解决方案。

2.2 预科—工程师培养模式被系统引入,易于协同开展质量保障体系建设

法国大学校预科和工程师学院是一个相互衔接的工程人才培养体系,8家颁发工程师职衔(文凭)的办学机构中,有北京航空航天大学中法工程师学院、北京化工大学巴黎居里工程师学院、中国民航大学中欧航空工程师学院、上海交通大学上海交大—巴黎高科卓越工程师学院和中山大学中法核工程与技术学院、华东理工大学国际卓越工程师学院等6家机构采用了预科-工程师培养模式。

由于法国预科教育由法国教育部统管,同类预科班采用相同的培养方案和课程教学大纲,师资由法国教育部统一考核和评聘,所有学生参加统一的大学校入学考试,在引入国内后,也基本保持了原有的模式,并接受法国教育部督学的评估(主要针对法国预科师资展开),因此也为中法合作办学机构在师资、课程、教材等方面开展协作提供了条件;中法共建质量保障体系,在招生、学生交流、中方师资培训等方面开展紧密合作,具有很大的潜力。

同时,本土高水平师资队伍建设和国外优质教育资源本土化成为中法合作办学发展中亟待解决的问题。尽快培养一批教学能力和教学水平均与法方教师相当的本土师资队伍,以实现合作办学机构的可持续化发展和国外优质资源本土化的发展也成为每一个中法合作办学机构近期的工作目标之一。可以考虑给予政策保障,给中方教师足够的发展空间;优化奖励激励机制,加强教师自我提升的主动性;提供优良的环境条件,强化中方师资团队的培训等措施。

2.3 理工类学生的法语教学形成鲜明特色

与传统的法语专业学生不同,理工类学生学习法语的目的更多是把语言作为学习科技知识的工具,对于听和读的能力要求高于说和写,在入门阶段更是如此,学生们对于自己学习法语的目标很明确,就是需要在短时间内为倾听法语讲授的科学类课程做好准备。

中法合作办学理工类学生大多数是法语零基础入学,因此在教授这些学生法语时,需要针对其特点探索新的教学方法。自2005年北航中法工程师学院招收第一批学生以来,中法合作办学机构的法语教学团队互相交流,共同探讨,已经积累了丰富的教学经验,形成了具有鲜明特色的课程体系和教学方法。

2.4 不同学费模式并存,对培养过程的影响各异

中法合作办学机构的另一个特点就是有一些学院,如北京航空航天大学中法工程师学院、

中国民航大学中欧航空工程师学院、中山大学中法核工程与技术学院采用常规收费模式,即收费与学校其他学院相同。这种模式不仅可以让家境条件一般的优秀学子进入中外合作办学平台学习,更主要的优势是由于与其他院系学生具有相同的入学方式和身份,在培养过程中可以允许学生跨院系流动,学生自主选择权更大,避免出现因不适应法语学习环境或个人学习规划发生变化,难以转专业的弊端。

当然,对于学院而言,采用常规收费会导致运行经费可能难以应付办学支出,必须由所在高校长期的经费支持或企业支持,自身可持续发展能力有待提高。

3. 小 结

国内外形势是动态变化的,中外合作办学作为我国高等教育的一个重要组成部分,应该积极适应党和国家对新时代人才培养的需求。目前中法教育合作发展态势良好,在人才培养体系改革、办学模式探索、课程体系建设、人才培养以及服务于国家大外交等多个方面取得了显著成效,对推动我国高等教育改革与发展产生了积极影响。国外先进的教学理念和优质教学资源的系统引进,有助于我国高校教学改革的深化,同时也提升了学科建设水平;高水平师资的引进,丰富和充实了我国高校教师队伍,拓宽了中外教师交流与合作的渠道,促进了国际化教师培训,为具有国际视野和国际水平的教师队伍建设做出了重要贡献。更为重要的是,通过中法合作办学培养了一大批既懂法语又掌握专业知识、具有国际竞争力的复合型人才。

本论文集收录了近五年我国中法合作办学机构的高质量论文,旨在提供一个相互学习借鉴、共同交流讨论的平台,同时期待能够促进中法合作办学联盟的工作,并期盼各中法合作办学机构在今后的合作交流中不断创新,共同进步。

主编

2021 年 12 月

目　　录

第一章

中外合作办学之人才培养模式探索

编者按：

在高等教育国际化和纷繁复杂的国际形势大背景下，中外合作办学的培养模式在不断的实践和探索中发展和优化。各办学机构在课程设置、教材编写、师资建设、招生就业、学生工作、企业实习等方面积累了丰富的理论和经验；对如何保障和提高中外合作办学人才培养质量水平开展了深入讨论；对毕业生就业情况进行了详细调研并深入探讨了高等教育培养模式与就业质量的关系；分析了中外合作办学在新冠疫情这一特殊历史时期面临的困难与挑战；分享了专业工程师培养体系中人才培养、科学研究和学科建设三位一体的中外合作办学模式和办学成果；介绍了旅游等人文类学科人才培养、科学研究和国际交流的办学模式；总结了中法高等教育人才培养模式的合作交流历程并展望了未来的发展方向。

探索中外合作办学模式，助力高等工程教育提质增效

——以华东理工大学国际卓越工程师学院为例

李永生　黄光团　华佳捷　袁双龙　孙晓鸣　陈暄溪　韩玉梅　陈梦婷

华东理工大学国际卓越工程师学院

摘　要：在经济全球化和高等教育国际化的大背景下，中外合作办学呈跨领域、高质量、体系化发展趋势。本文立足于华东理工大学国际卓越工程师学院的办学实践，从学院初创时期的课程建设、师资建设、招生宣传、学生工作等方面的路径探索，凝练经验，反思问题，以期为高等工程教育国际化和提质增效提供一些可复制、可推广的办学成果。

关键词：人才培养；中外合作办学；教学质量

在当今经济全球化的影响下，我国的经济社会发展面临巨大的挑战。随着新发现、新技术、新产品、新材料更新换代周期越来越短，创新型工程人才的缺乏已经成为工程科技领域十分突出的问题。越来越复杂的现代工程经常需要跨学科、跨领域、跨文化的解决方案，对工程师的专业技能、胜任素质和创新能力提出了更高的要求，迫切需要一大批多样化、创新型卓越工程科技人才，工程教育也进入了新的发展阶段。教育部、工信部和中国工程院《关于加快建设发展新工科实施卓越工程师教育培养计划》2.0 的文件中指出，必须加快培养适应和引领新一轮科技革命和产业变革的卓越工程科技人才，打造世界工程创新中心和人才高地。坚持对外开放"走出去"的国家战略，也亟需培养大量资质受国际认可的工程人才。本文以华东理工大学国际卓越工程师学院为例，介绍面向国际、兼顾本土特征的中外合作办学模式的探索和实践，通过对学院课程建设、师资建设、招生宣传、学生工作等方面现状的分析，总结中外合作办学的有益经验，为高等工程教育国际化和提质增效提供一些可复制、可推广的办学经验。

一、华东理工大学国际卓越工程师学院简介

法国化学工程师院校联盟（FGL 联盟）是由法国巴黎、马赛、雷恩等地 20 所专长于培养化学及化学工程领域精英人才和尖端科研的法国高等工程师院校组成。华东理工大学自 2009 年起，与 FGL 联盟实施"双向 3＋3"校际交流项目，通过十余年的合作，在专业课教学、项目管理机制以及教学国际化等方面都取得了丰富的实践经验。

华东理工大学国际卓越工程师学院由华东理工大学与 FGL 联盟及雷恩国立高等化工学校共同创建，于 2019 年 10 月获教育部批准。学院引进法国精英工程师教育模式，依托华东理工大学化工、化学和材料三大"双一流"建设优势学科及高水平的办学条件，坚持"精英教育，追求卓越"的发展思路，围绕 CTI 认证目标，健全课程体系建设，完善中外合作办学机构的培养

体系,培养"重人文,厚数理,强实践,国际化"的精英工程师人才。

国际卓越工程师学院引入法国工程师人才培养体系,实施法国"预科—工程师"与我国"本科—硕士"相融合的本硕贯通式培养模式,开设包括应用化学、化学工程与工艺、高分子材料与工程、环境工程四个本科专业。预科教育阶段,学生完成语言学习和宽厚的科学基础课程教育;工程师教育阶段,学生接受跨领域、多学科知识交叉融合的工程教育,培养具备解决不确定环境下复杂工程问题能力的优秀毕业生。

二、学院课程建设

中外合作办学的驱动力是引进国外优质办学资源,更新教育教学理念,优化人才培养模式和课程结构,以提升育人成效为目标,以课程、教学与师资建设为核心抓手,只有保障合作办学的质量,持续不断地输出高精尖工程人才,合作办学才能凸显存在的优越性。

(一)"双结合、多出口"的特色培养模式

通过引入法国精英工程师培养模式,结合华东理工大学高等工程教育的特点,初步建立"双结合、多出口"的特色培养模式:"双结合"即结合法国工程师"预科—工程师"培养体系与我国的"本科—硕士"培养体系;"多出口"即学生可选择本科毕业、本校攻读硕士或者赴法攻读工程师学位。第1～5学期按照大类培养,着重进行英语、法语、法国预科课程和工程基础课程的学习;第6学期开始分为四个本科专业修读专业课程。第7学期本硕贯通课程模块的学分可以与华东理工大学工程硕士课程学分互认。第四年赴法国工程师学校学习的学生,按照法方学校工程师阶段一年级课程方案培养,同时完成本科毕业设计(论文)。

学院自2019年成立以来,本科教育已全面展开,制定了两届本科培养方案,初步将法国预科课程与华东理工的本科化工类专业课程进行对接,文理均衡、节奏得当,使培养方案与整体教学紧密衔接,立足本土的同时借鉴法国工程师培养模式,强化数理化基础课程的设计,实验实践类课程突出工程特色;设置英、法语言类和文化类课程,提升学生跨文化交流能力;设置一定比例的人文、管理类课程,帮助学生了解现代企业运营模式;整合专业类课程,培养解决跨学科复杂问题的能力,有助于工程人才综合能力的培养和提升,打造适应社会需求的复合型国际化人才。

(二)零基础法语强化学习

法语实行小班化教学,每届设置4个班,每班小于20人,法语学习从零开始,三年内完成1 200学时,其中计入培养方案的为736学时,毕业时须达到等级考试(TCF/TEF)B2以上水平。法语教学采取自聘法籍教师、联合学校招聘的中方教师以及委托法语培训机构的方式成立法语教研组,每周定期召开教学会议,优化授课方案,提高授课质量,统一教学进度并组织常规阶段性考核,及时跟踪学生学习效果。学院法语课程学期安排及学分、学时分布情况如表1所列。

表1　法语课程分布情况(计入培养方案的 736 学时)

学期	1	2	3	4	5	6
学分	14	10	8	8	4	2
学时	224	160	128	128	64	32

法语课程采用与时俱进且符合 DELF 法语考试内容、且能满足学院培养顶尖人才诉求的法语原版教材《Alter ego》,设置《初级法语》《中级法语》《初级法语口语》《中级法语口语》等课程。教学以"交际法"为教学核心,同时培养学生的听、说、读、写四大能力,让学生在学习中归纳总结,掌握语言及其背后的文化知识。为了让能力强的学生更好地发挥学习潜力,让能力弱的学生巩固法语基础,2019 级学生在完成一年的学习进入大二时,根据法语水平并结合教师测评重新分班,各班教学进度、教学目标仍保持一致,根据法语水平补充不同程度的练习,真正做到因材施教,为法方课程授课和赴法深造打下坚实的法语基础。

(三) 有序推进法方课程

《教育部关于当前中外合作办学若干问题的意见》指出,"引进的外方课程和专业核心课程应当占中外合作办学项目全部课程和核心课程的三分之一以上,外国教育机构教师担负的专业核心课程的门数和教学时数应当占中外合作办学项目全部课程和全部教学时数的三分之一以上[1]。"学院对标法国工程人才培养的先进经验,结合中法双方优质资源,引进法方课程 42门,学分合计 81.5,共 1 464 课时,满足教育部规定的四个三分之一的要求,以实现不同层次学生的个性化发展,满足学生升学、职业发展及赴法深造的不同需求。法方课程与学分分布情况如表 2 所列。

表2　法方课程分布情况

学期	1	2	3	4	5	6
门数	3	6	7	7	12	7
学分	7	15	17	16.5	18	8

引进的 42 门由法方师资承担的专业核心课程都配备了具有海外学习或短期研修经历的中方骨干教师担任助教工作,助教均具有流畅的法语或英语交流水平和丰富的教学经验与宽厚的学科知识,有能力协助法方教师完成引进课程的授课。助教随堂听课、协助法方教师进行教学,并独立承担部分习题课,还参与学院教学研讨会,撰写有关中法教学比较报告,为高质量完成法方课程保驾护航。

三、聚集中法教师精英,打造国际化师资队伍

学院师资由法方教师和中方教师共同组成,并通过"引进来"和"走出去"相结合的师资队伍建设模式,不断强化师资力量。法方教师由法国 FGL 联盟择优选派优势师资,注重将其先

---

① 教育部.关于当前中外合作办学若干问题的意见[A].教外综〔2018〕5 号.

进的教育理念、教学方法实施于教学中;中方专业课教师从各专业学院精心选拔,挑选具有扎实的专业理论知识、较强的实践技能和语言驾驭力的教师担任。同时,于学院初创第一年就遴选相关专业学院十余名优秀教师赴法研修,实地学习法国工程师院校人才培养模式、课程建设和教学理念、方法,归国后担任法方课程助教或参与专业实验室建设等工作。

为优化法语教学团队,学院于2020年初着手招聘法籍法语教师,择优选聘数位拥有多年法语培训中心任教经验的法籍法语教师参与学院法语教学工作。

此外,中法双方密切商讨,先后数次派出部分授课教师和管理人员赴国内兄弟院校的中外合作办学机构调研,学习法方授课和管理模式,同时多次举办校内教师座谈会、企业专家座谈会、中法研讨会等,为中法教师提供交流互动的平台,实现优质资源共通共享,通力打造一支学历层次高、职称结构和年龄结构合理、业务精良的高水平、高素质教师队伍,切实保障人才培养质量。

四、拓展招生渠道,全方位开展招生宣传

通过覆盖面广、针对性强、时效性长的招生宣传形式,突出学院特色与优势,抢抓时机、精选宣传渠道、多举并用,开展了全方位、多角度、多层面的招生宣传及咨询活动,提升学院的影响力和知名度。巧妙利用新媒体、网络媒体等使学生近距离感受学院魅力;通过招生宣传视频、院长直播云课堂、在线咨询QQ群、纸质宣传册、线上线下等方式,全方位拓展宣传渠道,加强招生宣传针对性,稳步提升生源质量;充分发挥专业教师招生宣传积极性,进行精准在线招生宣传,发现潜在优质生源,变"守株待兔"为"主动出击";加大对招生宣传人员工作方法和服务意识的培训,使其对招生宣传工作做到"知学校、知专业、知政策、知渠道、知方法",提高服务质量。

2019学年,学院按"化工与制药"大类从全国17省市招生80名(入学后一人因体检原因退出),统招录取分数线均超过学校在生源地投档线,山西、重庆和吉林三省超过学校投档线16分以上;2020学年,学院招生75人,统招录取分数线绝大部分超过我校在生源地投档线,其中,吉林、上海超过学校理科投档线10分以上,学院招生工作取得了实质性的效果。

五、坚持立德树人,重视学生工作

德育主题教育是实现德育针对性和实效性的最有效的途径之一,结合国家和学校有关要求和精神,立足于学院中法联合办学的特点,针对学生课业压力大、课时任务重的状况,学院积极围绕各类主题开展有针对性的德育活动,营造严谨活泼的工程师学习氛围,逐步形成具有学院特色的主题类活动。学院每年组织十余场"教授面对面""企业家面对面"等系列讲座和"FGL开放日"论坛,以讲座形式辅助进行生涯规划和专业教育。学院组建了辩论队、组织开展法语歌唱大赛、新生运动会等多项活动,为学生们提供展示法语以及才华的舞台,也为他们提供多元的文化视角,从活动中了解法国艺术与文化、在活动中加深法语学习的兴趣和热情。

六、几点问题和思考

学院尚处于建设初期阶段,教学运行逐渐进入正轨,同时暴露不少尚待改进的问题。教学质量是合作办学的生命线,只有在实践中逐步完善,才能推进学院教育教学质量的持续改进。

(一)人才培养质量保障体系尚待建立

高等教育质量的核心是人才培养质量,提高人才培养质量的关键是建立起行之有效的教学质量保障体系[①]。学院处于建设初期,由于授课和管理体系与一般学院存在较大差异,各项规章制度仍需要进行探索,如在课程对接、保送研究生、赴法学生管理等方面需要不断完善,将教学质量的组织、建设、保障、监控、评价和反馈作为长期的、有制度保证的工作,把人才培养质量保障体系转化为学院质量管理的风格特色,全面提升人才培养质量。

(二)学院人才培养特色宣传力度需加强

针对学院中外合作办学的特色进行全面、透彻地宣传,使学生在报考前或入学后对学院教育教学特点、培养计划、授课形式、升学深造、奖学金等政策有全方位的了解,促进生源优化和招生针对性,让学生及早进入角色,做好学业任务艰巨的心理预期,投入到专业和语言的学习。

(三)师资力量亟待进一步完善

按照办学计划,学院在 2024 年需要接受 CTI 认证考察。对标 CTI 认证要求,学院目前的专职教学科研人员、行政人员以及参与课程体系建设的企业专家数量都存在不足,且部分核心课程需要专业教师使用法语授课,师资力量亟待尽快提升。

国际卓越工程师学院作为我校中外合作办学的新生力量,在借鉴法国工程师院校和国内合作办学的先行同行的优质教育资源的同时,须找准国际化与本土化的平衡点,才有可能实现教育与文化交流和开发的双向性。用多元视角分析当前面临的发展短板、挑战和机遇,才能打造具有国际竞争力和学校特色的中外合作办学典范。

---

① 张云莲,詹俊,陈永过.土木工程专业本科教育中外合作办学项目的探索与实践[J].北京:高等建筑教育,2016(5):1-4.

从人才培养质量入手建设高水平示范性中外合作办学机构[①]

易辉 刘洋

华中科技大学中欧清洁与可再生能源学院

摘 要：加强中外合作办学质量保障工作是中外合作办学高水平示范性发展新阶段的基本要求，华中科技大学中欧清洁与可再生能源学院自设立以来对人才培养质量建设的做法，有助于探索高水平示范性中外合作办学机构评价标准，同时也可为构建我国中外合作办学机构的质量评估体系提供参考。

关键词：中外合作办学；高等教育；人才培养；质量建设

华中科技大学中欧清洁与可再生能源学院（简称中欧能源学院或 ICARE），是按照《中外合作办学条例》成立的非营利性、非独立法人的中外合作高等教育机构，是中欧高级别人文交流对话机制计划的中欧高等教育合作平台的重要内容之一，也是由中国政府和欧盟委员会共同发起建立的第三所中外合作办学机构。中国政府和欧盟委员会提供了办学的基本投入，华中科技大学代表中国政府具体实施中方投入。中方的华中科技大学、东南大学、武汉理工大学和法国巴黎高科、希腊雅典国家技术大学、西班牙萨拉戈萨大学、英国诺森比亚大学、意大利罗马大学、法国佩皮尼昂大学共 6 个国家 9 所重点大学共同参与建设该学院。学院于 2012 年 3 月获中国教育部批准，正式启动办学活动。

一、办学机构特色

作为全国专一开设新能源科学与工程专业的中外合作办学机构，中欧能源学院通过提供多元文化及语言交流背景下的高质量中欧双学位硕士研究生教育、职业培训、研究和项目咨询活动，每年还选拔资助部分优秀学生前往欧洲大学、实验室、机构或国际企业学习和实习，或进行博士生交换培养，针对清洁与可再生能源领域培养社会急需的服务国家战略支柱产业和战略新兴产业的、具有国际视野、熟悉国际现状、善于与不同文化背景经济体进行技术交流、具有国际竞争力的人才。学院办学活动主要集中在太阳能、风能、生物质能、地热能以及能源效率等领域，办学内容符合国家需求和社会经济发展需要。

---

① 原文刊载于：中外合作办学与国际化人才培养/林金辉主编.厦门：厦门大学出版社,2015 年 3 月编入本书时进行了重新排版。

二、人才培养特色

(一) 人才培养模式

学院开展研究生"3+0"学历教育,学院依托华中科技大学相关学科体系,在学分互认的基础上,吸收欧洲"授课型"硕士中"研究型"硕士培养特点,形成了研究实践以中国教授为主导、课程学习以欧洲教授为主导的双导师制学术型硕士研究生培养模式。三年培养期间,制定了1.5年的课程学习和不少于1.5年的研究实习(含欧方学位要求的6个月实习的培养计划)。其中前两年与欧洲工学硕士培养并轨,符合学分要求并通过英文学位论文答辩者,达到授予巴黎高科硕士学位资格①。后续一年,获得毕业资格通过中文学位论文答辩后,将获得华中科技大学在能源动力类学科下设立的清洁与可再生能源硕士学位及法国巴黎高科设立的理工科能源专业的清洁和可再生能源工学硕士。国际硕士研究生为两年培养计划。

(二) 课程建设

学院制定了"硕士研究生培养方案",按照五个研究方向建立课程模块、教学计划、课程安排、教学大纲和相应师资。基础理论课程是针对可再生能源领域开设的综合性基础课程。专业基础课和专业方向课程是太阳能、风能、生物质能、地热能和能源效率模块课程,学生按模块范围选择必修课和限选课,也可跨模块选修其他课程。学院已开设4门通识课程、9门专业基础必修课和9门专业核心课和1门选修课。其中通识课程(公共基础课)4门10学分不少于160学时,中文授课。国际学生的通识课程由1学年的中文和2门中国文化课程替代,共160学时10学分,英文授课。专业基础课程9门18学分不少于288学时,专业模块课程共9门课程,其中必修1门和选修3门共13学分不少于208学时,专业课程均为英文授课,中国学生与国际学生同堂学习。

(三) 教材建设

除4门通识课程使用学校规定的中文教材以外,其余18门专业课均使用原版教材或国外教材的中译本,或在自编讲义中引用国外同类教材的内容及最新研究成果等,以实现教育资源国际共享,保证课程时效性、前沿性。在教学过程中,教师授课内容和PPT等准备充分。每门课都有教材和参考书目。

(四) 课堂教学

任课教师国际化。专业基础课和专业核心课师资全部来自欧洲合伙大学,教授及助教合作授课,教授主要负责授课,助教负责课堂练习和课外项目活动。2013—2014学年学院授课情况如表1所列:

---

① 刘洋等. A comparison of master diplomas of science in China and France-the experience of the double master diploma programme in ICARE[A]. Education and Teaching [C]. Newark:Garry Lee, 2013:274-277.

表 1 中欧能源学院授课情况表

教师类别		中方选派教师						外方选派教师						总数		
		人数	所占比例(%)	所授门数	所占比例	学时	所占比例(%)	人数	所占比例(%)	所授门数	所占比例(%)	所授学时	所占比例(%)	总人数	总门数	总学时数
教师任课情况	公共课	4	100	4	100	102	100	0	0	0	0	0	0	4	4	102
	专业基础课	7	25	2	20	96	30	21	75	8	80	224	70	28	10	320
	专业核心课	0	0	0	0	0	0	32	100	9	100	544	100	32	9	544
	选修课	1	100	1	100	32	100	0	0	0	0	0	0	1	1	32
	实践课	0	0	0	0	0	0	0	0	0	0	0	0	0	0	0
补充说明		外方授课学时占总学时76.9%														

授课对象国际化。学院面向全球招生;国内招生纳入国家统招计划,现有生源分布 15 个省和直辖市,"211"、"985"高校生源录取比例为 69%。学院同时接收国际学生,已有英国牛津大学、德国亚琛工大、荷兰代尔夫特理工大学、法国巴黎高科、巴黎电子高等学院及美国、巴西、比利时、多哥、波兰、厄立特里亚、苏里南、伊朗、哥斯达黎加、塞浦路斯、巴基斯坦、埃塞尔比亚等国家的学生来学院学习、实习或攻读学位。学生招生报到率为 100%。国际学生占国内招生规模一成以上。

授课教材国际化。任课教师使用原版教材或国外教材的中译本,或在自编讲义中引用国外同类教材的内容及最新研究成果等,以实现教育资源的国际共享。

授课形式国际化。在专业知识讲授和课堂练习之余,还设计相关研究项目主题活动,要求学生自由组队申请项目后在课外完成。评价方式除了书面考试之外,小组项目书面报告和口头报告都作为课程期终评估的一部分。

在教学质量保障方面,学院做到课程教学全程跟踪。开课前,为学生提供教学材料,组织学生成立学习小组,鼓励课外研讨。课程进行时,跟踪课堂教学互动情况,做好师生沟通协调。课程结束后,组织师生对课程进行互评。与此同时,重视教学制度建设,实行教学"优胜劣汰"。如建立课程教学评估制度,根据听课情况和学生调查反馈进行下一次课程的优化,必要时会更换授课教师。同时注重与教师沟通,尊重中欧差异[1]。

学生对教学保持较高满意度,平均评分 90 分以上。教师重视课程教学,均能做到言传身教。教学严格遵循教学计划安排,注重课堂互动,促使学生积极主动提问思考,学习效果良好,到课率高;重视实验和案例学习,提升学生实际问题的处理能力和动手能力。

(五) 师资队伍建设

学院根据专业培养要求和行业发展聘请中外教授参与教学、研究生指导和研究合作,组建了来自中方合伙大学 160 多人的研究生导师队伍和来自欧方合伙大学约 60 人的稳定课程教师队伍。2013—2014 学年,74 位中方教师和 51 位欧方教师参与了研究指导和课程教学。中

---

① 刘洋等. Comparative study on the new energy training program for undergraduate at home and abroad[A]. 陈以一,[芬]雷瓦拉. 第一届教学法国际学术研讨会论文集[C]. 上海:同济大学出版社 2013.

方高级职称 73 人,中级职称 1 人,外方高级职称 34 人,中初级职称 17 人。具体情况如表 2 所列。

三、学生成长与发展支持体系建设

(一)学生学业支持体系

学院教学管理和高端职业培训、研究与咨询中心搭建资源共享平台,形成互为支撑联动,为学生提供全面学业支持。教育中心利用欧方导师授课之余,组织中欧团队学术交流,探寻项目合作及博士生联合培养机会;研究中心依托每次来访接待,让学生与新能源单位接触,助其就业实践,学院各类国际会议及学术论坛也让学生参与组织协调。迄今学院 19 次国际学术讲座,学生参与达 1 500 多人次;培训中心举办面向企业的高级研修班,并对学生开放,部分参训学生因此获得实习就业岗位,4 名学生获得光伏工程师证书。

表 2 师资队伍建设情况表

教师类别		中方选派教师		外方选派教师		总数
		人数	所占比例(%)	人数	所占比例(%)	
中外方教师情况		74	59.2	51	40.8	125
学位结构情况	博士	66	56.9	50	43.1	116
	副博士	0	0	0	0	0
	硕士	7	87.5	1	12.5	8
	学士及以下	1	100	0	0	1
学位结构情况	高级职称	73	68.2	34	31.8	107
	中级职称	1	10	9	90	10
	初级职称	0	0	8	100	0
	其他	0	0	0	0	1
中外籍教师情况	中国籍教师	74	100	0	0	74
	外国籍教师	0	0	51	100	51

(二)学生成长支持体系

学院把学生发展作为学生教育工作出发点。为使学生逐步适应学习生涯向职业生涯过渡,学院开展系列职业咨询活动,邀请前国际新能源协会主席等多位专家给学生进行辅导;积极扩大就业市场合作面,建立完善的学生档案,向录取单位推荐人才。因学院双硕士学位教育要求高、学业科研压力大,学院十分关注学生身心健康,通过开展健康文化节、支持学生文体活动、邀请心理专家开展心理辅导等活动关心学生全面发展。

(三)学生实习、实训与创业支持体系

学院培养计划要求学生需完成不少于一年半的研究实习(含欧方学位要求的 6 个月实

习),除安排在国内高校实验室和企业实习以外,学院每年还资助 15％ 到 30％ 的优秀研究生前往欧洲大学、实验室、机构或国际企业进行学习和实习,目前还启动了博士生交换培养。学院鼓励学生参与社会实践,通过调研撰写"Energy Map"系列英文论文、参加全国节能减排大赛、走访企业了解市场动态等在实践中检验学识。学院还在与企业合作搭建实习平台上实时发布、共享实习信息,同时也鼓励学生参与创业活动。

四、学生文化建设

(一) 党团建设

学院重视学生党建与思想政治教育,建立学生党务工作组,有序发展学生党员,党员在学习科研生活等方面均表现突出,体现了良好组织性和创造性。前期出国留学学生党员比例为100％;学生党员代表参加"红色领航员训练营"表现优异,结业率 100％ ,优秀率为 50％;学院党建工作获得校研究生党建工作创新奖,特色团日活动获得了全校第一名;学院建立团员考察机制,记录团员 集体活动参与、思想汇报提交、课堂出勤等情况,作为入党参考指标。

(二) 学生课外活动

学院组织学生开展了健康文化节、特色团日、学术诚信、ICARE re-newable energy 主题英语演讲比赛、国际学术特色暑期夏令营、研究生宿舍文化节、才艺十佳、中秋及新年晚会、文体比赛等丰富的课外活动。同时努力营造无区别文化氛围,帮助国际学生克服文化及语言差异,促进沟通了解。学院结合学生兴趣特点,建立了微博、微信及人人公共账号,通过网络平台分享能源相关时事新闻及娱乐文化资讯,丰富学生业余生活。

(三) 学生社团

学院设立具有专业性及中外合作办学特点的学生社团,为学院活动出谋划策。如中欧清洁与可再生能源论坛,已邀请来自国家能源局、法国环境与能源管理署、法国科学院等国内外组织的多位专家学者举办了 19 次高端学术交流活动。学院还成立国际学术夏令营,每年暑期组织国内高校的本科生与世界优秀大学的学生互相交流,牛津大学连续两年派学生参与活动。

五、培养质量与评价

(一) 准时毕业率

目前,在中欧能源学院学习的两届学生准时毕业率均为 100％。

(二) 培养成果

学院严控学生培养质量。在第二学期和第三学期两次审核学习结果。学生在第二学期的6 门必修课中,须至少通过 4 门且其中 1 门须为太阳能基础、风能基础或生物质能基础三门课程之一,才有资格进入第二学年的欧方学位学习。在修完第三学期所有学分的前提下,才可进入第四学期的实习阶段。未通过中期筛选的学生须进行二次选择申请转到其他相关院系继续求学(如表3所列)。

表3 学院学生培养情况表

入学时间/年	入学人数	中期筛选后学生人数	毕业人数	获双学位毕业生数
2010	47	38	38	37
2011	96	75	75	63
2012	79	65		

2010级在中欧能源学院学习的38位学生中37人获得欧方学位。2011级在中欧能源学院学习的75名学生中有63人获得欧方学位。这两届学生全部在其学籍所在院系取得中方学位。两届获得欧方学位的学生英文毕业论文成绩统计见表4和表5。

表4 2010届毕业生英文毕业论文成绩统计表

成绩/分	95	94-90	89-85	84-80	79-75	74-70	69-65	64-60	Total
数量	1	6	13	7	3	0	2	5	37
比例	19%		54%		8%		19%		100%

表5 2011届毕业生英文毕业论文成绩统计表

成绩/分	95	94-90	89-85	84-80	79-75	74-70	69-65	64-60	Total
数量	1	15	18	11	7	2	7	2	63
比例	25.4%		46%		14.3%		14.3%		100%

迄今为止先后有几十位欧洲教授、副教授、高级研究员到中欧能源学院上课,对学生的质量一致给予好评,很多教授对学生的学习能力和研究能力之高甚至感到出乎意料,认为中欧能源学院的学生培养质量与欧洲学生的培养质量相当。这也是法国最好的工程师大学集团巴黎高科愿意合作举办"3+0"硕士培养,并将中欧能源学院毕业生纳入巴黎高科校友体系的重要条件。

(三)毕业就业率

2010级获得欧方学位的37名学生中,32人就业,3人出国留学,2人留校读博,一次就业率为100%。2011级获得欧方学位的63名学生中,51人就业,5人出国留学,6人在国内高校读博,一次性就业率达到98.4%,二次就业率为100%。学生就业集中分布在华中、华东以及华南地区。选择"北上广深"等一线大城市占31.76%,二线城市占62.35%,三线城市占5.88%。其中选择国有企业就职59%,政府和事业单位就职率为8%,私营企业就职率为25%,外资企业就职率为8%。

(四)毕业生对就业现状的满意度

根据每年毕业生座谈及调研,学生的语言能力、国际视野及中欧教育背景在就业时具有明显优势,毕业生普遍对就业现状比较满意,认为学院学习经历对就业的积极作用在于:

① 拓宽了就业视野与选择职业范围。

② 锻炼了外语交流沟通能力,全英语授课背景有助于应聘外企。

③ 双学位佐证学习能力,提高就业竞争力,更易获应聘单位青睐。

④ 出国实习经历是很大亮点,许多单位表示浓烈兴趣,对出国读博深造也起到了非常大的帮助。

⑤ 不仅可以学到知识,更多的是培养了思考能力,对个人发展大有裨益。

⑥ 系统学习新能源知识,相对传统专业有比较优势。

⑦ 适应了国内行业和企业向国际拓展业务需要,英语能力强、有国际视野、专业基础扎实、知识面广是中欧能源学院学生的就业优势。

中欧能源学院通过创新的教育方法和引进欧盟的可再生能源领域的教育资源和经验,进行高质量人才培养,旨在增进中欧之间在清洁和可再生能源领域的交流和合作,培养中国紧缺的新一代清洁与可再生能源专门人才,建立一个中欧在清洁与可再生能源领域新技术和新产品的交流和展示平台,加强中欧之间的永久联系和合作。中欧能源学院的优势在于在我国发展中的清洁能源产业的强劲态势中,提供了办学的市场需求,学校通过举办中欧能源学院引进欧洲优质教育资源,不仅为国家、地方和区域经济社会发展培养了一批急需人才,也通过职业培训和研究合作直接加大了学校对社会经济发展的支持力度,促进中欧在可再生能源领域的新技术和设备交流合作,推广了新能源与节能减排技术。

中外合作办学人才培养模式与就业质量的关系研究[①]

刘　洋　蔡顺康　易　辉

华中科技大学中欧清洁与可再生能源学院

摘　要：中外合作办学作为中国教育的组成部分,如何发挥自身优势和特点,找准人才培养定位,提高办学质量,培养具有国际影响力的高端人才等一系列相关议题,一直都是中外合作办学领域的研究课题。本文拟以华中科技大学中欧清洁与可再生能源学院为研究对象,研究中外合作培养模式对就业质量的作用与影响。通过对毕业生就业的地区流向、单位性质流向、专业相关度的调研,并与校内相似专业毕业生的就业情况进行对比,全面分析中外合作办学特点与就业质量之间的关系。

关键词：中外合作办学;培养模式;就业质量

一、引　言

华中科技大学中欧清洁与可再生能源学院(以下简称中欧能源学院或 ICARE),是按照"中外合作办学条例"成立的非盈利性、非独立法人的中外合作高等教育机构,是中欧高级别人文交流对话机制计划的中欧高等教育合作平台的重要内容之一,也是由中国政府和欧盟委员会共同发起建立的第三所中外合作办学机构。

中欧能源学院是华中科技大学的一个学院,由法国巴黎高科、希腊雅典国家技术大学、西班牙萨拉戈萨大学、英国诺森比亚大学、意大利罗马大学、法国佩皮尼昂大学和中方的华中科技大学、东南大学、武汉理工大学共 6 个国家 9 所重点大学共同参与建设该学院。依托华中科技大学、法国巴黎高科等国内外重点大学的优势教学与研究资源,学院针对太阳能、风能、生物质能、地热能、能源效率、建筑节能、氢能与储存等清洁与可再生能源领域开展人才培养。在学分互认的基础上,吸收欧洲"授课型"硕士和中国"研究型"硕士培养特点,形成了研究实践以中国教授为主导、课程学习以欧洲教授为主导的双导师制学术型硕士研究生培养模式。[②]

学院于 2012 年 3 月获得中国教育部批准后正式启动办学活动。作为全国唯一开设新能源科学与工程专业的中外合作办学机构,学院提供多元文化及语言交流背景下的高质量中欧双学位硕士研究生教育。毕业生的就业率一直以来都是培养质量的评价指标之一。就业工作

---

①　原文刊载于:中外合作办学规模、质量、效益研究/林金辉主编.厦门:厦门大学出版社,2016.10.编入本书时进行了重新排版。

②　刘洋,等. Comparative study on the new energy training program for undergraduate at home and abroad[C] //陈以一.第一届教学法国际学术研讨会论文集.上海:同济大学出版社,2013.

既是学生面对市场选择的考验,也是企业招揽英才的竞争。对于中外合作办学领域的创建者们和实践者们来说,就业质量更是传统教学模式下人才质量与中外合作办学模式下人才培养质量之间的较量。

二、毕业生基本情况

中欧能源学院 2015 届共有中国籍学术型硕士毕业生 58 人,其中男生 41 人,女生 17 人。女生占毕业总人数近三分之一,与校内工科院系男女生比例基本相当。外国籍毕业男生 4 人,分别来自德国、苏里南、塞浦路斯和厄立特里亚。他们的毕业情况另作介绍。

中欧能源学院的中方导师全部来自校内相关兄弟院系从事新能源研究的优秀硕士生或者博士生兼职导师。双向选择之后,学生与导师之间签订培养协议,按照中方导师所在研究领域一级学科统计,2015 届毕业生中 28 人在动力工程及工程热物理一级学科,10 人在电气工程,7人在生物医学工程,5 人在材料科学与工程,5 人在光学工程,3 人在环境科学与工程,共 6 个一级学科跨 7 个兄弟院系(见表 1)。

表 1 2015 届毕业生中方导师情况

中方导师所在院系	能源学院	电气学院	生命学院	材料学院	光电学院 & 国家光电实验室	环境学院	总计	比例
一级学科	动力工程及工程热物理	电气工程	生物医学工程	材料科学与工程	光电工程	环境科学与工程	6	100%
男	23	8	2	4	3	1	41	71%
女	5	2	5	1	2	2	17	29%
总人数	28	10	7	5	5	3	58	100%
比例	48%	17%	12%	9%	9%	5%	100%	—

从比例看,能源学院从事新能源研究的导师比较集中(48%),涉及太阳能热利用、风能、生物质能热利用和能源效率四个研究方向;其次是电气学院(17%),重点研究方向是能源转换及智能并网和微网、大功率储能、特高压输电等;生命学院部分导师(12%)主要从事生物乙醇及柴油等生物能源的开发与利用;材料学院部分导师(9%)集中研究新型电池及电池材料等;光电学院与国家光电实验室两个学院部分导师(9%)共同重点开展太阳能电池和太阳能薄膜等方面的研究;环境学院部分导师(5%)主要从事地热能和环保等方面的研究。来自 6 个一级学科的优秀导师师资及相关实验室、新能源研究项目全面支持新能源资源评估、技术经济性分析、新能源开发利用技术和传统能源高效清洁利用技术等一系列能源产业相关的高端人才培养。中外合作办学的特殊性质、双硕士学位的培养方式、多学科组成的中方兼职导师师资结构和中欧双导师制对学院人才培养的定位起着决定性作用。

三、毕业生就业情况

2015 届毕业生除 2 人赴德国、英国读博之外,56 人就业,就业率为百分之百。下文从毕业生地区流向、单位性质流向、岗位性质流向和专业相关度四个方面分析毕业生就业信息,并且与校内相同一级学科不同专业毕业生的就业情况进行对比,进一步阐明学院的就业整体情况和特点。

（一）地区流向

毕业生主要流向湖北、广东、上海、北京、江苏等地。53 名毕业生在一线、二线城市就业,两者之和所占比例超过 90%(见图 1)。二线城市中又以选择经济发达城市为主,比如武汉、南京、宁波、重庆等,这些城市都是新能源产业发展比较迅猛的地区。

一线、二线城市的发展机会更多、空间更大、薪酬普遍较高,但竞争更为激烈。学院中外合作办学的优势、毕业生国际化视野和高质量的综合素质让毕业生在一定程度上具有在这些高端就业市场竞争的实力。

（二）单位性质流向

除了出国读博士生之外,小部分毕业生成功选择了设计院和科研院所,大部分毕业生在企业就职,国企与其他企业共占总人数的 80%(见图 2)。15 名签约国企 30 名签约其他企业。其他企业包括 15 名签约民企,15 名签约三资企业。三资企业为在中国境内设立的中外合资经营企业、中外合作经营企业、外商独资经营企业三类外商投资企业。

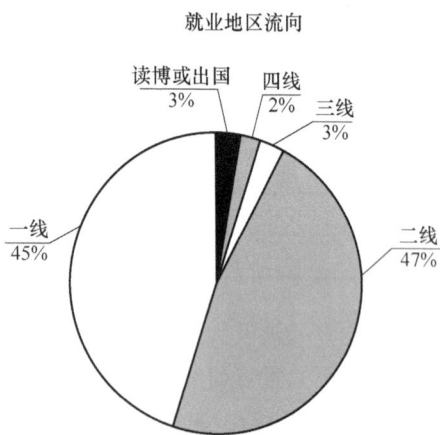

图 1　2015 届毕业生就业地区流向　　**图 2　2015 届毕业生就业单位性质流向**

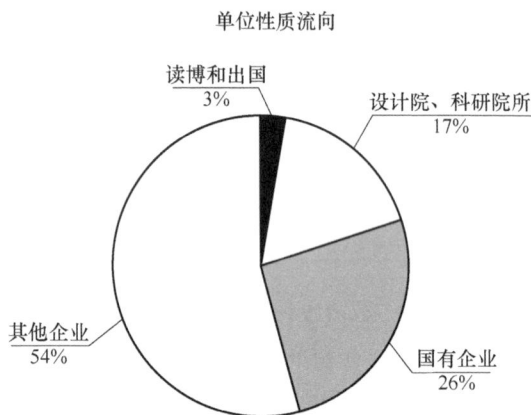

新能源事业的发展依赖国家政策的支持,在政策的扶持下吸引了其他资金进入,共同推进着该产业的发展。民企与三资企业成为除国企之外最有利的补充。从企业性质的就业率看,无论是国企、民企或三资企业,各比例基本相当,说明在全英文教学环境下,获得新能源科学中方学位与清洁与可再生能源法方学位的双硕士毕业生,能够满足各类企业的需求。同时,毕业生也依据自己的特长能够在就业市场找到适合发展的职业方向。

（三）岗位性质流向

毕业生在企业主要选择了研发和技术类岗位,分别占 41% 和 29%(见图 3)。选择管理类岗位人数略多于销售类岗位人数。管理类岗位中 6 人为管培生项目及其他精英计划。

从学院筹备申请开始,双硕士研究生的培养定位一直是各方合作伙伴关心的重点。在广泛调研、详细分析和充分讨论中欧能源学院的特殊性之后,终于确定了以培养"可以胜任和清洁与可再生能源相关的高级工程技术岗位和管理岗位,具有较强的研究、决策、规划和实施能力[①],具备一定的科研能力、扎实的专业技术、良好的科学素养和国际化视野的高端复合型人才。从岗位性质流向可以看出,学生与就业单位双向选择之后,近90%的毕业生与学院人才培养定位保持着一致。

(四) 专业相关度

按照毕业生的工作岗位以及所学专业相关性进行统计,将工作岗位分为与新能源相关、与传统能源相关和与其他行业相关三大类。结果显示三者所占比例分别约为38%、33%和29%(见图4)。超过70%的毕业生进入了能源领域发展。

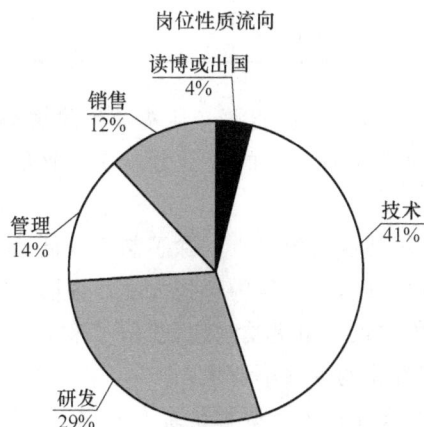

图3　2015届毕业生就业岗位性质流向

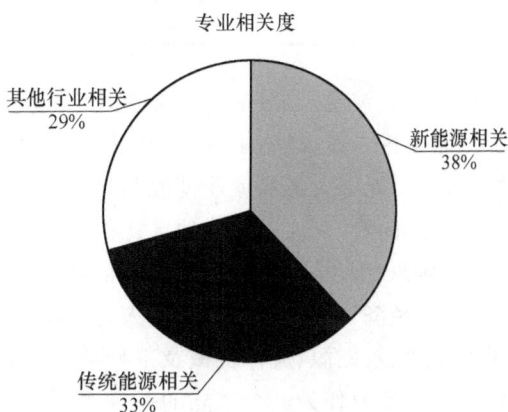

图4　2015届毕业生就业专业相关度

总体上,三大类型之间没有显著性差距。硕士毕业生在求职简历上介绍新能源、清洁能源专业背景同时还会重点突出科研经历,展现个人在科研项目方面的经验。目前传统能源的清洁化利用是能源研究和发展的重点。在传统能源领域中,2015届毕业生或多或少从事着与能源清洁化相关的工作。其他大约三分之一的学生从事着IT、通讯、电子、电信和医药等其他行业。中欧能源学院创立的研究实践以中国教授为主导、课程学习以欧洲教授为主导的双导师制使学院毕业生在选择与专业是否相关的工作岗位上灵活度较高。

(五) 相同一级学科不同专业毕业生情况对比

新能源科学与工程硕士专业是一级学科动力工程及工程热物理下自设的二级学科。为了更全面地了解学院毕业生就业情况,推进新能源人才培养的进一步深化,与相同一级学科下其他二级学科2014届毕业生情况进行了对比(见表2)。

---

① 刘洋.中外合作创建清洁与可再生能源硕士人才培养新模式初探[D].华中科技大学,2015:31-33.

表 2 相同一级学科不同专业毕业生情况对比

专业类型	二级学科专业名称	就业基本情况			地区流向百分比					单位性质流向百分比				
		毕业数	签约数	签约率	武汉及周边	珠三角地区	长三角地区	京津	其他	读博和出国	设计院科研院所	国有企业	其他企业	其他
能源类传统专业	热能工程	104	101	97	50	5	14	2	30	22	12	38	11	16
	制冷及低温	31	31	100	32	44	9	3	12	6	12	35	35	12
	动力机械	27	27	100	46	4	32	0	18	11	7	29	43	11
	工程热物理	23	23	100	42	33	13	8	4	21	8	42	21	8
	流体机械	19	19	100	54	15	8	8	15	0	23	62	15	0
	总人数/平均百分比	204	201	99	45	20	15	4	16	7	10	33	23	6
新能源专业	新能源科学与工程	58	58	100	26	24	22	9	19	4	17	26	53	0

　　从毕业生人数看,二级学科各专业之间的人数差别比较大,新能源专业毕业生位居第二,仅次于热能工程专业,说明中欧能源学院新能源专业对硕士有一定的吸引力。各专业基本是满签约率,说明能源大类的就业情况相对乐观。

　　从地区流向看,武汉及周边地区比例最高,京津地区就业人数最少。除了制冷及低温工程专业之外,其他专业排名第一的地区全部是武汉及周边地区,说明华中科技大学作为国家重点大学,为地方经济发展持续输送优质人力资源。珠三角比长三角更受欢迎,吸引了来自制冷及低温工程专业、新能源、流体机械及工程和工程热物理专业的多数毕业生。

　　将新能源专业作为一个独立的新专业,与其他五个专业作为能源类传统专业比较后发现,虽然新能源专业与能源类传统专业在武汉及周边地区就业率都为最高,但是传统专业在该地区的就业人数占总毕业人数的平均比例为 45%,新能源为 26%,相差近 20 个百分点。结合武汉及周边、珠三角和长三角三个地区的比例来看,新能源专业在该三个地区的就业人数比例基本相当,分别为 26%、24% 和 22%,逐渐递减,幅度不大,可见毕业生就业地区分布广且基本均衡。对于传统专业而言,武汉及周边地区(45%)与珠三角(20%)和长三角(15%)之间的比例差距显著,说明毕业生分布不均衡,传统专业中绝大多数毕业生选择武汉及周边地区就业,原因多种,但相对而言,珠三角、长三角的平均职薪高于武汉及周边地区,对新能源人才更具有吸引力。

　　从单位性质流向看,企业是各专业的主要就业单位,但就业人数的比例略有不同。在国有企业单位中,流体机械及工程专业独占鳌头,比例超过 60%,其次是工程热物理,比例也超过了 40%,其他传统专业都基本达到三分之一,但新能源专业没有。传统专业毕业生在国有企业中就业人数占总毕业生人数的平均比例为 33%,说明在国有企业中传统能源比重大、新能源岗位少。这与我国 80% 的能源为石化能源,同时国有企业是耗能大户的现实情况相吻合。与此相反,其他企业如民企和三资企业成为新能源发展的生力军,吸引了大批新能源人才的加入,就业人数比例为 53%,比传统专业就业人数的平均比例 23% 高出 30 个百分点。新能源专业毕业生在设计院或科研院所就业比例为 17%,仅次于流体机械及工程专业(23%),高于传统专业平均比例 10％。设计院或科研院所作为对国家政策更为敏感的单位,把握着新能源技术的前沿,他们更青睐其熟悉中国新能源产业,又具有国际视野并了解国际现状、善于与不同文化背景经济体进行技术交流,同时还具有扎实的专业技术知识的高端复合型人才①。除了新能源专业背景吻合之外,作为人才培养特色之一的赴欧洲实习经历也使学院毕业生脱颖而出。另外,出国或读博的学生更多的来自热能工程专业(22％)和工程热物理专业(21％),但对传统专业而言平均比例不高,仅为 7％,与其他就业类型 6％基本相同。新能源专业毕业生出国或读博比例为 4％。不同之处在于中欧能源学院读博学生全部为国外读博,国内读博不计算在内。学院虽然不能培养博士生,但是积极鼓励有志读博的中欧学子在第二学期或者第四学期直接申请校内的硕博连读。如果这类学生最后放弃清洁与可再生能源专业的法方学位,只修读华中科技大学的博士学位,他们不计算在新能源专业毕业生之内。

四、总　结

中欧能源学院作为中外合作办学机构的成员之一,发挥自身特点,积极引进欧洲在清洁与可再生领域的优质资源,致力于培养我国新能源产业的高端、复合型专业人才。经过五年多的不断努力,三届学生均以百分之百的就业率顺利毕业。以优异的成果肯定了中欧能源学院的办学模式。针对最新毕业的 2015 届学生从地区流向、单位性质流向、岗位性质流向、专业相关度与相同一级学科不同专业毕业生就业情况对比与分析之后,结果表明 90％以上的毕业生选择在新能源产业发展比较迅猛的地区就业,近 40％的毕业生直接从事着与清洁与可再生能源相关工作,还有 33％的毕业生在与能源相关领域工作。就业单位的接收度证明了学生的毕业质量获得了他们的认可。通过引进欧洲教育模式,全英文互动式教学方式不仅增强了学生的沟通表达能力,更拓宽了他们的国际视野。希望这种结合欧洲"授课型"优势和中国"研究型"特点创立的硕士培养模式能在传统能源领域的人才培养中逐步推广。四位外国籍毕业生中,来自德国的学生在慕尼黑宝马汽车公司读博,来自厄立特里亚的学生在中国科学院广州能源研究所读博,来自苏里南的学生正在申请中国与欧洲大学的博士项目,来自塞浦路斯学生回国就业。外籍学生与中国学生同堂授课,同在中方导师指导下进行实验室研究,完成学位论文。他们的加入为学院的国际化人才培养增添了一抹靓丽的色彩。

① 易辉,刘洋.从人才培养质量入手建设高水平示范性中外合作办学机构[C]//林金辉.中外合作办学与高素质国际化人才培养.厦门:厦门大学出版社,2015:59-68.

新冠疫情下中外合作办学的挑战与思考[①]

罗小兵

华中科技大学中欧清洁与可再生能源学院

目前,国内"新冠"疫情基本得到控制,但全球范围内新冠病毒仍持续扩散。哈佛大学公共卫生学院一项研究认为,如无特效药或疫苗出现,可能要到 2022 年都需要长期或者间歇性的社会疏远。如果疫情呈周期性的全球流行,人类彼此的隔离将成为常态。疫情给社会带来巨大影响的同时,也为中外合作办学带来了前所未有的挑战。中欧清洁与可再生能源学院(以下简称"中欧能源学院")地处国内疫情中心,外方合作高校所在国亦为欧洲疫情重灾区,办学所面临的考验尤为严峻。研究如何应对疫情影响,并以此为契机,进一步提高合作办学水平,是当前亟待解决的一项重要任务。

一、突降大考:疫情下学院办学面临的挑战

"中欧双导师制、小班英文授课"一直是中欧能源学院的培养教学特色。学院近 80% 专业课程长期由外方承担。疫情使 2020 年上半年教育教学计划打乱,线上授课模式能短期应对,基本达到了"停课不停学"的目的,不过线上授课的教育效果还有待验证。能否找到以下"五大问题"的平衡和突破之道,成为保证中外合作办学教学效果的"大考验"。

(一)缺乏系统的国际在线教育治理模式

教学转入线上,而传统的治理模式尚未更新,导致教学质量、教师管理、学生测评等基本处于粗放模式,而教育安全、教学成果知识产权保护等问题也是摸着石头过河。以考试为例,外方建议把本学期的课程考核全部推迟到下学期举行。不仅在我们国内,在他们本国亦是如此。因为疫情影响,法国升学会考笔试已全部取消,改由平时成绩代替,且为公平起见,"禁足"期间的平时成绩将不被计入。表面上是无法完全信任在线测试,但本质在需要有考核的学历教育中,高校的治理模式并没有相应地作出调整和变革。

(二)缺乏成熟的国际在线教育平台支撑

疫情期间,学生基本适应了在线学习的环境,也一定程度上让我们看到了中外合作办学开发远程在线授课模式的可行性,利于在线教育系统的完善和提升。但挑战在于各国线上教学采用不同的平台,无统一国际在线教学环境,既能保证系统与网络良好的结合,又能在功能上满足教学众多环节的诉求。目前学院外方在线教学,多以录播形式开展,在传授"陈述性知识"

---

① 原文刊载于《中外合作办学》2020 年第 2 期。编入本书时进行了重新排版。

上效率较高,但缺乏完善的在线互动,实际上将传统教学中的师生实时互动解惑,个性化发挥指导以及同伴互动帮扶的优势抹平了。

(三)缺乏稳定的国际在线教育网络

随着云视频通信技术的成熟,4G、光纤等网络已普及,但跨国网络教育资源同步还有望进一步提升。一是线上教学对于网络宽带要求比较高,二是上网课还受到硬件费用影响和通信网络条件限制,而对于家里没有电脑或者通讯欠发达国家和地区的学生来说,想要达到传统课堂的学习效果并非易事。在线教学产生了数字鸿沟,一定程度上,扩大了教育的不公平性。

(四)缺乏系统的国际在线教育师资培训

学院欧方教授多为世界知名大学资深教授,教学与科研经验丰富,但如大多中方教师一样,对于直播互动、"微"课录制等新技术手段不甚熟悉,系统的线上教学培训不可或缺。

(五)缺乏有效的教学效果监测与反馈

虽然学生基本上适应了网络教学环境,但对中外合作办学来说,由于受到语言、时差、平台、学生自控力差异等问题叠加,教学效果的检测与反馈还有待进一步加强。

此外,受疫情影响,学院原计划举行的很多常规的教育教学活动都被迫搁浅。例如"中欧科技周"学术研讨会推迟,中欧-牛津大学国际夏令营项目在连续七年成功举办后于今年被迫取消。疫情正在成为中方师生参加境外学术交流活动的"拦路虎",学生赴欧短期研习计划搁浅,两名年前获得联合国工业发展组织实习邀请的学生因相关国际会议取消而未能成行。部分出国读博学生能否能获批全额奖学金支持、能否顺利拿到签证正常入学都还悬而未决。在培养方面,许多科研进度也被迫按下"暂停键",实验室关闭期间,科研人员和学生均无法返回,部分实验研究被迫停止,学生硕士毕业论文撰写无法按期推进。以欧方毕业论文来看,截止4月底,77名拟申请欧方硕士学位的学生中,80%的学生因在家条件受限毕业论文撰写尚未完成;10%以上的学生等待线上答辩安排;3%的学生反映缺乏欧方导师指导;仅少数学生完成毕业答辩。

二、战"疫"进行时:学院采取的应对措施

为尽可能减少疫情可能带来的不利影响,学院与外方迅速联动,以对学生的关爱与支持为工作的出发点,共同制定了网络应急教育方案,统筹推进欧方学位论文以及研究生招录等工作,保障了学生平稳过渡,维系了合作办学在特殊时期的正常发展。

(一)党政合力,同心战"疫"

学院充分发挥中外合作办学党建的政治功能和战斗堡垒作用,成立新冠肺炎疫情防控工作领导小组,建立疫情联防联控工作机制,坚定不移地把党中央的决策部署落到实处;精准把握国内外疫情,实行"一日一报""零报告"制度,对全院师生动态情况进行全面排查;鼓励师生服务于国家引擎防控主战场,挖掘战"疫"典型人物事迹,弘扬抗"疫"正能量;开展"同上一堂网络思政课"等活动,加强对学生群体的爱国荣校教育,孕育科技报国的情怀。

(二)守望相助,"疫"路同行

近十年的办学合作,让学院与合作院校建立了深厚的友谊。君子相重,共克时艰。在这个特殊时刻,中欧各合作院校之间互相声援,密切关注疫情动态信息,分享抗"疫"经验,协同保障海内外学生正常学习生活,并寻求联合科研契机。

(三)云端笃学,共"课"时艰

来自九所欧方合作高校的二十多名外方教师与中方教师一起云端开课,通过多样化在线教学方案交叉使用,保证疫情防控期间教学进度和教学质量。"雨课堂"作为云授课主平台采用,同步学生选课数据,上传 PPT 等课程资料;"超星"上传提前录制的音频资料,"zoom"实时在线讨论和答疑,另兼顾部分外方老师对软件操作的熟练程度,采用 PPT+录制音频的方式,将书面讲解与视频语音结合起来。

(四)勠力合作,"疫"样收获

为了帮助毕业生"顺利毕业、尽早就业",学院及时适当调整毕业论文答辩时间节点,加大过程管理,注重过程评价,做到人文关怀;鼓励导师指导研究生们进行大量文献阅读,为研究生完成好个人培养计划的科研环节做好充分准备;联合导师为学生提供替代方案,用模拟研究和数学分析等手段弥补实验数据的不足。为营造正面积极氛围,引导学生保持积极的学习态度和科学家精神,学院邀请知名学者以"云讲座"形式作专题学术报告;与意大利佛罗伦萨大学合作研究疫情期间武汉封城举措对本地环境的影响,携手把论文写在抗"疫"第一线。

三、后疫情时代:中外合作办学之路怎么走

疫情的持续让有些法国媒体认为中法高等院校合作办学的热情在未来可能会降温,但根据近期法国高等教育署的调查显示,危机并未遏制学生赴法交流的意愿。法国公立大学校长联席会和法国工程师院校校长联席会发表声明,支持法国高校继续欢迎中国学生学者,并支持开展双方的合作项目。学院欧方合作高校亦纷纷表示,当前疫情对他们在中国的战略没有影响。新冠疫情让更多教育从业者认识到,只有促进跨区域开展全球合作,才能携手应对未来高等教育面临的新挑战。

(一)加快探索互联网+党建思想工作新模式

后疫情时代,中外合作办学党建与思政工作更要因地制宜,运用信息化优势,把互联网+党建思想政治阵地打造成大学生不可或缺的重要精神家园。具体而言,在思政教育内容上,以中外合作办学学子的"初心和使命"为内核,弘扬爱国主义精神,强化全球治理理念,树立青年责任与担当,培养新时代的世界公民意识。在思政教育的层次上,围绕中外合作办学学子的成长与需求层次,在资助、学业、心理、生涯规划等方面,因时而新、因势而动。在思政教育途经上,守好网络思政的主战场,做到网上网下同心,国内国外同步。

（二）推进建设区别于传统教育的治理新模式

建立合作办学的风险管理机制，对合作办学风险进行综合管理，保证风险不可避免地发生时各项办学目标的实现；建设更为稳定的国际化师资队伍，完善教师聘任和考评机制，切实保障教学的连续性和高质量；制定在线课程学习学分互认与转化政策、强化在线学习过程和多元考核评价的质量要求，保证在线学习与线下课堂教学质量实质等效。

（三）加速合作办学"线上线下融合"教育布局

加快合作办学向"线上线下融合"的"新常态"转变，创新对外交流模式、拓宽交流渠道。搭建统一的国际在线教育平台，加快国际化基础设施建设，包括但不限于远程会议平台、网络国际化课程建设、国际联合科研大数据等学院用于开展网络国际合作交流的基础设施建设；升级校园硬件设施，建设在线教学、数字资源实验室、资源共享和教师专业发展的在线教师和学生社区，在支持校内实体教育更有效地开展的同时，为海内外师生营造更优的沉浸式的线上教学科研体验。

本次疫情，无疑是对各中外合作办学机构治理体系和能力的一场大考，中外教育工作者的初心坚守和新时代大学生的勇于担当，让我们在这场突如其来的大考中临危不乱。未来各中外高校之间要进一步加强合作，进一步完善机制，创新措施，探索出适合中外合作办学学位教育项目的、线上与线下相融合新理念、新模式，促进不同文明之间的交流理解，增强"硬核"科技创新能力，让大学成为构建人类命运共同体的中流砥柱。

人才培养、科学研究和学科建设三位一体中外合作办学模式[①]

——中山大学中法核工程与技术学院

王　彪[②]　张小英　马显锋

中山大学中法核工程与技术学院

摘　要:中山大学引入法国在核能工程师培养上的先进理念、雄厚核能科研实力和产业资源,与法国民用核能工程师教学联盟全方位合作建立了中法核工程与技术学院。学院充分发挥中法全方位合作的优势和特色,针对人才培养、科学研究和学科建设的一体三面,协同建设,建院七年来已取得了可观的成果。成为我国核能领域首家获得法国工程师职衔委员会(CTI)和欧洲工程教育(EUR-ACE)认证的机构;建成广东省核安全与应急技术工程中心、广东省"核工程与技术"国际科技合作基地,核电安全与应急联合研发中心,设立核仿真与安全、核反应堆热工水力、核探测与核辐射防护、核材料与燃料循环四个专业特色鲜明的研究方向;获批中山大学核科学与技术一级学科硕士点和广东省学位委员会推荐核科学与技术一级学科博士点。中山大学中法核工程与技术学院形成的人才培养、科学研究和学科建设三位一体中外合作办学模式,为我国中外合作办学和精英工科人才培养提供了很好的借鉴和示范作用。

关键词:中法核工程与技术学院;三位一体中外合作办学;核能精英工程师;法国民用核能工程师教学联盟;国际认证

一、引　言

近年来,我国核电产业发展迅速,取得了令人瞩目的成绩,然而核能领域的自主创新与设计能力相对不足,同时具有高技术、国际视野和多语言环境工作能力的核能高级人才尤其缺乏,对于核能领域核心技术的研发也存在短板,在反应堆安全设计方面仍主要依靠国外引进。因此,尽快培养出一批掌握高端核能技术的优秀专业人才,同时打造我国自有核心研究能力,提高我国核电的自主研发和技术应用水平,从而实现核电的可持续稳定发展,具有重大的现实意义。

另一方面,建设"双一流"大学是国家建成高等教育强国的重大战略决策,通过中外合作办学的方式,学习借鉴国外一流大学的优势,与我国的实际国情相结合探索创新人才培养新模

---

①　本文为 2017 年第八届全国中外合作办学年会特邀报告。

②　王彪,1963 年生,男,博士,长江特聘教授,曾任中山大学中法核工程与技术学院院长,主要研究方向为核安全、力学与核仿真技术研究。E-mail:wangbiao@mail.sysu.edu.cn.

式,成为我国高校教育改革的一项重要举措[1]。法国的工程师教育培养模式以其独特的教育理念和教学方法、重视数理基础和实践教学、与经济领域密切结合等特点,在国际上享有盛誉[2],北京航空航天大学、中国民航大学、中山大学、上海交通大学等高校纷纷成立了工程师学院,尝试学习法国工程师培养模式[3-4]。法国核电在国际核电领域占据领先地位,其核电接近全国发电总量的 80%,且都采用技术先进的压水堆机组并拥有三代核电技术 EPR,在核能工程师培养方面具有独特优势和丰富经验。

结合我国核电发展需要和法国核电技术与人才培养的优势,中山大学在中法两国政府的共同支持下,与法国民用核能工程师教学联盟全方位合作建立了中法核工程与技术学院。教学上引入法国在核能工程师培养上的先进理念、雄厚核能科研实力和产业资源,结合中国高等教育优势资源,形成中国本土化精英核能工程师教育模式[5];科研上围绕国家核电发展的重大科学和工程问题展开研究,形成核心研究能力;学科建设上凝练优势和特色研究方向,形成以核安全为中心,涵盖核电站核岛和常规岛主要设备工作的研究方向,全方位打造人才培养、科学研究和学科建设三位一体的中外合作办学模式。

二、中法核工程与技术学院简介

在我国核电高速发展和核能高端人才缺乏的背景下,中山大学在中法两国总理的见证与推动下,于 2010 年与法国以格勒诺布尔国立综合理工学院为首的五所法国民用核能工程师教学联盟合作组建了中外合作办学实体机构——中法核工程与技术学院(Institut Franco-chinois de l'Energie Nucléaire,简称 IFCEN)。参与合作的法国民用核能工程师教学联盟成员包括:法国格勒诺布尔国立综合理工学院、法国原子能与可替代能源委员会、法国国立南特高等矿业学院、法国国立蒙彼利埃高等化学学院、法国国立巴黎高等化学学院。法国合作方具有高度的资源调配能力,在教学科研和产业实力上均为法国核能界的领头羊。学院中方院长是王彪教授、法方院长是德麦赛先生,设中法联合行政管理委员会、两个咨询委员会(改进与教学委员会、科技委员会)和三个决策委员会(学术委员会、教师职务聘任委员会、教育与学位委员会),对中外合作办学的合作模式、合作内容、招生计划、培养方案、办学条件、师资配备、持续改进、质量保障等进行统筹规划、综合协调和宏观管理,确保人才培养方案的国际先进性和有效实施。

目前,中法核工程与技术学院拥有核科学与技术一级学科硕士点、核能工程与技术专业学位硕士点,并于 2017 年获得广东省学位委员会推荐核科学与技术一级学科博士点。学院现有教职员工共 89 人,其中教师及实验工程人员共 75 人(常驻法籍教师 18 名),管理及行政人员共 14 人(2 人同时为学院教师)。法方派遣 7 人常驻学院开展教学管理工作,更派遣大批专家前来讲授研究生课程和开展科研项目合作(2015—2016 年法方共派出 58 位专家)。自 2010年以来,学院已招收 7 届学生,学院招生规模为每年 120 人左右,目前在读学生数量为 541 人,其中专业型硕士 136 人。2015—2016 年本科毕业生 156 人,其中 136 人经过学校的推免程序进入研究生阶段,学院在管理、服务、育人工作机制上日渐稳定、成熟。

三、三位一体合作办学模式的形成过程

中山大学中法核工程与技术学院从精英核能工程师人才培养的核心定位出发,融合法国

工程师教育体系之精髓和中国高等教育特色,设置了核能特色鲜明、内容丰富的课程体系;建立了师生互评的全方位、多角度教学质量监控机制,形成了面向创新能力培养的本土化国际精英核能工程师人才培养模式。学院培养的毕业生不仅具有扎实的理论基础和前沿知识,而且善于解决复杂的工程实际问题,具有较强的科研创新能力,熟练掌握中英法三门语言,能够很好地适应国际环境和竞争压力,具有多元文化背景下的工作和专业沟通能力。在上述基础上进行的 7 年中法合作办学,在人才培养、科学研究和学科建设三个方面都取得了优异成效。

在培养体制上,借鉴并采用法国三年预科与三年工程师阶段的精英教育模式,在第四年切入本科毕业设计和毕业论文答辩并授予学士学位,符合中国高等教育要求。针对法国工程师培养教学课程体量大的特点,为保证教学深度,突破中国工科高等教育对学时和学分数的一般性要求,每一门课程都安排了大课＋导学课＋辅导课,教学过程中采用大小班结合的形式授课,保证了学生学习的每门课程内容深入,课程门次多而广泛。课程分为项目管理与预算、数学、物理、化学、专业课五个系列,每一系列的课程都按照时间顺序排列,层层递进。

在教学模式上,探索和实践"知能合一"的教学模式。根据学生在不同学习过程中所学知识的留存率,学院对每一门课程的教学都由 50% 大课和 50% 导学课及辅导课组成,大课集中授课、导学课和辅导课实行小班教学,引导学生自主学习,注重学生的个体学习效果。在理论教学之外,为培养学生的动手操作和知识应用能力,本成果设置了与理论课程同步的实验课程,实验内容覆盖物理、化学、核探测、流体和仿真等。

在实践教学上,联合国内外多家核能企业和科研机构共建校外实习基地,设置了满足法国工程师协会(CTI)认证需要的三段式校外实践体系培养学生解决实际工程问题的创新能力。已签订了包括中广核集团、清华大学在内的 6 个境内实践基地,和包括 CEA、EDF 在内的 6 个境外实践基地,开展三段式共计 9 个多月的校外实习。第一阶段实习为一个月,安排在第三学年学习了基础数理知识后,让学生在企业接受蓝领工人应有的基本技能训练;第二阶段实习为两个月,安排在第五学年学习了大量的专业理论后,让学生在核相关领域的实际技术岗位上,完成助理工程师的基本工作,培养其将理论知识运用于实际工作的能力;第三阶段实习为六个月,安排在第六学年的最后半年,让学生在核领域的企业、研究机构接受完整的"工程师"科学技能训练。第二阶段和第三阶段实习都采用双导师制,由一名企业导师和一名校内导师共同指导,参与国内外核能领域重要科研或工程项目,培养学生的实践创新能力。

在外语教学方面设立了内容和形式丰富的语言课程,并在学位论文撰写和答辩中加强外语应用能力的训练。从第一学年到第六学年连续开设了法语和英语课程,课程类型覆盖语法、听力、科技和实习。从第二学年开始,80% 以上的数理课程和专业课程都采用法语或英语授课,营造一个沉浸式语言学习和应用环境。最后,在本科毕业设计和研究生毕业实习阶段,每一位学生都需要撰写英语或法语的毕业论文和实习报告,并进行 60 min 的英语答辩。经过持续高强度的语言学习和实践训练,学生毕业需通过法语 DELF 等级考试 B2 以上和英语雅思 6.5 分以上的水准。造就了毕业生在中英法三种语言环境下良好的沟通和工作能力,受到用人单位的一致好评。

在学科建设上基于中山大学的粒子物理与原子核物理博士点,2011 年设置核科学与技术硕士一级学科,2013 年设置核能与核技术工程专业学位硕士授权点,2017 年获得广东省学位委员会推荐核科学与技术一级学科博士点。广东省投入了 5 000 万元建成近 3 000 平米核安全相关的教学研发实验室群,打造特色研究方向。设置了核仿真与安全、核反应堆热工水力、核探测与核辐射防护、核材料与燃料循环四个专业特色鲜明的研究方向,近年来取得了可观的研究成果。经过中法双方研究人员多年密切合作,已建成广东省核安全与应急技术工程中心、广东省"核工程与技术"国际科技合作基地,与中广核集团共建了核电安全与应急联合研发中心。

在科学研究方面,学院与合作方法国民用核能工程师教学联盟(FINUCI)、中国广核集团、法国电力集团(EDF)、法国原子能与可替代能源委员会(CEA)等签署了科技合作协议,构建核能领域国际化高水平科研队伍。学院凝聚中法优秀研究团队,围绕核电站的系统安全设计与评估、核严重事故的监测与应急技术、核探测器研制、核燃料循环与核材料开展研究,取得一系列重要学术成果。在核电站的系统安全设计与评估方面,进行了中国先进压水堆在堆外蒸汽事故下的安全性进行了定量的评估,开发了核电厂氢气安全分析三维CFD程序,在中广核研究院加以应用。同时与中广核研究院、法国电力集团研究院进一步合作,开展了压水堆事故中蒸汽扩散与冷凝的模拟与实验研究,发展了新的壁面冷凝模型和体冷凝模型,实现了对压力、温度和冷凝率的高精度预测,目前已经用于阳江核电站机组的设计和安全评估。在核辐射环境监测系统与广东省核应急监测指挥系统的研制方面,完成了广东省环境辐射监测中心大亚湾核电站政府监督性监测环境辐射自动监测系统(2012)、应急移动监测系统(2013)及全省运营核电站环境监测数据库系统(2014),还承担广东省核事故应急响应环境监测指挥系统建设与维护工作。在核探测器研制方面,2015年与高能所正式成立了"中子探测技术与应用联合实验室",与高能所合作研制中国散裂中子源(CSNS)的中子谱仪探测器,承担通用粉末衍射谱仪(GPPD)、多功能反射谱仪(MR)和小角谱仪(SANS)探测器的关键性能研究和部分探测器的批量研制工作。

四、中法全方位合作内涵

围绕我国核能发展对高层次人才培养和先进核能技术的需要,中山大学中法核工程与技术学院与法国核能工程师教学联盟密切合作,联合开展核电人才培养、科学研究和学科建设,深入挖掘中法全方位合作内涵,在管理模式、课程体系和培养模式、教学质量监控、师资队伍建设、科研条件与能力建设方面取得显著成效,丰富了三位一体的中法全面合作内涵。

在学院的行政管理方面积极探索创新,形成一套中法联合管理体系。学院设中法联合行政管理委员会,各由中法方6名人员组成,成员来自中山大学、法国民用工程师联盟学校、中法方能源或工业界专业人士等。行政管理委员会每年召开一次会议,轮流在中国和法国举行,讨论、决策平台的发展策略。中方院长与法方院长共同执行联合行政管理委员会的决定并在其职责范围内向该委员会报告。针对学院的教学和科研管理,还设立两个咨询委员会(改进与教学委员会、科技委员会)和三个决策委员会(学术委员会、教师职务聘任委员会、教育与学位委员会),对中法合作办学的合作模式、合作内容、招生计划、培养方案、办学条件、师资配备、质量保障等进行统筹规划、综合协调和宏观管理,确保合作办学的国际先进性和有效实施。

学院的课程主要借鉴法国核能工程师学校设置,分为语言、数学、物理、化学、计算机、专业课五大系列,还包括人文社会经济管理类课程,整个培养期间还安排了与企业紧密合作进行的"三段递进式"实习。完整修读六年课程的学生将修满约480个学分,约9 400学时,修读的学时和学分数均约为一般工科学生的两倍。为了让学生在如此大的课程量下保证学习效果,每一门理论课都由大课和导学课或辅导课组成,大课由全年级同学一起上,导学课和辅导课采用不超过 18 人的小班或者不超过 9 人的小组授课。大课讲授课程的主要知识要点,小班导学课引导学生根据所学知识解决综合性问题,再分小组进行深入讨论和拓展练习。对于课程考察,学院采用一套全过程跟踪的考察体系,每一门课程教学过程中,任课老师会安排多次随堂、临时的小测验,加上期中考试和期末考试构成考试成绩。在大学三年级还采用法国预科精英学校的展示型口试,准确考察每位同学对知识的掌握程度。

对于教学质量监控,学院创建了一套全方位监控的教学质量保障机制。学院每学期都会进行课程评价,由学生对每一门课程从前端准备、授课质量、学生受益程度等方面进行量化评价,最后得出一个综合评分,综合评分低于警示线的课程将由学院领导督促改进。对于学生学习质量的评价,每学期会召开全体教师和教学管理人员参加的学生评价会,会上不仅评价学生当前学习成绩,还对其成绩变化、心理健康、家庭或社会影响方面进行评价,得出一个综合排名,并指导后续的保研资格评定和学生分流。经过两轮完整的精英核能工程师培养实践,实现对教学质量的全方位精确监控,取得了优异的教学效果。

学院特别注重师资队伍的建设,形成一套引进—融合—培养相结合多角度建设方式。学院立足引进国外优质教育资源,对国外优质教育资源进行消化、吸收、创新以及本土化改造,实现中外合作办学质量的提升。学院在合作办学前期的教学以法方为主导,采用法方的教学计划,由法方外派专业教师负责每门课程的教学,中方聘请一定比例的中方教师合作开展教学。学院同时加强中方老师的培养,不仅要求中方老师旁听法方教师课程,熟悉并掌握法方的教学方法,鼓励中方教师学习法语,创造机会选派教师赴法国参加培训,还有计划地组织中、法双方教师结合核能技术发展和中国教育特色编撰教材。此外,学院每年还会邀请核能领域中外合作企业安排高级技术和管理人员直接参与教学工作,或担任企业导师与学院导师一起共同指导学生的毕业论文等,学院老师与企业人员合作教学也有助于提高其专业教学能力。

在科研条件与能力建设方面,学院立足人才培养与科学研究协同发展的目标,建成核能教学科研实验室群。学院已建成 13 个实验室:高性能计算集群核仿真平台、核探测器实验平台、环境监测及应急系统平台、核反应堆热工水力与安全实验平台、核结构材料和机械性能测试平台、多相流和微流实验平台、智能加工中心、核电子学实验平台、电子实验室、放射化学实验室、溶解化学与电化学实验室、数据采集–交换与 Labview 实验室、核物理实验室,占地约 2 176 平方米。另外,学院正在建核电流体热力循环实验室、核辐射探测实验室、中子探测实验室,建成后占地约 684 平方米,总的教学研发实验场地近 3 000 平方米。在建成教学科研实验室群的基础上,学院的整体科研能力蒸蒸日上,例如 2016 年,学院与中科院高能所合作完成了中国东莞散裂中子源谱仪中子探测器的研制工作和阳江核电站冷源海生物监测系统,并已投入使用;当年学院教师共发表学术论文 160 多篇,获得国家专利授权 10 余项,获得了广东省科技进步二等奖一项,为华南地区核能安全应用、核电发展提供坚强后盾。

五、办学特色

特色 1:中法全方位合作,形成人才培养、科学研究和学科建设三位一体中外合作办学实体。常规的国际化办学项目都集中于人才培养,中法核工程与技术学院的主要特色在于将学科建设、人才培养、科学研究三者紧密结合起来,充分发挥中法合作办学和校企联合研发的优势,全方位打造精英核能工程师培养和高水平科学研究为一体的教学科研平台。

特色2:深度融合法国核能工程师培养模式之精髓与中国高等教育优势资源,创建中国本土化精英核能工程师培养体系。大课程体量与大小班教学的授课模式、外语教学与学位论文撰写-答辩过程外语能力训练、三阶段九个月的校外实习模式、师生互评-双向激励的教学质量监控,都是中法合作人才培养的显著特色。

特色3:中法方教师密切合作组建教学科研团队,打造国际化师资队伍。学院的课程都由中方老师和法方老师组成教学团队联合授课,首轮合作法方老师是教学主体,中方老师学习和参与教学,第二轮以后合作时中方老师逐渐成为教学主体,法方老师参与教学指导。同时围绕学院的四个研究方向中法方教师组成稳定科研团队,针对核能领域的关键科学问题开展联合攻关。

特色4:办学水平和人才培养质量得到国内外同行肯定,是核能领域唯一通过法国CTI认证和欧洲EUR-ACE认证的中外合作办学单位。2016年学院首次通过CTI认证获得6年有效期,而其他办学单位一般首次通过CTI认证的有效期为3年,其原因是法方评估专家评价中法核工程与技术学院培养的学生素质同法国最顶尖的工程师学校培养的学生相比,水准毫不逊色;同年学院还获得欧洲工程教育认证体系EUR-ACE Master认证。

六、人才培养成果

在人才培养、科学研究和学科建设三位一体的中外合作办学模式下,中法核工程与技术学院的人才培养成果显著,毕业生质量优良。学院培养的本科毕业生连续4年以超过85%的比例攻读硕士研究生,且硕士研究生就业情况优异。所培养的硕士毕业生受到中国广核集团,法国电力集团等用人单位高度评价和赞赏,中国广核集团专门针对我院的毕业生提出了专项招聘政策,招聘名额没有限制、公司采用双导师制的后备干部培养模式、起步的工资待遇等同于其他高校博士学位获得者、二年后给予我院学生二次选择下属部门的权利。中国广核集团对我院毕业生入职半年后的评价为具有坚实的核能专业基础、良好的创新工作和外语沟通能力。

经过多年中法合作教学实践,学院的人才培养模式已呈现多学科融合、国际化的特点,具有较强的前瞻性,受到国内外广泛关注和良好评价。2016年12月,王彪院长在全国研究生院工科研究生教育工作研讨会上所做的"中法全方位合作共同培养核能领域高端技术和管理人才"报告获得论文一等奖;2016年6月学院在巴黎举行的中法高级别人文交流机制第三次会议上获得中法大学合作优秀项目称号,并荣获国务院副总理刘延东颁发奖章。2017年3月,学院推荐的核能与核技术工程硕士专业学位研究生培养案例荣获教育部哲学社会科学研究重大课题攻关项目最佳案例一等奖。2017年8月,学院推荐的"中法合作精英核能工程师本土化培养体系的构建与实践"项目,获得广东省教学成果一等奖。

七、总　结

中法核工程与技术学院依托中山大学与法国五所"核能工程师学校"合作创建,得到中法两国政府的高度关注与大力支持,致力于引进吸收法国工程师培养模式、培养本土化国际精英核能人才、"洋为中用"持续促进核能技术创新。自2010年成立以来,学院在人才培养、学科建设和科学研究方面已经取得了斐然成绩,成为三位一体中外合作办学的成功范例。学院的教学和人才培养已形成中国本土化精英核能工程师培养模式,获得法国工程师职衔委员会(CTI)和欧洲工程教育(EUR-ACE)的认证;学科建设取得核能专业本科—硕士—博士学位点并建成省部级研发平台;科学研究已取得一大批重要成果并已应用到核电站设计或技术改造中。中法核工程与技术学院在中法全方位合作培养核能领域,人才培养、科学研究和学科建设三位一体中外合作办学模式的积极探索和成功经验对于我国中外合作办学和工程师人才的培养具有重要示范意义。

参 考 文 献

[1] 罗向阳."双一流"建设:误区、基点与本土化[J].北京:现代教育管理,2016,(10):12.

[2] 王晓辉.法国工程师教育研究[J].北京:清华大学教育研究,2013,(2).

[3] 杨东华,杨佩青.法国工程师精英教育模式本土化过程中的问题与对策[J].北京:中国电力教育,2012,(6).

[4] 于黎明,陈辉,殷传涛,等.企业全过程参与工程师培养的探索与实践[J].北京:高等工程教育研究,2013,(3).

[5] 王彪,马显锋,张小英.中法全方位合作共同培养核能领域高端技术和管理人才[R].北京:第28届全国研究生院工科研究生教育工作研讨会,2016.

[6] 杨东华,赵静.法国工程师培养模式本土化过程中的学生评价研究[J].北京:中国电力教育,2014,(33):46.

"一带一路"旅游教育与研究的交流与合作[①]

沈世伟[1,2]　Philippe Violier[3]

(1.宁波大学人文与传媒学院,浙江宁波,315211;

2.昂热旅游教育研究创新协同中心,法国昂热,49004;

3.昂热大学旅游与文化学院,法国昂热,49004)

由中国倡议的"一带一路"正得到越来越多国家的响应。就如何推进"一带一路"建设与区域合作,习近平主席提出了政策沟通、设施联通、贸易畅通、资金融通、民心相通的重要思想。"五通"思想能贯彻落实,比较大大促进中国与沿线国家的旅游交流与合作。反过来,旅游因其自身特点,具有先联先通的优势,不仅可成为助推"五通"的重要力量,也有望成为中国与相关国家交流合作的主要形式之一。国家发展改革委、外交部、商务部2015年3月28日联合发布的《推动共建丝绸之路经济带和21世纪海上丝绸之路的愿景与行动》就已设想"加强旅游合作,扩大旅游规模"。我们认为,"加强旅游合作,扩大旅游规模"非一朝一夕之功,欲使之朝着各方期待的"落地生根、深耕细作、持久发展"的目标稳步迈进,中国与"一带一路"相关国家须携手努力,在旅游教育与研究领域开展深层次、可持续的交流与合作。

一、以开放和包容为原则

此处有三层意思:首先,正如习主席指出的,建设"一带一路"不是中国一家的事,而是沿线国家的合唱,"一带一路"旅游教育与研究自然同样需要中国与沿线国家的合奏。其次,"一带一路"的相关国家基于但不限于古代丝绸之路的范围,各国和国际、地区组织均可参与"。王毅外长强调中国无意为"一带一路"划定明确的地理界限,明确了"一带一路"的开放性和包容性。因此,"一带一路"旅游教育与研究的交流与合作也不能画地为牢。既然"一带一路"目前已从一种具体的概念变为一种更加包容开放的对外精神的反映,那么"一带一路"旅游教育与研究的交流与合作面向的国家也应逐步扩大到全球范围,或者说全球所有响应"一带一路"倡议的国家。此外,开放和包容既是旅游的天性,也是教育和研究不可或缺的精神。"一带一路"旅游教育与研究不能闭门造车,从书本到书本,也不能容不下不同的声音,或者不允许不同的探索与实践。

二、以旅游院校为主体

专业的事应由专业的机构和人士来做。高等院校无疑是各国旅游教育和研究的主力军。

---

① 原文刊载于"中国旅游发展笔谈",2017年第6期,第32卷。

"一带一路"旅游教育与研究的交流与合作应以高等院校为主体。政府及其各级组织不宜介入其中的具体专业事务,更不能大包大揽,一统到底,而应以政策和规划宏观引导,以法律和法规有效约束,制定出大的蓝图,把握住大的发展方向,履行好服务与监管职能,甚至把可由专业协会承担的服务与监管职能交付专业协会,做到政府、协会、院校各守其位、各司其职,协同推进"一带一路"旅游教育与研究的交流与合作。这不仅符合教育与研究自身发展的普遍规律,有利于调动高等院校的积极性,发挥其创造力,也便于政府、协会、院校与"一带一路"相关国家政府、协会、院校在双边和多边关系的框架下,借助国际通行的规则,顺畅沟通,有序衔接。

三、有分有合

"一带一路"涉及国家众多,国情差别巨大,任何一所高校都难以面面俱到,同时与这么多的国家开展实质性的合作。各地高校宜立足已有基础,结合自身优势,重点选择某一区域长期精耕细作,例如新疆地区高校、东北地区高校、西南和华南地区高校可分别利用邻近中亚、俄罗斯和东南亚的地缘优势,分别以上述某一区域或某一两个国家为合作重点。另一些凭借某一区域研究已形成特色和品牌的高校(如浙江师范大学的非洲研究),可在旅游教育和研究的中外交流中进一步凝练特色,强化已有品牌,做成长期、系统的工程。还有一些高校在旅游教育领域与某一区域已有长期、稳定的合作基础(如宁波大学与欧洲旅游院校的合作往来),宜充分结合国家、省、市各级政府的相关战略,将已有合作向纵深推进。各院校彼此分工、差异化发展的同时,也需彼此协作,形成合力。中国旅游研究院作为国家旅游局的研究机构,可通过组织一年一度的"一带一路"旅游研究论坛、规划大型专题研究等形式将中国各旅游院校的研究力量汇聚起来,发出"一带一路"旅游研究的中国声音。中国旅游协会旅游教育分会等组织则可在旅游教育领域发挥类似的统领作用。

四、挖掘和培养跨文化、复合型人才

"一带一路"旅游教育交流与合作可涵盖学生交换、教师交流、课程合作、学分互认、双向留学、涉外办学等多种形式。"一带一路"旅游研究交流与合作则可以平台建设为载体,重点推进国别与区域研究、比较研究、跨国跨区域合作研究和专项研究。人才是开展一切事业的基础。无论采用上述哪种形式,针对哪个领域,"一带一路"旅游教育与研究的交流与合作必须秉持人文精神,坚持以人为核心,重视人的成长,不拘一格,用心挖掘和培养具有高度的人文情怀和专业素养、跨文化、复合型的旅游行业人才和学术人才。"一带一路"沿线国家语言多样(大多数都不是英语国家),习俗各异,信仰有别,资源禀赋和发展程度也不尽相同,甚至相差悬殊,而中国大多数旅游院校的对外交流与合作长期局限于以美英澳等少数讲英语的发达国家和地区,普遍对"一带一路"沿线国家较为陌生,缺乏真正精通"一带一路"沿线国家语言、深知"一带一路"沿线国家国情的跨文化、复合型人才,而这样的人才恰恰是推进"一带一路"旅游教育和研究的交流与合作不可或缺的关键力量。培养这样的人才需要中国与相关国家的通力合作,需要合作双方乃至多方共同的努力和耐心。另外,要始终注意,不仅要挖掘和培养中国的"一带一路"国家旅游通,也应培养"一带一路"国家的中国旅游通,唯有如此,中国和"一带一路"国家的旅游合作才能在人才上形成互联互通。

五、在借鉴和创新中实现开拓与发展

基于开放、包容原则,广义的"一带一路"旅游教育与研究的交流与合作不仅包括中国与沿线国家的交流与合作,也包括一切涉及沿线国家的交流与合作,也就是沿线国家之间乃至其他国家与沿线国家的双边和多边交流与合作。在推进"一带一路"旅游教育与研究的交流与合作中,中国既可广泛吸收和借鉴沿线国家及非沿线国家乃至世界范围内的双边和多边交流与合作的经验和成果(例如欧洲的伊拉斯莫斯世界计划),也可进一步弘扬丝路精神,将中国与沿线国家的合作交流同中国与非沿线国家的合作交流连接到一起,编织成格局更宽广、规模更宏大、影响更深远的合作交流网络,从而大大拓展"'一带一路'朋友圈"。"一带一路"的横空出世让世人更真切地发现西方文明远非人类文明的全部。包括中国在内,"一带一路"沿线分布着众多历史悠久、文化独特的国家,由于一方面"国际旅游研究界的已有理论和知识模型基本上是在西方文明的价值观体系和科学研究范式框架下建立起来的。这些理论和知识模型,不经过中国(等非西方)文明价值观体系和文化制度环境的验证或反证,很难说是人类普适的知识体系"。另一方面,中国已是当今世界举足轻重的旅游客源市场和旅游目的地,中国与"一带一路"国家旅游合作的逐步深入和持续发展有望深刻改变世界旅游版图,可能生成不同于当今西方主导的国际旅游学界已知的一些现象和模式,从而为国际旅游学界提供新的研究场域和研究问题,进而带来激动人心的范式创新和理论变革。

法国政府认为"一带一路"倡议是一个宏伟的工程,以独创方式在亚欧大陆及相关海域发展全球化,能够促进世界经济增长与和平稳定。法国昂热大学旅游与文化学院及卢瓦尔河地区旅游教育、研究、创新协同中心不仅乐见其成,还热切期待与其中国合作伙伴一道,携手参与"一带一路"旅游教育和研究的交流与合作。

中法高等教育合作历程、结构与办学前瞻[①]

马仁锋　焦会莹　杨　柳　张水燕　漆　琦

宁波大学昂热大学联合学院

摘　要：国际化战略已成为全球化背景下实现高等教育聚焦全球前沿和开放办学必然趋势与办学目标。中法合作办学在历史与现实的推动下不断呈现出多领域、高质量、体系化的合作办学形式与特征。中法高等教育合作学科布局集中在工学与管理学，分别占总数 44.4％和 33.8％；学历层次中硕士研究生与本科教育分别占 50％左右；非法人中法合作办学机构在师资引进、资金配置、双方合作院校资质等方面较中法合作办学项目有一定优势；中法合作办学散布中国大陆 18 个省份，其中 6 省份个别高校经教育部批准设立了非法人合作办学机构，上海、北京、浙江位居前三。中法高等教育合作办学未来应着重推进与法国一流院校、一流学科的合作办学，引进法国高等教育多元化人才培养模式，培养国际化专业教师队伍，建立多维国际合作办学评价体系。

关键词：中法合作办学；高等教育国际化；人才培养；"一带一路"倡议

中法合作办学已成为中国发展高层次、国际型教育的主要合作对象之一。但是，中法教育合作发展也出现一系列新问题，如区域发展不平衡、中法双方往来不对等、留学生跨文化能力与适应性低等；相关研究多以中法合作办学项目、机构个案为例来探讨办学模式、双语教学以及实践教学内容为主[②]，特别是中法工程师合作教育研究居多，鲜见宏观分析中法合作办学的总体发展趋势与政策。因此，梳理中法教育交流历史演进、厘清中法合作办学基本情况与动态，探讨新形势下中法办学特点，以期对纵深发展中法高等教育合作与交流，实现中国高等教育合作办学改革，培育中国国际型高质量优质人才以及拓宽"一带一路"倡议下中法之间交流的领域具有重要意义。

一、中法教育合作交流缘起与演进

不同时代背景下中法两国教育文化的交流不断递进与深化，形成了各时期的交流特点。从中法教育文化交流渠道和方式、内容看，中法教育交流大体经历了四阶段：19 世纪前传教士的来华教育传播；19 世纪至 20 世纪初洋教习的"请进来"与官派留学；20 世纪上半叶留法勤工俭学与里昂中法大学创立；新中国成立至今现代中法高等教育合作的开启与快速发展。

---

① 原文刊载于法国研究，2020（2）：32－41.

② 姜文达，等.中国学者研究法语国家或地区主题旅游的脉络与前瞻［J］.宁波大学学报（人文科学版），2020（2）：117.

（一）19 世纪前——传教士的来华教育传播

自"地理大发现"后，以利玛窦（Matteo Ricci，1552—1610）为代表的天主教传教士赴华传教，进而掀开了明末清初"西学东渐"的帷幕[①]。1610 年，法国耶稣会传教士金尼阁（Nicolas Trigault，1577—1628）来华传教，激发西方青年传教士纷纷申请赴华传教，金尼阁在第二次赴华传教期间开办了"教会图书馆"。随后，在法国国王路易十四资助下形成了法国政府资助的第一批（1690）与第二批（1699）来华传教士，包括 Louis le Comte（李明）、Joachim Bouvet（白晋）、Gerbillon Jean Franois（张诚）等人，共计 20 名。史料记载至 1773 年先后有近百余名法国传教士来华，他们在中国传播了数学、天文、地理等科普知识[②]。与此同时，赴法留学伴随着传教士的来华传教而出现，高类思和杨德望都是早期著名的赴法中国学者。

（二）19 世纪至 20 世纪初——洋教习与官派留学

1842 年《南京条约》签订掀起了第三波外来文化入侵，法国传教士不断在中国开办学校开展教学活动，如上海"徐汇公学"是由法国传教士所开办。至 20 世纪 30 年代，法国巴黎耶稣会建立了 7 所教育机构以及博物院等，复旦大学与震旦大学的建立均与其有关。中国第一所新式学堂京师同文馆自 1862 年设立起便有"法文馆"，由洋教习任教。这些法国"洋教习"通过开办和参与新式学堂方式致力于西文教育，培养了众多学生，也为之后的清末官派留学提供了基础。

中国最早官派留法学生始于 19 世纪 70 年代，由 1872 年"幼童留学"开启端绪。1875 年，总理船政大臣沈葆桢为培养船政人才，开始选派人员赴法留学（见表1）[③]。1877—1897 年，福州船政局先后四次选派中国学生赴欧留学。其中，共派往法国留学 50 人，目的是学习法国先进船舶制造、洋枪制造、军器制造、算学等[④]。除福州船政局学生赴法留学外，19 世纪末 20 世纪初在清政府留学政策推动下，各省和中央各部也选派学生赴欧留学，部分派往法国。1908—1910 年赴欧留学人数总计 500 余人，其中 140 人赴法留学[⑤]，赴法留学生分别就读于巴黎国立桥梁大学、巴黎工程大学、里昂高等商业学校等，此后赴法留学主要以自费留学为主。

表 1　官派留法重要事件

时　间	事　件	赴法留学人数	赴法留学人员	目　　的
1875 年	为培养船政人才选派 5 人赴英法留学	3	陈季同、陈兆翱、魏瀚	学习造船
1877 年	福州船政局选派第一批中国学生赴欧洲留学	21	魏瀚、陈兆翱、马建忠、陈季同等	学习造船、洋枪制法、国际法和等
1881 年	福州船政局选派第二批中国学生赴欧洲留学	4	李芳荣、王福昌、黄庭等	学习制船、军器和火药

①　王红.里昂中法大学：中西文化教育交流的特殊见证[J].教育研究与实验,2015,(1):60.
②　张士伟.近代中法高等教育交流史研究[D].河北：河北大学博士研究生学位论文,2010.
③　葛夫平.中法教育合作事业研究(1912—1949)[M].上海：上海书店出版社,2011:2.
④　刘红.改革开放三十年中法高等教育交流与合作研究[J].法国研究,2016,(4):10.
⑤　王奇生.中国留学生的历史轨迹 1872—1949[M].武汉：湖北教育出版社,1992:55.

续表 1

时　间	事　件	赴法留学人数	赴法留学人员	目　的
1886 年	福州船政局选派第三批中国学生赴欧洲留学	14	林振峰、陈清平、卢守孟等	学习海军制造、算学、万国公法等
1897 年	福州船政局选派第四批中国学生赴欧洲留学	6	丁平澜、郑守钦、施恩孚等	学习制造
1904 年	张百熙主办公派 47 名留学生	2	陈祖良、华南圭	—

(三) 20 世纪上半叶——留法勤工俭学与里昂中法大学

留法勤工俭学运动是中国近代教育史上一次大规模的赴法求学运动,它以勤工为手段,俭学为目的开创了一条全新的留学之路,也成为大规模中法教育合作事业的开端[①]。1912 年 1 月 1 日,南京临时政府成立,李石曾、蔡元培等人发起了"留法俭学会"并在北京创办留法预备学校,开设了法文、中文、数学等课程以及中西学术演讲[②]。"留法俭学会"共办理了"两届三班",给予了当时近百名中国学生赴法留学机会[③]。为了应对赴法勤工俭学生的日益增多,有效推动中法两国文化沟通和交流,1916 年中法双方在法国巴黎成立了"法华教育会",主要联络中法学者团体、介绍中国留学生来法工作。1919 年第一批"勤工俭学生"成功赴法,仅两年时间内 20 批赴法留学生总数达 1 600 名,远远高于赴欧其他地区留学人数。勤工俭学运动使中国大批青年接触了先进工业与刚刚兴起的马克思主义,为中国革命和建设培养了如周恩来、邓小平等大批杰出人才,此后法华教育会开始致力更高层面的中法文化交流事业。

创立于 1921 年 10 月的里昂中法大学,是近代中法教育合作的重要成果之一。它是在官派自费留学之后出现的一种新型留法教育形式,即在海外设立中国大学,利用法国优质教育资源和先进的科学技术为中国培养高等研究人才和大学教授。里昂中法大学创立到 1951 年停办期间,共有正式学生 473 人,培养博士约 129 名,硕士生 55 名,工程师 63 名[④]。学生除就读里昂大学外,还包括里昂高等工业大学、里昂高等商业大学、巴黎大学、巴黎政治专门学校、都鲁士大学等。朱冼、程茂兰、戴望舒、潘玉良等人是中法里昂大学培养的各领域高级人才。除中法里昂大学外,这一时期中国还开办了多所中法教育机构或研究所(见表 2),如北京中法大学、巴黎中国学院、上海中法工学院等,为培养中国学术人才及致力于中法文化交流做出了重要贡献。

(四) 新中国成立至今——现代中法高等教育合作的开启与快速发展

1964 年 1 月 27 日,中华人民共和国与法国正式建立外交关系。随后,两国在经济、文化等领域开启了一系列交流活动。其间,受"文化大革命"影响,中法文化教育交流一度停滞。直到 1973 年 9 月法国总统乔治·蓬皮杜(Georges Pompidou)应邀访华,中法关系步入正规并提出加强在文化、科技、语言教学等方面的交流与合作,然而截止 1977 年中国留法学生人数仅

---

① 王华银. 留法勤工俭学运动与中国现代教育[D]. 河北:河北大学硕士研究生学位论文,2004.
② 季玫希. 中国近代留学发展历程与动力探究[J]. 现代教育科学,2019,(3):135.
③ 张允候. 留法勤工俭学运动(一)[M]. 上海:上海人民出版社,1980:10.
④ 葛夫平. 关于里昂中法大学的几个问题[J]. 近代史研究,2000,(5):94.

164 人。1979 年中法两国签署《关于中法经济的发展》《关于互设领事机构》《关于 1980 年至 1981 年文化交流计划》三个中法合作文件,促成了建交以来中法教育交流路径的深入发展[①]。

表 2　近代著名中法合作院校

院校名称	起止年份(年)	校务组织	学生培养	校址
里昂中法大学	1921—1951	中法双方组成中法大学协会作为最高领导机关	不设科系和聘用教授,利用里昂大学资源培养学生,学生可以根据意愿在里昂大学所属 12 个里昂高等专门学校学习。	法国里昂西郊的圣堤爱内堡
北京中法大学	1920—1950	拥有独立的校务组织与管理,且以中方为主。	该校教育体系包括大中小三级教育,实行法国大学区制,培养了 569 名高级人才毕业生,为中国社会科学、自然科学、医学等领域提供了高级人员[②]。	北京
上海中法工学院	1921—1940	上级主管部门中方教育部和法方的外交与技术部共同负责。	中法国立学院分大学和附属高中部两类,设工商两科,分电气、建筑、机械和商业四系,办学目标为培养中国技术人员[③]。	上海拉斐德路(今复兴中路)1195 号
巴黎中国学院 Institut des Hautes Etudes Chinoisesde Paris	1920—	基本由法国汉学家根据院章负责各项工作,中法双方共同组成董事会。	由中法两国政府建立的汉学研究与教育机构,以汉学教学为主,培养汉学人才和推广中华文化[④]。	现法兰西学院汉学研究所,勒穆纳天主教街现址。

随着改革开放的不断深入,中法两国关系进入了重要的历史发展时期,赴法留学由语言为主转向学习科技为主,与此同时法国高等教育各层次、几乎所有专业完全对中国留学生开放,留学生可就读于综合性大学、综合性大学工程师学院、高级技师学院等各类高校,由此中法教育合作步入了发展的快车道。1997 年两国确定为全面伙伴关系,强调在多样性世界中促进各种文化的发展。到 2004 年中法建交 40 周年之际,两国确定为全面战略伙伴关系,双方一致认为深化科学技术和教育文化合作,鼓励两国公立和私立研究机构和高等院校开展交流,鼓励双方加强高校和语言教学方面的合作,增加留学生交换等。2006 年中法共同签署《中法联合声明》加强中法博士生学院项目的合作以及扩大在生命科学、空间技术、应用数学、信息科技和环保等领域科技合作[⑤],中法高等教育交流与合作进入了繁荣时期。高等院校合作项目与非法人机构不断开办,合作规模逐渐扩大;合作形式逐渐形成学生流动、课程流动等新形式;中法高校形成了环境、医学、航天工业等优先合作领域;攻读硕士研究生及以上学位的人数开始大幅度上升,中法本硕博文凭原则对等,合作办学层次不断提高。

---

① 刘红.改革开放三十年中法高等教育交流与合作研究[J].法国研究,2016,(4):10.

② 陈雁.简析民国时期北京中法大学的学制特点[J].历史教学,2011,(8):47.

③ 葛夫平.上海中法工学院始末[J].史林,2006(4):105.

④ 张士伟.谈 20 世纪初海外中国学院的建立与推广[J].教育探索,2010,(8):149.

⑤ 新华社《胡锦涛与希拉克共同签署中法联合声明》,http://www.gov.cn/ldhd/2006 - 10/26/content_424728.htm [2006 - 10 - 26].

二、中法高等教育合作办学的学科、学历与地域结构

随着中国对外合作办学不断发展,建设优质合作办学项目或机构迫在眉睫。与法国教育合作不断深化,利用法国优质教育资源、多元办学体系及人才培养模式构建中国教育国际化发展成为探索主流。中国开展中法合作办学类型多样,以中法合作办学项目以及非法人中法合作办学机构为主要合作形式。截止 2019 年 10 月,中国开展中法合作办学项目达 43 个、非法人机构 9 所[①]。南昌大学、对外经济贸易大学分别在 1996、1997 年开展了中法合作办学项目,是中国最早设立中法合作项目的高校。随着中法在政治、经济、文化等领域密切交流与合作以及中国教育规划纲要的颁布实施,2012 年起中法合作办学不断推进,2012—2016 年批准设立中法合作办学项目与机构达 27 个。中法合作办学特色明显,法方合作院校类型多样,其中包括巴黎一大、勃艮第大学、昂热大学等综合性公立大学,法国国立路桥大学等公立工程师院校,里昂商学院、南特高等商学院、瓦岱勒国际酒店与旅游管理学院等法国商学院。

(一) 学科结构

截止 2018 年底,如表 3 所示中法合作办学项目与机构实施的学历教育涉及的学科分布情况,中法合作办学开设本科及以上学历教育涉及经济学、法学、文学、理学、工学、医学、管理学、艺术学 8 个学科[②]。其中,学科布局集中在工学与管理学,分别占总数的 44.4% 和 33.8%,其中包括核工程与核技术、电子信息工程、材料科学与工程、机械工程、企业管理、工商管理等专业,其他学科开设较少。由于面临大量高质量工程人才短缺的严重挑战以及对工程人才需求量增加,工学成为了中外合作办学中主要学科,加之法国拥有全球独一无二的工程教育体系,催生了中国同法国各工程师院校强化教育合作与交流意愿,运用法国通用先进工程师培养模式来提升中国工程类国际化人才的培养,满足中国现代化重大工程项目的建设与海内外投资。2015 年以来,中外合作办学进入质量提升新阶段,教育部明确了经济类、工商管理、计算机专业审批必须严格管控,重点支持在理工农医等自然科学领域举办项目[③]。一些新兴专业、前沿专业,如生物技术、生物医学、人文地理与城乡规划、核工程与技术、航空航天等专业陆续在中法合作项目或机构中得到开展。

表 3　中法合作办学项目与非法人中法合作办学机构开设学科数量(中国专业设置口径)

学科	经济学	法学	文学	理学	工学	医学	管理学	艺术学
专业数量(项目)	1	1	2	0	17	1	22	2
专业数量(机构)	2	0	1	4	13	0	1	1
数量合计	3	1	3	4	30	1	23	3
占所有专业比例	4.4%	1.5%	4.4%	5.9%	44.1%	1.5%	33.8%	4.4%

①　中外合作办学监管信息平台《中外合作办学机构与项目(含内地与港澳台地区合作办学机构与项目)名单[EB/OL]. http://www.crs.jsj.edu.cn/index/sort/1006[2019-12-24].

②　中华人民共和国教育部.普通高等学校本科专业目录(2012 年)[EB/OL]. http://old.moe.gov.cn/publicfiles/business/htmlfiles/moe/s3882/201210/xxgk_143152.html[2012-09-18].

③　林金辉.新时代中外合作办学的新特点、新问题、新趋势[J].中国高教研究,2017(12):35.

(二) 学历层次结构

表 4 统计了中国中法合作办学项目与机构办学层次结构,中法合作办学层次覆盖本硕博学历教育。项目中本科层次学历教育 22 个、硕士层次学历教育 18 个、博士层次学历教育 3 个,9 所机构中有 8 所实施本科层次学历教育、7 所机构实施了硕士教育、博士层次学历暂无机构开展。根据项目与机构的三个办学层次占比,实施本科办学占总数的 51.7%、实施硕士教育比例 43.1%、博士教育比例 5.2%。整体看,实施研究生层次学历教育与本科教育分别占 50% 左右,由于非法人中法合作办学机构在师资引进、资金配置、双方合作院校资质等方面较中法合作办学项目有一定优势,则办学层次整体高于中法合作办学项目,中法合作办学层次相对结构合理。

表 4　中法合作办学项目与机构办学层次情况

办学层次	本科	硕士	博士
项目/个	22	18	3
机构/个	8	7	0
数量合计/个	30	25	3
占所有层次比/%	51.7	43.1	5.2

表 5 显示 2012—2018 年间"985 工程"高校举办中法合作办学项目数由 2012 年的 6 所增加到 13 所,分别占当年(2012、2018 年)总数 30%;举办中法合作办学的"211 工程"高校由 12 所上升到 2018 年的 23 所,分别占比 60% 和 53%"双一流建设"高校由 13 所上升到 26 所,分别占当年(2012、2018 年)总数的 65% 和 60%"卓越工程师教育培养计划"高校在 2012 年和 2018 年的占比分别为 55% 和 60%。2012—2018 年举办中法合作办学机构的"985 工程"院校自 2012 年成立 5 个机构(北京航空航天大学中法工程师学院、上海交通大学上海交大—巴黎高科卓越工程师学院、中国人民大学中法学院、中山大学中法核工程与技术学院、华中科技大学中欧清洁与可再生能源学院)后未有增加;"211 工程"院校及 2018 年增加了宁波大学昂热大学联合学院与武汉理工大学艾克斯马赛学院两个非法人办学机构;"双一流建设"高校与卓越工程师教育培养计划分别增加 3 个和 2 个办学机构。可见,开设中法合作办学项目与非法人机构的整体办学层次相对较高,但占比发展较慢,以"985 工程"高校为代表的中国顶尖大学开设机构占比由 80% 下降到 44%。此外,2012—2013 年间办学项目增加幅度较大,这与 2012 年国家出台《教育部办公厅关于加强涉外办学规范管理的通知》等系列政策文件关系密切。近年,许多地方性院校开始国际化办学,侧面反映了中外合作办学市场需求快速增加以及中国高等教育的全球认可度提升。表 6 显示中法合作办学外方合作院校 US News 世界排名前 500 院校仅四所,分别为法国斯特拉斯堡大学、法国图卢兹第三大学、巴黎第一大学和法国艾克斯马赛大学。这表明中法合作办学外方合作院校资质亟待提升。

表 5   2012—2018 年中法合作办学的中方高校资质情况

	2012	2013	2014	2015	2016	2017	2018
项目丨机构数/个	20/5	29/5	31/5	34/6	40/6	41/8	43/9
＃"985 工程高校"数/个	6/4	9/4	10/4	10/4	12/4	13/4	13/4
＃"211 工程高校"数/个	12/5	17/5	18/5	19/5	22/6	23/6	23/7
＃"双一流建设高校"数/个	13/5	19/5	20/5	21/6	24/6	25/7	26/8
＃"卓越工程师教育培养计划"数/个	11/3	18/3	19/3	22/4	24/4	25/5	26/6

表 6   中法合作办学外方合作院校 US News 世界排名前 500 院校

序号	合作类型	院校名称	中文名称	地区	排名
1	项目	Universite de Strasbourg	法国斯特拉斯堡大学	斯特拉斯堡	208
2	项目	Universite Toulouse III-Paul Sabatier Paul Sabatier	法国图卢兹第三大学	图卢兹	248
3	项目	Universite Paris I-Pantheon-Sorbonne	巴黎第一大学	巴黎	299
4	机构	Aix-MarseilleUniversite	法国艾克斯马赛大学	马赛	156

(三) 地域分布

中国共有 18 个省份设立了中法合作办学项目或机构(见表 7),其中 6 省份还设立了非法人中法合作办学机构。上海拥有 9 个办学项目、一个办学机构,位居 18 省份之首。同时,上海开设院校资质较高,同济大学、上海交通大学、华东师范大学等双一流、985 高校位居其中。其次为北京和浙江省,均拥 7 个办学项目和 1 个办学机构,领先于其他省份。区域布局看,主要集中在华东和华北地区,分别占全国总数的 50%、23%;华南和华中地区均有 4 个,占全国的 7.7%;西南地区有 3 个,占 5.8%;西北和东北地区分布最少,占比为 1.9% 和 3.8%。统计 2015—2018 年新增中法合作办学项目与机构,开设院校分布由华北、华东地区向东北以及华中区扩展。中法合作办学项目与机构的外方合作院校所在地区如表 8 所示,合作次数最高的即为法国第一大城市—巴黎,中国高校共与位于巴黎的 19 所高校展开了合作办学,其次为图卢兹、里昂、克莱蒙费朗、昂热、南特等。

表 7   中法合作办学项目与非法人机构地域分布

地区	省(市)	项目与机构总数/个	地区	省(市)	项目与机构总数/个
华北地区	北京	8	华南地区	广东	4
	天津	3	华中地区	河南	1
	河北	1		湖北	3
华东地区	上海	10	西南地区	云南	1
	山东	3		四川	1
	江苏	3		重庆	1
	安徽	1	西北地区	陕西	1
	浙江	8	东北地区	吉林	1
	江西	1		辽宁	1

注:福建、海南、山西、宁夏、青海、西藏、新疆、内蒙古、黑龙江、甘肃、贵州、广西暂无。

表8 中法合作办学外方院校在法国的分布频次

地区	项目	机构	地区	项目	机构
巴黎市	11	8	斯特拉斯堡市	1	0
图卢兹市	4	0	波尔多市	1	0
里昂市	3	1	第戎市	1	0
克莱蒙费朗市	3	0	南锡市	1	0
昂热市	3	1	勒阿弗尔市	1	0
南特市	3	1	普瓦提埃市	1	0
鲁昂市	2	0	佩皮尼昂市	1	0
格勒诺布尔市	2	1	贝尔福市	1	0
尼姆市	2	0	里尔市	0	1
马赛市	1	1	梅斯市	0	1

三、"一带一路"倡议下中法合作办学前瞻

法国作为世界教育强国,其经济学、管理学、工学等领域的教学和科研处于全球领先水平。对中国高校而言,中法合作项目与机构质量、数量已然成为高校国际地位的重要衡量标准。凭借国际合作办学提升中国高等教育质量和国际化水平、国际竞争力是中国各层次高校国际化的共同需求。"一带一路"倡议提出与践行,进一步催化中法两国教育领域的深度合作。中法高等教育合作既促进了中法两国文化的碰撞和融合、教育理念与人才培养模式创新,又弥补了中国高等教育资源短缺等短板,奠定了双方开展长期性、多方位合作的前景。

随着中法合作办学制度与操作模式不断优化,塑造了新型中法教育交流形式。首先,中法双方放宽了个人赴法留学的签证、语言、家庭财力等因素,中国公民赴法留学成为大众性、普遍性的交流形式。其次,1990年起以大学合作为主体的中法合作模式应运而生[1],2012年法国陆续将多种类文凭统一纳入LMD(学士-硕士-博士)体系,使中国各层次高校与之合作办学更具操作性[2]。法国是第一个同中华人民共和国建交的西方国家,在"一带一路"倡议下中法战略伙伴关系持续升温,对中法高等教育合作实践提供了坚实保障,也铺垫了中法教育合作的稳定之路。

30年来,中法教育合作出现了诸如跨文化及教育本质等问题探索,中法合作办学有了新挑战。中国在加强与法国高等教育合作过程应着重推进:(1)重点推进与法国一流院校、一流学科的合作办学,同时注重中国国内中法教育合作项目/办学机构的区域均衡配置,解决合作对象高质量化和中国区域公平问题。(2)利用中外合作办学引进法国高等教育多元化人才培养模式,难点在于解决法语语言学习和法语专业课程教学成效,如何将法语注入专业课程教学

---

① 黄琰.国际教育商业化背景下的中法高校合作前景及其策略[J].广州大学学报(社会科学版),2012,(8):46.

② DEER C. Bourdieu on Higher Education:The Meaning of the Growing Integration of Educational Systems and Self – Reflective Practice[J],British Journal of sociology of Education,2003,(2):195.

提升专业语言的交际能力与适应力? 如何审视双语教学实施效果与学生法国文化感知? 已成为中法合作办学的首要课题及办学改革重点内容。(3)中法合作办学的核心是教师国际化,建立中外教师教学交流与科研合作平台,切实将"双师型"教师引入合作办学,推广中法教师"1+1+1"合作模式、保持外籍教师参与教学体系连贯性等。同时,利用"互联网+"开发 AR 现实技术实施交互教学模式。(4)积极利用第三方机构评估中法合作及其治理体系,建立多维度评价体系,致力于教学计划、课程体系、教学设施、文化素养、职业道德、实训技能的全方位评价体系。

结　语

目前中法高等教育合作办学项目与机构历经了 2012—2018 年高速发展后,已经进入了一个相对平缓的时期,成绩和问题共存、机遇和挑战共在。当下,应注重中法合作办学的高质量发展,科学地将合作办学"引进"与中国实际相结合,实施中国高等教育面向全球且根植本土,形成"引进-消化-吸收-融合-创新-提升"动态发展路径。如何确保中法高等教育合作的可持续未来,需要我们进一步研究和探索,完善中法合作非法人办学机构的治理机制,让它成为中法文化交流的经典品牌,成为两国人民互动的重要平台,为推动构建人类命运共同体作出应有的贡献。

补　记

本文系宁波市教育科学规划重点项目《中法合作地学类专业服务宁波资源环境人才需求的培养体系构建》(编号:2019YZD001)、宁波大学教研重点项目《人文地理与城乡规划(中法合作)专业人才培养方案优化研究》(编号:JYXMXZD201836)、宁波大学教研项目《中法合作办学框架下以专业为导向的法语词汇教学模式研究》(编号:JYXMXYB202046)、宁波大学人才培养综合改革专项项目《基于中法合作办学的国际产教融合的探索与实践》(编号:JYXMRCZX202007)阶段性成果之一。

法语国家与地区旅游高等教育的中国研究进展①

马仁锋[1a,b,c]　焦会莹[1a]　姜文达[1a]　倪欣欣[2]

(1 宁波大学 a 地理科学与旅游文化学院、b 宁波陆海国土空间利用与治理协同创新中心、

c"一带一路"研究院,浙江宁波 315211;

2.浙江旅游职业学院千岛湖国际酒店管理学院,浙江淳安 330127)

摘　要：随着中国"一带一路"倡议实施,中国和法语国家与地区的交流合作不断深入。旅游教育作为旅游产业发展的重要支撑在国际旅游合作中发挥重要作用。利用 CiteSpace5.3 软件可视化分析文献,试图深度挖掘中国对法语国家与地区旅游高等教育的研究热点领域与脉络,以期推动跨境旅游教育合作与研究发展。结果表明,研究领域集中在旅游教育发展、多种模式的人才培养以及课程体系构建三方面;机构合作度较低,且学科单一化与研究区域集中化;主要采用比较研究、案例研究等方法诠释相关主旨。未来中国学者应重点推进:研究内容的政策与关系转向,法语国家与地区不同层次旅游高等教育异质发展规律,特别是聚焦非洲各法语国家的旅游教育合作机制;跨文化、复合型的多层次旅游人才培养路径,以及旅游高等教育评估以及教育助力全球旅游互通机制研究。

关键词：全球法语国家与地区;高等旅游教育;CiteSpace5.3;"一带一路"倡议

旅游教育是培养人才的社会活动,旨在增加受教育者的旅游理论知识、实践、旅游职业道德等相关能力[1]。中国共产党十九大报告围绕"优先发展教育事业"做出了新的全面部署,提出要大力发展高质量旅游,要在旅游业发展中落实教育优先[2]。由于我国旅游高等教育起步晚,人才培养条件与办学模式不成熟等原因[3],供给与需求之间存在着较大差距,成为制约旅游业高质量发展的短板之一。"一带一路"倡议下,法语国家与地区更是中国对外交流的重要组成部分,相关区域旅游高等教育研究理应更受关注。中国学者对法语国家与地区②的旅游高等教育研究由最初的经验分析逐渐转向实证与案例分析,引介了国际旅游教育理念和相关高校实践模式,促进了中国旅游高等教育国际化发展。为此,采用 CiteSpace5.3 知识图谱可

① 收稿日期:2020 - 08 - 12,本文收稿时已被某期刊录用。

基金项目:宁波大学教研重点项目"人文地理与城乡规划(中法合作)专业人才培养方案优化研究"(JYXMXZD201836);宁波市教育科学规划课题重点项目"中法合作地学类专业服务宁波资源环境人才需求的培养体系构建"(2019YZD001)

通讯作者:马仁锋(1979—),男,博士,教授,博导。主要研究文化创意经济与城乡规划、地理学中法合作办学。marfxf@126.com

② 注:选取将法作为官方语言和通用语言的国家和地区;(1)官方语言为法语的国家和地区:欧洲:法国、摩纳哥、瑞士、比利时、卢森堡;非洲:刚果(金)、刚果(布)、科特迪瓦、乍得、卢旺达、中非、多哥、几内亚、马里、布基纳法索、喀麦隆、贝宁、尼日尔、布隆迪、塞内加尔、吉布提、马达加斯加、科摩罗、塞舌尔、加蓬、赤道几内亚;北美洲:加拿大(魁北克)、海地;大洋洲:瓦努阿图。(2)通用法语的国家和地区:非洲:突尼斯、摩洛哥、阿尔及利亚、毛里塔尼亚、毛里求斯;欧洲:安道尔;其他地区:留尼汪、马提尼克、瓜德罗普、法属圭亚那、法属波利尼西亚、新喀里多尼亚、瓦利斯和富图纳、圣皮埃尔和密克隆。

视化相关文献,解读其重点研究领域与趋势,把握研究缺陷与不足,以期为旅游高等教育的深度研究与中国旅游国际教育交流提供指引。

一、中国研究法语国家和地区旅游高等教育的文献特征

(一) 数据源与研究方法

本文数据来源于中国知网(CNKI),检索条件是:(1)选择高级检索方式,将各法语国家和地区名称并含"旅游高等教育"作为主题词;(2)发表时段为 1999—2019 年;(3)整理、去重检索结果,剔除书评、会议、报道及研究对象为非法语国家和地区的不相关文献。共甄选出文献 42 篇作为基础数据与本研究样本。CiteSpace5.3 软件是用于分析文献研究热点及发展前沿的可视化工具[4],通过关键词、文献共被引、科研合作网络等来判断某一领域的学科特征以及展现不同主题的互动关系。本文借助 CiteSpace5.3 导入基础数据,参数选取为 Top 30 per slice ,将时间跨度设置 1999—2019 年,时间切割为 1 年,并选择路径发现(Pathfinder)的剪切连接方式以突出重要特征,绘制出法语国家和地区旅游高等教育研究知识图谱,继而结合文献分类进行系统梳理。

(二) 文献质量与研究热点

1. 发文机构单调且发文质量缺少高端期刊

分析文献发文机构合作网络(见图 1)[5]发现,发文量较多的机构为广州大学和辽宁师范大学,尽管广州大学以旅游高等教育的国际合作办学为研究重点,但主要引介法国国际化模式与先进的旅游教育机制来提升自身办学水平;连线关系显示出法国昂热大学分别与浙江工商大学、宁波大学,广州大学、西安欧亚学院与酒店业界的合作关系。从合作强度看,单点机构较多,未形成广泛紧密的学术合作网络。各机构发文以教育比较研究居多,特别是辽宁师范大学学者重视课程体系、发展模式等方面的中法旅游高等教育差异研究。发文机构中 2/3 位于中国东部地区,且学科背景多为旅游学,相对单一、缺乏多学科背景机构间互动。

图 1 发文机构合作网络

中国学者研究法语国家和地区旅游高等教育开始于 21 世纪初,一直处于缓慢发展阶段,2007 年发文量开始增长。这缘于 2009 年国务院发布《关于加快发展旅游业的意见》首次将旅

游业提升到战略性支柱产业,为旅游管理人才培养注入了政策动力和资金支持[6]。国内高校旅游管理人才培养机构开始注重国外旅游教育体系、旅游专业、旅游人才的借鉴性探索,但是相关研究成果仅有 5 篇刊发在《旅游学刊》等 CSSCI 源刊,其余文献多发表于辽宁师范大学、北京第二外国语等高校类期刊。可见,中国学界研究的法语国家和地区旅游高等教育产出数量、质量以及学科融合都存在严重不足,尚未形成话语体系。

2. 研究热点分析

关键词是学者们对文献主旨的高度概括[7],利用 CiteSpace5.3 软件得到国内学界研究法语国家和地区旅游高等教育关键词共现图谱与词频表(见图 2、表 1)。可知,关键词联系紧密,研究焦点较为集中在旅游教育(11)旅游高等教育(9)、启示(7)和人才培养模式(6)等,并逐渐向校企合作(3)、职业教育(3)、应用型人才(3)、课程设置(3)、中外合作(2)等拓展。同时,中心性最高的关键词是"启示",表明中国学界以借鉴法语国家和地区旅游高等教育经验及对自身如何国际化发展研究占据重要地位。从研究区域看,中国学界主要聚焦于瑞士(法语区)与法国旅游教育院系,探寻其旅游教育发展路径与培养模式差异。

图 2 关键词共现网络(Threshold＝3)

表 1 关键词词频及中心度(频次≥2)

序号	关键词	频次	年份	中心性	序号	关键词	频次	年份	中心性
1	旅游教育	11	2003	0.35	10	瑞士	3	2003	0.1
2	旅游高等教育	9	2003	0.43	11	比较	3	2010	0.1
3	启示	7	2004	0.60	12	课程设置	3	2007	0.06
4	人才培养模式	6	2009	0.23	13	中外合作	2	2004	0.04
5	旅游管理	3	2009	0.1	14	国际化	2	2011	0.4
6	校企合作	3	2010	0.09	15	实践教学	2	2007	0.01
7	职业教育	3	2006	0.04	16	对策	2	2010	0.08
8	教学模式	3	2007	0.04	17	国际合作办学模式	2	2003	0.01
9	应用型人才	3	2010	0.1	18	课程体系	2	2007	0.03

基于表 1 关键词共现将研究领域分为三类(见表 2):一是研究旅游高等教育发展,其共现词包括国际化、反思、改革、全域旅游、教育定位等,这表明中国学者通常以旅游业发展趋势为

导向,借鉴国外经验探讨旅游高等教育的发展定位与改革创新。二是研究旅游人才培养模式,共现词有启示、校企合作、人才需求、中法比较等,表明该主题重点通过比较探讨校企合作等先进国外旅游教育模式,启发中国旅游高等院校的本硕博等人才培养。三是研究课程体系,共现词包括旅游专业、必修课、公共课、人本主义等,说明学界围绕旅游专业建设分析了课程体系设置及其中以学生为本的重要性。鉴于此,将进一步对三大类领域进行文献回顾与评述,为中国旅游高等教育研究提供理论和实践参考。

表 2　主要研究领域共现词

研究领域	共现关键词
旅游高等教育发展	国际化、反思、重建对策、全球化、教育定位、引进-转化-发展、国外经验、美国、全域旅游、改革、瑞士
人才培养模式	启示、教学模式、校企合作、中外合作高等职业教育、旅游管理专业本科、人才需求、应用型人才、中法比较、硕博人才
课程体系建设	旅游专业、课程设置、必修课、选修课、公共课、人本主义、课程改革、学问中心、学科建设

二、中国研究法语国家与地区旅游高等教育的领域与动向

(一) 旅游高等教育发展研究

旅游教育发源于 19 世纪末的欧洲,20 世纪 70 年代后,社会性培训学校应运而生,开设了管理及服务接待理论课程;20 世纪 80 年代后,旅游管理开始受其他学科关注,旅游教育得到迅速发展[8-11]。由于各国经济发展、社会文化背景、行政管理等差异,旅游教育发展历程及教育体系也不尽相同。于是,中国学者尝试引介世界范围法语国家和地区旅游高等教育发展特征,形成如下法语国家与地区旅游高等教育发展研究观点:①重视解读教育研究机构及企业视角旅游高等教育发展特征,主张以市场需求、旅游职业技能为导向的旅游人才与旅游教育核心发展。尝试概括世界旅游教育总体特征、世界旅游组织及典型的发达国家旅游教育特征,重点剖析瑞士(法语区)等地旅游教育发展差异化,指出以洛桑酒店管理学院(EHL)为代表的瑞士酒店管理类院系注重生源多国化对师资、课程设置、学生就业实际需要,提出提高政府重视与支持、建立政府与教育研究机构以及企业合作体系、将职业教育与学历教育有机结合、适应旅游业国际化要求建议,其中特别倡导了充分利用世界旅游组织在院系办学国际合作中重要性[12]。②问题导向的旅游高等教育历程与发展模式识别。2010 年国家旅游局发布《中国旅游业"十一五"人才规划》,引发学界日益重视中国旅游高等教育发展现状与问题,开始对标国外办学经验。分析海外旅游高等教育时提出了瑞士洛桑、美国康奈尔、喜来登三种发展模式,指出"洛桑模式"特色在于实现了理论与现实结合、知识与实操结合,核心在于如何统筹行政管理、办学模式、人才培养三层面,其中行政管理需要考量学校和政府管理文化,办学模式更加突出"联合"方式[13]。③全球化视角下旅游高等教育国际化发展趋向注重产学一体与国际化主导改革人才培养标准与办学质量体系。旅游全球化对各国旅游高等教育影响深远,提出旅游人才标准的全球化要求,必须由低技能、低学历转向高技能、高学历人才的复合人才。如洛桑

酒店管理学院围绕生源国际化与旅游活动全球化,提出改革办学模式促进产学一体;调整培养目标以培养复合型人才,完善课程体系以兼顾内容的国际性,优化师资队伍以提高国际化水平[14]。④中瑞旅游高等教育发展模式差异性比较研究,认为主要区别在于政府管理的宽松与紧抓、学校办学模式的多元化与单一化及高校人才培养的创新性与传统性。中国学者对比中瑞旅游高等教育发展历程与特点,指出应在政府管理层面建立宏观管理制度、在学校办学模式层面建立多元化模式、在高校人才培养层面构建新型培养模式,并以瑞士洛桑酒店管理学院为例提出整合各类资源促进中国旅游高等教育可持续[15]。其中,应重视借鉴瑞士发展经验同时,把握好政府管理、学校办学模式、及高校人才培养目标的同质性与多样化。

综上,注重市场需求与国际化发展是中国学者研究法语国家和地区旅游高等教育的的重要基础与依托。通过某法语国家或地区旅游高等教育发展作为直接命题对象甚少,更多是寄于对中国旅游高等教育发展现状、存在问题以及与国外差异比对论述,研究范畴与话语形式单一。中国学界初步凝练与诊断了"洛桑模式",反思了其科学性与适用性,认为如何调适"政府"、"行业组织与行业企业"、"研究机构"在旅游高等教育发展中作用不可忽视。中国应积极借鉴法语国家与地区旅游高等教育发展模式的办学主体、政府、市场需求主体(生源的多国化、就业的多国化与多行业性)协调,提高旅游教育水平。

(二) 人才培养模式研究

培育优质的旅游人才是发展旅游业国际竞争力的关键所在[16-19]。各国高校旅游人才培养不仅依托旅游教育的基本原则、现代化教学理念及先进技术,更需要创新教育模式与教学方法。特别是中国如何借鉴发达国家旅游教育,如何审视他们以应用型、国际化人才培养目标作为制定培养模式依据亟待探索[20,21]。

中国学者研究法语国家与地区旅游高等教育人才培养模式,主要关注如下四方面重要话题。①基于不同层次的旅游人才培养分析指出多学科融合与职业导向的基本特征。从比较教育理论入手强调法国旅游专业本科培养目标侧重于对旅游企业,特别是特定类型的餐饮企业所需的高级管理人才的培养,提出"厚基础、宽口径"目标不宜作为中国旅游本科人才培养导向[22]。亦有学者从培养类型、实习方式等内容研究法国旅游类硕士与博士人才培养,指出田野调查是法国旅游类博士培养基本环节,法国旅游类博士论文的院校与学科分布在地理学及相近学科[23],这为中国旅游人才培养策略与学科发展提供了佐证。②基于 EHL 的发展脉络及培养模式深度解析,如瑞士洛桑酒店管理人才培养过程的分类、行业、技能与实践特征。部分学者分析洛桑酒店管理学院的发展脉络与培养模式,概括其人才培养特点是分类教育、针对培养、产学结合、资格把控和关系覆盖,培养过程由学生了解行业、收获管理技能、提升人际交往能力、获得实践经验等部分组成;进而认为中国旅游管理教育应首先明确人才培养目标、保持研究型与职业型人才平衡,其次落实严格的实习制度与考核标准,最后调动校友资源作为校企合作的有效途径等培养环节确保市场人才需求被落实在人才培养目标中[24]。③基于专业感知比较的中法旅游院系教育质量研究,认为学生感知的微观需求应被引入专业教育过程。任何形式教育都离不开学生,关注学生感知、心理变化是旅游教育微观影响研究新方向。以浙江工商大学和法国昂热大学合办旅游管理专业为例,调查比较中法两国学生在专业选择、能力需求、教学评价、实践认知和就业意向等,发现"服务意识和情商"是法国学生认为最需要能力;"实践和实际操作能力"则是中方学生认为最需要能力,为此提出拓展专业领域、加强实践教学与动手技能、加强国际合作与校企联合发展建议[25]。④国际视角下中法旅游教育合作模式构建。培养方式多元化、国际合作办学备受学者关注,广州大学中法旅游学院多次采用案例分析法探索国际合作办学路径,指出国际合作目标是学习先进教学模式为中国旅游业培养人才,即不可完全照搬法国旅游教育模式,也不能沿用原有教学模式与计划,强调创建"引进-转化-发展"[26,27]。这对法国旅游教育机制如何对接中国旅游教育模式具有建设性探索。

综上,学界多元视角切入为旅游人才培养模式分析注入了新思维,但研究对象过度集中存在区域局限性。其中,加强学生实践能力、提高国际化与校企合作等方面形成了建设性普遍共识,以国外优质培养模式的经验为鉴仍是研究中心。

(三)课程体系建设研究

旅游管理专业课程设置可以有效地反映旅游教育的水平与质量,也决定着旅游从业人才的培养,课程设置的科学性是培养优秀人才的根本保证[28,29]。如何提高学生专业课程的学习能力,如何使专业课程的效益发挥到最大,如何对现有课程进行科学评估,是所有国家和地区旅游教育面临的问题[30-33]。

中国学者研究法语国家与地区旅游高等教育的课程体系主要集中在4方面:①基于人本主义课程论比较旅游高等教育课程体系,认为课程时序、课程编制需要转向以学生个体经验与职业需要为中心。运用"人本主义"是旅游课程设置研究的首要方法论转向,有学者指出中国与瑞士旅游高等教育课程体系分别代表了学问中心课程与人本主义课程,如EHL和HIM没有过多高深的理论课程,而是大批针对性与实用性的葡萄酒评鉴、宴会管理及操作、客房实务等课程,同时还安排带薪实践教学课程,最大限度保障以学生为中心的职业技能导向课程设置特点。对比中国实际,学界认为中国旅游高等教育课程设置中心不一定要从学问中心转为人本主义,但是可针对实际调整学生个体经验与职业需要为中心[34];以及调整课程时序,实现实践课-专业基础课-社会实践-战略课排课秩序,贯通学生的实务操作与理论提升交互式学习过程,并且在课程教学中运用演示教学、案例教学来提升课堂教学成效等[35]。②课程设置的学科依托差异比较,发现中法两国旅游相关专业大部分课程都源于经济类、管理类等学科,以法国瓦岱勒学院为代表更注重专业基础与职业技能学习,且普遍重视外语教学与第二外语水平。如王春艳除对法国旅游教育模式特点分析外,还从课程角度对比中法旅游管理相关专业课程学科渊源,以及外语教学与第二外语的掌握程度,据此提出中国旅游管理专业应优化专业课程,加大第二外语教学力度。③基于国外本硕专业就业去向论证课程设置科学性分析,发现EHL毕业生就业中高达40%的毕业生受雇于金融、房地产、健康医疗等行业,这种就业灵活性得益于将专业化酒店管理教育建立在广泛的基础管理课程与行业实践高度整合的根基;学位课程学习的重要性是学生最终是否具备灵活运用所学知识的能力,尤其是实际行业发展问题分析与敏锐判定,这表明管理学对于旅游与酒店教育的重要性,新兴旅游/酒店管理教学模式对传统酒店业冲击[36]。

综上,旅游高等教育课程体系研究,既重视"人本主义"的运用,又关注外语、公共基础课程、职业技能针对性课程。中国学界研究对法语国家和地区旅游高等教育课程设置相对欠缺,缺乏专门论述,研究对象仍过度集中。课程体系建设是旅游教育的关键因素,它的合理与否直接决定了旅游教育的成败。因此,关注与探讨国际经验改革中国课程体系构架的理论与实践需要更加重视。

三、中国研究法语国家与地区旅游高等教育的方法及其适用性

梳理中国学界研究法语国家和地区旅游高等教育相关文献,发现常用方法主要是比较研究、案例研究、调查统计研究三类(见表3)。

表3　中国学界研究法语国家与地区旅游高等教育研究方法

方法名称	研究思路	方法特点	代表性作者
比较研究	分析比较两个及以上地区旅游高等教育历程与现状考察培养目标、课程设置、实践教学等差异特征并在文化历史、形成历程等中分析差异性原因。	比较有利于认识不同地区间旅游教育差异与本质,但难以准确界定比较标准与客观性。	胡文静(2019)张萍(2014);王春艳(2010)
案例研究	依据问题导向选取瑞士(法语区)、法国等知名旅游院系以及中外合作院校案例,重点从教育模式寻求经验借鉴。	可用于样本学习,但易忽视特殊现象,应用小样本研究可能不具有普遍适用性。	蔡礼彬等(2017);陈勇等(2015)
调查研究	对中外学生的专业选择动机、能力需求等专业感知及旅游企业、高校调查,借鉴国外教育提出我国旅游教育发展建议。	基于一手资料可深度了解主体感知,但受调查水平和方法影响较大,主观性强。[37]	管婧婧等(2014);原哲(2010)

比较研究是应用范围最广、最基本方法之一。该领域重点分析两个及以上地区旅游教育培养目标、课程等差异性以及形成影响因素,试图找到解决方法,为旅游教育决策提供依据。比较的空间维度属于地域比较,一般选择中法、中瑞(法语区)或典型旅游院系或教育模式的对比。该方法虽有利于科学认识对象间差异与本质,但需要严格的抽样程序、可比性数据以及对不同国家旅游院系各种变量综合考虑。

案例研究,主要从有代表性的"个案"中寻找新的"认知与规律"。中国学者选取法语国家或地区的典型旅游院系等作为案例,分析其人才培养模式、课程设置、国际化办学设施与师资等经验。中国学者选择案例主要为 EHL 和昂热大学旅游文化学院,相对单一。案例研究具有方法论包容性、研究对象深入刻画以及与理论对话的优势,但是容易忽视特殊现象,导致小样本研究可能不具有普遍适用性。

调查统计研究是旅游高等教育研究中不多见的定量方法,旨在探讨学生、高校等主体因素与专业选择动机、实践认知、能力需求、教学质量评判之间的定量关系,特别是从学生感知入手定量分析中国与法语国家或地区旅游高等教育院系的办学质量体系差异的内在因素,从而借鉴国外教育经验提出促进中国旅游教育发展建议。该研究方法基于了解主体感知作为一手资料,但受调查方法影响较大,缺少对问卷设计、抽样方法、样本规模及问卷回收率等阐述,与科学统计计量所需的高度标准化与规范化尚有较大的差距。

综上,中国学者研究法语国家和地区旅游高等教育是通过经验分析揭示其教育发展特点,启迪我国旅游高等教育学如何发展更好。中国学界对法语国家与地区旅游高等教育业已开展形式多样性研究,但研究间缺乏内在联系,尤其是理论与实践研究、课程体系与学生职业素养研究、现状与未来发展研究等。未来,应推进案例研究与比较研究相结合、比较研究与调统计

查研究相结合,提升中国学界研究法语国家与地区旅游高等教育研究的精准性与科学性。

四、评述与展望

利用 CiteSpace5.3 可视化软件分析中国学界研究法语国家和地区旅游高等教育的动态,发现中国学者紧密围旅游产业需求与构建现代旅游人才开发体系展开了集中性讨论。①主要研究机构是广州大学、辽宁师范大学,但发文机构合作度与发文层次普遍较低,学科背景单一,地域分布表现出区域不平衡性。②研究多为国外经验性总结,研究方法单调且十分缺少数量经济方法,仅有个别研究采用了问卷调查法统计学生感知问题。③研究内容紧跟现实需求与国家教育政策主向,聚焦旅游高等教育发展、旅游人才培养模式、课程体系建设。其中,培养模式研究视角更为多元化,引入了微观话题以及除本硕博人才培养、合作办学新思路;课程体系研究探索"人本主义"运用以及外语、公共基础课程、针对性课程高度关注。④研究对象聚焦法国与瑞士(法语区),以及与中国有合作办学关系的昂热大学旅游文化学院、洛桑酒店管理学院等。已有研究仍限于基本的描述和启示性总结,很少将其升华为理论高度或政策建议。

随着中国高等教育国际化不断深入,如何服务于全球旅游产业快速提升的人才需求,是中国开展跨国旅游教育合作关键。为此,中国学者应从以下方面重点深化:

一是强化合作研究形成网络。尚未形成核心机构与作者群,一定程度上阻碍了中国旅游教育国际化发展。因此,旅游高教学界有影响力的学者需要投入国外旅游教育研究,密切关注国际理论和实践动向,将国际视野与本校问题相结合,考虑中国旅游高等职业教育、旅游管理专业本硕博培养模式与国家社会经济差异,全面提升政府、行业联盟与骨干企业等主体参与人才培养过程。

二是推动研究方法的科学化。由于旅游高等教育研究以定性为主,亟待引入量化与定性相结合的国际主流研究途径,改造比较、案例分析,转向模型构建探讨,聚焦规范化的调查研究、问卷设计、问卷实施以及问卷数据处理,解决旅游教育理论的"黑箱"问题。同时,应动态追踪一个区域或国家旅游教育发展本身、利益相关者、院校课程与培养模式等若干年,才能更准确的把握中外旅游教育比较情景。

三是重视不同层次旅游高等教育热点与前沿探索。应该加快研究内容的政策与关系转向,关注各种正式和非正式制度在宏观上推动旅游教育改革和微观上改善学校课程群建设重要作用[38],重视旅游教育主客体关系,如师生—学校关联、学生—校园、学—研、理论—实践等的关系研究。注重不同层次院系课程体系分析,推动建立法语国家(地区)及中国旅游高等教育课程评价体系研究,进而提升中国旅游教育的全球水平。针对性地探讨国家或地方旅游业态发展过程所需要的高职、本科、研究生等各层次人才培养规格及其全程育人机制,跨文化情景中学生本体如何实现,院校与旅游业界联盟平台的载体如何有效激活人才培养创新等领域。深化国际性旅游教育中跨国交换、教师交流、跨国合作培养、多边合作办学等主题性研究领域,推进中国对法语国家和地区旅游高等教育研究向纵深发展,拓展中外旅游教育对比研究,加强"一带一路"倡议背景下对非洲法语国家与地区"旅游教育帮扶"研究。

参 考 文 献

[1] 传表,向慧容.旅游教育领域研究热点及演进态势[J].旅游研究,2017,9(5):31-42.

[2]　陈宝生.优先发展教育事业[EB/OL].(2018-01-08),http://edu.people.com.cn/
　　　n1/2018/0108/c1053-29751111.html.

[3]　钟业喜,邵海雁,徐晨璐.基于CiteSpace的研学旅行热点分析[J].地理教学,2019(18):4-9.

[4]　罗艳玲.浅析我国高校旅游教育的现状及对策[J].高教探索,2016(12):135.

[5]　安传艳,李同昇,翟洲燕,等.1992—2016年中国乡村旅游研究特征与趋势[J].地理科学
　　　进展,2018,37(9):1186-1200.

[6]　李成,赵军.基于Web of Science的旅游管理研究信息可视化分析[J].旅游学刊,2014,
　　　29(4):104-113

[7]　马慧卿,卢静.我国教育扶贫研究的热点、前沿及展望[J].教育理论与实践,2019,39
　　　(28):22-26.

[8]　王敏,宋海岩.国外旅游高等教育研究文献述评[J].旅游论坛,2011,4(3):119-123.

[9]　谢彦君,李淼.关于旅游教育与研究领域的理论与实践关系问题[J].旅游学刊,2017,32
　　　(11):10-13.

[10]　FABIO ZAGONARI. Balancing tourism education andtraining[J]. International Journal of
　　　Hospitality Management, 2009,3(6):2-9.

[11]　韩宾娜,吕品晶.普通高等院校旅游教育实践教学之中外比较[J].人文地理,2010,25
　　　(6):154-157.

[12]　谷慧敏,王家宝,张秀丽,等.世界旅游教育巡礼[J].旅游学刊,2003(S1):159-163.

[13]　张哲.我国高等旅游教育的发展和模式研究[D].青岛:中国海洋大学,2007.

[14]　严俊俊.全球化背景下我国旅游高等教育发展现状及对策研究[D].扬州:扬州大
　　　学,2010.

[15]　胡文静.中瑞旅游高等教育发展模式的比较研究与启示[J].湖南人文科技学院学报,
　　　2019,36(3):119-124.

[16]　PAUL R FIDGEON. Tourism education and curriculum design:A time for consolidation
　　　and review[J]. Tourism Management,2010,12(6):699-723.

[17]　PAULINE J SHELDON, DANIEL R FESENMAIER. Marketing and The Tourism
　　　Education Futures Initiative (TEFI):Activating Change in TourismEducation[J].
　　　Journal of Teaching in Travel & Tourism,2011,3(4)2-23.

[18]　岳昌君.改革开放40年高等教育与经济发展的国际比较[J].教育与经济,2018(6):9-17.

[19]　张玲.旅游专业国际品牌建设的现实目标与发展路径[J].旅游纵览,2019(11):39-40.

[20]　吴国琴.旅游教育人才培养研究[J].教育发展研究,2018,38(10):88.

[21]　段文军.国外旅游教育对我国旅游管理专业教育的启示[J].文教资料,2012(6):
　　　134-135.

[22]　王春艳.中法旅游本科教育比较研究[D].大连:辽宁师范大学,2010.

[23]　沈世伟,Violier Philippe.法国旅游类硕、博士人才培养与学科发展[J].旅游学刊,
　　　2019,34(11):6-8.

[24]　蔡礼彬,宋莉.瑞士洛桑酒店管理学院(EHL)人才培养模式探究[J].职业技术,2017,
　　　16(01):5-12.

[25]　管婧婧,金碧倩.中法旅游本科学生专业感知比较及启示[J].旅游论坛,2014,7(1):

90 – 94.

[26] 彭青,谢旭东,程露悬.改革国际合作办学模式提升旅游高等教育水平[J].旅游学刊,
2003(S1):155 – 158.

[27] 彭青,程露悬.旅游高等教育整合型国际合作模式的探索[J].广州大学学报(社会科学
版),2004(5):82 – 85.

[28] 张朝枝.面向旅游学一级学科的核心课程设置探讨[J].旅游学刊,2015,30(9):2 – 4.

[29] 林刚.管理类学科中旅游管理专业的教学内容及课程体系初探[J].旅游学刊.1998(S1):
66 – 69.

[30] CHRIS COOPER, REBACCA SHPHERD. The Relationship Between Tourism Education
and The Tourism Industry: Implications for Tourism Education [J]. Tourism Recreation
Research, 2014, 11 (11): 34 – 47.

[31] 刘智运.多样化:21世纪初叶中国高等教育的基本走向[J].高等教育研究,2003(2):
52 – 55.

[32] 沈世伟,Violier Philippe."一带一路"旅游教育与研究的交流与合作[J].旅游学刊,
2017,32(6):11 – 13.

[33] 王晨光.我国旅游高等教育国际化热潮的理性思考[J].旅游学刊,2009,24(08):8 – 9.

[34] 王玉.中国与瑞士旅游高等教育课程体系比较研究[D].大连:辽宁师范大学,2007.

[35] 梁金兰,郭双宙.中瑞旅游高等教育课程体系比较[J].职业技术教育,2009,30(2):
88 – 90.

[36] 陈勇,Dellea DAMIE.瑞士酒店与旅游管理教育概述:引证于洛桑酒店管理学院的教育
经验[J].旅游学刊,2015,30(10):5 – 9.

[37] 韩禹文,唐承财,杨春玉,吕宁.中国传统村落旅游研究的知识图谱分析[J].世界地理研
究,2019,28(5):200 – 209.

[38] 邬大光,王旭辉.近年来我国高等教育研究若干问题述评[J].教育研究,2015,36(5):
73 – 88.

第二章

中外合作办学之教学管理与改革

编者按：

随着我国教育国际交流合作的发展和成熟，中法合作办学的教学管理模式不断完善和进步。本章的论文对法国预科和高等教育体系进行了系统深入的梳理并针对法国高等教育质量保障体系、教育机构内部质量保障体系和各相关社会组织在教育保障中的功能与作用等内容进行了分析和总结；详述了法国工程师职衔委员会（CTI）认证体系组成及其发展进程；以专业工程师培养实践为基础，介绍了国内中外合作办学机构的内部教学质量保障体系的建立及成果；以旅游类硕、博培养为例概述了法国人文学科专业人才教学管理模式的发展；从引进和培养两方面探讨了面向新工科建设的中方师资队伍建设方案；总结了中外合作办学机构外籍教师规范化管理的探索与实践；以中法合作办学机构学生工作实际经验为例，分享了学业帮扶过程化管理的探索与思考；研究了法国公立大学学费政策的产生背景、发展进程和未来展望。

赴法国"中外合作办学质量保障培训团"研修报告(摘录)^①

赴法国"中外合作办学质量保障培训团"
研修报告(摘录)[①]

中外合作办学质量保障培训团

前　言

为进一步规范和加强对中外合作办学的管理,不断提升中外合作办学质量,经教育部(教外出〔2017〕568 号)和国家外国专家局(外专培核字〔2017〕51673 号)批准,由教育部国际合作与交流司组派、中国教育国际交流协会承办的"中外合作办学质量保障培训团"于 2017 年 11 月 5~19 日赴法国巴黎和里昂两地开展为期 15 天的培训。

培训团团长为上海交通大学上海交大—巴黎高科卓越工程师学院书记、副院长刘增路,团员包括教育部、中国教育国际交流协会、省市级教育主管部门、高等院校等有关代表共 21 人。培训期间,除共同学习外,还根据实际需要将团员编入 4 个小组,开展了有针对性的调研和讨论。

在法期间,培训团成员紧紧围绕培训任务,聚焦法国的高等教育及质量保障体系、高等教育国际化战略及实践、高等教育培养模式、课程体系和师资队伍建设等主题,赴法国高等教育及研究部、法国国民教育部、法国国民教育及研究审查局等政府机构调研学习;赴法国工程师职衔委员会、法国研究与高等教育评估高级委员会等质量保障机构学习研讨;与国立巴黎高等化学学院、巴黎索邦大学、巴黎综合理工大学、巴黎萨克雷大学、里昂第一大学、里昂第三大学、法国国立应用科学学院(里昂)、格勒诺布尔国立理工学等 8 所公立高等教育机构学习研讨;赴里昂商学院、埃米尔·科尔美术学院等私立高等教育机构学习研讨;赴巴黎路易大帝预科学校和里昂勒巴克预科学校学习调研。

培训团通过听取专题报告、实地调研、交流讨论、课后研讨总结等形式,对法国的高等教育、预科教育体系进行了系统、深入的了解,特别针对法国高等教育的国际化战略、质量保障体系、教育机构内部质量保障体系和各相关社会组织在教育质量保障中的功能与作用等内容进行了调研。经过两周的密集学习,培训团圆满完成培训任务。

此次培训对于我国开展教育国际交流与合作,进一步推进教育国际化进程,建立并完善高等教育质量保障体系均具有重要作用和意义。

现将此次培训的有关情况报告如下:

---

　　① 原文刊载于中国教育国际交流协会内部杂志《国际教育交流》,2018 年 2 月. 由中国人民大学中法学院陈超博士供稿,编入本书时删减了附录部分并进行了重新排版.

一、法国高等教育体系及特点

法国高等教育历史悠久,拥有许多世界上最古老的大学,如巴黎大学(Universite de Paris,即著名的"索邦大学"la Sorbonne,创建于 1179 年)、图卢兹大学(Universite de Toulouse,创建于 1229 年)、蒙彼利埃大学(Universite de Montpellier,创建于 1289 年)。法国高等教育系统层次多样,具备适应各种职业目标的课程系列,教育质量享誉世界。此外高等院校中还有与许多著名科研中心相联合的重点实验室和庞大的科研队伍,许多研究成果令世界瞩目。

法国共有 3 000 所公立和私立的高等教育院校,其高等教育主要构成序列是大学(Universites)和高等学校(Grandes Ecoles,亦称"大学校"),这是世界上独一无二的"双轨制"高等教育体系(见表1)。前者是以传统的综合大学为主的体系,学生在通过高中毕业会考后,只要申请就可以入学,录取不具选择性,这是法国高等教育的主体,容纳了近 80% 的学生,是法国高等教育民主化的标志,开放性是其显著特点。后者则是以大学校(在我国也翻译为"专门院校"或"专业学院")为主体的择优录取体系,招生极为严格,需要参加特殊的入学考试,对候选人近乎苛刻的筛选机制是其培养高质量人才的有效保证,属于典型的"精英教育"。两者在投资经费、学习条件、教育和管理模式、学习年限、学位文凭、就业前景等方面有很大不同。除这二者外,其他的诸如大学技术学(Institut Universitaire de Technologie,IUT)、大学师范学院(Institute Universitaire Formation des Maitres,IUFM)、高等机构(Grandes Etablissements)等形式数量较少,只作为大学和高等学校(大学校)的补充。

表 1　法国高等教育与文凭体系一览表

	中学毕业＋高中会考证书(Bac)＝进入高等教育
Bac＋3 180 个欧洲学分(高中毕业后第三年)	学士文凭(Licence)
	职业学士文凭(Licence professionelle)
Bac＋5 300 个欧洲学分	硕士(Master)
	工程师文凭(Diplôme d'ingérieur)
	商学及管理学院文凭(MBA)
Bac＋8	博士学位(Doctorat)

(一) 大学(Universites)

法国的大学教育属于大众化教育,凡通过高中会考或持同等学历证明者都可到大学报名注册,不设入学考试,录取不具选择性。目前,法国共有近 90 所公立综合性大学,分布于全国 500 多个校园,总共设有 1 000 多个教学与研究单位(UFR),在校生人约 160 万,约占高等教育在学人数的 74%,其中世界各国留学生约占 10%。

法国的综合性大学在法律性质上属于"学术、文化、职业性"的公益机构,虽然这一法律性质赋予各大学在行政、财务、教学与学术上的自主性,但是大学所颁发的文凭,凡属国家文凭则都具有同等的价值。综合性大学基本上涵盖了所有的学科领域:科学与技术、文学、语言、艺术、法律、经济、管理、健康、体育等。综合性大学开设课程也包括各个层次和各级文凭培养,从"Bac+3"的学士学位直至"Bac+8"的博士学位,一应俱全。

综合性大学的长期高等教育一般分三个阶段,每个阶段结束,只要成绩合格,都能获得国家授予的相应文凭。这个文凭并不意味着学生可以自动进入更高一阶段的学习,但是能据此进入同阶段的其他学科学习。因此如果学生在一所大学里读了一年级,在读二年级的时候可以换学校;如果读完了本科又想读工程师学位,前面的学习经历也依然有效,只要通过入学考试,就可以进入相应的年级就读。虽然从培养学生的层面来看,法国的综合性大学教育属于大众化教育,但这并不意味着其科研学术水平也同步大众化。

而法国大学校在其创立时就偏重于实际应用,因此长期以来相当程度上忽视科学研究,尤其是在基础理论研究方面很薄弱。虽然近10多年来,许多大学校已经开始改进实验室建设以加强科研,但基础理论研究的任务主要由综合性大学承担这一点在法国社会已经根深蒂固。

法国政府对教育的投入很大,约占国民预算的23%,且所有的综合公立大学教师工资都一样,只会存在不同地区的补贴略有差异。因此法国的公立大学不允许官方排名,而且大学之间可以自由转学,对于学生而言慎重地选择专业比花心思纠结于学校更加明智。

(二) 高等学校(Grandes Ecoles,"大学校")

高等学校是以培养高级精英人才为目标的专业学院,是法国高等教育的显著特色。这是经历两个多世纪的发展过程所形成的一个独特的、与综合性大学平行的精英教育体制,主要包括三类院校:高等师范学院、工程师学院和商科学院,既有公立也有私立。在高等专业学院中,尤其是冠以"国立"字样的大学校(Grand Ecole Nationale)更是法国高等教育的精华之所在。这样的大学校数量在全法国大约有221所,其中不乏世界顶级名校如巴黎高等师范学院(Ecole Normale Superieure de Paris)、巴黎综合理工大学(Ecole Polytechnique de Paris,EP)、国家行政学院(Ecole Nationale d'Administration,ENA)等。

由于此次提供培训的大学校以各类工程师院校为主,在此主要以工程师院校为例对大学校的情况进行介绍。

工程师教育是法国高等教育的重要组成部分,诞生于17世纪工业技术革命时代。全法共有200多所工程师学院,专业设置涵盖工学的所有领域,分为三年制和五年制两种。每年全法工程师文凭的获得者数目不到三万名,毕业生在全球范围内得到广泛的尊重,培养了一大批既掌握高新技术又精通管理的高素质人才。法国的许多公立高等专业工程师学院在国际上享有崇高的声誉,例如,巴黎综合理工大学(Ecole polytechnique)、中央理工学院(Ecoles Centrales)、高等矿业学院(Ecoles des Mines)、国立路桥学院(ENPC)、国立高等工程技术学院(ENSAM)、国立综合理工学院(INP)、国立应用科学学院(IN SA)以及各类技术大学等等。

工程师高等学院的学制一般为三年。第一学年是基础理论教育,旨在进一步强化学生在预科阶段所学的知识;第二学年的课程主要是专业理论课、实习课和实验课;第三学年学生除继续上部分专业理论课外,还需要准备毕业实习,并参加论文答辩。实习每年一次,三年累计时间10~12个月,部分学校甚至要求至少有一次在国外实习的经历,也有部分学校建议学生在第二、三学年之间到企业实习1年。三学年的总课时在3 000小时左右,如果三年学习结束时成绩达到了规定标准,经校学术或教学委员会审定后即被授予国家承认的工程师文凭(Titre d'Ingenieur,相当于Bac+5)。

五年制工程师学院是将预科阶段的学习纳入到课程体系中,前两年是相当于预科阶段的理论基础学习,后三年类似于三年制工程师学院的课程体系。生源也是从通过高中会考的学生中择优录取。

INSA 就是典型的五年制工程师学院。以工程师学院为例,整个高等教育阶段学习可以概括为如图所示的若干阶段。工程师高等学院的文凭等同于英美等教育体制下的硕士学位(Master)(见图 1)。

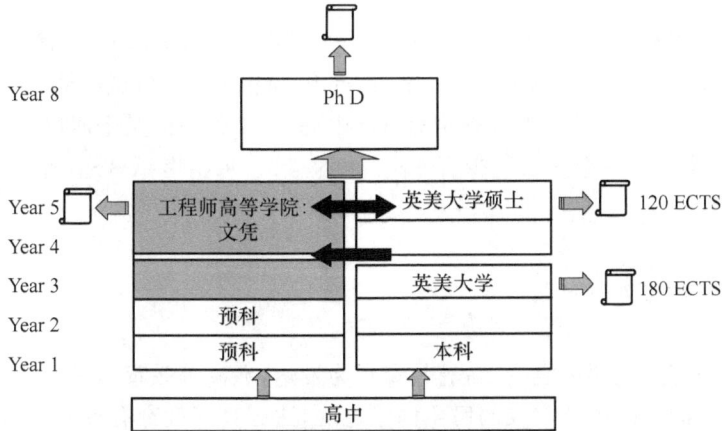

图 1　法国工程师高等学院学制与英美大学学制对比图

在招生方面,只有全法前 10％最优秀的高中毕业生有资格报考工程师学院的预科学校。经过预科学习并且通过期间的各种考试之后,这些学生才能参加各个工程师学院的选拔考试,这类考试根据各大学校自身性质的不同而有不同的选拔标准,但各个工程师学院最基本的不变原则就是"优胜劣汰、择优录取"。所以,最后能够进入工程师学院继续深造的学生少之又少,是高中尖子毕业生中的尖子,所谓"精英中的精英"。

工程师高等学院须定期接受法国工程师职衔委员会(CTI)的认证。工程师证书在法国、欧洲乃至全世界被广泛认可,工程师学院毕业生的就业率和社会地位都很高,已经培养出了密特朗、希拉克和若斯潘等杰出的国家领导人和多名诺贝尔奖获得者。据统计,法国二百强企业中 60％的总裁和大部分高级管理人员来自于法国的大学校。

(三) 预科班(les Classes Préparatoires aux Grand Esécoles, CPGE)

法国预科教育诞生于 18 世纪。最早产生的预科班是为了准备特定的考试而招收工程、炮兵和海军武器后备力量。18 世纪后期,军事学院征兵都要通过包括口试与笔试在内的特定考试,随之而生的预科班教学就是服务于这个目的。19 世纪,巴黎综合理工大学录取的近三分之二考生都需要准备一个特别的公共数学考试和私立学校的预科考试,这是预科制度的原型。由于大学教育的垄断性,预科生是在中学内、在经验丰富的教师指导下进行学习,这些教师都是杰出的自然科学教师。

预科班是为进入精英院校的优秀高中毕业生设置的高等教育第一阶段(premier cycle)课程,彰显着法国教育体系双轨制的特色。每年法国高等教育与研究部的官方公告颁布入学条件,学生在官方网站上注册,预科班的教学计划由大学校会同教育部共同制定。顺利结业的学生将获得校长签发的培训课程证书,此证书列出了学生所获学分(ECTS),在进入大学校后得到认可,也可以转至普通综合性大学,其学分同样有效。

预科班分为三类:理科类预科班,其升学导向是工程师学院、国家医学院、兽医学院等;经济类预科班,升学导向是商业与管理类大学校,如高等工商管理学院、国家经济和统计学院等;文科类预科班(包括文学和艺术),升学导向是高等师范学校、政治学院等。普通法国高中毕业生中,大约只有15~20%才有资格进入预科班学习,预科班的学习任务非常繁重,竞争异常激烈。

法国预科班的授课形式包括大课(cours)、习题课(travaux diriges,简称TD)家庭作业(Devoir la maision,简称DM)、考试(Devoir Surveill,简称DS)、口试(colles)、物理化学实验和计算机上机课。DS分布于整个学期的学习之中,固定于每周的某个时段来进行某一科的考试,这样算下来每个学期每个科目至少有4~5次的考试,每次考试3~4个小时,每次考试的题量和难度都很大。

二、质量保障机构

法国是高等教育的发源地之一,高等教育较为发达,在高等教育质量保障方面一直进行着积极探索。作为欧洲大陆中央集权的民主国家之一,法国高等教育有着显著的国家性标志:国家是高等教育的主要投资者,国家负责对高等学校校长的任命和教师的雇佣。法国高等教育在管理体制上与北美不同,而与我国有很多相似,因此对我国高等教育与高等教育质量保障的发展有更多的借鉴意义。

培训团接受了高等教育与研究高级评估委员会(Le Haut Conseil de L'evaluation de la Recherche et de L'enseignement Superieur,HCERES)和法国工程师职衔委员会(Commission des Titres d'Ingenieur,CTI)这两家第三方质量保障机构的培训。

(一)法国研究与高等教育评估高级委员会(HCERES)

1. 机构简介

法国研究与高等教育评估高级委员会(HCERES)是一个独立的行政机构,于2013年7月成立,并于2014年11月起取代原有的AERES行使其职能。H CERES的评估工作不受任何利益相关方的影响,评估报告向社会公开。该机构评估的结果对公立学校只有建议权,相关决策要由教育主管部门做出,但对私立学校有决定权。

HCERES理事会由30名来自不同国家、不同学科领域的专家组成。理事会决定每年的评估安排,并负责采用合适的措施以保证评估过程的透明度、公开性和评估结果的质量。理事会任期四年,理事从委员中选举产生,可最多连任一次。理事会组成如下:9名教师、工程师、研究员代表,由HCERES推荐;8名教师、工程师、研究员代表,由高校校长和大学校长会议推荐;2名学生代表,由学生联合会推荐;9名法国和外国知名人士,其中至少3名来自私营研究机构,至少3名来自外国评估机构;1名国民议会议员;1名参议院议员。

HCERES常设工作人员225名,其中100人是科研机构、研究者团体代表;在评估开展之时,有多达14631人的全球专家库供其选择使用,这些专家的简历及研究领域都在线公开。HCERES每年的经费预算约1850万欧元。

2. 机构职能

- 对于高等教育机构及其集群、科研实体、科学合作基金及法国国家研究机构或其他实体所开展的研究活动进行评估;
- 应研究单位的监管机构要求,在对该单位进行批准之前,对其进行评估或对第三方的评估结果进行认证;
- 对高等教育机构提供的项目及学位进行评估,或对第三方的评估结果进行认证;
- 确保高等教育及研究机构或个人依法开展的所有任务被纳入评估;
- 确保与科学、技术和工业文化传播有关的活动都被纳入高等教育机构和研究者个人的职业发展;
- 对于投资项目和接收公共资金的个体进行事后评估,以确保其用途确为科研和高等教育。

3. 评估对象及内容

HCERES 评估主要分为三个层面:机构评估、附属研究实验室评估和教学评估。评估的学科比较广泛,除商科和工科相关专业外,均由 HCERES 负责评估。

HCERES 每年要对多达 50 个高等教育机构或研究实体、630 个科研单位、600 个学士学位点、300 个硕士学位点、70 个博士学位点进行评估。

(二) 法国工程师职衔委员会(CTI)

1. 机构简介

CTI 是法国工程师专业认证领域最具权威的机构,成立于 1934 年,作为法国工程师职衔认证的主体,其使命是引导工程师教育的发展方向,保证工程师教育的质量,并保证工程师教育与欧洲及国际的工程师教育保持一致。

CTI 自 2005 年成为欧洲高等教育质量保障组织(ENQA)的成员,因此法国工程师教育的认证及文凭授予的方法和标准是符合欧洲标准的,与欧洲工程师教育认证体系(EUR-ACE)的认证结果相互承认。

CTI 有 32 名委员,其中 16 名来自高校,16 名来自企业,由法国高等教育及研究部任命,任期 4 年。聘有 120 名现场认证专家,包括法国专家、国际专家以及学生代表。

2. 机构职能

其主要职能包括 7 个方面:

- 对工程师学校进行 5 年一次的认证,从教学内容、实习、社会反响、毕业生从事工程师职业的比例等多个方面进行评价,做出认证结论;
- 对外国的工程师学校进行认证,使通过认证的国外教育机构获得颁发法国工程师职衔的授权许可;
- 制定工程师文凭(学位)授予(培养)标准和培养模式;
- 为法国教育部提供工程师教育的建议;
- 支持工程教育质量保障的发展;
- 所有与法国工程学位和工程师职衔相关的学术和专业活动,如与国外机构合作的学历互认;

• 为法国和法国之外的工程师项目制定认证标准。

3. CTI 的认证过程

法国的法律规定,各种取得工程师文凭和职衔的途径都必须获得 CTI 的认证。根据 CTI 颁布的相关参考文件,各种途径申请 CTI 认证程序略有不同,但一般包括四个阶段:准备阶段、审核阶段、认证和意见反馈阶段、认证结果沟通阶段。

第一阶段,申请学校根据 CTI 公布的相关材料(包括各地区安排论证的时间、工程师培养自我评价指导书、认证手册等)进行自我评估,并在自我评估的基础上准备申请认证材料并按时向 CTI 递交。

第二阶段,CTI 评审小组在对申请单位提交的材料进行审查后开展实地考察,并会见所有利益相关方、学校的主要合作伙伴,以便能够从各个方面对课程做出客观的评价。考察之后,评审小组依照工程师课程自我评估指南的计划和内容提交评审团报告,并在与申请学校负责人沟通、修改后补充评审小组意见,提交 CTI。

第三阶段,CTI 根据申请学校提交的材料及评审小组的意见,经全体会议讨论后作出最终的评审(包括认证期限及具体指出办学机构在办学过程中的优势、不足以及需要进一步改进的建议等)。CTI 认证结果会通知相关部门并在 CTI 网站公布。

第四阶段,相关部门在接到 CTI 的认证意见后授予相关申请学校颁发相应工程师文凭(职衔)的资格。认证是有年限的,80% 的院校可获得 5 年的认证,有 20% 的院校由于各种原因只能获得 3 年以下的认证,还有个别会要求紧急整改。超过认证期限的需要重新申请新一轮认证。

需要注意的是,CTI 受邀可对法国与其他国家在海外合作举办的工程师学校进行认证,执行同样的认证标准。在海外的认证会综合所在国的教育、文化等要素,亦会邀请所在国的相关机构和专家参与认证。

4. CTI 认证的内容

CTI 根据社会发展对科学、技术、工业领域工程师应具备能力的要求以及国内、国际范围各相关方面的意见,确定并及时调整工程师职衔认证的相关政策,并制订相应的认证标准。在制定标准时,除了考虑教育方面的因素,还考虑了与之直接或间接相关的因素,包括管理、组织和文化等因素。

1)任务和组织

工程师培养机构要有明确的培养目标,具备自身的办学特色,具有良好的社会办学形象,有较高的国际声誉;在管理和教学上享有完全的自主权,并且有可持续发展的人力和物质资源以保证其教育使命的顺利履行;建设一个充满活力的管理团队,其领导人有明确的管理权并对整个管理体系负责,以确保教学目标和培训计划在良好的硬件及软件环境下得以实现;拥有充足的资金以保障办学的软硬件资源;确保定性、定量、及时地向公众公布关于学校本身及其机构设置、教学内容、文凭颁发的信息。

2)开放与合作

工程师培养机构要重视教学环境并预先根据其变化做出相应的调整,企业的熟练专业人员被纳入学校的决策、管理机构并直接参与教学任务;学校应重视科研与教学相结合,培养创新型、实践型和研究型的工程师人才;学校拥有一个广阔而强有力的国际平台,有较强的接待外国留学生的能力,学生和教职员工能更多地获得国际交流机会,并在目前全球经济一体化的背景下获取必不可缺的多元化文化知识和对当前就业前景的准确把握;学校同时立足于国内,为扩大其影响力也建立了相应的合作和联系;学校和企业、团体以及地方参与教学和科研的单位建立持久的、双赢的合作关系。

3) 培养计划

学校的培养计划应满足社会就业的需要,充分考虑通过有效的方法组织安排课程,使其既符合学生的就业方向,也符合企业在招聘、调动和管理员工时的职业取向。在学校内部,所有教学参与者应充分了解教学目标以及为达到教学目标拟采取的措施,从而确定或调整课程的内容、教学法以及考核模式。同时,这也有助于学校与有关各方特别是报考者、工程专业学生及用人单位之间的沟通。学校要保证所培养的工程师符合不断变化的大环境的需要,其素质与相应的行业相匹配。学校还将采取措施,除了对学生知识和能力进行评估外,还和企业共同对学生的技能进行评估。

4) 招　生

学校应本着公开、公正和严谨的原则,设立录取新生的相关举措,核查报考此专业学生以往的求学经历,特别是和工程师文凭相关联的基础科学学科的学习情况,平行考量学生以前学习经历中所获取的各项技能的综合水平,确认报考此专业的学生以往的求学经历以及其专业水平是否足以顺利完成该专业的学习、获得相关文凭并能实际履行工程师的职责,从而保证其教学任务的顺利实现。录取新生的标准、模式根据教学目标和就业前景做相应的调整;学校还应确保所录取新生在地域和社会背景方面的广泛性。

5) 学生教育

学校应按照就业方向来定位其教学大纲,并根据教学目标确定课程的内容和进度,采用相应的教学方法保证教学目标的顺利实现。根据教学目标确定实习方案,并对实习达到的预期效果制定相应规定;学校应积极建议学生到国外实习或者参加校际之间的交流项目;由于期望培养的工程师需要具备一定的科研能力,因此在研究实验室的长期实习可以替代在公司的长期实习,这种情况下在公司的实习时间可以减少到 14 周。学校还应在学生的生活层面给予一定指导,为实现教学目标做出贡献。学校考评学生成绩并对学生进行跟踪服务,确保获得其授予的工程师资格的学生有能力实际履行工程师的职责。对学生能力的培养包括:获取知识及其理解能力、工程分析能力、工程设计能力、创新和探究能力、工程实践能力、决策能力、交流和团队协作能力、终身学习的能力等。

6) 就　业

学校应非常关注毕业生的就业问题,采取相应的措施了解、评估潜在就业形势以及工程师们的最初就业状况。学校的咨询建议机构应为学生提供关于职业规划的相关信息;学校积极支持学生对于未来职业生涯的定位和展望;学校确保即将走向工作岗位的未来工程师们的第一份工作符合学校最初既定的招生条件以及培养目标。

7) 质量保障和持续发展

学校应建立一个系统的内部质量保障体系,对内部管理、各项教学活动的质量、成果等进行评估,并不断督促学校做出相应的改进工作,从而保证教学活动高质量完成,并保持这一过程的持续良好发展。学校应在高度自主管理权下与各主要利益相关方保持良好的沟通合作。这些利益相关方包括:企业(大型企业、中小型企业和正在创建的企业)和就业环境、社会和国家、工作人员、学生以及本地机构、外国机构、本国团体等。学校还必须达到 CTI 关于其外部协调度的各方面规定以及其他校外评估机构的评估标准。

此外,CTI 认证特别强调:科研与创新并重,高标准的工程师职业技能要求,重视欧洲化和国际化导向。

5. CTI 在华认证活动

2010 年,CTI 对北京航空航天大学中法工程师学院进行认证,开启了在华认证活动的序幕,先后认证了中国民航大学中欧航空工程师学院、中山大学中法核工程与技术学院、上海交通大学上海交通—巴黎高科卓越工程师学院,使这些中法合作办学机构获得了颁发法国工程师文凭的资格。2017 年,CTI 对天津大学国际工程师学院进行了认证,这是 CTI 首次对我国非中法合作办学机构进行的认证。

三、法国高等教育及质量保障体系的特色、优势与不足

(一)教育体系设计完备,特色鲜明

1. 各类教育形式各司其职,人才类型多样,兼顾公平与效率

法国目前所采用的极具设计感的高等教育、职业技术教育及预科教育体系,一方面通过"宽进严出"、"非选择性"的公立综合性大学体系保障高等教育入学率,一方面通过严格选拔进入"大学校"的高等专业教育形式为工程、商科、管理、师范等领域培养毕业后可迅速在相应岗位独当一面的精英人才,同时还有各类预科班为高等教育提供人才基础。各类教育形式之间互补性强、衔接紧密、互联互通、允许转换,这也使得法国高等教育的试错和容错机制较为健全,学生有充足的时间和机会确定自己的职业发展方向,保障大部分人在自己所喜爱的专业中学有所成,学有所用。

2. 预科教育特色突出,培养高层次精英人才

法国在学生高中毕业后,引入了预科教育,与普通的高等教育体系相并行。预科教育可以在高中进行,在有些法国高等大学校内也设有预科教育课程。预科教育旨在根据法国经济社会和相关行业的需求,培养符合社会发展和行业发展需要的高水平专业人才。这类人才不仅需要具有扎实的知识储备,还需要有管理能力、人文素养能力的培养,属于社会的精英阶层。从预科开始实行导师制,教师与学生互动、了解学生学习的具体情况,并对学生的学习以及未来规划进行指导。这不仅有利于及时解决学生在学习中遇到的问题,而且可以帮助学生对自己进行清晰地定位,找准发展方向,有利于学生未来的职业选择和规划。

3. 注重数理、人文素养等基础通识教育和能力培养

法国无论大学教育还是预科教育都充分重视学生基础理论和能力的培养。在预科阶段,每周数理课时分别为 20 学时和 15 学时。学校认为良好的数理基础有助于培养学生的逻辑思维能力,并可为将来的专业学习奠定扎实基础。此外,在大学教育阶段和预科教育阶段,为了保证学生全方位的发展,在课程设置中都加入了人文素养类课程。在法国的教育体系中,学生的培养不仅仅是知识的传授,更是对人的培养,希望通过教育更能帮助学生塑造良好的人格。

法国高等教育认为,工程师学生未来将担任管理者,不但要掌握科学技能,还要有人文素

养和管理能力。国立巴黎高等化学学院介绍："在法国,工程师教育是一种精英教育,能力要求很全面,除了偏技术的专业方向,我们还要上经济学、项目管理等课程,还有一些人文课,比如法国诗歌课。"巴黎综合理工大学要求读工程师学位的学生必修两门人文课。工程师学院往往会通过项目教学来"验收"这些跨学科能力。

法国素质教育的另一个体现是,加强学生的社会责任感和家国情怀,从学校的内外部环境、教室的壁画、学校的校徽等方面都能够看到这种精神的转达,如综合理工大学、国立巴黎高等化学学院、路易大帝中学等,都将在一战与二战中牺牲的杰出校友的名字和照片,放置在最显著的位置,令大家进入校园或教室,就心生敬畏和骄傲,从而培养学生获得社会责任与担当。

4. 产学结合,学以致用,企业全过程参与人才培养

法国无论普通高等教育还是大学校工程师、商科教育、艺术类教育,都非常重视教学与实践相结合,从教学大纲和课程的设置等各环节都有企业的参与,根据经济社会的实际需求培养急需人才。学生有至少10个月的企业实习经历,确保能够获得第一手的企业经验,保证毕业后直接就业。同时,高校高度重视学生团队精神、领导力和组织协调力等素养的培养。

法国工程师教育的最大特色是注重实践、与工业界紧密结合。法国人用"企业的医生"来形容工程师的工作,而临床实习对医生的重要性不言而喻。实习是法国工程师教育的重要教学环节,学校一般要求至少完成28周的实习(首选企业实习)。法国工程师教育还特别重视企业人士授课。CTI建议至少20％的教学任务由企业兼职教师完成,尤其是在工程师学习的最后一年,更应重视企业人员的授课比例。

5. 逐步走向国际化,为高等教育注入新活力

法国在历史记录中很早就有接受外国留学生的传统,早在十三世纪巴黎大学就已成为了欧洲各国学子向往的求学中心。随着经济全球化、教育国际化浪潮的发展,法国高等教育与时俱进的进行了更为深入的改革,推动并促成了"欧洲高等教育共同体"的建立和建设,制订了"法国吸引力计划"等一系列政策措施,各校分分增设英语授课项目,这使得法国一度成为世界上拥有外国留学生最多的国家之一。同时法国高校十分重视吸引各国优秀人才,建立国际化的师资队伍,形成了高度国际化的高校环境。

法国工程师定位为一个集科学、技术与管理为一体的综合人才,在具有比较全面的科学与技术背景下,能够在其职业生涯中适应新的技术,投入实际的科学研究,具备创新能力,能够管理复杂项目、团队和公司,具备在国内、国际和多文化环境中的交流能力,关注全球社会问题等。

近年来,在CTI国际化指标的引导下,法国的工程师学院加大国际化步伐,鼓励学生海外交流实习,尝试海外办学。自2005年北航开设中法工程师学院以来,目前中国已有10所中法合作办学学院,其中大部分是工程师学院,前3年为语言和理论基础学习阶段,后3.5年为工程师教育阶段。毕业后获得国内学士和硕士学位,及法国工程师文凭。为保证海外办学质量,中法工程师学院接受法国教育部督学的定期检查和CTI认证.

6. 加强教育资源优化重组,提升核心竞争力

法国高等教育改革委员会于2001年提出了一份"构建高等教育的欧洲模式"的改革报告,将高等工程教育推向改革前沿,强调高等工程教育的基础化、非技术化、国际化、高科技化、继续化,并最终建立起一个层次清晰、规格配套的现代高等工程教育体系。当前,法国教育部正

在充分学习中国高等教育推进 985、211 项目建设,以及"双一流"建设的经验,积极整合教育资源,扩大影响力,提升法国高等教育的国际化竞争力。目前以国立巴黎高等化学学院、巴黎综合理工大学为典型的工程师高等教育学院正在甚至已经与数个学科特色明显的普通高校进行集团化重组。充分显示了法国教育主管部门对于重建和振兴法国特色的高等教育体制、并进行适当的教育输出充满期望。

(二)高等教育质量保障体系完备有效

由于法国高等教育体系的双轨制特征,高等教育机构按性质可以分为大学及大学校,或分为公立与私立学校,或按学科分为基础科学、工程、医学等学校,这些不同种类的高校由不同部门进行监管。例如,国民教育和高等教育研究部主要监管大学、工程师、管理、医科、以及其他提供健康和社会服务项目的学校。还有 6 个监管部门则包括:国防部(主要监管巴黎高科和其他高级技术教育机构);卫生部(主要监管医科和其他提供健康社会服务项目的学校);农业部(主要监管提供土地、农业工程、景观、兽医教育的农业学校);环境部(监管土木工程学校);文化与交流部(主要监管提供文化遗产和建筑教育的艺术高校);工业商贸部(主要监管勘探矿业学校)。

法国拥有教育督学、研究与高等教育评估高级委员会(HCERES)、工程师职衔委员会(CTI)等较为完善的高等教育及工程师教育质量保障体系和机构,对全国所有高校开展定期到期评估认证,且各评估和认证机构分工明确、分类指导清晰、流程规范,是法国高等教育质量得以保障的重要因素。评估和认证机构都有明确、细化的标准,不同的评估机构针对评估对象、评估目的和评估内容各不相同并各有侧重,这成为协调政府、高校和社会三者关系的重要手段。高校在校内设立专门机构或指定专人,组织自查,与评估认证机构及教育部保持沟通联系,并针对评估结果进行分析,督促相关部门就具体问题进行整改,推动质量的持续提升。评估认证结果的出版和公开,也可以指导和督促学校进一步改进工作,制定学校发展的长远规划和政策,更是全社会对教育系统的有效监督(见表1)。

表 1　中法两国高等教育评估体系建设比较

类别项目	中　国	法　国
评估主体	政府	政府为主,社会参与
评估部门	高等教育行政部门	国家评估委员会 CNE、法国科研与高等教育评估高级委员会(HCERES)、工程师职衔委员会(CTI)等
评估体系	尚不完善	具有严格完善的评估体系
评估流程	学校自评、专家考察、评估整改	校级评价、同行委员会评审、CTI 评估报告
评估结果	划定等级,对外公布	公开自评报告、CTI 评估报告
后续工作	尚未重视	评估后 12 个或者 18 个月之内与学校管理层沟通

(三)法国高等教育建设与发展的不足

近 5 年来,法国高中毕业适龄人口激增,政府除了保障教育财政投入,稳定公立学校入学率以外,也默许了私立学校以较快的速度进行发展,并鼓励私立学校参与世界排名,以增强法国的高等教育竞争力。目前全法高等教育机构有 250 万名在校生,其中私立学校学生占到 1/5。进入新世纪后,法国高等教育一方面听取国家内部受教育者和用人单位的各类需求进行自上而下的改革,另一方面也面临欧洲教育一体化和高等教育国际化的外部力量冲击,表现出了一些明显的不足。

1. 教育资源相对数量仍有不足

由于学龄人口激增、综合性大学的"非选择性"和不同专业的冷热不均,学生扎堆申请综合性大学的医学、心理、体育、法律四个专业,而其他专业则招生不足,引起社会舆论对高等教育体制及其改革的广泛争论。私立学校为迎合学生需求,在 GE 学位(大学校的国家学位)之外提供了 BBA、MSC 等学位类型,使得传统高等教育的权威性和公允性受到了一定质疑。

2. 学校类型众多严重分散了教育资源

以培养高级精英人才为目标的法国高等专业学院均存在规模较小、成本较高的问题,造成其教育资源与师资资源分散,个别机构甚至达到了师生比 1∶1 的程度。高等教育体系过于复杂、资源过于分散阻碍了法国高等教育走向国际化的进度,法国政府亦在思考将学科类型相近的高等教育资源进行集中,已经开始对法国的优势高校进行指导和重组,以打造类似于我国的985、211 工程高校梯队。

3. 大学重组多有反复,整合结果有待检验

以巴黎萨克雷大学的组并为例,该校 2014 年 12 月 29 日在法国巴黎南郊成立之时,合并了 2 所大学、10 所大学校与 7 个研究所,其中包括巴黎综合理工大学(Ecole Polytechnique)、巴黎高等商业研究学院(HEC Paris)和巴黎第十一大学、凡尔赛大学(Universite deVersailles)等,校园面积达 1 350 英亩,有约 60 000 名学生与 10 500 名科研人员。但就在 2017 年 10 月 25 日法国总统马克龙访问该校期间,又确定了将加盟学校一分为二的方针,其中综合理工、ENSTA、ENSAE、TeleCom Paris 等校将形成以工程师院校为主的联盟,初步确定的名称为"NEW UNI",以打造"法国的 MIT"或"法国的洛桑联邦理工"为目标;而以巴黎第十一大学为首的其他几个大学和学校将保留萨克雷大学的名称,以基础科学教育研究为主。

法国在整合资源、院校重组的过程中困难重重,投入巨大,效果还有待时间的检验。

4. 传统体系掣肘发展,受到广泛质疑

尤其以大学校和预科制度为甚,始自法兰西第一帝国时期的"prepa"预科班制度与"grande ecole"大学校制度开始受到部分法国人的质疑,甚至出现要取消这两种制度的呼声,原因在于预科教育阶段主要目的是强化基础和准备大学校入学考试,应试教育特征明显,与工程师教育阶段比较脱节,减弱了人才培养的连贯性;而大部分工程师学院以培养通用型工程师为主,学生适应面虽宽,但是学生缺乏在某个领域的深入学习。

5. 多元文化融合有待进一步加强

法国高等教育对法语的固守和推崇,起到了维护法国高等教育传统、保障法国民族文化特色、推广法语的作用,但也削弱了法国高等教育向以英语为主的国际教育社会的融合,影响了其国际化发展进程。

四、对我国高等教育、中外合作办学、质量保障体系建设的启示

(一)加强教育规制和顶层设计,探索机制创新

1. 精英教育与普通高等教育分类指导与分步实施

我国在高等教育从精英化向大众化转变的过程中,需要学习法国工程师精英教育理念,明确大众化背景下发展精英教育的重要性,对精英教育和普通高等教育进行分类指导。对优质生源给予充分的教育资源,并保持必要的淘汰率以督促学生认真学习,以稳定高层次人才培养的精英性。

2. 兼顾教育的公平与效率

法国的高中升学制度,既兼顾社会公平又能够保证对精英的选拔。综合性大学招生时,甚至不考虑学生的分数排名,只要通过高中会考,就可以按照个人申请意向的录取。这种"非选择性"的录取方式实现了人人有学可上、不以分数论英雄的大众化高等教育目标。

另一方面,为了能够有效地选拔出社会所需的精英人才,法国教育主管部门创造性的引入了大学校的精英培养模式。在大学校的人才培养过程中,无论是预科阶段还是大学校学习阶段,精英培养的理念和目标非但没有降低,反而愈发强化。这种与国内强化内涵建设具有相同语境的做法,值得国内高校思考和学习.

(二)明确并强化以人才培养为中心、以用人需求为导向的育人理念

1. 卓越工程师培养计划为国家提供建设中坚人才

法国工程师的培养模式为我国培养高级工程人才提供了一个很好的借鉴。可以结合"卓越工程师"培养计划,在课程设置、教学模式上,加强基础科学理论的教学,并逐步从知识的灌输转向能力的培养,切实加强校企合作,提高工科实习比例,着力训练学生解决实际及复杂问题的能力。同时加强非技术教育课程的教学,结合素质教育模块的实施,使学生掌握符合中国国情的社会和人文科学知识及其应用能力,不断提升管理能力、沟通组织能力、创新创业能力和国际交往能力。

2. 加强校企合作,切实培养符合社会发展需要的人才

法国不论是综合性大学还是大学校精英教育,都非常重视教学与实践相结合,而且非常重视学生团队精神、领导力和组织协调能力等人文素养的培养。

我国高校要打破学校培养的学生社会用不上,而社会需要的人才学校又培养不出来的局面,真正去适应经济社会需求,量体裁衣,产教结合。借鉴法国人才培养经验,企业全程参与人才培养,包括培养方案的校企联合,把握市场对人才的需求趋势,及时对学科专业和课程结构进行必要调整。其次是增强学生实践实习环节,高校应在培养模式、课程设置、考试考查等环节深入改革,注重实习质量,确保实践实习的力度和效果,培养出更多受社会欢迎的应用型人才。最后应加强校企科研合作,保障高校科研经费的来源和成果的转化,在经费、人才、成果转

化、收益等方面实现双赢的良好局面。

(三) 参考法国工程师教育,探索精英人才培养新模式

法国的工程师培养实施精英化教育,重数理化基础、重专业理论知识与人文素养的结合,教学水平及工程师人才获得世界的充分肯定和好评。我国的"卓越工程师"培养计划可以参考法国工程师教育的培养模式,推进"卓越工程师"培养计划的精英化改革,以"4+2"本硕连读的形式专门设立卓越工程师专业硕士学位;参考法国工程师教育的培养方法,前3年注重数理化基础理论,后三年着重培养专业能力,人文素养和通用能力的培养贯穿整个过程,探索我国精英化工程师培养新模式。

(四) 建立多元化、多层次的高等教育特别是中外合作办学质量保障体系

1. 建立以人才培养为中心的质量保障体系

法国研究与高等教育评估高级委员会(H CERES)对高校及科研机构进行评估,而工程师职衔委员会(CTI)则是对法国工程师学院进行认证,但是其核心的评估认证标准均是以人才培养为中心,我国可以借鉴法国高等教育的评估认证体系,优化评估标准,通过评估更好的引导高校改变目前普遍存在的重科研轻教学的倾向。

2. 多元化、促发展的质量保障体系

与法国相似,我国同样具有诸如教育部直属、省部共建、省属地方、高职高专等不同层次高校,也有过去源自不同行业的特色型高校,划分标准各异。但是,如何制定出适合各类高校发展、考量不同基础和发展水平的高校办学质量,我们同样需要多样化的"尺子"对其加以衡量和评估。

通过学习发现,CTI认证对法国工程师学院的生存与发展至关重要,不仅表现在认证结果决定学院能否获得授予工程师文凭的资质;同时,CTI不断审视和更新调整认证标准,使其及时适应国内外对各类高级工程师人才的需要,保证法国工程师的国际竞争力,对工程师学院的发展方向起到了指挥棒的作用。如,CTI标准对学生实习有着具体严格的规定,对于实习单位的类型(企业和科研机构)、实习应安排在哪个学段、实习的时长、实习期间学术导师和企业导师的安排等都有具体要求。又如,CTI根据近年来经济全球化发展趋势,及时在标准中增加了学生到海外交流和实习的要求。CTI的标准制定和调整建立在充分的调研、分析和对所有利益相关方,包括非教育领域利益相关者咨询的基础上,能够切实代表工程师学院群体的目标和利益,也能够及时反映工业企业界对人才培养的要求。所以,工程师学院对CTI标准高度认可,将其认证看作是推动自身质量持续提升的重要工具,均自觉按照标准开展教育教学。我国普遍存在的"被动迎评"现象极为少见。

由此可见,外部质量保障及其标准的作用应该是促进发展、提升质量,而不是单纯的检查工作。为了实现这个目标,质量保障的标准应具有科学性、前瞻性、可测量、可操作、可实现,得到被评估对象的普遍认可,并及时根据需要进行相应调整,应对办学具有引领和指导意义。

3. 完善中外合作办学质量保障体系

当前,我国中外合作办学合作国别众多、合作模式各异、合作形式也非常丰富,需要进一步细化评估及认证标准,同时注重明确标准的主体落实单位、实际可行性和量化考核的可操作性,更好地发挥评估及认证标准在中外合作办学过程中指导作用,保证办学质量。同时,要注重吸收高等教育以外的社会各界人士,将各方利益相关者的意见都纳入到评估实践中来,提高高校的社会适应性,保证机构运行的公正性和合法性,提高评估结果的社会认可度。

目前,我国中外合作办学已经建立了有效的质量保障体系,但分类指导和公开性不足。法国工程师教育的认证体系对进一步加强我国合作办学质量保障有很好的借鉴作用:首先,要加强与不同国家政府、高校和质量认证监管机构的沟通和合作,以对推进分类指导及评估系统的建设。第二,增加合作办学评估的公开性。鼓励学生和其他利益相关方参与到教学评价中来,使他们成为质量监控的重要组成部分,增加对评估反馈过程的明确和公开。第三,通过评估和认证加强内部质量保障建设。合作办学应在引进教育资源的同时,借鉴国外高校的内部质量保障机制,按照外部评估和认证的指导方向,建立健全项目、机构乃至全校的内部质量保障机制,确保有效的运行和质量的不断提升。第四,保底线、促发展。合作办学质量保障应在确保最低办学要求的同时,帮助项目和机构实现持续发展和质量提升。

(五)中法合作办学要知己知彼、精准定位

开展合作时,我国高校务必精准把握法方合作院校的定位、质量保障要求及合作诉求,谨慎论证合作可行性并充分考虑发展前景。

1. 明确办学定位

法国高等教育非常复杂,与一般欧美高等教育体系存在较大差异。与法方开展合作前,有必要充分理解合作伙伴在法国教育体系中所处的位置和人才培养定位。经过本次学习发现,法国工程师教育确实是以培养少数精英人才为目标,其对工程师后备力量培养的投入也是相当巨大的。仅以师生比为例,工程师学院平均为1:6,有的顶级学院甚至达到1:1,而法国综合性大学仅为1:16.我国高校与其开展合作办学时应考虑双方定位的匹配度:是否以培养精英为目标,是否能够持续提供巨大投入,是否能够配备如此多的高质量师资,是否能坚持高质量法语教学等等。

2. 明确质量保障要求

我国各类高校在与法国建立合作办学机构和项目的同时,要充分领悟和把握法国高等教育主管部门对各类型高校"定位——运行实施——质量保障"三位一体的重要机制。例如,精英化人才培养的工程师高等学院的精准定位与实践,以及CTI质量保障体系对"定位于精英化人才培养的工程师高等学院"的质量监控,这个机制保证和促进了工程师高等教育的精英化进步。

在引入其教育资源时,应按照其定位,确保引进资源的质量,明确双方质量保障的要求,并重视等效的质量保障体系的本土化。只有这样,才能真正保证中法合作办学质量的不断提升.

3. 明确外方合作诉求

开展合作办学,只有在明确并基本满足双方合作诉求的情况下,才能保证可持续发展。外方院校的合作诉求通常包括吸引优秀人才、国际发展布局、提升国际化水平、看中我国发展前景和广阔市场、招生驱动和利益驱动等。

中法合作办学数量不多,影响较大的是几个中法合作办学工程师学院。这些合作大都是在政府和行业大力支持下促成的,法方院校主要是希望借此推广法国的工程师教育,为法企在华发展储备人才,并帮助法方院校提升国际影响力。虽然法国高等教育一贯坚持公益性、低收费,但在国际化浪潮和本土经济低迷的背景下,越来越多的法国综合性大学甚至大学校开始通过扩大国际学生数量来提高经济效益,为此纷纷开始提供全英文授课的研究生项目,有的高等商学院甚至开设了专门针对国际学生的全英文授课本科项目。由此可见,招生驱动和利益驱动也将逐渐成为法方院校的合作诉求之一。

高水平中外合作办学质量认证体系简析

——法国工程师职衔委员会(CTI)认证体系变革之路

张　巍　洪冠新

北京航空航天大学中法工程师学院,100191,北京,中国

摘　要：中法建交 55 年以来,教育合作一直是中法两国关系中的核心组成部分。目前国内共拥有 12 家中法合作办学机构,其中 7 家给毕业生颁发工程师职衔(文凭)。因此,这些机构的质量保障体系是合作办学的重要基础。对法国工程师职衔委员会(CTI)认证体系的研究,是了解国外先进工程教育体系和教育理念的重要途经,有着重要的研究价值,也为我国建立具有自主且受到国际认可的评估体系提供重要的理论保障。

关键词：中外合作办学;质量认证;法国工程师职衔委员会;变革

中法建交 55 年以来,教育合作一直是中法两国关系中的核心组成部分。两国之间活跃的学生交流是双方相互信任的良好体现。根据法国教育部的最新统计,2018 年共有 30 071 名中国学生到法国留学,仅次于摩洛哥和阿尔及利亚。另外,根据中国教育部的统计,2018 年共有 10 695 名法国学生来华留学,是欧洲国家中来华留学人数最多的国家。从 2005 至 2018 年 14 年间,中法两国间共成立了 14 所中法合作办学机构和 34 个合作办学项目,培养从本科层次到博士层次的高水平国际化人才,这也印证了中法教育合作尤其是高等教育合作的日益紧密和互动水平的稳步提升。

从专业设置上来看,中法合作办学机构共开设专业 26 个,包括工学 14 个,理学 4 个,管理学 4 个,经济学 2 个,语言学 1 个,通用专业 1 个,显示出以工学为主的特点。14 家机构中,有 12 家合作开展工程技术领域的人才培养,其中有半数机构(7 家)给毕业生颁发工程师职衔(文凭),颁发工程师职衔(文凭)的中法合作办学机构都需要定期接受法国工程师职衔委员会(CTI)的认证评估。

法国工程师职衔委员会(CTI)认证体系一直是我国教育部认可的国外质量保障体系之一,也是法国高等工程质量保障中最重要的环节。CTI 自成立以来,根据时代的变化,也不断修订其认证指南,适应不同时代社会、工业界对工程师的不同认知和理解。对认证指南的动态分析,有助于我们更好地了解法国社会、教育及工业届对工程师人才培养的不同需求,也为我国建立自己的认证体系提供宝贵经验。

一、法国工程师职衔委员会(CTI)概述

法国工程师职衔委员会(CTI)是法国教育部下属专门负责工程师学历认证的机构,其主要职责为:对工程、计算机科学、应用数学、工程管理等领域的高等教育机构进行评价和认证;

推进工程师教育的质量;在法国本土及海外(如德国、瑞士、保加利亚、越南等)提升工程师课程。在法国,高等专业工程师大学(Grand Ecole)须定期接受法国全国工程师职衔委员会(CTI)的资格认可与评估才有资格颁发工程师文凭。

法国工程师职衔委员会成立于 1934 年,但其历史可以追述到 1794 年。1794 年 10 月,法国成立公共工程协会,并由该协会成立中央公共工程学校,也就是 1795 年成立的综合理工的前身。1922 年,在法国政府委托工程师文凭委员会做出的一份调查报告中指出,工程师文凭的数量一直处于高速增长。随着工程教育在两次世界大战期间的快速发展,到 1934 年法国出现了工程师文凭发放过量的现象,促使国家决定提高法国工程师文凭的含金量。在法国政府的报告中指出,法国是一个培养领军人才的国家,文凭的发放只能针对真正有实力的人才。工程师应该是连接科学和工业界的桥梁,工程师在引导国家和世界科技和经济发展方向方面具有举足轻重的作用。

1934 年 8 月 5 日,法国政府颁布法令,正式成立法国工程师职衔委员会,由此确立了法国及欧洲最早的评估和认证体系。法国工程师职衔委员会主要负责工程师资格认定和工程师文凭发放,它是高等教育部下属的独立机构,但不具有独立的行政权力,它也是“欧洲高等教育质量保证联合会”的成员之一,在法国负责工程师教育的相关事务。

现在,法国工程师职衔认证委员会(CTI)的评估认证体系在职业化的高等教育中得到进一步发展(如高等商校等)。自 2005 年 5 月卑尔根(Bergen)欧洲峰会起,随着各国由国家授权负责评估和认证机构的建立,这一体系已完全超出了职业化框架与国家范围,延伸至整个欧洲高等教育领域。

二、法国工程师职衔委员会(CTI)认证体系变革之路:2019 版与 2009 版《法国工程师认证指南》的比较分析

《法国工程师职衔委员会认证指南》(以下简称“《指南》”)是由法国工程师职衔委员会于 1995 年首次出版。并自 1997 年起,每隔 3 年,根据国际环境、政策法规等因素,法国工程师职衔委员会对《指南》进行不同程度的调整。虽然《指南》在本质、标准或程序上没有本质的变化,但纵观近 10 年来国际社会科技经济和环境所发生的变化,法国工程师教育也在不断适应和调整中。因此,在《指南》修订的指导方针以及相对应的评价体系上还是有较大的调整。通过对 2009 版和 2019 版这两个相差 10 年的《法国工程师认证指南》版本进行比较分析,能够更好地理解法国工程师评价体系的变迁,进而对法国工程师质量保障体系的发展有更深刻的认识和理解。

(一)《指南》的组织构架

2009 版认证《指南》共分为 4 个章节,分别从“工程师和文凭工程师职衔”、“工程师职衔委员会”、“工程师教育授权的基本原则和标准”以及“工程师教育资格的授权和认证程序”四个方面全面阐述工程师的定义、CTI 职责、认证标准和程序。经过 10 年的变迁,2019 版《指南》由 4 个章节增加至 5 个,分别是“工程师在职场”、“工程师培养及学校在法国”、“工程师文凭”、“工程师培养目标”、“工程师认证标准”,其中认证标准又被分为 6 大板块,包括任务与组织(培养/

学校/机构)、开放与合作、工程师学生培养、工程师学生的招收、取得工程师文凭学生的就业和质量保证体系。

从《指南》的组织构架可以看出,CTI在近10年来对认证《指南》进行了大刀阔斧的结构调整,将2009版第二章工程师职衔委员会介绍从《指南》中删除,强化了工程师的培养目标,并对认证标准做了更加详细的分类。结构上更加符合逻辑,更加清晰易懂,尤其是对工程师的定义、培养目标有了较为明确的表述,认证标准也更加的具体化。

(二) 工程师的定义

1. 2009版《指南》对工程师做出如下定义

工程师能够提出并出色而具有创新性地解决有关产品、系统、服务,甚至是资金及商业化竞争机制中出现的发名、设计、生产和实施等复杂问题。在这个意义上,工程师必须具备坚实的科学文化基础,掌握全面的技术、经济、社会和人文知识。

工程师的职业活动主要集中在工业、建筑、公共工程、农业和服务行业。

工程师经常在国际领域中调动人力、技术和资金。他们的工作是保证保护人类、生活和环境,更广泛的说,是保护公共财产。工程师的工作也有助于提高企业竞争力,特别是技术竞争力,从更长远的角度说,是提供企业在世界范围内的技术竞争力。工程师的工作需要得到经济和社会认可。

2. 2019版的认证《指南》又根据社会的发展,对工程师的定义进行了优化

工程师能够提出,学习并出色而具有创新性地解决在具有竞争力的机构中,工业化过程中出现的发明、概念设计、生产的复杂性问题。这些复杂问题也包括产品的实施,产品的控制,系统和服务,甚至是产品的资金和他们的商业化问题。这些问题同时也伴随着对人类,其社会,价值,生命和环境的关注,更广泛地说,及对人类共同社会的和谐发展的关注。

工程师的工作需要调配人力、技术和资金资源。他们的工作对企业或者机构在国际化竞争环境下的发名、发展、竞争力和可持续性做出贡献。

工程师的工作主要集中在私营、公共和社团协会领域,在工业和服务行业,也包括建筑,公共工程及食品工业等方面。

因此,工程师的职业是多样性的。

可以看出,随着社会科技的不断发展,新兴产业的不断涌现,CTI对工程师的定义进行了适当的优化,将学习能力作为工程师的一项基本技能,增加了对产品的控制,提升国际化的重要性,重视人类价值的必要性。这些都与社会的发展、价值观的不断变化密切相关。

(三) 法国的工程师培养及学校

作为2019版认证《指南》的第二大部分,与2009版相似的地方是都保留了法国工程师教育的整体概况,工程师院校及其网络化建设。值得我们注意的是2019版和2009版工程师学制体系介绍中(图1,图2),工程师学校招收学生的范围和类别有所增加,招收途径有所扩大。

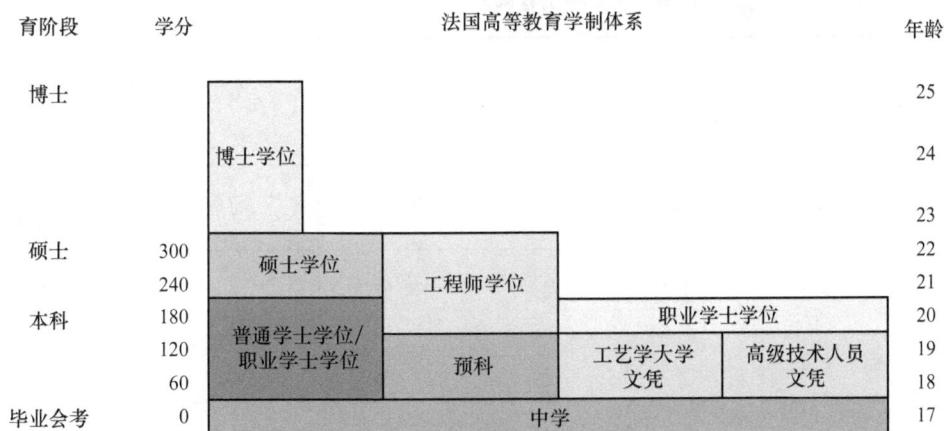

图 1　2019 版法国高等教育学制体系图

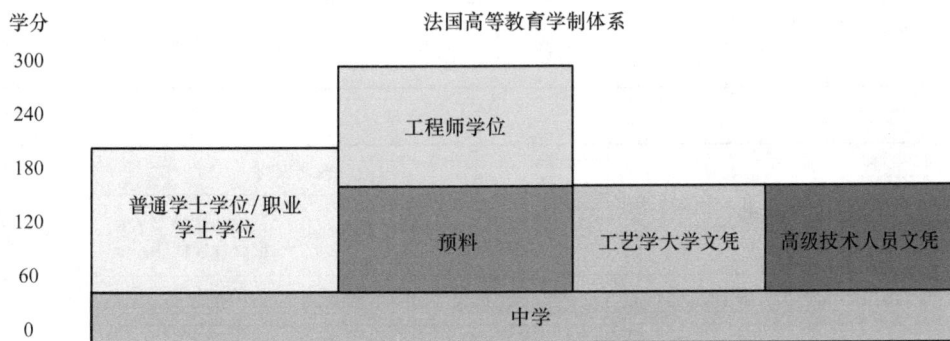

图 2　2009 版法国高等教育学制体系图

为了更好地适应企业、社会和学生对工程师培养的要求,以及与博洛尼亚进程中所涉及到的欧洲课程统一问题,法国工程师的培养也在不断的演变,更加的多样化。这种多样化不仅体现在招收学生方面,也体现在培养方面。在保证法国工程师在法国国内和国际上的知名度,CTI 在保证质量的前提下,使更多的高等教育机构能够提供不同的培养方案培养工程师。

1. 获得工程师职衔的主要途径(2019 版)

CTI 对部分特指的身份名词进行了规范,2009 版中 Etudiants(大学生)一词被 Elève-ingénieur(工程师学生)所代替。由于法语的用词和语法极其的严谨,因此,词汇的变化背后的意义重大。在近几年法国高等教育改革中,高教机构提供了更多的培训机会,更多的在职人员进入高等教育机构学习,大学生所代表的群体过于局限,为了防止出现歧义,因此采用更具有包容性的工程师学生作为 CTI 官方用词。

CTI 定义主要的途径见表 1 以学习者的身份或工程师职衔申请人及培养模式为基础进行区分,培养模式的种类也从 2009 年的 4 种增加至 2019 版的 6 种((图 3,图 4)。

表1　获得工程师文凭的主要途径列表

学习者身份或申请人	教学安排		
	全日制	交替教学 (学校/企业)	类型
大学生身份的工程师学生	优先	可能	普通高等教育 FISE
学徒身份的工程师学生	不可能	必须	普通高等教育 FISA
签署职业化合同的工程师学生(在工程师培训的最后一年)	不可能	必须	职业化合同(向学历教育的学生开放)
继续职业教育的实习生	可能	可能	继续教育(FC)
职业经验认证的申请人	不涉及	不涉及	职业经验认证(VAE)
国家承认学历工程师的申请人	不涉及	不涉及	国家承认学历工程师(IDPE)

工程师学生身份	教学安排		
	传统教学全日制 (包括国际交流)	轮转教学 (企业合作伙伴)	类　型
大学生身份的工程师学生	优先	可能	FI
签署学徒合同的工程师学生	不可能	必须	FI
签署职业化合同的学生	不可能	必须	
继续职业教育的实习生	可能	鼓励	FC

图3　2009版学生获得工程师文凭的主要途径(4种)

取得文凭的途径不应该成为学历工程师工作远景的限制。在所有情况下,工程师教育都是以工程师共同的职业目的和工程师培养的特殊能力、技能为依据。他不能简单地对知识叠加。能够进入培训环节的人都是经过选拔的。

2. 普通高等教育与继续教育

CTI将工程师学历教育分为普通高等教育和继续教育两大板块(见表2),与2009版不同的是,2019版将两种教育类型进行了将为细致的分类,细化了获得文凭的途径,更加强调了学生在不同学校、不同国家和地区的流动性,在原有法国境内双学位的基础上,增加国际交流和国际双学位。种种变化与法国高等教育近年来的国际化日趋活跃,越来越强调国际化息息相关。目前,几乎所有的法国工程师院校都要求学生具有至少为期一个学期的国际交流经验,各个学校也大力发展与其他国家的双学位项目,这也促使CTI对认证《指南》进行修改,以适应学校对国际化的需求。

表 2　普通高等教育和继续教育获得工程师文凭的分类

普通高等教育		继续教育
在学生身份下的普通高等教育(FISE)	国际联合课程	在实习生身份下的继续教育(FC)
	国际双学位	通过职业经验认证获得学历工程师文凭(VAE)
在学徒身份下的普通高等教育(FISA)		国家承认学历工程师(IDPE)

在获得文凭途径方面,较 2009 版,CTI 也对不同类型学生获得工程师文凭进行了细化,这与法国近年来大力推行的学徒制、交替培养等密切相关。

(四) 工程师培养目标

CTI 将工程师培养目标作为单独的章节,充分说明近年来 CTI 在着力推行工程师培养的理念,尤其是更多的法国工程师学校走出法国,积极参与海外办学,理念的推广就显着格外的重要。

1. 2009 版工程师培养目标

2009 版对工程师培养目标提出了 3 大条意见,包括:

1) **基础的科学技术知识的学习和掌握(基础学科、专业学科、工程师学科)**

- 在广泛的基础科学领域具备一定的知识和理解能力(数学、物理、化学、力学、计算机等)
- 把知识运用到专业领域的能力
- 掌握工程师的工作方法和工具

2) **从三个方面适应国内和国际专业领域**

- 企业精神的发展
- 工程师教育的创新和科研
- 工程师教育的国际化

3) **人文及社会方面的发展(个人、社会及环境)**

- 各所学校根据自己的培养目标对这些内容进行补充
- 工程师通过在企业工作和相关培训中累计的经验进一步丰富自己所学的知识,提高技能,担负更多责任。

2. 2019 版:La Demarche Competence(能力培养)

法国国内和欧盟在教育方面的发展,促使我们考虑采用这种教学法,它是从以能力培养为主的教学组织中提炼出的有益方法。对于工程师培养来说,这种教学模式可以有效地帮助学生选择一个或者多个行业,并与公司的招聘、流动和职业规划相匹配。

能力主要体现在能够懂得在需要的时候采取措施,调动并综合所学的知识,专业技巧和软实力去完成一项复杂的工作或任务。这些工作或任务都是与职业相关的。

工作所取得进展和成果是可以在特定的条件下被评估的(取得成果的质量,实施过程的实用和相关性,例如对所调动资源的选择,对遵守限制条件的处理,尤其是规则,经济方面,也包括道德伦理和社会方面)。

能力教育培养的理念和分析都是来自于职场利用分析提取从事某种特定职业所需要具备的技能特点的一种方法。

CTI 建议将能力、知识与所学技能统一称为《学习成效》,这与欧洲标准相符合《Learning outcomes》…

对于学习成效,CTI 不做过多的定义,由学校自主决定,根据所从事的行业,还选择需要掌握的具体知识体系。

3. 从专业技能到学习成效的转变

2009 版工程师培养目标依然以培养的技能和知识为主,虽然也涉及能力方面的培养,但较 2019 版弱化专业知识层面,着重强化能力培养还是有重大的变革。CTI 不再定义工程师所需要学习的专业科学知识,这些知识体系的建设将由工程师学校根据自身所培养的工程师类型而自主决定,CTI 将更加强调学习成效(Learning Outcomes),及包括能力,知识和技术多方面的知识融合体系。

4. 工程师培养所需要具备的基本条件

表 3　工程师培养所需要具备的基本条件 2009 与 2019 版对比

2009	2019
职业界和社会对工程师技能的期待在不断变化,近几十年来,应企业和工程师的要求,这些期待从科技领域向更复杂、全面、多样的领域扩展。工程师职业,根据不同的培养方案,需要一整套的素质相互的作用,有时甚至产生矛盾	工程师培养所需要的基本条件
	学习科学、技术知识以及他们的应用
具备广泛的基础科学学科的知识及理解力,具备相关的分析能力和综合能力	1. 具备广泛的基础科学学科的知识及理解力,具备相关的分析能力和综合能力
合理利用与某一专业相关的科技领域资源的能力	2. 合理利用与某一专业相关的科技领域(或多个领域)资源的能力
掌握工程师的工作方法级工具:通过实验、创新、研究、资料的收集和分析、信息工具的应用、系统地分析及设计来发现和解决问题,设置包括不甚熟悉或未完全确定的问题	3. 掌握工程师的工作方法级工具:通过实验、创新、研究、资料的手机和分析、信息工具的应用、系统地分析及设计来发现和解决问题,设置包括不甚熟悉或未完全确定的问题。团队合作及远程工作能力
	4. 具有构思、实现、测试和生效解决方案,方法,产品,系统和创新服务的能力
	5. 具有从事基础或应用研究的能力,能够完成实验平台的搭建的能力
	6. 具有找到有用信息,并评估和利用《有用信息》的能力
	能够适应企业和社会的需求
	7. 具有将企业机遇与挑战有机结合的能力:经济层面,对质量、竞争力和生产力的尊重,商业需求,经济融合
认识并尊重社会价值的能力:适应社会价值观、责任观、伦理观、安全观及健康观对职业中关键问题的认识能力:企业精神	8. 具有承担道德和职业责任的能力,能够将工作的机遇与挑战相结合,将工作安全,工作健康和工作多样性相结合

续表 3

2009	2019
把可持续发展的原则付诸实践能力：环境、经济、社会及管理	9. 具有考虑环境因素的能力，尤其是可持续发展战略
竞争力和生产力、创新、知识产权、质量管理、工作中对安全与健康的尊重	10. 具有认识和承担社会需求和责任的能力
	对组织结构层面，个人层面和文化层面的认知
融入一个团队，活跃团队气氛及推动团队发展的能力：自我认识、团队精神、投入精神及领导力，项目管理，与专家及非专家的	11. 具有融入职业生涯的能力，融入团队，活跃团队气氛及推动团队发展的能力；有责任感，团队精神，投入精神和领导力，项目管理，工艺流程的掌握，与专家或非专家的交流
	12. 具有采取行动和创新的能力，有个人职业发展或是企业中提出的创业计划
具有在国际环境中工作的能力：掌握一门或几门外语，文化开放性，国际工作经验，掌握经济信息	13. 具有在国际和多文化环境中工作的能力：掌握一门或几门外语，文化开放性，国际适应能力
进行职业选择和融入职业生活的能力	14. 具有自我认知的能力，自我评价，自我管理（尤其是在终身职业培训方面），实施自身计划的能力

三、结束语

法国工程师职衔委员会(CTI)是法国工程教育中不可缺少的质量保障体系，在欧洲乃至世界上都享有盛誉。从分析中可以看出，CTI根据社会经济，社会文化的不断发展不断修改更迭自身的评价体系，不断的适应科学技术变革所带来的社会变化。从这边变化中，我们也不难看出法国社会对工程师能力的认知也在发生着本质的变化，其中，从技能到能力的转变是其中的核心，这也与现代经济社会需要更加复合型、多学科交叉型人才的需求不谋而合。相信未来，CTI的认证标准仍然会随着社会的发展而变化，而这也正是我们需要进行探索和改革的地方。

法国旅游类硕、博士人才培养与学科发展^①

沈世伟¹　Violier PHILIPPE^{1,2}

（1. 宁波—昂热大学联合学院/中欧旅游与文化学院；

2. UFR ESTHUA Tourism and Culture，University of Angers，France）

尽管中国高校当前学科建设的动力、起点、路径、模式都与西方大学存在较大差异，但硕士和博士人才培养向来都是中外高校学科发展的重要内容。多学科介入旅游研究以及旅游学科现有地位与旅游产业重要性严重不符是中外旅游学界共同面对的现象。因而，旅游强国法国在这方面的努力与实践值得正致力于建设旅游管理一级学科的中国同仁们了解与借鉴。

一、法国旅游教育格局

长期以来，数量众多、历史长短不一但普遍办学水平甚高的旅游—酒店—餐饮类职高和高职高专院校被视为法国旅游教育的特色和名片。早在 20 世纪 30 年代，巴黎、尼斯、斯特拉斯堡、克朗蒙费朗、图卢兹、格勒诺布尔等地就已兴起一批酒店—餐饮类院校[1]。相比之下，法国综合性大学体系中的旅游教育，尽管起步也颇早（巴黎第一大学早在 1961 年就成立了旅游高等研习中心，1989 年发展为旅游学院），但直到 20 世纪 80 年代，随着昂热大学、图卢兹大学等一批综合性大学的旅游院系次第成立，才渐成气候，形成了昂热、图卢兹、巴黎、尚贝里、佩皮尼昂等五大旅游高等教育中心，建立起高专到博士的完整培养序列。2003 年后，在欧盟博洛尼亚进程的推动下，法国公立大学的文凭统一转换为"L（Licence，学士，学制 3 年）—M（Master，硕士，学制 2 年）—D（Doctorat，博士，学制 3 年）体系"。

二、法国旅游类硕士的培养

法国的硕士学制为 2 年，有专业型硕士（master professionnel）、研究型硕士（master de recherche）和混合型硕士（master mixte）之分，但通常在前三学期不作区分，只在最后一个学期才分野：同班的专业型硕士生去实习（但也要写毕业论文），而研究型硕士生则进入"研究赛道"（parcours de recherche），在教授和副教授们的带领下开始研究方法的启蒙，研习方法论，思考研究方向，为攻读博士学位做准备。绝大多数旅游类硕士生修读的是专业型硕士，在专业大类上多属于"经济与管理类"。旅游院系规模越大，硕士专业方向往往分得越细，例如昂热大学旅游与文化学院在硕士层次开设的专业方向就有 17 个。相比其他院系，法国高校的旅游院系普遍更重视实践环节。法国高校的旅游类硕士生每学年必须开展 4～6 个月的实习。实习

---

①　原文刊载于：旅游学刊第 34 卷 2019 年 11 期。编入本书时进行了重新排版。

由其自行寻找和联系,从事的岗位和工作职责须与所修专业方向相符,否则得不到专业(方向)负责人的同意,无法签订(学校、实习单位和学生本人)三方协议。由于法国法律规定实习单位必须支付实习生薪酬且每月不得低于 500 多欧元,有些实习单位还提供住宿、午餐券等其他福利,因此法国的企事业单位招聘实习生是认真的,在正式确定录用某位实习生之前,往往会对其进行材料初审、电话交谈、面试等多个环节的考察,录用后也会交给其明确的任务,并可能辞退不合格的实习生。因而不难理解,经受过如此锤炼的硕士生大多自然兼具理论知识和实践能力,对行业及自身都有了真正的认知,就业竞争力强,行业内就业率以及进入职场后对行业的忠诚度都显著高于中国旅游院校的毕业生。

三、法国旅游类博士的培养

与硕士生一样,法国大学的博士生入学实行"申请—审批制"。具有硕士学位的申请人向导师递交研究计划和申请材料,获得导师认可后,就可到 博士生院(Ecole Doctorale)办理注册了。博士生须在博士生院注册,并在导师所属且受博士生院认可的实验室/研究所中开展研究,撰写论文。实验室、研究所有校级的,也有与其他科研机构(例如,法国国家科研中心[CNRS])合作设立的。博士生院按研究领域设置,因而一所综合性大学通常有多个博士生院。一个博士生院通常也汇聚多所高校的相近学科,并在牵头高校设立办公室。博士生院负责博 士生的学籍、学位及课程等事项。不同的博士生院的学分要求是不同的。例如,昂热大学的旅游地理 博士生注册的博士生院名为"Société(社会),Territoire(国土),Temps(时间)",该院博士生须在答辩前修满 100 学时,包括 40 学时实践学分(履历制作、面试指导、博士就业指导、教学启蒙等)、60 学时科学学分(例如,社会科学史、哲学思想概论等)。在科学学分中,参加国际学术会议并作报告每次可抵 6 学时,但研究伦理与学术道德课的 2 学时是必修的。又如,尼斯大学的"法律、政治、经济、管理" 博士生院规定博士生须修满 90 学时,包括 30 个学术学时(学习使用分析工具、学习使用软件、文献阅读、研究伦理与学术道德,除后者外可用研讨会、培训、讲座等相抵)、30 个职业学时(授课技巧、英语演讲与协作、时间管理、压力管理、企业管理、急救实务等)、30 个不限类型学时。法国大学的博士生院和实验室/研究所普遍鼓励博士生参会、发文,但都没有硬性要求。

四、法国旅游类博士论文的院校与学科分布

法国旅游研究自 20 世纪 50 年代发端之时起,地理学便是先锋和主力,博士论文便是研究成果的主要表现形式[2]。此后,越来越多的院校和学科投入旅游类博士的培养中。法国博士论文在线数据库(www.these.fr)收录了 1985 年至今的各学科博士论文。截至 2019 年 10 月 1 日,笔者以"旅游"(tourisme)为关键词共搜得博士论文 4 065 篇(年均 120 篇)。它们来自法国 127 所高校,涉及法国半数以上的博士培养单位,包括综合性大学和精英院校,分布十分广泛。但"产值"超过 20 篇的院校仅有 51 所;其中,超过 50 篇的仅有 30 所。考虑到法国高校近 10 年来的合并潮,系统中合并前后的院校并存,实际的"高产"院校为数更少。从博士生们自主标注的学科来看,几乎所有学科均有涉及,其中:地理/规划/城市学占比 24%居首,随后是法学(10%)、管理学(8%)、经济学(8%)、语言学/文学(8%)、历史

学(7%)、社会学(7%)、信息/通讯(6%)、人类学/民族学(3%)、政治学(3%)、教育学(2%)、环境/生态(2%)、心理学(1%)、体育学(1%)、建筑学(1%)、艺术学(1%)……还有近1%的博士生高举"旅游/旅游学/旅游研究"旗帜。可见,在法国这样一个旅游业历史悠久且高度发达的国家,旅游受到各学科的普遍关注,成为其共同研究的对象,但地理学(及相近学科)始终是旅游研究的主流学科。

五、法国旅游类博士的跨国合作培养

法国是全球第四大留学生接收国,教育和科研水平高,且政府、社会和高校都对留学生持开放包容的态度。因而,留学生是法国博士生中的重要群体。法国高校中从事旅游研究的博士生来自全球各地。因此,博士论文涉及的案例也遍及全球。法国旅游学界的博导们及其所在实验室/研究所普遍支持博士生们(无论其属于哪个国籍)睁眼看世界,深入世界各地开展田野调查,把学问做到旅游所及的世界版图中去。同时,法国高等教育、研究和创新部(MESRI)明确鼓励高校跨国联合培养博士生,包括联合指导和双学位等形式。法国旅游院校与国外高校联合培养博士生十分普遍,仅从法国博士论文在线数据库(www. these. fr)查到的 1985 年至今(2019 年 10 月 1 日)以旅游为主题的、由法国高校与国外高校合作指导的双学位博士论文就有 169 篇之多。外方合作高校多为加拿大(尤其是魁北克省)、意大利、摩洛哥、突尼斯、瑞士、巴西、西班牙、德国、比利时、罗马尼亚、塞内加尔、贝宁等国旅游研究相对活跃的综合性大学。

六、旅游研究科研集团

时至今日,法国高校中的旅游学科归属依旧五花八门,多数规模小、地位边缘、可见度低、科研经费不足,缺乏与校领导层对话的能力[3]。困境中的法国同仁们也曾讨论过在全国大学理事会(Conseil National des Universités)设置旅游类别,但未得到足够数量的 A 类教授的支持(不少教授不愿脱离母学科);又曾倡议建立"旅游学"(la tourismologie)[4][5],也未得到群起响应。一些已在旅游研究领域成名的学者为了后续的学术生涯、晋升教授而"皈依"符号学、心理学等"正经"学科[5]。但更多法国同仁一直未曾放弃合作共谋旅游学科发展的努力。2019年 5 月 6 日,由昂热大学旅游与文化学院牵头,法国西部 4 个大区(法国共有 10 个大区)的 18 所综合性大学和精英院校的 150 名旅游学者(分属 34 个研究所/实验室),以昂热大学 Philippe Duhamel 教授为主席,以波尔多第三大学 Isabelle Sacareau 教授为学术委员会主任,组建"旅游研究"(Etudes touristiques)科研集团(Groupement d'Intérêt Scientifique)。科研集团是法国国家科研中心给予认可和支持的学术共同体的正式称号。首个国家级旅游科研集团的问世是法国旅游学科建设的里程碑。

参 考 文 献

[1] BODET R. Toques Blanches et Habits Noirs. L'hôtel et le Restaurant Autrefois et aujourd'hui [M]. Paris：Dorbon Aîné, 1939：223.

［2］　沈世伟，LAZZAROTTI O. 法国地理学界旅游研究的回顾与展望［J］. 经济地理，2011，31（5）：844－851.

［3］　LAPORTE C，POULAIN J- P. Le tourisme dans l'enseignement suprérieur et la recherche ［C］∥ BESSIERE J，RAYSSAC S，POULAIN J-P. Tourisme et Recheche，Colloque de l'association ASTRE（Toulouse，mai 2011）. Paris：Espaces tourisme & loisirs-collection Mondes du tourisme，2013：14－25.

［4］　HOERNER J- M. Traité de Tourismologie. Pour Une Nouvelle Science Touristique ［M］. Perpignan：Presses universitaires de Perpignan，2002：191.

［5］　HOERNER J- M，SICART C. La Science du Tourisme. Précis Franco-anglais de Tourismologie ［M］. Paris：Editions Balzac，2003：208.

面向新工科建设的中方师资队伍建设方案探索

——以中欧航空工程师学院为例①

邓　甜　杨新湦　牛一凡

中国民航大学 中欧航空工程师学院

摘　要：我国提出"新工科"建设，以多元化、创新型卓越工程人才培养模式为主线，培养具备更高创新创业能力和跨界整合能力的工程科技人员，这就要求教师在精通专业知识、具有较高专业理论水平的同时，能够了解行业发展前景和相关先进技术，具有与工程教育改革相匹配的卓越教学能力，能够进行基于新理念的策略与教学方法创新。同时，高水平师资团队建设也是中外合作办学确保培养质量的关键。本文以中国民航大学中欧航空工程师学院为例，从教师年龄、学历、职称、以及教学能力、科研能力、工程实践能力和跨文化交流能力等方面分析现有师资情况。根据"新工科"建设目标和中外合作办学的实际需求，结合不同类型教师的发展特点，提出中方师资队伍建设目标。从师资引进、新进师资培养和现有师资培养等方面论述师资队伍建设方案。

关键词：新工科；中外合作办学；师资队伍建设；师资引进；师资培养

一、前　言

在新经济背景下我国提出"新工科"建设行动，面向未来布局新兴工科专业，以多元化、创新型卓越工程人才培养模式为主线，通过培养具备更高创新创业能力和跨界整合能力的工程科技人员，实现高等教育强国和中华民族伟大复兴的中国梦[1-3]。《"十三五"国家战略性新兴产业发展规划》将"空天"领域列为需要超前布局和建设的战略性产业。因此要求教师在精通专业知识、具有较高专业理论水平的同时，能够了解航空业发展前景和相关先进技术，具有与工程教育改革相匹配的卓越教学能力，掌握高等教育知识和规律，能够进行基于新理念的策略与教学方法创新。

中外合作办学旨在引进国外优质教育资源，培养适合我国经济高速发展需求的人才，促进我国高等教育改革。法国作为航空航天强国，在航空设计与制造领域独树一帜，形成了后工业化时代工程教育人才培养模式，精英人才培养获得国际社会广泛认可[4]。中国民航大学中欧航空工程师学院（以下简称"中欧学院"）是经国家教育部批准，与法国航空航天大学校集团合作成立的办学机构，旨在系统引进法国精英工程师教育理念和培养模式，培养兼具宽厚数理基础、完备工程能力和综合创新能力，胜任研发、设计、制造、适航、运行等航空全产业链任务的国

---

①　原文为交通学会获奖论文，202 年 12 月收稿，编入本书时进行了格式修改。

际化复合型人才[5]。

但随着中外合作办学规模的日益增长,其作为新生事物所固有的经验不足、体制不全、关系不顺等问题也随之显现,尤其是师资队伍中暴露出的问题,例如,教师队伍年轻,职称结构不合理等,已严重损害了中外合作办学的培养质量,必须引起高度重视[6-10]。本文以中欧学院为例,分析问题,探索面向"新工科"建设,满足国际化教学要求、结构合理的高水平、多层次中方师资队伍建设方案与机制。

二、师资现状分析

中欧学院引入法国精英工程师教育培养模式,学制分为两个阶段,第一个阶段是预科阶段,属于无专业的基础课阶段,以数学、物理和语言为主;第二个阶段是工程师培养阶段,以专业课程和大量实习为主。人才培养质量和学科专业水平的提高,关键在于师资队伍建设。师资队伍建设的根本是教师资质能力的提升,包括教学能力、学术能力、工程实践能力和跨文化交流能力,下面从以上四个方面对这两个阶段的教师分别进行分析。

(一) 预科阶段师资队伍现状分析

中欧学院预科阶段拥有 13 名数理教师,8 名语言教师。教师年龄分布在 25～45 岁之间,平均年龄为 34 岁;具有博士学位的教师占总数的 50%,硕士学位占 30%,双硕士占 20%;高级职称人数只占 21%,中级职称人数占 68%;16% 的教师入职不满 3 年。

在教学方面,参与学校初级、中级和高级岗位资质培训的教师约占 33%;三人荣获学校青年教师教学基本功竞赛优秀奖和三等奖;生评教平均成绩 95.62,高于学院平均分 94.86。

在科研方面,预科教师近 5 年主持国家级项目 8 项,省部级项目 1 项和 11 项校级科研项目;发表 SCI/EI 检索论文 15 篇,核心期刊论文 2 篇。其中,与航空工程内涵相关的课题占总课题数量的 25%。

工程实践方面,参加学校中级资质培训 CDIO 项目的教师 2 人,约占 9%;参加民航相关企业实习教师约占 20%。

跨文化交流能力方面,赴法参加外语培训的教师 6 人,访问学者 5 人,占总人数 52%。通过法国预科师资选拔考试的教师 1 人。具备双语课或外语(非语言类)授课能力的教师约占 15%。

(二) 工程师阶段师资队伍现状分析

工程师阶段教学任务由外方、学校其他学院教师及中欧学院工程师团队教师共同完成,而作为核心力量的中欧学院工程师团队组仅有 23 名教师(含其他专业技术型教师),截至目前中欧学院能够承接工程师阶段 33% 的教学任务,非本院师资承接 67% 的教学任务。

中欧学院工程师教师平均年龄为 33 岁;具有博士学位的教师占总数的 57%;高级职称人数只占 14%,中级职称人数占 52%;其中 38% 的教师 2013 年后入职。

在教学方面,工程师阶段教师参与学校初级、中级和高级岗位资质培训的教师为 13 人,约占 56%;1 人连续两年参加学校教师教学基本功竞赛,并先后获得理科组二等奖和理科组一等奖;生评教平均成绩 93.41,低于学院平均分 94.86。

在科研方面,23 名教师近 5 年主持 7 项国家级项目、2 项省部级项目和 24 项校级项目;以第一作者发表 SCI/EI 论文 22 篇;核心期刊论文 11 篇;申请并授权专利 11 项。

工程实践方面,参加学校中级资质培训 CDIO 项目的教师 7 人,约占 30%;参加民航相关企业实习教师约占 47%,其中为期 1 个月及以上的占实习人数的 55%。近 5 年主持民航相关领域横向课题 24 项。此外,工程师阶段教师还利用学院学术小假期开设实验实践项目,待论证成熟后再将这些项目引入课程实践。

跨文化交流能力方面,赴法中长期(3 个月～1 年)学习交流的访问学者(不含获取文凭的)6 人,占总人数 26%;在国外获得博士学位文凭的 5 人,约占 22%;具备双语课或外语授课能力的教师约占 22%。

(三)师资现状总结

总体来说,不管是预科阶段还是工程师阶段,教师普遍较为年轻,教学经验、学术经历较浅,团队面临较大的职称晋升压力。

在教学方面,工程师团队在参与的教学活动和生评教成绩方面均落后于预科 团队。在科研方面,两个团队教师均取得了一定的成绩,但科研项目仅由部分教师承担,科研积极性个体差异大,科研工作存在两极分化的可能;而且尚未形成具规模的科研团队,未能凝聚科研方向,缺乏学术带头人;对于预科教师来说,科研项目与航空工程领域差距较大,尚未形成知识的转化。在工程实践能力方面,中欧学院一直坚持敦促教师参与企业短期实践。到目前为止,企业实践活动覆盖了工程师阶段所有教师,但实践单位类型单一,多为航空运行企业,而与国内行业相关的研究机构和大学交流较少,对教师发展促进作用有限。在对外交流方面,作为中外合作办学机构,中欧学院为教师提供了多种不同渠道的交流和学习平台,大部分教师也已通过这些平台取得一些成绩,但是能够胜任双语授课或外语授课 的教师比例还比较少。

三、师资队伍建设目标

根据"新工科"建设要求、中外合作办学发展需求以及每个教师团队的特点,制定相应的建设目标,重点培养教师的教学能力、科研能力、工程实践能力和跨文化交流能力。仍以中欧学院为例,对于预科阶段教师,以进一步巩固和提高教学水平为主;对于工程师阶段教师,在提高教学能力的同时,重点提高科研和工程实践能力,并以这两方面能力的提升进一步帮助教学能力的提升。具体如下:

① 预科阶段师资队伍应不断提高教学水平和外语能力;创新课程建设与课程改革,将法国精英预科数理课及中欧特色外语课成果化;凝练教学成果,争取实现教学与科研双突破。

② 工程师阶段师资队伍建设重点在于科研和工程实践能力,进一步促进现有科研小组的发展,使部分教师在未来 3 到 5 年内逐步成长为学院的科研主力,以科研项目为依托形成科研团队,并充分利用法方资源,结合中方团队优势,逐步形成国际化的科研队伍。同时,逐步扩大教师赴国内有关高校、国家重点实验室、行业研究所从事访问研究和攻读博士学位的比例。

四、师资队伍建设方案

根据"新工科"建设要求、中外合作办学发展需求以及每个教师团队的特点,制定相应的建设目标,从人才引进、新入职教师培养以及现有教师的引导和激励三个方面入手,重点培养教师的教学能力、科研能力、工程实践能力和跨文化交流能力。

（一）师资引进

1. 教师队伍进人计划

根据中欧学院目前的师资情况,考虑教师持续培养占用的授课师资和未来学生扩招等情况,未来五年,预科阶段计划引进数学、物理教师 7 人,英语教师 1 人。对于工程师阶段,为了实现工程师培养体系中课程教学由法方向中方平稳过渡,至 2020 年工程师团队教师仍需引进 13 人左右。

2. 预备师资计划

为丰富学校和学院的人才资源,提出预备师资培养计划,即部分中欧学院优秀学生在完成大学四年学习后被选为学校预备师资,并受学校委培赴法国进行硕士和博士深造。在顺利拿到法国硕士文凭及公证书后预备师资可返校办理入职手续。目前,选送的留法预备师资 11 人,博士毕业回国入职的 3 人。

中欧学院配有专门人员建立与预备师资的长期有效沟通与管理,在其学习过程的每个环节进行指导,审核其博士专业方向,保证其个人未来的研究方向与学校和学院的发展在宏观上保持一致。在预备师资的入职考核环节注重对其专业能力的考核,督促其更好地在所学专业领域打好基础,接受良好的学术训练并具备较强的教学和科研能力。

3. 学术顾问聘任制度

考虑到中欧学院师资团队教师普遍年轻,学术经历较浅的现状,提出聘请国内外学术界有较大影响的学术带头人作为学术顾问。一方面,学术顾问可引领团队,凝练研究方向,指导课题申报,帮助教师学术成长;另一方面,教师也可以参与到学术顾问的研究团队,进入博士后工作站工作。

4. 企业资深导师聘任制度

工程实践能力的提升对于行业院校内的年轻教师的成长也至关重要。因此,提出聘请行业内专家为学院的资深导师,参与学院建设研讨,从行业发展需求的角度,指导学院合理调整课程体系、课程内容的更新和完善,指导青年教师。

（二）新进师资培养

作为一个年轻的学院,每年都有一定数量的高校毕业生及从其他单位调入的员工补充到中欧学院的教师队伍来,这些教师们在新的环境、新的岗位中往往难以找到方向,因此需要为他们制定方案以便使他们能更好地适应新的环境并早日走向讲台并履行其岗位职责。

对于新入职的教师,主要遵循"听课-助课-大课"流程,即主要听课,部分助课,不上大课;并且在此期间,须通过市、校、院多层次培养。在获得市级教育主管单位颁发的《教师资格证书》-高等学校及中国民航大学教师教学发展中心颁发的《教师资质证书》(初级)后,完成中欧学院新入职教师培养方案,并通过新入职试讲考核的,方可独立承担课程讲授工作。

(三)现有师资培养

根据师资类型和学科发展需求,针对预科阶段教师、工程师阶段教师和其他专业技术型教师(实验岗教师)制定个性化培养方案,以及共性培养方案,如表1所示,下面分情况逐一说明。

表 1 现有师资培养方案

培养方式	教师类型			
	预科数理教师	预科语言类教师	工程师阶段教师	其他专业技术型教师
访问学者	√	√	√	
企业实践(初始化)	√	√	√	√
企业实践(专访调研)			√	√
学术休假	√	√	√	
短期培训		√		
设备维护更新培训				
语言能力提升	√		√	√
学历提升		√	√	√

1. 预科阶段教师

对于预科阶段教师,培养重点在于提高教师的教学水平,兼顾提高他们的科研能力。培养方式有"访问学者"、"学术休假"等,教师可以利用 6～12 个月前往著名高校和科研院所进行交流学习。此外,考虑到数理课教师大多没有航空相关领域就业或实践经历,为使教师能够了解航空领域的实际问题,建立理论课程和工程实践需求间的联系,增加"企业实践(初始化)"培训,并鼓励教师实践后将一些工程实际问题转化为数理模型,融入理论课讲义、课件或试卷中。

对于预科阶段语言类教师,还可以利用 1～2 个月(寒暑假)进行短期出国培训,或参加法国大使馆文化处相关培训,或法国 CIEP 培训,以提高教学能力和跨文化交流能力。

2. 工程师阶段教师

对于教学、科研并重的工程师阶段教师,在提高其教学能力的同时,培养其科研和工程实践能力,培养方式同样有"访问学者"和"学术休假",教师可以利用 6～12 个月前往著名高校和科研院所进行交流学习,但内容主要围绕科研,考核指标也与预科阶段教师不同。在企业实践中,除了以了解民航行业为内容的"初始化"实践外,增加了"企业实践(专访调研)"内容,指教师在初始化培训基础上,具有一定教学经验后,前往适合其发展需求的与专业相关的企业或科研院所,进行专访调研,寻求技术服务、共同开发项目。

3. 其他专业技术型教师(实验岗教师)

对于实验岗教师,其主要职责是维护实验设备、开发仪器功能,指导教师和学生使用设备,因此对于他们的培养主要在于提高其专业技术水平和工程实践能力。除了与工程师阶段教师类似的"企业实践(初始化)"和"企业实践(专访调研)"外,还须定期参加设备更新维护培训。

4. 共性培养方案

对于中欧学院教师团队来说,共性培养方案主要有语言能力提升和学历提升两个方面。非外语专业教师可利用3~6个月参加校内或校外的语言培训,通过强化训练,逐步实现双语授课或全外语授课,以便将来招收国际留学生或国际培训生。同时鼓励教师利用业余时间参加语言培训或自学,增强跨文化交流能力。"学历提升"指教师利用3~5年进行在职读博,以增强科研和工程能力,同时可以改善教师队伍中高学位比例问题。

参 考 文 献

[1] 钟登华.新工科建设的内涵与行动[J].高等工程教育研究,2017(3):1-6.

[2] 林健.面向未来的中国新工科建设[J].清华大学教育研究,2017,38(2):26-35.

[3] 陆国栋,李拓宇.新工科建设与发展的路径思考[J].高等工程教育研究,2017(3):20-26.

[4] 熊璋,于黎明,等.法国工程师教育[M].科学出版社,2012.

[5] 于丽君,苏志刚,陈亚军,等.卓越航空工程师教育培养模式探索—以中国民航大学中欧航空工程师人才培养与管理为例[J].现代教育科学,2013(6):164-167.

[6] 冯发明.中外合作办学的师资问题及对策探析[J].教育与职业,2007(6):33-34.

[7] 乔秀梅.高校涉外教育管理中存在的问题与对策[J].天津商业大学学报,2005,25(3):68-70.

[8] 胡广朋,等.合作教师在中外合作办学中的实践和研究[J].计算机教育,2009(4):107-108.

[9] 夏永峰,等.中外合作办学模式下中方合作教师教学工作初探[J].科技信息,2009(17):20-20.

[10] 涂娟娟,等.中外合作办学模式下的中方合作教师队伍建设[J].大学教育,2016,No.70(4):25-26.

中法合作创建"双一流"的内部教学质量保障体系[①]

梁萍萍　张小英　王　彪

中山大学中法核工程与技术学院

摘　要： 中山大学与法国民用核能工程师教学联盟共同组建的中法核工程与技术学院（Institut Franco-Chinois de l'Energie Nucléaire），引入法国在核能工程师培养上的先进理念、雄厚核能科研实力和产业资源，在华南形成高端核能人才培养和技术开发基地，培养国际一流的核能技术研发和管理人才。中法核工程与技术学院建立了完善的内部教学质量保障体系，通过将法国精英工程师培养模式中的内部教学质量保障体系本土化，有力地促进了学院"双一流"内部教学质量保障体系的建立，为中山大学的内部教学质量保障体系尽快达到"双一流"水平助力。

关键词： 中法核工程与技术学院；中外合作办学；内部教学质量保障体系；本土化；双一流

引　言

建设世界一流大学，是党中央、国务院作出的重大战略决策，对提升我国高等教育的整体水平，为国家经济发展提供人力支撑具有重要意义。多年来，我国通过实施"211工程"、"985工程"等重点建设计划，一批重点高校取得重大进展，逐步缩小与世界一流大学的差距。但传统政策存在身份固化、竞争缺失、重复交叉等问题。于是，党中央、国务院作出了统筹推进世界一流大学和一流学科建设的新的战略部署，吹响了我国一流大学和一流学科数量和实力进入世界前列、建成高等教育强国的"冲锋号"[1]。在这个过程中，通过中外合作办学的方式，分析学习国外一流大学的优势，与我国的实际国情相结合，从而加快我国"双一流"大学建设的进程，成为了一种促进我国"双一流"大学建设的有效途径。

我国自2004年至今，中外合作办学项目发展迅速。截至2014年，经教育部审批和复核的本科及以上中外合作办学机构和项目共1 011个，其中项目956个，占94.6%[2]。在规模不断扩大的同时，许多中外合作办学项目面临着水平良莠不齐、整体质量不高的问题，严重影响其可持续发展及中外合作办学的整体声誉。教学质量是中外合作办学项目生存和发展的根本，因此探讨如何保障中外合作办学的教学质量，对中外合作办学的质量建设具有重要的现实意义[2]。质量保障，分为外部质量保障和内部质量保障。外部质量保障主要是指由国家教育部组织的中外合作办学评估和正在探索中的由社会组织开展的质量认证。内部教学质量保障则是办学单位自行构建的质量保障体系，是中外合作办学项目教学工作运行不可或缺的重要环

---

①　原文获广东省高等教育学会高等教育学专业委员会2017年学术研讨会优秀论文评选教师组三等奖

节,是整个中外合作办学项目质量保障体系的基础。中山大学中法核工程与技术学院全面引进法国核能工程师精英教育之精髓,结合中国高等教育的优势和特色,创建中国本土化的核能工程师培养模式和质量管理体系,经过 7 年的办学实践,取得了良好的成效。

一、中法核工程与技术学院简介

中法核工程与技术学院(以下简称"中法核学院")是中山大学第一个中外合作办学的机构,是在我国核电高速发展和核能人才缺乏的背景下,中山大学在中法两国总理的见证与推动下,于 2010 年与法国以格勒诺布尔国立综合理工学院为首的五所法国民用核能工程师教学联盟合作组建的。学院现有教职员工共 89 人,其中教师及实验工程人员共 66 人(常驻法籍教师 18 名),管理及行政人员共 14 人(2 人同时为学院教师)。自 2010 年以来,学院已招收 7 届学生,学院招生规模为每年 110～120 人,目前在读学生数量为 527 人,其中专业型硕士 146 人。

中法核学院充分引进法国核能工程师教育的培养理念、教学体系和教学方法,在此基础上,通过中法双方教师的共同教学,学习、消化、吸收法国工程师精英教育的精髓,并与我国高等教育的体系与优势结合,最终形成符合我国国情的民用核工业领域高端人才培养体系。学院人才培养的目的在于培养一批具有扎实的专业基础和前沿知识,善于解决复杂的工程问题;过程紧密结合实际,具有较强的工程实际创新能力;具有多元文化素质,能够较好地适应国际环境和国际压力;掌握中英法三种语言,具有较强的沟通能力,具有系统思维、全球视野、领导素质、兼容并包的核能精英工程师综合性人才,为华南地区乃至全国核电产业的发展提供智力支持[3]。

二、学院内部教学质量保障体系的建立

为达到培养精英核能工程师的人才培养目标,中法核学院建立了一套切实可行的内部教学质量保障体系。首先,学院领导决策层对教学极其重视,体现在学院的组织管理架构上。中法核学院自成立起,就按照合作协议要求成立了联合行政管理委员会,它是学院的最高权力机构,负责对中外合作办学的合作模式、合作内容、招生计划、培养方案、办学条件、师资配备、质量保障等进行统筹规划、综合协调和宏观管理。学院还设立了三个决策委员会:学术委员会、教育与学位委员会、教师职务聘任委员会。三个委员会均由中法双方人员组成,共同对学院的教学、教师招聘、职称晋升、学生发展等定期召开会议,进行管理[3]。学院还设立两个咨询委员会:科技委员会和改进与教学委员会。科技委员会的成员主要来自产业界、专业界,以专业水平为遴选标准。科技委员会主要对学院的研发中心建设、实验室建设、与企业和科研机构核能或相关领域的科技合作等提供意见和建议。改进与教学委员会对课程设置、培养方案、教师教学方法、教学质量监控、中法教学合作等内容提交非约束性的意见[4]。值得指出的是,改进与教学委员会里面包括学生和教师代表,作为教学质量保障体系的两个重要参与者,他们可以对学院的教学提出建议和意见,监督学院教学方案的执行与落实。得益于"一个联合行政管理委员会、两个咨询委员会、三个决策委员会"在学院教学质量管理的顶层设计,学院在教学管理方面的各项举措才能从上而下落到实处。

其次,在培养模式上,中法核学院吸收和借鉴法国精英工程师教育的精髓,实行" 3＋3"

的核能精英工程师培养模式，即三年精英学校预科阶段和三年工程师阶段，对应着我国四年本科教育和两年硕士教育[5]。精英学校预科阶段主要借鉴法国工程师教育精英学校预科班的课程设置，包括法语、高等数学、普通物理及实验、普通化学及实验、电子技术及实验、计算机、英语等课程。工程师教育阶段分为核工程与核电站运营、核材料与燃料循环等两个方向（从工程师阶段第二学年开始）。课程设置主要包括量子物理、流体力学、材料化学、核物理与中子物理、核安全与防护、反应堆与核料循环、核电站管理等专业基础课程，以及两个方向相应的专业课程。六年的课程设置，除了语言、数学、物理、化学、计算机、专业课五大系列课程，还涉及人文社会经济管理类课程。每一系列的课程都按时间顺序排列，层层递进，整个课程体系脉络清晰，完整性强。工程师阶段还安排了与企业紧密合作进行的"三段递进式"实习，分别是在大三为期4周的"工人实习"、研一6~8周的"助理工程师实习"和研二6个月的"工程师实习"，以便学生能把理论和实践相结合，解决实际工程问题。六年课程结束后，学生将修满约480个学分，约9 400学时，修读的学时和学分数均约为一般工科学生的两倍。

中外合作办学项目的教学管理是其管理工作的中心环节，它包括对教学过程的规划、调控与反馈，是保障教学质量的关键一环[2]。为了让学生在同样的时间内按时保质地完成如此大的课程体量，并保证学习效果，中法核学院在教学过程管理上下狠功夫。在教学过程中采用大小班授课相结合，大课、导学课和辅导课相辅相成。大小班相结合的'小班课教学'模式是法国工程师学校广泛采用、行之有效的一种重要教学组织形式，有利于充分调动"教学-学生"双主体作用，激发学生学习的主动性、创造力和内在潜力，在提高教育教学质量和培养创新人才过程中发挥着重要作用。大课由全年级同学80~120人一起上，导学课和辅导课采用不超过18人的小班或者不超过9人的小组授课。在大班讲授课程的主要知识要点，分小班进行导学课引导学生根据所学知识解决综合性问题，再分小组进行深入讨论和拓展练习[5]。

此外为保证教学质量，确保对学生的全过程学习情况进行持续有效的监控，及时发现问题和跟进解决问题，杜绝期末"临时抱佛脚"的现象出现，中法核学院采用密集的考试方式对学生进行考核。每学期每一门课程中，任课老师会根据情况安排 N 次（一般 5 次以上不等）随堂、临时的小测验；同时，任课老师还会着重安排 N 次大考（一般 3 次或 4 次，每个年级不等，一般可以理解为：第一阶段考试、期中考试和期末考试）。期末的总评成绩是以举行的 N 次大考的成绩占较大比重，小测成绩、作业、课堂互动、课后互动等向度占部分比重来计算的[6]。不仅如此，中法核学院还创新性地从法国预科精英学校引进展示型口试，因师资有限，目前暂时只在大学三年级的教学中进行。

虽然在一般高等教育人才培养体系中，考试是任课老师衡量学生知识接受和掌握程度的重要方式，但考试并不是中法核学院唯一评价学生的方式。中法核学院采用多样化的学生评价方式。除了学生的课程学习效果，学生的课堂表现以及课后与任课老师的交流、作业的完成情况也是学院评价学生的有效方式。学院还针对学生在校学习过程中的学习表现进行综合评价，每学期举行1~2次的学生评价会议。学生评价会每学期定期召开，需学院全体教师、教学管理和学生工作管理人员参加，不仅评价学生当前学习成绩，还对其成绩变化、心理健康、家庭或社会影响等方面进行评价，得出一个综合排名，并指导后续的保研资格评定和分流。会议结束后，学院会把评价结果及时反馈给每一个学生，同时，学院根据评价结果，对存在不同学习问题的同学分别采取针对性的辅导、鼓励和约谈，以帮助学生进行调整。学生评价会制度是中法核学院评价学生学习质量的重要环节，另一方面学院还建立了针对教师教学质量评价的课程评价制度。课程评价要求学生对每一门课程从前段准备、授课质量、学生收益程度等方面进行量化评价,最后得出一个综合评分,综合评分低于警示线的课程将由学院领导督促改进。中法核学院和国内高等教育的质量管理机制的不同之处在于,对老师的教学评估和对学生的考核,分别都能及时有效地反馈给老师和学生这两个重要的教学质量保障体系的参与者,形成有效的"正反馈闭合系统"。

最后,中法核学院还特别注重教师教学能力的培养。学院立足引进国外优质教育资源,对国外优质教育资源进行消化、吸收、创新以及本土化改造,实现中外合作办学质量的提升。为此,中法核学院在合作办学前期的教学以法方为主导,采用法方的教学计划,由法方外派专业教师负责每门课程的教学,中方聘请一定比例的中方教师合作开展教学。中法教学团队建立了课程研究例会制度,通过示范课、试讲课、评课、讲义撰写＋教学例会、教学工作学期总结、教学研究项目立项等措施,提高教学质量。为能与国际工程教育全面接轨,使中方教师逐步掌握法方的授课方式并独立开展教学,中法核学院要求中、法双方教师结合中国特色编撰教学教材;旁听法方教师课程,熟悉并掌握法方的教学方式;鼓励中方教师学习法语,创造机会派教师赴法国参加培训等。此外,学院每年邀请中外协同企业安排不少于 3 名高级技术和管理人员直接参与教学工作,包括作为企业导师,与学院导师一起共同指导学生的毕业论文等,以确保教师队伍的多样化与完整性,以及学生能及时接触行业的前沿信息。

三、中法核学院内部质量保障体系的改进

高校中外合作办学项目内部教学质量的基本要素主要有师资、生源、课程、教学条件、教学环境、教学管理等[2]。从以上基本要素来看,中法核学院实施内部质量保障体系的效果证明,该保障体系是有效的。2015 年,中法核工程与技术学院以优异的成绩通过了法国职衔委员会(CTI)的认证,成为我国核能领域唯一获得国际工程师资质认证的机构。2016 年,学院又顺利获得了欧洲工程教育(EUR-ACE)认证,这意味着中法核学院拥有了法国工程师证书直授资格,即学院合格的硕士毕业生不出国门即可拿到欧洲认证的法国工程师证书,同时意味着学院的办学质量得到了国际教育界的认可。另外,学院的教学质量也得到了用人单位的认可。2016 年 6 月,中法核工程与技术学院迎来了第一届 79 名工程师毕业生。这一届毕业生受到了中国广核集团、法国电力集团等用人单位的高度评价和赞赏。

虽然中法核学院的教学质量有目共睹,但因其借鉴法国工程师教育的质量保障体系,根据我国的国情和中山大学的校情,建立本土化的内部质量保障体系过程中遇到的实际困难也是不容忽视的,部分问题已有了相应的对策,但也存在一些问题需要持续改进。

（一）帮助学生更快实现学习观念的转变

法国的预科阶段课业繁重,学习强度大,由于有连续的淘汰机制,学生心理压力也大,与中国的高三相比,有过之而无不及。学生管理人员和教师需密切关注学生的思想动态和情绪波动,尤其是对刚顺利通过高考,以为进入大学就可以尽情放松的大一新生,更需给予额外的关注。大一是学生从高中的学习思维模式转变为大学的学习思维模式的重要阶段,也是适应法方教学方法的过渡时期,同时学生还面临着强化法语训练的语言关,如不能顺利渡过,则会有被淘汰的危险。因此,及时对学生进行心理辅导,转变学生的思想观念,增强对中法核学院教

学模式的认同感,是从观念层面与保障体系的主要参与者达成共识。中法核学院针对学生的特点建立个性化的学业辅导制度对学生尽快适应法国工程师精英培养模式起到较好的作用[5],针对在法国工程师精英培养模式要求下有特殊困难的学生(如学业有困难、心理有障碍、家庭经济贫困等学生),学院从"早发现、早干预、早解决"的原则出发,研究建立一套多级、多点预警和有效实施干预的运作机制,帮助有需要的学生度过心理危险期,树立学习的信心,顺利完成学业[7]。

(二)保障教学质量的同时促进教师的个人发展

教师是内部质量保障体系的重要参与者,大学教师质量的高低对学生的学习结果具有最重要的影响。从提升教学质量的本质来看,大学内部有关教学质量促进的政策、制度、组织、方法等都需围绕着改进与提升教师的教学态度、能力和行为等而加以制定、实施与展开[8]。在中法核学院预科阶段教学的过程中,由于中方教师投入大量时间及精力参与学生的课程教学、课外辅导,教材编写,旁听法方教师上课,学习法方教学方法,导致科研工作量相对较少,从而影响学院对教师考核的评价。另外,学院目前的生师比 8∶1,虽然高于一般院校,但和法国工程师教育的院校相比,还存在一定的差距。中方教师过大的工作量影响了其个人职业发展,不利于教师对学院质量文化的认同,从而影响了学院内部质量保障体系的稳定。针对这一情况,中法核学院积极与学校人事部门探讨学校实行的教师考核评价体系与我院的教学模式相结合的可行方案。最后形成独特的教师考核体系,对预科阶段教师首个聘期的考核给予一定的灵活度,在减少对科研工作量要求的同时加大教学工作量,并将老师听课、开教学例会等工作折算为教学工作量。这一人事考核制度的改革,保证了中法核学院预科教学的正常开展,对教师队伍的稳定发展起到较好的作用。但首个聘期结束以后,预科阶段的中方数学老师仍面临如不能按期晋升副教授便会被解聘的困境,因此学院需为预科阶段的老师争取专职教师的岗位,才能从根本上解决问题,但这需要学校的政策支持。

(三)教学管理制度的持续创新

法国精英核能工程师培养模式以中法核学院为载体,在中山大学落地生根,在其本土化的过程中,我们需结合我国的国情和中大的校情,在教学管理制度方面进行创新。例如,针对学生评价会认为不适应中法核学院的培养模式的大一和大二学生,结合中山大学转专业的政策,学院向学校提出了"分流制度"的建议。另外,针对评价会中认定需降级试读但不满足学校留级要求的学生,学院也提出了"降级试读"的建议。针对以上建议和中法核学院其他在教学管理过程中遇到的特殊情况,中法核学院协助中山大学教务部拟定并出台了《中法核工程与技术学院全日制本科生教务与学籍管理细则(试行)》,让中法核的教学管理有章可循,为教学质量提供了制度保障。另一方面,中法核学院实行大班教授与小班教学相结合的教学方式,为兼顾教学的公平性,同一门课程的中方老师与法方老师轮流给不同的小班授课。该授课模式不仅对师资人员配备和教学场地的需求高,同时在学院的教学管理层面,例如排课的自主性等方面也提出了更高的要求。需要教学管理人员发挥充分主观能动性和创新精神,才能进一步实现法国精英核能工程师的培养模式与中山大学教学管理体系的"无缝对接",尤其是在教务系统课程表、成绩等信息录入等方面需取得新的突破。同时这也是需得到学校教学主管部门的支持与配合才能实现。

（四）学生实习的选题设计和校内导师配备

由于中法核学院的校外实习安排需要贴近业界实际问题,校内课程教学主要涉及理论学习,如何充分融合校内理论学习和业界实操是目前国内工程教育现状中仍需深入考虑的问题。由于目前中国工业界对工程师教育的认知程度有限,将业界问题和理论问题密切联系的能力也存在较大的发展空间。因此,需要学院的教师主动贴近产业,也强烈需要核工业界重视人才培养的投入。鉴于企业工作需求和校内专业理论学习的方式有所不同,需建立新的机制使得企业导师和校内导师密切合作,充分将理论学习和解决工程技术问题结合。对此,中法核学院拟建立企业导师和校内导师合作指导实习的工作机制,与实习单位(例如中国广核集团,AREVA,EDF[①]等)共建了实习基地,建立了密切合作关系,颁发导师聘书,说明双方应有的责任和义务。

（五）教学管理人员质量认知能力的提升

作为中法合作办学的机构,中法核学院还同时接受中法双方的外部教学监控,包括中国教育部、法国教育部以及法国工程师职衔委员会(CTI)和中山大学的评估。教学管理人员需对法国的监控体系了解并熟悉的基础上,消化并吸收其精髓,结合我国的国情和中大的校情,建立起适合中法核学院的内部教学质量保障体系,同时落实在日常的教学运行和管理中。这对教学管理人员的质量认知能力提出了较高的要求,需教学行政管理人员具有独立意识和创新精神,在工作中克服文化差异、在同等时间内完成两套质量监控体系的工作安排等困难。因此,中法核学院需要为教学管理团队提供培训的机会,加强能力建设,提升质量文化认知水平,为学院内部的教学质量保障提供强有力的人力支撑。

另外,中外合作办学项目无论是依托于其专业所在的学院运作,还是将项目集中在国际学院运作,为充分保证其教学质量和发挥其办学特色,都应将所在学院建设成教学改革"特区",赋予其在教学质量保障方面的自主权。中法核学院作为中山大学的第一个中外合作办学的机构,受中山大学管辖,遵循中山大学的教学管理制度的同时,尝试法国精英工程师培养的教学方法,例如"小班教学"等授课方式,得到了中山大学的认可与推广,但在落实某些具体教学措施时,还需和学校的规定磨合,需要学校教学管理部门在做好宏观把握和顶层设计的同时,适当放权,为中法核学院开展具有针对性、创造性的教学质量保障工作提供充足的空间。这不仅有利于中法核学院的教学质量保障,亦可为中山大学的教学管理体制改革与创新提供可借鉴的经验。

四、结　论

中山大学中法核工程与技术学院通过中法合作办学的方式,将法国精英工程师培养模式中的内部教学质量保障体系本土化,有力地促进了学院"双一流"内部教学质量保障体系的建立,为中山大学内部教学质量保障体系尽快达到"双一流"水平添砖加瓦,乃至为全国院校的中外合作办学项目建立一套切实可行的有效的内部教学质量保障体系起引领示范作用,从而促

---

①　AREVA,为法国阿海珐集团的缩写,AREVA 集团是世界 500 强企业之一。EDF,为法国电力集团的简称。

进国内"双一流"内部教学质量保障体系的建立。经过多年实践,学院的教学和人才培养模式已呈现多学科融合、国际化的特点,具有较强前瞻性,已经培养出大批优秀的精英核能工程师综合性人才,受到社会广泛关注和良好评价,学院的办学成果获得两项国际权威认证。中山大学中法核工程与技术学院创建的内部教学质量保障体系,在核能精英工程师培养实践中取得显著成效,是对精英核能人才培养模式的一种有益的探索和尝试。

参 考 文 献

[1] 罗向阳."双一流"建设:误区、基点与本土化[J].现代教育管理,2016,(10):12.

[2] 林金辉,刘梦今.高校中外合作办学项目内部教学质量保障基本要素及路径[J].中国大学教学,2014.(5):65.

[3] 王彪,马显锋,张小英.中法全方位合作共同培养核能领域高端技术和管理人才[C].第28届全国研究生院工科研究生教育工作研讨会.2016.

[4] 中法核工程与技术学院网站.学院概况-学院委员会[EB/OL]. http://ifcen.sysu.edu.cn/Committee/Index.aspx.

[5] 杨东华,杨佩青.法国工程师精英教育模式本土化过程中的问题与对策[J].中国电力教育,2012,(6).

[6] 杨东华,赵静.法国工程师培养模式本土化过程中的学生评价研究[J].中国电力教育.2014.(33):46.

[7] 杨佩青,杨东华.法国工程师培养模式本土化过程中学生分流淘汰的困难及对策[J].高等工程教育研究,2013,(1).

[8] L. S. Kaplan, W. A. Oings. Teacher quality, teaching quality and school improvement [M]. Bloomington, IN: PhiDelta Kappa Press, 2002:56 – 100.

学业帮扶过程化管理的探索与思考

——以南京理工大学中法工程师学院为例

徐 颉

南京理工大学中法工程师学院

一、主题与思路

南京理工大学中法工程师学院是经教育部批准设立的中外合作办学机构(教育部-教外办学函〔2015〕39 号),由南京理工大学与法国洛林大学所属洛林综合理工-梅斯国立工程师学院合作举办,在中国境内按照法国工程师职衔委员会 CTI 认证标准进行高等精英工程师人才培养。学院承担了南理工卓越工程师人才培养计划的重要环节,旨在培养兼具有工程技术、科学管理知识、多语言能力、缜密综合分析和解决工程实际问题能力的国际化复合型高级工程师人才,通过中法双方优势互补,共同制定人才培养计划与课程体系,实施本、硕贯通及不同专业方向的联合培养与学生交流,探索高等工程教育新模式,推动中法双方在科技、文化等领域开展交流与合作。在这个背景下,学生需要兼顾专业学习和法语学习,学业压力相对其他学院的学生来说会更大一些。

为深入学习贯彻落实习近平总书记在全国教育大会上的讲话精神,更好地发挥学生党员和骨干在学院思想政治教育工作中的引领作用,中法工程师学院坚持以人为本,以关注学生需求,解决学生实际问题为出发点,搭建满足学生成长的需求平台。通过学生党员、入党积极分子和学生骨干在学风建设上主动"亮身份,做表率",充分发挥他们在学业上的先进优势,以"先进带动,结伴前行"学业牵手计划实施为抓手,采取切实可行的措施,给予学业困难生人文关怀。学院旨在通过牵手计划进一步激发广大学生党员、入党积极分子帮助他人的工作积极性和主动性,在助人中实现自身党性修养的不断提高,强化奉献意识与责任意识的培养,通过朋辈间的良性沟通、引领、帮扶等,让学业困难生克服学业压力,找准定位,重拾学习信心,尽早摆脱学业困境。

二、方法与过程

(一) 探索学生需求,细化帮扶体系

学业困难学生信息库是对学院"学困生"基本信息的记录,是学院全面了解学生学业情况、采取针对性帮扶的依据。每学年伊始,中法工程师学院都及时调整学业困难学生信息库,以班级为单位,对学生成绩进行全面分析,形成年级成绩分析报告。年级辅导员更新传统教育观念

和方法，通过认真排查"学困生"现状，对学生进行分类教育、分层引导，深入了解学生，对照学习、行为规范等学困状况进行排查分类，建立个人档案，由年级学业指导部负责管理。对已确认的"学困生"，各班分类组织安排一对一结对帮扶，实行承包责任制，以党员、学生骨干为主，做到明确帮扶目标，责任落实到人。

中法工程师学院通过一对一、多对一的学业帮扶，帮助学业困难生重拾学习信心、增进学习意识、提高学习成绩。各年级通过举行成绩分析报告会，与列入被帮扶计划的学生谈话，通报学业现状，帮助分析原因，给予在学习规划、时间管理及目标确立等方面的建议，并开展教育引导，劝导放下思想包袱，主动接受帮扶，充分体现教育关怀。年级还根据专业划分、学生专业特长将帮扶组分为基础知识帮扶与法语学习帮扶，安排党员、入党积极分子和学生骨干主动认领被帮扶对象，确立学业牵手，并举行学业帮扶结对仪式，分别签署《承诺书》与《自愿书》，明确帮扶与被帮扶成员应履行的义务与责任。学期中，学院开展"一对一"帮扶表彰大会，表彰在帮扶工作中表现优异的"助学先锋"，细化奖励激励机制。年级强化过程管理，通过实施跟踪调查反馈制度，定期召开帮扶工作总结会，建立"学困生"帮扶情况记录档案，建立"学困生"流程管理机制，及时鼓励与引导，扬长避短、防微杜渐，细化帮扶体系，明确下一阶段工作目标。

（二）发挥朋辈力量，推动学生主导

"一对一"帮扶，重点就在于结对子。中法工程师学院在充分了解学生需求和特点的基础上，搭建互助平台，以良好的班集体为突破口，通过建立帮扶对子和帮扶小组，发挥朋辈互助力量，形成学生之间相互帮扶、取长补短的良好氛围，减轻"学困生"的心理压力，确保"学困生"能够得到及时而真诚的帮助，从而不断增强自信。

在年级"一对一"帮扶工作中，根据"学困生"的实际情况，辅导员采取多种措施，通过寻找"学困生"身上的闪光点，坚持"五个一"，即：多一点爱心，多一点鼓励，多一点点拨，多一点表现机会，多一点思想交流，在帮扶各环节坚持"四个优先"，即"优先提高、优先答疑、优先检查、优先表扬"，在学生参与帮扶的过程中实事求是地提出分阶段要求，对于进步较快的学生及时进行表扬鼓励，让帮扶对子和帮扶小组的成员获得积极的情绪体验，从而更主动的参与到帮扶工作中，起到主导作用。

学院也通过组织多场专题讲座和座谈会，开展理想教育、专业成才教育、信心教育、目标教育和心理素质教育，引导学生克服学习障碍，明确学习目标，激发学习动力，帮助困难学生正确认识自己的困难，树立自强不息、奋发成才的信念。学院还邀请学校心理健康中心的老师对同学们进行心理辅导，做好心理疏导工作。

三、成效与经验

（一）发挥能动性作用，发扬主人翁意识

当今高校学生缺乏自主意识和主人翁意识，习惯于被动接受，难以发挥自身潜力，很多具有才华的学生被埋没。学业帮扶过程化管理，充分发扬学生能动性，以学生为中心而开展，从参与帮扶计划到各年级学业指导站统筹整体工作，都是由学生起主导作用。只有学生才真正了解学生群体，发挥学生特别是学生党员和骨干的能动作用，是推动帮扶计划在学生群体中得到最大程度响应的最好办法。学生在前期通过参与成绩分析等环节,了解身边同学困难和需求,根据身边同学的实际情况,制定帮扶计划,准备帮扶内容,发挥朋辈力量。在作为领袖角色向同辈同学答疑解惑的过程中,参与帮扶的学生能够充分寻找到正确的思想引领,提升综合素质及个人能力,并收获同学们的认可和赞许,从而获得自信,对学生来说是一次不可多得的好机会。学生通过获得主导权,能够得到精神上的满足,也提升学生责任意识,对身边的同学负责,主人翁意识由此提高。

(二) 从细微之处着力,于精细之点立足

一对一帮扶之微,在于着力点的细微,在于帮扶计划的精细,在于影响力的聚少成多。学院和年级力求帮扶计划落地,落实,落点,通过一系列帮扶活动,要求帮扶者贴近"学困生"需求,将帮扶内容细致到最实际的点,从而使对应的学生能够高效率地接受帮助。学院定期召开各年级教育和帮扶"学困生"交流会,建立"学困生"帮扶研讨制度,及时掌握各班级帮扶对象的动态,研究教育手段和方法,做细帮扶工作,并在此基础上不断总结帮扶经验,及时进行交流推广。在这样的帮扶模式下,精细的计划给帮扶者和被帮扶者更多精心雕琢的机会,通过更多形式和方法,创新帮扶内容和模式,从而获得更好的效果。

四、下一步加强和改进计划

1. 工作实现常态化

中法工程师学院各年级自开展"先进带动·结伴前行"学业牵手计划以来,思想上高度重视,始终秉持"立德树人"教育理念,定期总结凝练教育帮扶经验,化零为整,总结"学困生"成长和进步态势,拟在今后的年级"学困生"育人实施过程中,进一步拓展帮扶模式,彰显育人特色。

2. 坚持"三贴近"原则

为使"先进带动·结伴前行"学业牵手计划贴近实际、贴近生活、贴近学生,年级将在今后的帮扶过程中把科研、创新创业等主题融入帮扶教育过程中,通过学生互助牵手,以学生党员和学生骨干为主要力量,激发主体意识。

3. 树立品牌效应,建立长效机制

"先进带动·结伴前行"学业牵手计划将在组织、管理、开展等方面形成制度,不断扩大影响力。中法工程师学院也将继续利用学生标杆"零距离"的特点,在下一步帮扶活动中发挥学院专业的特色,依托专业力量,进一步拓宽思路,探索帮扶新途径,努力建立长效机制。在以往的帮扶活动中,已经有很多关于法语学习的帮扶内容,接下来的学业牵手计划将更加注重学院专业特色,使学生充分认识到作为一名语言学习者的使命感和责任感,也帮助学生更好的进行学业规划,确保"学困生"顺利完成学业。

中外合作办学机构外籍教师规范化管理的探索与实践[①]

韩　涛[②]

东莞理工学院中法联合学院

摘　要：我校和法国国立工艺学院联合举办中外合作办学机构，通过引进法国先进的工程师培养理念，首先在智能制造相关的通信工程、软件工程和机械设计制造及其自动化三个专业开展中法合作办学，利用法国国立工艺学优在 三个专业的学科优势，全面整合该校教学资源，与国际高等教育接轨，培养具备国际竞争力的专业人才。法国国立工艺学院定期选派外籍教师到我校中外合作办学机构授课，我校对外籍教师的管理也在逐步规范化。

关键词：中外合作办学；外籍教师；规范管理

对于中外合作办学机构的建立，是时代的要求，也是满足新时期人才培养需求。随着以人为本理念的提出，教育教学也开始大力的改革创新，相比较学生的个性发展，国外也有一些先进的教学经验值得借鉴，为此提出中外合作办学机构。教育部于 2017 年批准我校与法国国立工艺学院建立中外合作办学机构-"东莞理工学院法国国立工艺学院联合学院"，其合作模式为双注册、双学位，合作的专业主要有：通信工程专业、软件工程专业、机械设计及其自动化 专业。通过整合自身的教学资源，并且借助国立工艺学院的教有资源，引进先进成熟的工程师培训模式，全面提高我院的教学水平，形成工程教育新模式，培养出国际化的好素质专业人才。对此，我校建立的中外合作办学机构定位为国际化人才培养和文化交流的平台，采取全英语教学模式，其中有三分之一以上的教师为法国国立工艺学院的外籍教师，针对外籍教师规范化管理的问题，在我校中外合作办学机构开展了一些探索和实践。

一、外籍教师规范化管理的理念

在中外合作办学机构中，整体外籍教师管理制度可以尝试建立一个独立的管理体系，并建立一个专门的，相对独立的机构，自己的外籍教师管理部门。将外籍教师管理的重点从学校转移到中外合作办学机构，管理中外合作办学机构的外籍教师。要给与更多的自由空间，避免传统管理方式的强制性。

随着国际化教育的发展，人本理念也成为了各领域管理和发展的基本理论，中外合作办学领域也把人本理念作为了外籍教师管理的基本理念。随着国际化进程的深入，在新时期教学观念要求以学生为中心，在外籍教师规范化管理领域也需要体现人本理念。在以人为本的外

---

① 原文刊载于：中外交流，2019 年 26 卷第 19 期。编入本书时进行了重新排版.

② 韩涛，1981 年 2 月，男，汉，湖北，博士，东莞理工学院，中外合作办学理论研究.

籍教师理念基础上,也积极的引进国外一些优秀的规范化管理模式,根据我国的国情需求,吸取国外一些优秀经验。为此,我校的中外合作办学机构聘请全球外籍教师,以人文理念开展外籍教师的日常管理。进一步促进我校国际化办学进程同时对我校外销教师实现规范化管理。

二、外籍教师教学特点

(一) 全英文授课

外籍教师在整个课程中使用英语教学。不仅可以提高学生的英语水平和听力水平,还可以营造良好的英语教学氛围。让学生自然地进入课堂的国际学习环境,有利于培养国际视野。虽然我校中外合作办学机构的学生一开始面对全英文授课方式可能还不是很适应,听课方而也存在一定的困难,对于课堂内容的理解也就存在不足,但是老师借助于实物、图片或者其他的一些道具,帮助学生理解课堂内容,慢慢形成一个良好的习惯,经过一段时间,学生明确今后都会面对全英文授课方式,就会迫使自己去适应,不断提高英语听力能力,最后完全适应全英语课堂模式。因此,外籍教师在教学中采用全英语教学模式,对学生的学习和发展产生积极影响。

(二) 讲练结合,注重讨论

由于双方教育结构和教育模式不同,教学理念和教学方法也存在很大差异。外教在教学时不会填鸭式教学,也不会解释所有的知识。他们让学生在练习过程中学习相关内容,然后在学生遇到无法解决问题时与外籍老师讨论。此外,外籍教师注重实践,注重讨论,坚持以学生为中心的教学理念,注重学生的反馈式教学。以教师为主导的外籍教师将鼓励学生动脑筋,表达自己的观点。外籍教师还会采用多样的方式去营造一个愉悦的课堂环境,比如会使用漫画、表演以及模仿和笑话等,让学生在课堂中保持一个兴奋积极的状态,高度集中精力,在这样一个轻松的环境中完成学习内容,达到教学目的,进一步提高教学质量。

三、中外合作办学机构外籍教师管理中的不足之处

(一) 缺乏专业的外籍教师管理团队

虽然中外合作办学的教学管理工作者的工作环境与普通国内大学不同,但仍需要主要依附于国内的母体院校。因此,国内高校存在一些共性问题是不可避免的。外籍教师管理团队成员觉得很难产生具体的"有价值"的工作成果。外籍教师管理团队的重要作用尚未得到充分认识和重视,这部分教师因此容易产生心理差距。此外,经营规模不断扩大,外籍教师管理人员的工作量和工作压力也在不断增加。外籍教师管理人员不堪重负,身心疲惫。由于长期缺乏应有的重视,外籍教师管理人员处于不稳定状态,无法实现科学发展。此外,中外合作组织教学管理中的环境和工作对象的专业和特色必须要求其员工具备一定的专业素质。

(二) 优秀的外籍教师数量不足

由于中外合作办学的快速发展,所需外籍教师人数不断增加,需要越来越多的外籍教师来

补充教学人员。一些中外机构过于仓促,简化了教师引进的程序,导致外籍教师的教学水平参差不齐。另一方面,由于种种原因,外籍教师的流动更加频繁,容易扰乱正常制度的教学秩序并形成断点问题。许多中外合作办学机构采用飞行教学模式。对于其他的地方性大学,我们的教师可能没有出国留学的经验或获得足够的出国培训机会。大多数教师仍缺乏全球教育的理念和专业知识,水平也不平衡。协助外教开展教学的中方教师也少有外语口语能力强,专业基础知识扎实的骨干。因此,现有的制度不能完全满足整个外籍教学团队的教学要求,不能完全满足培养复合型国际人才的要求。这将影响教学的整体质量,给教学管理工作带来压力。

(三)中外合作办学机构的教学评估体系不完善

在高校教学管理中,教学评价体系是日常教学管理的重要组成部分,在管理中起着重要作用。完善的教学评估体系包括指导功能,激励功能和审计监督。确保评估体系的这些功能的实现是保证高校教学质量的有力保障,也是提高教学质量管理水平的动力。它直接关系到学校开展的"教学"与"学习"之间的互动关系。"中外合作办学条例"是中国目前在中外合作办学领域的指导性文件,但本文对中文教学质量监测与评估缺乏明确要求。因此,基层在实施教学质量监控方面缺乏必要的制度基础。目前我国高校中外合作办学评估监督体系还不够完善。在各种中外合作办学机构中,内部第三方评估机构尚未得到充分利用,无法进行有效的评估和分析。

(四)中外合作办学机构外销教师管理支持机制不足

中外合作办学机构引入世界先进的现代教学管理理念,促进了母体大学的改革与创新。这将不可避免地要求标准化的外籍教师管理配套资源,如高素质的教学管理和服务人员,稳定优秀的中文教师,以及足够的教学场所支持。而对于大多数地方高校而言还很难做到和外方院校一致的配套资源。虽然地方高校先后开展了中外合作,但外籍教师的教学管理资源难以保证教学条件的要求仍然普遍存在。这将不可避免地导致中外合作办学机构外籍教师管理难度的增加。此外,大部分外国课程的引入仅包含在学生的整个培训计划中,并非所有的外国人才培养计划都被引入。但是,如果没有加强对外籍教师的培训和指导,学生很难正确理解课程结构及其设置的意义,这可能导致盲目接受课程习惯。虽然有些中外合作办学机构可能已经意识到这个问题,但是有限配套资源无法对外籍教师教学模式规范化引导,外籍教师的配套资源不足以满足大量学生的需求,外籍教师本身可能不一定有足够的经验来指导本科生安排学习计划并让学生进行有效的课程衔接学习。由于中外合作办学机构需要中外各方频繁的沟通和协调,高质量的信息管理支持系统极为重要。但是,国内的信息化管理软件的支持系统并不理想,并不能高效便捷地为外籍教师服务,也为中外合作办学机构外籍教师的规范化管理增加了难度。

四、中外合作办学机构外籍教师规范化管理举措

中外合作办学机构在管理过程中涉及人事,政策,概念,制度和支持等诸多问题。需要不断的研究和探索,有必要在不断探索实践过程中总结经验教训寻求改进和改进措施。针对外籍教师规范化管理有下几点举措。

（一）坚持原则，严把外教入口关

中外合作办学机构主要招收中国本地学生，主要培训中国本土人才。因此，在中外合作办学活动中，必须纠正办学态度，摒弃仅注重经济利益的倾向，坚持维护中国的教育主权，坚决保证党的领导。严格遵守中国的法律法规，认真落实我们的教育方针，高度警惕，防止外来教师从其他国家或地区带来的一切可能的文化渗透。中外合作办学的目的是合理引进国外优质教育资源，促进中方高校的国际化进程。在外籍教师引进方面要严把入口关，通过制定我校中外合作办学机构的规范化引进制度做到"以我为主"的引进。我们不能过分依赖外方合作院校提供的外籍教师，同时我们应该不断学习他们的管理经验，加强我们的合作独立性。

（二）严控师生比例，做好内涵发展

中外合作办学需要一定规模，但不能盲目追求数量。当然如果办学规模太小，也会出现资金不足的情况，这样很难确保有足够优秀的外籍教师到中外合作办学机构工作，这将不可避免地导致学生和家长的不满；如果办学规模过大，我们的教学资源就会过度占用，很容易影响普通本科教学。由于学生素质的差异，也会影响外籍教师的教学质量，也会增加学生的教育和管理负担。按照管理部门的要求，严格控制师生比例，使得中外合作办学机构的外教教学质量与国外大致相同。外籍教师有足够的时间与中外合作学校的学生面对面交流，通过内涵发展规范外籍教师的日常管理。

（三）建立灵活的现代管理理念，强化服务功能

现代管理理念主张过去教学管理者从封闭式管理向开放式管理转变，将传统的限制性管理转向引导式、服务型的灵活管理。在中外合作教育机构的外籍教师来自不同国家不同民族不同文化的地区，强调灵活的管理和多样性服务更有意义。在全球化经济发展的背景下，知识经济时代已经到来。呈现多元化的发展趋势，传统的硬性管理、强制性要求和命令的管理方式已经被淘汰，建立现代管理模式，坚持服务外籍教师的理念是势在必行。中外合作办学的外籍教师管理也需要个性化管理。我们需要尊重外籍教师的价值观，改变传统的师生认知，从而提高外籍师生在教学过程中的自我提高意识和创新能力。中外合作办学机构的多元文化聚集地，我们需要营造轻松的教学环境，营造独特的中外合作办学机构的多元文化，营造和谐、鼓舞人心的氛围，不仅有助于对中外合作办学机构外籍教师的规范化管理，还能通过中外合作办学提高中方院校自身的管理水平。

此外，中外合作办学的外籍教师管理应更加注重管理的服务功能。我们在加强学生管理的同时，也鼓励学生参与到外籍教师的日常服务中，这样可以促进外籍教师和学生的互动，也能提高学生的服务意识。这也是值得我们在国外大学学习的管理经验。外籍教师和管理者不能把自己置于孤立管理岗位，而必须从小事入手，为外籍教师提供基础教学支持服务。建立超前服务的理念也是必要的，这样可以为外籍教师在教学过程中可能遇到的问题制定预案。从中外合作办学机构的角度看，我们不能把在中外合作办学机构工作的中方和外方教师仅视为一种教学人员，我们必须为从支撑环境到管理理念上为所有教师提供全面的服务。这样在中外合作办学机构的教师可以全身心投入教学中，最终收益的是在中外合作办学机构学习的学生。

（四）创新外籍教师管理制度，实现人本化服务

现代教育的概念要求"以人为本"，外国教师管理制度需要体现"以人为本"的人本主义观念。然而，尽管发达国家有许多优秀和成熟的管理模式，但由于国情不同，文化和历史的差异，在中国的中外合作办学机构中，直接复制外国外籍教师模式也是不可取的，必须推进外方管理里面的方法的中国化。总之，中外合作办学机构的外籍教师管理制度必须适应外籍教师个性化发展的要求。尊重教师的创新改革，与世界同步，实事求是，立足本校特色。中外合作办学机构涉及中外不同的管理理念，中外教师在一起协同工作，作为管理者需要为来自不同国家和地区的教师提供差异化的人本服务。中外合作办学机构可以设立由教师代表参加的协调机构，明确各方的责任，完善具体方法对于多元文化差异引发的问题的沟通具有重要意义。

五、结　语

东莞理工学院中外合作办学机构超过三分之一的课程由法国国立工艺学院的教师授课。学生毕业时达到要求的，除了获得中国普通高等学校学士学位证书外，还可获得由法国国立工艺学院颁发的学位证书。中外合作办学机构的设立将有利于东莞理工学院相关学科的建设，并加快推进东莞理工学院国际化办学进程。于此同时，中外合作办学机构外籍教师管理中存在的各种问题，仍有许多领域相关政策，制度和相关人员尚不完善，需要改进。为确保中外合作办学机构的正常运转，实现中外合作办学机构的可持续健康发展，实现为国家培养新型国际人才的目标，我们在开展中外合作办学的同时，也在探索解决我校外籍教师管理过程中遇到各种问题的方法。

参 考 文 献

[1]　祁小峰.中外合作办学中外籍教师节理问题刍议[J].长春师范大学学报,2014,33(9)：135-137.

[2]　王锦霞.论中外合作办学过程中的外籍教师管理[J].济南职业学院学报,2011(2)：71-73.

[3]　史博.再议中外合作办学外籍教师的选聘[J].文教资料,2010,(1):111-112.

[4]　刘荀.中外合作办学机构的和谐建设[J].学园,2013,(36):24-25.

[5]　冷树伟,施宙,孙国强等.中外合作办学外籍教师资源利用研究[J].科技创业月刊,2011,(4)：126-127.

[6]　齐晓丹,张晓波.中外合作办学机构办学模式及发展路径研究[J].北京教育(高教),2013,(12):14-16.

[7]　许萍,刘佳超,高郁.高校外籍教师外语教学质量监控的浅探——以黑龙江科技大学中外合作办学项目参考力例[J].黑龙江教育(理论与实践),2014,(6):23-24.

法国公立大学推行差异化学费政策研究

王　敏　洪冠新

（北京航空航天大学 中法工程师学院　北京　100191）

摘　要：法国一直是许多外国学生出国深造的首选国度之一，而其中大部分留学生还会选择就读于公立大学。在 21 世纪，法国公立大学进行了一系列的改革，学费制度的调整就是其中的重要一环，本文通过对法国政府一系列政策的解读，研究和分析相关的国际环境、法国经济背景、高校传统、社会反响等，推导出这些政策实施的原因、利弊以及可能带来的后果。

关键词：学费制度；法国公立大学；高等教育改革

一、引　言

就学费政策而言，法国公立大学秉承着"海纳百川、开放办学"的理念，认为教育更应该体现民主化和平等性。由于是高税收、高福利国家以及中央集权制的传统，一直以来，法国的综合性大学对本国国民和外国留学生都一律免学费，只是在注册本科、硕士、博士阶段时统一缴纳 200 到 300 欧元不等的注册费。这种统一化的低廉的学费政策在很长一段时间里都不曾变化，使法国的公立大学长久以来对全世界的优秀留学生保持着极大的吸引力。

进入 21 世纪，法国政府开始着手对其本国的高等教育进行一系列深刻而长远的改革，这其中就包括差异化学费政策的制定和推行，其主要目的是应对国家越来越重的财政负担问题，以及促进法国高校国际竞争力的提升。2018 年 11 月 19 日，法国总理爱德华·菲利普（Edouard Philippe）宣布[1]："从 2019 学年开始，全法国的公立大学对欧盟、瑞士和加拿大魁北克省以外的留学生收取的学费，本科生为每学年 2 770 欧元，硕士生和博士生为每学年 3 770 欧元。"这是近二十年来法国就学费政策问题多次动议后的最终落槌，本文将就其相关的国际环境、法国经济背景、高校传统、社会反响等进行研究和分析。

二、调整学费政策的背景

进入 21 世纪，法国已经历了四任总统，希拉克（2002—2007）、萨科齐（2007—2012）、奥朗德（2012—2017）和马克龙（2017—今），尽管四位总统来自不同政党，但四届政府在高等教育的改革中却体现了政策的连贯性和一致的执行力，都将教育作为政府改革的重要抓手，期望通过

作者简介：王敏（1978—），女，汉族，陕西宝鸡人，讲师，硕士，研究方向为高等教育体制研究。

洪冠新（1967—），女，汉族，辽宁鞍山人，教授，博士，北航中法工程师学院院长，研究方向为飞行动力学与安全。

教育改革解决社会中存在的各类问题。提升法国高等教育的国际竞争力、解决高等学校严重的办学经费短缺问题是他们的共识,同时支持高校通过增加投入和扩大生源以推动社会教育公平发展。

(一)法国高校办学经费短缺

法国公立大学的办学经费80%至90%都是依靠政府拨款。法国教育经费占比常年维持在GDP的7.0%上下,其中高等教育经费占GDP的1.5%左右,高于西班牙、德国、意大利等其他欧盟国家。

但是,受全球性金融危机的影响,法国的经济规模和财富增长水平却在逐年下滑。从法国国内生产总值(GDP)的增长率看,2000年是3.88%,2007年是2.37%,2017年则是1.82%。虽然法国政府一直非常重视对高等教育的财政投入,可是受经济增长规模限制,可供高校支出的费用显得捉襟见肘。

(二)法国高校学生人数显著增长

在办学经费不够宽裕的情况下,高等学府中的学生人数却在逐年增长。21世纪以来,法国高校学生总数增涨了20%,而这些学生中73.3%就读于公立大学,所以公立大学的办学压力大大增加。另外,由于经济不景气引起的失业率连续增长,导致法国大部分高校学生学习积极性不是很高,每年因不能毕业而滞留学校的人数增多。见图1。

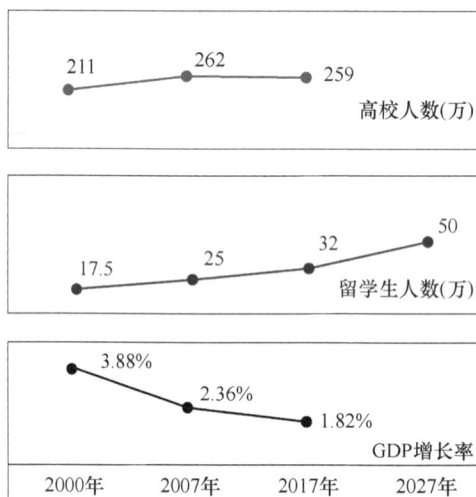

图1 法国GDP增长率和外国留学生数量变化的对比

法国高校留学生数量大幅度上涨。从本世纪初到近两年的数据显示,留学法国的外国留学生人数增加了85%,并且生源也不再局限于欧盟国家,而更多地是来源于经济不发达的国家和地区。留学生数量的大幅度上涨还在持续,预计到2027年法国留学生将达到50万人。目前留学生中,46%来自非洲,25%来自欧洲和亚洲,16%来自大洋洲,9%来自美洲,4%来自中东地区。

（三）法国高校开启筹集资金新通道

2006 年 4 月 18 日，在希拉克总统的支持下，法国开始了高校和科研机构的改革，《研究计划导向法》(Loi d'orientation de programme pour la recherche)颁布，其核心举措是合并具有不同学科优势的公立大学、精英学校以及研究机构，从而提高法国高等教育的国际竞争力和吸引力。

转年间的 2007 年，法国总统萨科齐上台，在对其前任的教育改革政策全盘肯定的基础上，又进一步深化和细化了具体实施细节，并在当年的 8 月 10 日出台了著名的《大学自由和责任法》(Loi liberté et responsabilité des universités)，给予大学完全的自主权，使其在教学活动、科研项目、经费资产管理、人事任命等方方面面享有绝对的自由。该法令最重要的内容就是规定私人和企业可以通过捐赠资助办学，大学也可以设立校办工厂和企业，从而为高校办学的资金来源创建了新的通道。

在这种经济增长放缓、学生数量增加、留学生源国改变、高校筹集资金有限综合因素影响下，法国政府不得不走上学费制度改革的道路。

三、差异化学费政出台过程

（一）调涨学费动议一波三折

2011 年法国智库企业研究院和智库"新疆域"，分别发布法国产学调查报告和法国高等教育现状调查报告。两家智库虽然支持不同政党，但均认为不收学费的高等教育体系有损法国高校的国际竞争力，建议调涨大学注册费。构想是法国大学本科注册费将由目前每学年 177 欧元涨至 500 欧元，硕士注册费由每学年 245 欧元调涨为 1 000 欧元，博士注册费由每学年 372 欧元涨至 1 500 欧元。报告估算这项涨幅每年可为高等教育增加十亿欧元经费。

但是，时任法国高等教育与科研部长罗朗·乌基耶却表态，对法国智库提出调涨学费的建议感到"震惊与不可置信"。他表示，经济危机的后果不应由学生承担。政府不会选择调涨学费政策，法国的未来不建立在让学生负担高额学费上，这代表放弃法国模式。他还指出，学费调涨将加重中产阶级家庭的经济负担，这与法国政策走向背道而驰。（译自法国《世界报》，2011 年 8 月 26 日）

多年来调涨学费的声音经常出现，法国政府不得不多次出面解释澄清。2015 年，法国教育部还曾强调法国不会提高全国大学生包括外国留学生在内的注册费用。2016 年，"战略法国"智库在向法国总理提供咨询时又起草了一份报告，建议每年向非欧盟裔留学生收取 1.1 万欧元注册费。一时间，关于法国留学生费用的上涨的问题众说纷纭。

2018 年下半年，法国政府终于将学费调涨动议提上议事日程，并最终形成决议公布。即实行差异化学费政策，"从 2019 学年开始，全法国的公立大学对欧盟、瑞士和加拿大魁北克省以外的留学生收取的学费，本科生为每学年 2 770 欧元，硕士生和博士生为每学年 3 770 欧元[2]。"这就是说现阶段已经入学的留学生学费维持原数额不变，这一政策只针对即将赴法留学的新生。这标志着"法国留学免费"的时代彻底结束了。调整后学费的涨幅增长十几倍。见表 1。

表 1 法国新学费的涨幅对比

学习阶段	2018 年学费(欧元)	2019 年学费(欧元)	涨幅倍数
本科阶段	184	2770	15.05
硕士阶段	256	3770	14.72
博士阶段	391	3770	9.64

(二)各界对新学费政策的反响

作为增收学费的"受益者"法国各大学似乎并不完全理解和支持这一政策,他们担心法国公立大学的国际影响力会因此削弱,那些本来还有可能来法国读书的家境贫困的外国学生会因为上涨的注册费而丧失了来法国的可能。

《费加罗报》网站两次报道了法国学界对这一事件的态度[3]:一则是 2018 年 11 月 23 日,即爱德华总理公布新政的几天之后,法国两大学生工会—法国大学联盟(UNI)和法国学生联盟(UNEF),首先表示了对这一学费上涨政策的反对,并有 400 名学生联合一些知名人士在网上签名,提出对该政策的抗议;另一则是 2019 年 1 月 15 日,十所法国公立大学拒绝执行这一学费上涨政策,它们是克莱蒙奥弗涅大学(Clermont-Auvergne),雷恩二大(Rennes Ⅱ),图卢兹二大(Toulouse Ⅱ),艾克斯-马赛大学(Aix-Marseille),昂热大学(Angers),勒芒大学(Le Mans),普瓦捷大学(Poitiers),巴黎十大(Paris Nanterre),里昂二大(Lyon Ⅱ)和卡昂大学(Caen)。

随后又有七所大学加入了抵制针对外国留学生学费上涨的行列:巴黎十一大(Paris sud),格勒诺布尔大学(Grenoble),斯特拉斯堡大学(Strasbourg),鲁昂大学(Rouen),洛林大学(Lorraine),雷恩一大(Rennes I),社会科学高等学院(EHESS)。

2018 年 12 月 10 日,法国大学校长联席会也曾明确表示希望政府能够取消上涨非欧盟国际留学生注册费;法国许多高校例如巴黎十大、雷恩二大采取了罢课、封堵校园等更为激进的措施来表示他们的抗议;法国大学科研与教育机构联盟也表示了对这一政策的担忧:"学费上涨不论对法国还是其他说法语的国家和地区都将产生负面影响,在目前无偿教育的基础上进行的这场改革势必会导致国家高等教育和总体战略方向上的一系列问题"。

(三)新学费政策的补充与调整

新学费政策的一大特点是差异化,仅是对欧盟、瑞士和加拿大魁北克省以外的留学生收取的学费。菲利普总理在公布学费上涨举措时的讲话曾强调:"一个富裕外国留学生和一个不太富裕的法国大学生要支付同样的注册费,而后者的父母多年来在法国居住、工作并纳税,这是荒谬和不公平的"。

高等教育、研究及创新部部长弗雷德里克·维达尔(Frédérique Vidal)女士在 2019 年 2 月 24 日接受法国《星期日报》采访,她证实了新学费制度将在今年秋季学期开始执行的消息[4]。她指出为了避免引起恐慌,也出于对上文提到的法国国内一波波的抗议浪潮的顾虑,最终考虑到国际博士研究生对于科研的重要贡献,法国政府决定对于国际博士生免于缴纳差异化学费,即维持原学费数额不变。

同时,法国政府又提出了几项补充条款,如下:一、学费上涨后,非欧盟国家的外国留学生支付的学费实际上只占他们享受的教育经费的三分之一,而获得减免学费和奖学金的机会提高两倍;二、大幅提高对优秀外国留学生的奖学金,从现在的一年 7 000 欧元增加到 21 000 欧元;三、简化留学签证办理手续,如网上申请、减少提交的材料;四、提高法语和英语的多样化培养方式、规范教育机构中对外国留学生的接待和陪同机制,并加强在法国高等教育署组织下全球范围内的互动和交流;五、积极部署法国本土之外,尤其是在非洲的教育机构和大学的建设。

总之,法国政府认为,学费的增长可以更多地汇聚法国公立大学的教育资源,进而提升其对外国留学生的吸引力。

四、法国新学费政策的影响分析

(一) 对本国大学的影响

如果说 2007 年出台的《大学自由和责任法》政策是为了让法国的公立大学在财政上可以有更多的自主权,比如自办企业、吸收校外馈赠,从而达到"开源"的目的,那么 2019 年即将实行的新学费制度的则是达到"增收"的效果。

按照新学费政策,目前法国留学生人数中 85% 以上涉及缴纳学费,初步估计,就差异化学费一项法国大学的每年收入将增加 10 亿欧元。法国接收留学生人数最多的前 4 位国家(见图 2)分别为:摩洛哥、阿尔及利亚、中国、意大利[5]。前两名的摩洛哥和阿尔及利亚是非洲国家,第 3 名的中国是亚洲国家,都属于增收学费的范畴,这三个国家的留学生人数约 10 万人,缴纳学费将达到 3.5 亿欧元。

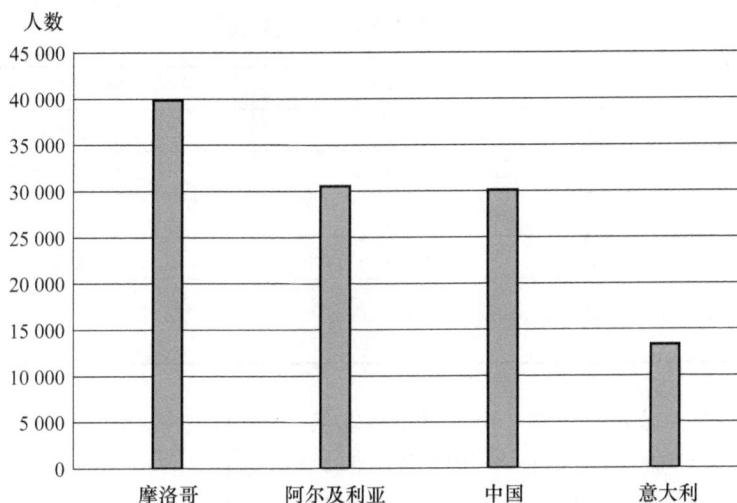

图 2　法国留学生主要生源国

近年来,法国高等教育面临重重危机。2017 年 10 月,OECD 发布的《教育概览》(Education at a Glance 2017)显示,法国仅有 44% 的 25 至 34 岁的青年接受高等教育,低于

OECD 欧盟国家的平均水平。同时,从 2007 年实行合并政策以来,法国大学在英语国家为主导的国际顶尖大学排名中表现欠佳,一些优质高校无法进入世界一流大学排名,严重影响了法国高等教育以及大学毕业生在国际市场中的竞争力。根据 2018 年 QS 世界大学排名[①]统计,进入前 100 名的法国大学只有两所,而进入前 200 名的也不过 5 所,并且这 5 所学校在欧洲的排名也不高,甚至没有进入前十。见表 2。

表 2　法国大学在世界和欧洲排名

学　校	世界大学排名	欧洲大学排名
巴黎高等师范学院 Ecole normale supérieure de Paris	43	11
巴黎高等理工学院 Ecole polytechnique	59	16
巴黎第六大学 Université Paris VI	131	50
里昂高等师范学院 Ecole Normale Suprieure de Lyon	157	65
巴黎中央理工-高等电力大学 Centrale Supélec	177	77

所以,上涨的注册费可以在一定程度上缓解公立大学的财政紧张状态,也将减轻法国政府的教育经费支出的压力,从而实现提升法国高校国际竞争力的初衷。

(二) 对外国留学生的影响

法国新学费政策对各国留学生带来的经济压力影响不大。我们对比一下世界上主要留学生接收国的公立大学本科和硕士阶段的学费(见表 3)[6]。可以看出,即使法国学费制度改革之后,其公立大学的本、硕阶段针对留学生收取的学费还是低于其他国家,还是具有一定的价格优势,只不过比起之前的免学费时代,这种价格优势正在逐渐缩小。

表 3　各国公立大学学费对比

国家	本科学费(人民币/每年)	研究生学费(人民币/每年)
美国	5～20 万	5～20 万
加拿大	10～25 万	6～16 万
英国	11～20 万	15～20 万
澳大利亚	13～20 万	13～20 万
新西兰	8～13 万	9～15 万
法国	2 万	3 万

就留学语言方面,依然是影响法语非母语或非第一外语的国际留学生选择法国的重要因素。赴法留学还需要达到《欧洲语言共同参考框架》(Cadre européen commun de référence pour les langues)的法语 B2 水平。非洲留学生多数是来自法语区,法语是他们第一外语或者母语,留学法国是他们的第一选择,应该不会受到新学费政策影响。中国留学生第一外语是英语,或许需要半年以上的法语语言学习,语言阶段的成本再加上新增长的注册费,以及法国大

---

①　QS 世界大学排名是参与机构较多,世界影响范围较广的排名之一。

学知名度不高,可能会导致少部分人放弃赴法深造而改去其他国家。

据国际教育新闻网 2018 年 1 月 3 日报道,法国高等教育署(Campus France)的一项调查显示:法国作为留学目的国的吸引力正在逐渐增强,64% 的受访者将法国作为留学首选国家,这一数字仅低于排名第一的加拿大(69%),高于其他留学热门国家——美国、英国和德国。而且,法国对国际学生的吸引力在持续增长,2017—2018 学年,共有约 34 万名外国学生在法留学,比上一年增长了 4.5%,近两年基本保持该增长速度[7]。

总之,正是因为法国吸引留学生的态势良好,法国政府才有底气出台大幅度调涨留学生的学费政策。法国总理菲利普强调,新学费政策是 2018 年起推行的"吸引国际学生策略(stratégie d'attractivité pour les étudiants internationaux)"中的重大举措之一,并提出其远期目标是到 2027 年在法的留学生达到 50 万人次。

五、结 语

法国公立大学低廉的留学成本和优质的教育水平,一直让众多外国学生把法国列为性价比最高的留学国度,是他们出国深造的首选。然而进入 21 世纪后,法国几届政府在近 20 年的时间里依据本国的国情对公立大学的学费政策进行了改革,法国政府认为学费的增长不仅可以解决法国公立大学办学经费短缺的燃眉之急,又可以吸引真正喜爱法国、认可法国教育体制、并确实以学习为目的的优秀外国学生。

虽然到目前为止,我们还没有看到前期改革带来的巨大经济效果,但这些政策的产生并非偶然事件。所以,法国留学生学费大幅度提升是利是弊,是否能达成政策制定者的改革初衷,现在还是难以断言的,这些都只有时间才能做出回答。

参 考 文 献

[1] Édouard Philippe. Présentation de la stratégie d'attractivité pour les étudiants internationaux [EB/OL]. (2018 - 11 - 09) [2021 - 09 - 29]. https://www. diplomatie. gouv. fr/IMG/pdf/discours_de_m._edouard_philippe_premier_ministre_—_presentation_de_la_s_cle463916. pdf.

[2] 路贺文. 法国公立高等院校将大幅提高非欧盟学生注册费[J]. 世界教育信息,2019,02:78.

[3] Vidal Frédérique. Le recul stratégique de Frédérique Vidal [EB/OL]. (2019 - 02 - 24) [2021 - 10 - 14]. https://universiteouverte. org/2019/02/24/le - recul - strategique - de - frederique - vidal/.

[4] 任一菲,马燕生.法国大学生人数连年增长 硕士生招生制度或改革[J].世界教育信息,2016,29(21):74.

[5] 中国驻法国大使馆教育处、旅法教育研究者协会.法国教育通讯,2018,9:15 - 16.

[6] 胡佳,严同辉.2007 年法国综合大学改革述评[J].高等教育研究,2008,(03):94 - 99.

[7] 汪少卿.全球化时代大学改革的法国道路[J].外国教育研究,2012,39,(03):67 - 74.

[8] 冯典.大学、科学与政府:近代法国大学模式的形成、特征与评价[J].高等教育研究,

2015,36(10):103-109.

[9]　王蔚.法国高等教育平等权研究[A].北京大学宪法与行政法研究中心."大学招生与宪法平等——中国问题与国际经验"国际学术研讨会论文集[C].北京大学宪法与行政法研究中心:北京大学宪法与行政法研究中心,2010:9.

第三章

中外合作办学之外语类教学

编者按：

  外语类教学是中外合作办学教学工作中至关重要的一个环节，特别是作为具有战略地位的小语种之一，法语教学兼顾语言教学的共性和自身独有的特性，其教学模式和发展也有待进一步深入研究。本章的论文基于各机构的实际办学经验，从听说读写、交际能力、职业素养等方面深入剖析和总结了外语类教学的经验和成果。以语音教学为例，探讨了新时代社交媒体对于法语教学的可供性；分享了音乐素养对法语听、写能力影响的实证研究成果；分析评估了沉浸式教学对外语口语能力的培养效果；探究了新型授课模式—翻转课堂在英语教学中的应用和效果；以英语教学为例，探索了非英语专业大学生跨文化交际能力（ICC）的获得模式构建过程；总结了围绕国际工程师培养的"四能一体"的法语课程教学体系的构建与实践经验。

社交网络对于法语教学的可供性研究

——以法语语音阶段为例

王雯馨

中国人民大学中法学院

一、引 言

随着信息技术的快速发展,外语教学不再局限于课堂活动,借助新媒体而发展出的新教学形式逐渐进入学生和教师的视野:MOOC,COOC,SOOC,SPOC,serious game 等。这些教学模式都对传统教学模式带来了影响和改变。

在中国,进年来法语学习者人数不断增加,但是在人数的增加的同时法语教学也面临的困难和挑战:原版教学资源缺乏、对法国语言文化或是社会环境的认知不足、口语表达能力欠缺等。与此同时,社交网络的迅速发展给予法语学习者新的学习机会和获取知识的渠道,微信或微博等社交网络的功能不再局限于人际关系的维持和交流,对于外语学习者来说,也成为了碎片化学习时代获取最新资讯和材料的重要环节。法语社交网络的学习模式所带来的改变不只影响了学生,高校法语教师也将越来越多的时间和精力用于线上的活动:在线回答学生问题、安排学生课后学习进度、发放法语相关资料和督促鼓励学生自主学习等,以提升师生之间知识与信息传递和交流的效率。

二、理论依据

社交网络,是一种用于增强人际联系和沟通的媒介(Donath,2004)[①]。它通过移动信息技术,为外语学习个人与群体提供了交流互动的平台,个人和群体由此可以分享、讨论甚至改进学习内容,调整学习方式,共同追求更有效的学习结果。因此,对于社交网络在外语学习中的应用的分析研究对于教学和学习过程有有着重要的意义。

心理学家 James Gibson 在 1998 年提出可供性概念,即"动物和环境之间的协调性(complementarity)"[②],他认为事物本身的物理属性与生物之间存在某种对应关系,事物的价值常与其特定类型的用途相关,无法被人与动物自由感知其性质,只能直观的感受到其行为,因此,事物提供某种行为的可能性即为可供性。之后的研究者开始关注社交网络的可供性研究,提出社交网络的可供性主要包括可回顾性(reviewability)、可关联性(association)、可编辑

---

① Augmente/améliore la communication et la formation de liens sociaux entre les personnes(Donath,2004).

② Gibson J. J. The Ecological Approach to Visual Perception[M]. Boston:Houghton-Mifflin,1986:127.

性（editability）、可重组性（recombinability）、可实验性（experimentation）、可创作性（authoring）[①]。心理学家 Gibson 提出的可供性（affordance）理论为我们用来解释或研究与学习或语言学习相关的学习工具或学习环境,分析外语学习活动潜在特性和社交网络可供性研究提供了理论依据。

三、社交网络对于法语学习的影响

网络的建立和发展使得不同的事件的交互变得更为高效,没有了空间的限制,人们可以用更短的时间完成更多的任务。

与课堂学习给予的拘束感不同,社交网络更有利于激发学生学习的兴趣,它满足了学生自我表达、彼此交流和分享信息的心理需求（Manca et Ranierit,2013）,这都给学习者提供了增加学习兴趣、建立学习自信以及培养自我学习的可能性。

社交网络不仅是学习的工具,更是为学生学习提供了一个环境。根据 Gibson 的功能可供性理论,学习者作为活动主体与虚拟"环境"相互作用而对学习产生了影响。依托可供性理论,社交网络对传统教学的改变主要体现在法语学习个体、虚拟学习社区和教师三个方面。

(一) 学习个体的主观性

社交网络对于学习个体的优势主要体现在学习个体获取教学资源的便捷性,解决问题及时高效性,学生自学能力的培养。通过与社交网络中资源信息的关联,法语个体学习者能更便捷地获取所需信息,大大提升了学生作为学习个体的主观能动性,提升学生学习积极性。

同时,与课堂面对面的教学方式不同,社交网络的独特属性赋予学生中立性（neutralité）,在一个新的学习环境之中,学生将更多的精力集中于自己的学习进度,减小课堂环境造成的压力。

(二) 虚拟学习社区的形成

通过建立学生与学生、学生与教师、学生与其他学习者的关联,社交网路有助于建立以法语学习为中心的虚拟社区。学生学习过程中的共同疑问和难题更容易集中体现。这有利于教师发现、整理和归纳学生学习的困惑,及时以避免类似问题的发生。

另外,社交网络本身的社交性,即"个人（或群体）与他人维系关系的总称,包括这些关系所采用的形式[②]（Degenne et Forsé,2004:36）,使得围绕法语学习的交流更为及时和丰富。

一个活跃的法语学习社群,可以提供以下功能,例如:知识交流、问题反馈或讨论的集中汇总,经验交流和总结,以及纠正不足与提高等。

使得学习环境与社交功能融合,将学习融入生活的无时无刻,而不限于每天单一的课堂任务。

---

① Treem, J. W., Leonardi, P. M. Social media use in organizations: exploring the affordances of visibility, editability, persistence, and association[J]. Electronic Journal, 2013, 36(1): 143 – 189.

Faraj S., Jarvenpaa S. L., Majchrzak A. Knowledge collaboration in online communities[J]. Organization Science, 2011, 22(5): 1224 – 1239.

② 社交性,即"个人（或群体）与他人维系关系的总称,包括这些关系所采用的形式"（Degenne et Forsé,2004:36）.

(三) 教师角色的转变

教师不再是知识的传递者,而是学习的引领者和陪伴者。学生不再单一依靠教师的教授来获取知识,他们的需求向获取系统有效的信息渠道转变,教师在其中充当着不可或缺的作用。

因此,社交网络向传统教学的逐渐渗透,对于学习个体、学生社区以及教师角色的转变都产生了重要的影响,它的优势可以概括成如下几个方面:

1) 获取教学资源的便捷性
2) 沟通和解决问题的及时高效
3) 学习环境与社交功能融合
4) 学生的自学能力逐步提高。

四、社交网络可供性在法语语音阶段的实际运用——语音打卡

法语语音是法语学习的第一步,为日后的法语学习打下了至关重要的基础。下文以法语语音阶段为例,论述如何在法语课堂之外合理利用社交网络以达到高效的教学效果。

语音阶段对于中国学习者来说,最常见的方式就是记忆规则、观察和模仿,构成法语发音的肌肉记忆。我们通过微信"小打卡"①程序能够很好地达成训练的效果。

(一)"小打卡"使用概况

从语音阶段的第一天开始,针对中法学院大一新生的学习进度和学习方式,我建立了"法语语音阶段"的打卡社群,针对全班的法语零基础学生,学生每天进行学习打卡并上传录音,老师进行点评和纠正。截至今日,包括我在内,一共有 53 名法语学习者参加,累计打卡次数达1 543次。(见图 1)

图 1　法语语音阶段打卡界面

---

① "小打卡"是一项帮助拥有同样学习目的的社群记录学习进度,推进学习进程的微信小程序。

（二）社交网络对法语语音学习可供性体现

1. 知识的回顾与记忆

在每天日常的教学内容之后，给学生安排与当天学习内容相关联的打卡内容，有助于督促学习养成每天朗读背诵的习惯（见图 2）。另外，社交网络的可回顾性使得学生每天发布的内容和录音在一段时间内公开获取，有利于学生就自己的语音语调进行纵向比较，总结不足并自我学习和提高。

图 2　知识回顾打卡相关截图

2. 知识的分享和交流

由于打卡社区的构建，学习个体与其他个体之间是相互连结的，建立起共同学习的环境有利于个体间互相分享经验，以及在与他人的横向比较中提高（见图 3）。社交网络可供性的可关联性即指此过程，随着个体之间或体与网络内容关系的行为的关系建立，学习者之间形成好友关系、互听录音并点赞等社交行为都有助于推进学习进度，给予学习者以动力和鼓励。

图 3　知识分享和交流打卡相关截图

与此同时,老师担任指导者和引领者的角色。教师每天坚持与学生一起打卡,并听取学生打卡内容,并予以简单的点评,可大幅提高学生学习效率(见图4)。学生通过听取老师的示范录音,并进行模仿,此过程是可不断回顾,而且给予学生自己更多的选择和提升的空间。

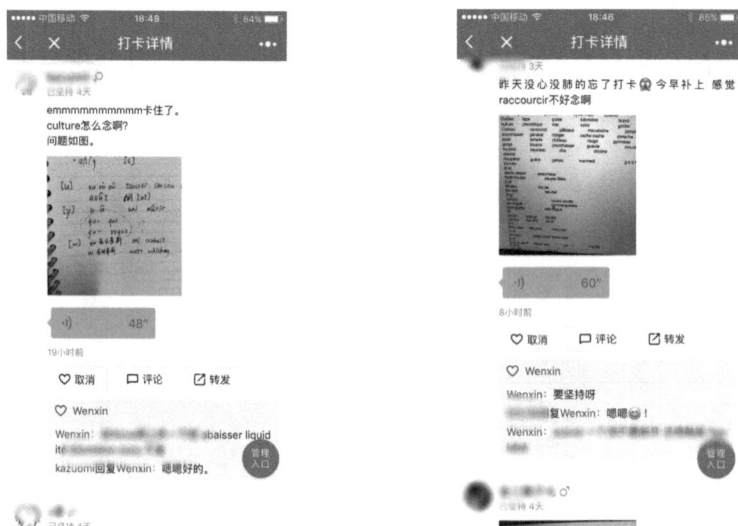

图 4　知识互动打卡相关截图

3. 知识的自我创造

语音阶段后期,教师即可给予学生一定的自由空间,从第三周开始不再统一规定打卡内容,而让学习者自己去找感兴趣的题材进行阅读或创造,并给予适当的点评与鼓励(见图5)。将法语语音阶段的习惯一直坚持下去。这也是社交网络可供性中可编辑性和可创造性的体现,不再受限于课堂的时间,将更多的自主权交予课后,培养学生的自我学习能力。

图 5　知识的自我创造打卡相关截图

结　语

本文依托于心理学家吉布森的可供性理论,分析了社交网络对于法语教学的作用和影响,并以法语语音阶段小打卡为例,通过实例进一步论证了可供性在此阶段法语教学的可行性。

但社交网络教学也存在阻碍,对于写作等不易于修改和点评的练习存在着较大的局限性。学习环境对学生的改变是潜移默化并影响深远的,不论是现实环境,即课堂学习,或是虚拟环境,例如社交网络,教学者都可以从自身学生的实际出发,选取合适的切入点,将社交网络教学融入传统教学,发挥社交网络的优势,提高学生学习兴趣,改进教学模式,鼓励学生发挥主观能动心,将法语融入日常的社交与生活。

参 考 文 献

［1］ Gibson J. J. The Ecological Approach to Visual Perception［M］. Boston：Houghton – Mifflin,1986:127.

［2］ Treem J. W. , Leonardi P. M. Social media use in organizations：exploring the affordances of visibility, editability, persistence, and association［J］. Electronic Journal, 2013,36(1)：143 – 189.

［3］ Faraj S. ,Jarvenpaa S. L. , Majchrzak A. Knowledge collaboration in online communities［J］. Organization Science, 2011, 22(5):1224 – 1239.

［4］ Greeno J. G. Gibson's Affordances［J］,Psychological Review, 1994, 101(2)：336 – 342.

［5］ Turvey M. T. , Carello C. The Equation of Information and Meaning from the Perspectives of Situation Semantics and Gibson's Ecological Realism［J］. Linguistics and Philosophy,1985,8(1)：81 – 90.

［6］ 王一. 社交网络情境下知识创造过程模型构建［J］. 情报科学, 2017, 35(4):145 – 149.

［7］ 罗玲玲, 王磊. 可供性概念辨析［J］. 哲学分析, 2017,8(04):118 – 133.

音乐素养对法语听写影响的实证研究[①]

林婷

中国人民大学国际学院

摘　要：本文以现有的脑科学对音乐素养与语言发展的关系的研究理论为基础,通过对比中国人民大学中法学院大一年级部分有接受过音乐素养培训和未接受过音乐素养培训的同学的听写成绩,进一步证明了音乐素养在二语习得初级阶段,尤其是语音阶段,起到了积极的作用。人类已从多方面各角度用科学的方法研究了音乐与语言的关系,证明了音乐素养有利于语言的学习,这种优势也体现在二语习得,尤其是二语的语音习得上。笔者根据这一结论,对正在培养孩子的家长、正在进行外语学习的学员以及相关机构在人才选拔上提出了建议。

关键词：音乐素养;外语习得;语音;法语听写

引　言

音乐与语言作为人类特有的技能,贯穿于每个人的一生,也涉及到生活的方方面面。个体的语言能力与音乐能力存在着差异。随着社会经济的不断发展,中国家长越来越重视子女的素质教育,加大了在音乐、绘画、体育等方面的教育投入。因此中国新一代的青少年接受音乐素质培养的比例也越来越高。另外,随着多媒体的迅猛发展,获取音乐资源的便利性大为改善,爱好音乐的人有条件接受更多的音乐熏陶。个体音乐素质的差异也因为个人爱好、发展方向、教育投入的差异而变得越来越大。由于音乐与语言不可分割的关联性,个体音乐素质的差异是否会导致二语习得效果的差异呢？如果答案是肯定的话,差异具体体现在哪些方面？这些差异又能给我们的教学带来哪些启发？

一、研究背景：音乐在语言学习效果上的体现——教学观察

笔者从事一线基础法语教学工作。通过多年的语音教学,观察到学生在语音教学阶段对于语音的接受程度差异巨大。在学习单个音素时差异并不明显,但在学习多音节词的发音时,个体的差异就异常明显。例如 répéter、caractère 这样的多音节词,部分同学只要听一遍老师的发音便能迅速地模仿,正确地发出读音,并把握好重音的位置。然而有部分同学却需要反复练习,在老师多次纠正发音后才能基本把握住重音的位置,发出相对正确的读音。甚至有些同

---

①　本文于 2020 年 12 月收稿,经重新排版后编入本书.

学还出现了无法区分两个音的情况,也就是辨音能力较弱。另外,在每单元内容结束时,我们往往通过一篇与单元内容相关的听写作为单元总结。《高等学校法语专业基础阶段教学大纲》指出:听写是检验听力、词汇、语法、写作、口语表达等能力的综合性测试方法,对法语学习尤为重要。法语专业四、八级考试也都包含听写。对于法语听写的错误分析已有不少研究,但这些错误产生过程如何?错误因何产生?常年观察法语初级学生听写的过程及结果,笔者发现,有些学生听写时是以句子为单位,或者说至少是以节奏组为单位,而有些学生是以单词为单位,也就是说在听原文时,一个个单词是独立的,无法与前后单词结合在一起,组成意义单位,因此很难明白一句话想表达的意思,听写的结果也自然不好。在课后与学生交流的过程中,听写做的较好的学生 A 说:"在听的过程中,每个句子就像一句乐曲一样,我听完后句子会在我的大脑中停留一段时间,这样我就能够去理解它的意思,然后再把它写出来,就像是默写出来一样。虽然经常会犯一些例如拼写、配合的错误,但句子的整体意思没有大问题。"而听写有很大困难的学生 B 时常说:"听写的语速真是太快了,每次我只能听到 3 个单词,如果顾着写听到的词,后面的内容就没办法听了。"这两名同学反馈关键的差别在于,句子在 A 同学大脑中停留的时间远远长于 B 同学。后经了解,A 同学酷爱音乐,从小接受音乐培训。而在 A 同学看来,作为好朋友的 B 同学则有点五音不全,也就是人们常说的唱歌跑调。通过询问,B 同学表示没有接受过除学校音乐课外的任何音乐培训。理论界不乏音乐与语言关系的研究,但二者间的关系在实际学习结果上的表现如何呢?体现在法语学习上又是什么样的情况?因此,笔者萌生了在一定的学生群体中做实证对比的想法。

二、问卷调查与结果

(一) 调查对象

为了论证在听写这种对辨音有着较高要求的练习中,音乐素养对其结果的作用大小,笔者对中国人民大学中法学院一年级非法语专业(即金融、国民经济管理专业)[①]120 名同学进行了线上问卷调查,着重了解了音乐培训的种类、开始接受音乐培训的年龄、培训持续的年限、是否系统学习了乐理知识、目前是否坚持练习等。这 120 名同学文化背景差异不大,法语学习时常基本一致,均为法语初学者,并且年龄相当。

(二) 问卷调查结果

调查结果显示:

① 120 人中有 93 人(77.5%)接受过音乐素养培训;

② 音乐培训种类排名前三的是钢琴(41.94%)、吉他(35.48%)、声乐(29.03%)(注:该题为多选题);

③ 开始接受音乐培训的时间集中在 5～7 岁(35.48%),其次为 8～10 岁(23.66%),更有 17.2% 的人在 5 岁之前就开始音乐素养的训练;

---

① 中国人民大学中法学院目前设三个专业:法语、金融、国民经济管理。其中金融和国民经济管理专业每周 16 课时法语课,法语专业 24 课时法语课。为了便于后期成绩对比,问卷调查只在金融和国民经济管理两个专业学生中进行。

④ 音乐培训持续的时间有长有短,分布较为均匀,其中1~2年和5~6年的占比相当,均为29.03%,有23.66%的同学坚持了7年以上;

⑤ 接受音乐素养培训的同学中,有57人,即61.29%的人参加了相关项目的等级考试,可以说他们接受了相对系统的音乐能力的培养;

⑥ 62.27%的人目前已经几乎不怎么练习了,32.26%的人表示偶尔练习,只有5.38%的人还坚持经常练习;

三、分析对象的选择与成绩对比分析

(一)分析对象的选择

为了突出对比对象的差异性,笔者没有选择接受音乐培训时常较短的那一部分学生,而是选取了其中接受音乐培训[①]超过7年的22名同学、接受音乐培训5~6年的27名同学及27名从未接受过音乐培训的同学作为对比对象,对他们第一学期期中、期末考试法语听写成绩进行对比分析。22名接受音乐培训超过7年的同学为A组,27名接受音乐培训5~6年的同学为B组,27名从未接受过音乐培训的同学为C组。两次听写考试的内容均为一篇短文,内容为学生已学过的知识点,若干生词已给出参考,总分为10分。

(二)成绩对比结果与分析

经过统计,三组的成绩对比结果如表1所列。

表1　三组成绩对比

	期中考试听写成绩	期末考试听写成绩
A(大于7年)	3.45	4.18
B(5~6年)	4.6	5.4
C(未接受过音乐培训)	2.18	3.66

通过成绩对比可以看出,A组期中考试成绩比C组高出58%,B组期中考试成绩比C组高出110%;A组期末考试成绩比C组高出14%,B组期末考试成绩比C组高出47%。C组无论是期中考,还是期末考的平均分均低于A、B组。但通过数据也能看出,这种差距随着学习进程的推进,正在缩小。A、B两组同学由于接受过较长时间的音乐培训,长期磨练耳朵,辨音能力较强,有音乐能力的基础,因此能更快地适应新的语音。C组同学在新语音的适应性上明显处于劣势,但经过一段时间的学习,大脑皮层接受了足够量的刺激后,从考试结果上看,同A、B组同学的差距正在逐步缩小。

值得注意的是,目前坚持经常音乐练习的有5人,这5人期中考试听写平均分为5.6分,期末考试平均分为6.2分,远高于C组,也普遍高于接受过音乐培训A、B组。这说明长期的习惯性的音乐输入与音乐输出,使得练习者保持了良好的音乐技能与胜人一筹的听觉感知能力。

---

① 本文中所指的音乐培训不包含义务教育阶段学校设置的音乐课,这点在问卷调查中已进行说明。

四、音乐与语言的关系

"多元智能理论"之父——霍华德·加德纳将人类的智能分成语言、数理逻辑、空间、身体-运动、音乐、人际、内省、自然探索、存在这 8 个范畴。语言智能主要是指有效地运用口头语言及文字的能力,即指听说读写能力,表现为个人能够顺利而高效地利用语言描述事件、表达思想并与人交流的能力。音乐智能主要是指人敏感地感知音调、旋律、节奏和音色等能力,表现为个人对音乐节奏、音调、音色和旋律的敏感以及通过作曲、演奏和歌唱等表达音乐的能力。语言智能和音乐智能应该是人类最早开发的智能。二者在多方面展现出了相似性。

(一) 形式上的相似性

如果说动物界的一些生物也有自己的语言与音乐的话——譬如蚂蚁和鸟类——人类则是世界上唯一一种能够将语言与音乐书面化的生物。语言的载体是文字,音乐的载体是五线谱。在美国作曲家 Lerdahl 和语言学家 Jackendoff 合作的《调性音乐的生成理论》一书中,他们指出语言和音乐都可分为浅层的外在表现和深层的组织规则:语言具有词性、语法类别、语气性质等外在表现形式,音乐具有音程、旋律、调式、和弦等外在表现形式。语言和音乐都不是由各个成分简单相加的过程,而是按照一定的组织规则将各成分联系在一起,形成一个层层叠叠、逐层递增的有序结构,通过由表及里、由低到高的递进关系来表达整体的意义。可以说,语法就是乐理,当我们在用语言进行表达的时候,我们的大脑并没有特意地思考语法,同样,我们在演绎乐曲的时候,并不会思考乐理。然而,语法和乐理必不可少。语法和乐理是深层组织规则,而语言和乐曲是外在表现。乐曲因为其语调高低、节奏不同而好听,其实语言——我们所说的话——也是一样的。机器人说话显得呆板,那就是因为它只是机械性地发出每个字的音,而没有赋予其语音语调,因此语言也缺乏"灵魂"。钱冠连在其对语音系统和乐音系统的对比研究中指出,语音里包含旋律和节奏这两种音乐的基本要素,因此也表现出音乐美。他指出,"人在说话时通过延长音、创造最流畅的节奏等方式,有意地制造乐音,创造出语言整齐、抑扬、回环的形式美。"由此可以看出,语言和音乐,从深层结构,到外在表现,均有很大的相通之处。二者在形式上的相似性、相通性为二者相互影响、相互作用提供了基础及可能性。

(二) 脑科学的研究结果

近几十年来,随着科学技术的发展,人类开始从科学的角度,运用科学的手段着手研究语言与音乐的关系,现有的研究结果也表明语言与音乐存在着紧密的联系。

曹若男(2019)对目前利用脑神经科学对二者相关性的研究结论进行了综述,总体来说,音乐与语言之间的交互性主要表现在神经根源、听觉特征参数、迁移影响等 3 方面。首先,音乐与语言在人类大脑中共享一个加工处理区域——大脑左半球的布洛卡氏区(Broca's area),该区域决定语言的句法功能,影响感知音乐能力与音乐句法的处理能力。但音乐与语言各自拥有不同的表现呈现区域,音乐对音乐和语言加工处理区域的刺激,能够同时激活语言的加工处理能力。这就从科学的角度解释了接受过音乐素质培训的人,在学习语言的过程中,对语言有着较强的处理能力,因为他们大脑中布洛卡区接受的刺激要比未接受音乐技能培训的人多和强,因此语言加工能力更为突出。

其次,二者的听觉特征参数相似。Hickok et al.(2003)的研究团队利用功能性磁共振成像法(fMRI)发现,语言和音乐的听觉特征参数,即频率、时长和强度等相同,同时表现出皮质回路。Wong et al.(2007)采用频率跟随反应(FFR),通过频率和时长比较,证实通晓音乐者的皮质下听觉路径对语言音高的解码能力显著强于常人,他们能够更加准确地跟随发音刺激的频率。这表明脑干对语言的解码能力与音乐训练的时长呈正比,与语言、音乐有关的经历能以离皮质的形式在听觉脑干中调整感官解码。语言和音乐二者是时间的艺术,语言的声音与音乐一样都是线性排列,从听觉上只能一个一个音去接受。另一方面,在上一小节中,我们已提到,语言同音乐一样是具有音高调律的,而法语这门语言以其语调的音乐性而出名,加之特有的连音、联诵的特点,在听写这样的练习中,考察的不仅是对单一单词的反应能力,更多的是对由一个个节奏组的意义的解码能力,进而是句子意义的理解能力。从小接受过音乐训练的学生对音的解码能力,对音高的辨析能力强,也就是我们常说的听觉敏锐性强,所以在听写练习中反应快,用时短,有更充足的时间来拼写单词、考虑各种配合问题,错误率自然也就低了。

由此可见,音乐对语言具有正迁移作用,也对语言学习产生正迁移,这也在 Schon et al.(2004)、Magne et al.(2006)使用行为学和电生理相结合的实验方法进行的实验中得到了证明,他们的实验结果证明了音乐训练有助于增强个体对语言音高的感知能力。Moreno et al.(2009)对 32 位 8 岁儿童实施 6 个月的音乐训练之后,发现被试儿童的阅读能力和辨音能力都得到显著提升。除此之外,Slevc & Miyake(2006)、Marques et al.(2007)在研究中也发现,音乐对语言的正迁移作用转向外语学习层面,个体经历的音乐训练能够有效提升外语学习效果。可见,各方面的研究均肯定了音乐与语言的关系。音乐素养高的学生在法语听写成绩上所表现出的优势也就不足为奇。

五、结论与建议

本文选择听写这一较容易量化的方式进行对比分析,但需要说明的是,听写结果除受到语言因素的影响外,亦受到诸多非语言因素的影响:学员的智力、性格、当时身体状态、当时所处环境、平时学习时长、平时学习效果等。各个个体各因素所占比重不同,目前难以用科学的方法测量。我们只能假设在其他参数值基本相同的情况下,得出音乐对语言学习具有正迁移作用,能够提高语言学习效果的结论。有一定音乐素养的同学,有着良好的听觉感知能力,因此学习外语时,尤其在语音阶段,相比较于未接受过音乐培训的同学来说,更容易把握语音语调的变化,因此也更容易取得较好的成绩。语言技能与音乐技能相通。

根据以上样本得出的结论,在教学实践中,对于那些外语语音敏感度较低、对于音的辨析出现困难、对语音语调、重音、节奏难以把握,表现在法语听力听不懂,尤其是法语听写时常得不到分的同学,笔者建议他们多用音乐辅助刺激耳朵。在这里需要注意的是,输入性练习,即单单多听歌曲是不够的,需注重输出性练习,即试着把曲调唱出来,感受音高、曲调、节奏的变化。作为法语学习者,最好是听法语歌曲。另外,笔者还要求他们进行晨读练习,利用学校举行的"晨读广场"活动,每天早晨大声诵读。笔者观察到,坚持晨诵的同学到期末测试时,听写成绩有了明显的进步。

另外,根据音乐与语言相关性的特点,笔者有以下建议:

① 现如今家长们均十分重视孩子的外语启蒙及外语能力的持续培养,那么不妨在培养外

语能力的同时,也进行音乐素养的培训,二者相互融合,互相促进。需要强调的是,音乐素养的培养需尽早,《音乐家与非音乐家的磁共振脑功能成像研究》一文指出,"从小的音乐训练,尤其是 7 岁前就接受音乐训练更容易使听皮层发生改变,从而提高对音调的辨别能力。"

② 学员若是希望在外语学习上能够取得更好的成绩,在有条件的情况下,可以系统地学习音乐和乐理知识,学会辨音,培养乐感、节奏感,这些特殊的"感"作用在外语学习上,就是语感,在音乐素养的助力下学习外语,会有事半功倍的效果。

③ 国家、外语院校在挑选外语特长人才进行重点培养时,可将音乐能力作为一个辅助参考,优先选择。由于音乐对于语言的正迁移作用,在同等条件下,拥有良好的音乐素养能更轻松地达到教学目标。

诚然,以上有限的样本得出的结论很难说具有普适性,但成绩对比结果也进一步印证了音乐能力对外语语音习得结果产生影响,是导致个体差异的因素,这也是迄今为止国内外音乐能力与外语习得实证研究的结果。这样的对比也让我们更关注音乐素养与语言习得之间的关系,相信在日新月异的高科技的支持下,关于脑科学的研究会更深入、更全面,终有一天我们能从更科学的角度阐释二者之间的关系与影响,从而进一步促进外语的有效学习。

参 考 文 献

[1]　崔恒武,等.音乐家与非音乐家的磁共振脑功能成像研究[J].浙江大学学报(医学版),2005,(4):326-330.

[2]　裴正薇.国外关于音乐能力与二语语音习得研究述评[J].当代外语研究,2012,(2):35-39.

[3]　钱冠连.语言全息论[M].北京:商务印书馆,2002.

[4]　曹若男.外语能力与音乐介质相关性的国际研究综述[J].外语界,2019,(2):90-96.

浅析沉浸式教学法与外语口语能力的培养[①]

何　辛

中山大学

摘　要：外语不仅是一门课程，更是一种交流工具。因此，沉浸式教学法逐渐应用在外语教学中，它有别于传统的外语教学模式，注重通过语言环境的塑造和各种实践活动的开展，培养学生的语言应用能力，尤其是口语交际能力。通过分析中国高校外语口语教学现状和学生口语能力欠缺的原因，结合沉浸式教学法的特点和教学实例，探究如何通过此教学法来培养和提高学生的外语口语能力，为高校外语教学提供新思路。

关键词：沉浸式教学法；口语交际；外语教学；应用能力

在新时代国际关系和社会发展背景下，外语人才的发展方向随着社会需求在不断地变化，越来越多的国际合作让我们意识到，外语不仅是一门课程，更是一种媒介，在学习基础知识的同时，更要注重语言的应用能力培养，特别是口语交际能力，发挥语言的"工具"作用。因此，针对我国高校外语口语教学的现状和学生外语口语能力存在的问题，选择合适的教学方法，有效地改善和提高其口语交际能力。沉浸式教学法可以为学生塑造良好的语言环境，减少其对母语的依赖性，提高其联想学习和发散思考的能力，通过在真实情境中的应用与实践习得外语。本文以法语教学为例，围绕我国高校学生外语口语教学的改革与实践，通过解读沉浸式教学法的特点和教学实例，来分析沉浸式教学法对外语口语能力培养的有效性。

一、中国高校外语口语教学现状

长期以来，口语教学在我国的外语教学中只占有很小的比重，尽管近年来口语教学受到越来越多的重视，其所占比重也逐渐增加，但口语教学仍然不是外语教学的重心。

目前，我国的外语教学基本都采用结构法或语法翻译法，把语言作为一种知识来传授，强调掌握语言的结构，即语音、词汇和语法，通过大量的结构练习使学生掌握一定数量的句型，这也成为外语课堂教学的核心。不可否认，这种教学方法对语言知识的掌握有着较大的促进作用，但同时也有一定的局限性，最突出的就是学生的实际应用能力较弱，无法将所学知识运用到实践当中，只是停留在教材或书本上，很难与实际相联系。

随着各国交流合作的不断发展，社会语言学和应用语言学的专家们提出了新的理论，认为"一种语言之所以能作为交际工具，除了有语言形式本身的种种规则（语音、语法、词汇的规则）外，还有语言形式在具体情况下体现功能的规矩。对这些规矩的知识，在实际交际中的运

---

①　原文刊载于：山东广播电视大学学报 2019 年第 1 期。编入本书时进行了重新排版。

用,就叫作能力,或交际能力"。[1]

因此,"中外结合"的教学模式开始成为主流,目前国内的绝大多数外语教学项目都采用中方教师为主、外方教师为辅的中外配合授课模式,其中,中方教师注重综合能力训练和语言语法知识的讲授,外方教师注重听说读写和语音语调的训练[2]。然而,口语活动基本在外方教师的课堂上展开,进行集中练习,平均每周 2 个学时左右,其余的语言课程仍然以词汇、语法等知识的学习为主,学生实践和应用的时间有限。

一些研究者提出了中方教师和外方教师共同授课的模式,[3]即两位老师在同一堂课上一起授课,一边讲授语言知识,一边给予学生口语训练的机会。

此外,近年来兴起的各种中外合作办学项目多采用沉浸式教学法,用第二语言学习第二语言,针对其学生的专业背景和学习需求,更加注重培养语言的应用能力,尤其是口语交际能力,发挥语言的"工具、媒介"作用。

二、中国高校学生外语口语能力欠缺的原因

(一) 教材多侧重语法,缺少真实语料

在我国高校的外语教学中,外语教材的选择大致分三种,中文教材、外文原版教材和自编教材。以法语教材为例,目前各外语院校普遍使用 1993 年出版的全国高校统编教材《法语》一、二、三、四册(马晓宏编)作为主讲教材,其题材和练习形式多样化,以语法体系为主,对话和课文多为语法服务,这对学生系统地掌握法语的语法是很有好处的。然而,其中很多内容的实用性并不高,语法和句法相对复杂,与实际生活的联系较弱,学生无法自然地将所学的知识应用到实践中,开口说话时总是习惯先去思考语法和句法,或模仿课本中的语句,说出来的句子也常常是结构复杂,说话时也经常磕磕巴巴、不够流利。

(二) 学生输出动机不足,课堂参与度不高

传统外语教学模式中,老师授课是课堂活动的中心,学生也习惯于这种教学模式,上课时以听课、记笔记为主,课堂参与度并不高。近年来,随着高校外语教学改革的进行,外语课堂中学生的参与比重逐渐增大,老师也越来越多地鼓励学生积极参与课堂活动,但大部分学生仍然存在各种心理障碍,导致语言输出动机不足。例如,很多学生对外语课堂发言有畏惧和抵触的心理,担心自己做不好会丢面子,因此,即使老师给学生机会发言和参与,学生也会犹犹豫豫,很难做到积极主动。还有一些学生对课堂活动缺乏兴趣,感觉活动的形式单一、内容乏味、缺少趣味等,参与的积极性也因此减弱不少。

(三) 缺乏语言环境,应用外语机会少

目前我国高校外语教学大多数采用中文授课方式,虽然学生的学习内容是外语,但缺少外语的语言环境,课堂上的口语练习多数是机械性地模仿练习,学生一旦做完这个练习,就会立即跳出外语语言环境。即使在专门的口语课上,也很难做到让每个学生都进行口语练习,又由于时间有限,可能学生只有在每周一次的口语课上才有机会练习口语。课外的语言环境就更加难以塑造了,因此,学生很少有机会在真实语境或者接近真实的语境中练习口语。

三、沉浸式外语教学法的特点

20 世纪 60 年代，沉浸式教学法在加拿大魁北克省兴起，是对传统外语教学模式的革新。所谓沉浸式教学法，是指使用第二语言作为教学用语，使学生在校的全部或一段时间内"浸泡"在第二语言环境中，教师不仅使用第二语言讲授第二语言，并且用第二语言教授部分学科课程。[4]沉浸式教学法主要具有以下特点。

（一）第二语言授课

在整个教学活动中，老师始终以第二语言面对学生，外语既是学习的内容，也是学习的工具。在课堂上，老师下达命令、布置任务、组织活动、提问学生都是讲外语。在课余时间，学生向老师提问或进行生活上的交流时，也都尽可能地使用外语。当然，这对教师素质和教学手段都提出了较高的要求：首先，老师要不断提高自身的外语表达和交际水平，多用实用、地道的表达方式，多与外方教师交流等，才能够做好学生的样板；其次，要善于运用多样化的直观教学手段，如面部表情、肢体语言、图片影像等方式帮助学生理解，而不是借助于母语翻译法，从而减少学生对母语的依赖性，尽可能地为学生创造一个良好的外语语言环境。

（二）听说领先、活动性强

沉浸式教学法按照语言习得中的认知顺序、心理特点等，遵循母语习得的基本过程，"即听领先，说随后，再学习读写"，[5]课堂上渗入的语言量和语言的丰富程度也大于传统的外语教学模式。因此，老师首先要有大量的语言浸入，通过丰富、充分的素材和活动，增加学生接触外语、获取外语信息的机会。其次，老师还要给学生创造大量用外语表达的机会，结合具体的教学内容，有目的、有计划地合理设计教学活动，让学生成为课堂教学的中心和主体，鼓励学生积极参与活动，多开口讲外语，在提高自信心的同时培养口语交际能力。

（三）自然习得、口语无处不在

沉浸式教学法反对灌输式教学，在教学过程中要尽量避免有意识地教授外语，不鼓励学生死记硬背，例如对着单词表反复朗读抄写、背句型、背课文等，而是尽可能地去创造外语语言环境，鼓励其养成说外语的习惯，让学生在这种环境中自然而然地感受、理解并运用外语。学生不是单纯地模仿操练，而是要成为语言活动的中心，进行大量的、有实际意义的语言交际练习。

四、如何通过沉浸式教学法培养外语口语能力

（一）优化选材、多用真实语料

选择教材时，应更加注重其内容的实用性和时效性，与培养外语口语能力的教学目标相结合。以法语教材为例，原版法语教材《Alter Ego＋》系列中选用的素材多取材于真实语境或接近真实语境，贴近生活，许多课文内容和听力材料直接来自法国当地的报纸、杂志、书籍以及电

视节目等,书中的对话等内容所体现出来的法国人的说话习惯、用词、语气等往往也更能展现其交际文化。在教材的辅助下,老师能更好地为学生塑造一个法语语言环境,让学生自然而然地沉浸其中,从一些实用的日常用语开始学起,使其可以自发地开口说法语,并且有助于培养学生的语言应用能力。

同时,围绕教学大纲的要求,老师还应补充教材以外的教学资料,尤其是题材新颖、具有实用性与趣味性的真实语料,并不断对相关教学材料进行更新与完善。例如,大量选用与法国文化、社会时事密切相关的真实语料,通过发挥语言的社会语用功能来培养学生的交际能力。从可行性方面来看,真实语料不仅适用于中、高年级学生,也可以用于低年级学生的外语教学。教师可以根据学生的语言水平,对同一篇材料进行多角度多层次的挖掘,设计不同难度的问题:"从语言知识的层面上,对低年级学生侧重词汇的输入,对中年级学生侧重句法的讲解,而对高年级学生则重视语篇的分析;从交际能力的层面上,低年级学生侧重基本交际礼仪,中年级学生侧重词汇和语法的准确应用,高年级学生侧重语篇连贯和语用得体"。[6]

(二)增强趣味性、提高学生参与度

趣味性的活动和游戏能够活跃课堂气氛,吸引学生主动参与其中,让学生在玩中学,同时可以在一定程度上缓解全外语授课环境带来的心理压力和紧张感。沉浸式教学法在教学初级阶段的实施尤其有难度,全外语授课环境对零基础的学生来说无疑是一个巨大的挑战,这也是很多人不采用沉浸式教学法的一个重要原因。然而,此方法更有利于培养学生的语感,促进学生快速入门,从最初的逼迫性输出慢慢过渡为主动性输出,让学生敢开口能开口,而不是一味地只具备读写的能力。因此,老师要根据教学内容和教学目标,有针对性地设计各种教学活动,尽可能地解决这些问题和困难。

例如,法语学习中数字的表达方式对于法语初学者来说是一个难点,因为它既不同于汉语的表达习惯,也不同于通用外语(即英语)的表达习惯。如数字 99,在汉语中是"九十九",先说十位数,再说个位数,中间加上"十"来连接,而在法语中,则是"quatre-vingt-dix-neuf",按表达顺序即翻译为"四乘二十加十再加九"。因此学生在学习数字表达的过程中,自然就有一种抗拒感,从心底就觉得这是一个很难的知识点。因此,老师就可以通过一些趣味性较强的游戏来激发学生的兴趣,吸引学生主动参与其中,进而在实践应用中逐渐克服困难、掌握所学知识。以数字游戏 Dobble 为例,学生以 4~5 人为一个小组,游戏开始前每人一张纸牌,如图 1 所示(图示为 6 张纸牌),每个小组围坐一张桌子,桌子中间摆放着一摞类似的纸牌,每张牌上的数字都有所不同。学生要仔细并快速地观察桌子中间那一摞最上面的纸牌,如果其中有数字和自己所持牌上的数字一致,就要立刻清晰准确地用法语说出这个数字,同时拿走这张牌将其作为自己的新纸牌,依次类推,最终谁拿到的纸牌最多即为获胜者。这个游戏考察了学生的反应速度和语言表达能力,极具趣味性,在教学实践中取得了很好的效果。学生不仅借此练习了数字表达,也在不知不觉中增强了课堂参与动机,每次都积极参与游戏,课堂上也充满笑声,学生甚至在课余时间也会自发地组队玩这个游戏。

(三)创造语言环境、注重应用实践

在教学活动中应强调学生的主动参与,重视培养学生的团队合作精神,通过模拟真实的生活情景,设计各种交际任务,给予学生更多机会去实践和应用所学的语言知识,解决实际问题,

图 1 主张纸牌

自然而然地交流。在明确了需要达到的目标后,学生会 更多地思考如何完成这项任务,而不是被语言方面的困难所限制,反而会在完成任务、解决问题的过程中,主动去获取更多的语言知识,以达到完成这项任务的要求。语言学习的过程也是学习者认知世界的过程,M. G. Snow(1989)提出了认知支架理论,[7]主张将语言结构放置在有意义的语言环境中,使之与内容紧密结合,让学生反复充分地接触目标语,并通过目标语进行各种交流活动,如同母语习得般自然。

例如,让学生帮助外方教师解决一些日常生活中的问题,问路、指路、制定旅行计划等。老师也可以利用学生所熟悉的素材,如校园的地图等,在课堂上模拟真实的语境,开展实践活动。此外,项目式教学任务也是一种很好的实践途径,能够综合训练学生的语言应用能力,同时将口语表达自然地融入其中。例如,举办一场模拟婚礼,让每个学生都能参与其中,都有自己的角色,首先分组准备每个家庭成员的名片、家庭族谱、婚礼请柬等,如图 2 所示,然后在婚礼现场进行口语交流活动,大家互相介绍认识、聊天,最后举行仪式并拍一张全家福。

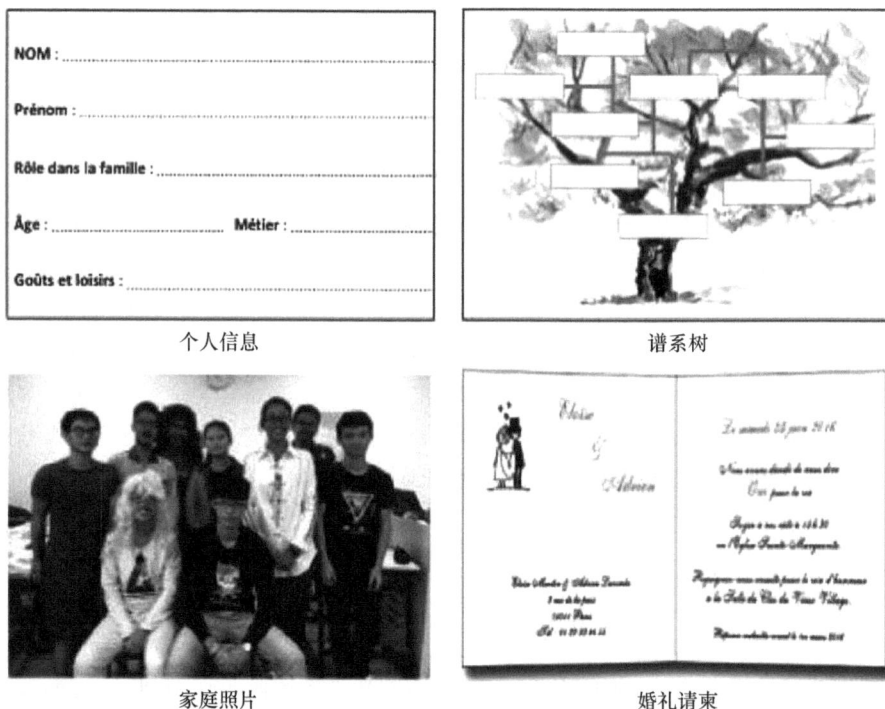

个人信息

谱系树

家庭照片

婚礼请柬

图 2 家庭名片、族谱、请柬等

五、总结与反思

实践证明,沉浸式教学法能够帮助学生快速有效地提高外语口语能力。以中山大学中法核工程与技术学院为例,沉浸式教学法在其法语课程中的实践取得了不错的效果,基本达到了语言方面和辅助专业学习方面的教学目标,如表 1 所示。

表 1 教学目标

	学习时间 Durée	要求学生达到的水平 Niveau attendu
语言教学目标 Les objectifs linguistiques	一年 1 an	达到 A2 水平,能够用法语进行日常及学习上的交流。 Niveau A2, opérationnel
	三年 3 ans	达到 B2 水平,并通过 DELF B2 考试。 Niveau B2, réussir le DELF B2
专业辅助目标 Les objectifs scientifiques(secondaires)	用法语进行数理化等专业课程的学习 Pouvoir suivre les cours de sciences enseignés en français.	

同时也存在一些问题,例如,单纯依靠沉浸式教学法来教授一门外语,容易弱化语法知识的学习,因此,可以配合专门的语法课程来加强语言结构的系统性学习,更好地促进语言的掌握与应用。

每种教学法都有其可取之处,教师需要针对教学对象,选择或创造适合学生的最优方法。教学是一项创造性与实践性相结合的工作,沉浸式教学法在我国高校外语课堂中的具体实践中还存在一些问题,其教学模式仍需不断探索和改革。

参 考 文 献

[1] 李筱菊.浅谈外语教学的交际教学法[J].现代外语,1984,(01):18 - 23.

[2] 桂一星.曹静,潘颖楠,等.中外合作办学项目中的非通用语教学法初探——以法语教学为例[J].教育现代化,2017,(04):168 - 169,178.

[3] Ren H. Y. , Bel D. Pour un enseignement en binôme sino - français[J]. Synergies Chine, 2007,(2) : 95 - 105.

[4] 强海燕,Siegel L.加拿大第二语言浸入式教学发展概述[J].比较教育研究,2004,(07):1 - 7.

[5] 仇红.英语浸入式教学的认知原理与浸入式教学的实践[J].重庆教育学院学报 02003,(02):97 - 99.

[6] 张戈,王明利.电视新闻作为真实输入语料在法语听力课堂中的应用研究[J].现代传播,2014,(04):137 - 141.

[7] Snow M. G. , Met M. , Genesee F. A conceptual framework for the integration of language and content in second/foreign language instruction[J]. Tesol Quarterly,1989, 23 (2):201 - 217.

中外合作办学机构大学英语教学模式的新探究

——以东莞理工学院中法联合学院英语翻转课堂为例[①]

张 力 韩 涛[②]

（东莞理工学院中法联合学院，东莞理工学院，广东 东莞 523000）

摘 要：翻转课堂作为一种新型的教学模式，为我国大学英语教学提供了新的教学方法。本研究在东莞理工学院中法联合学院软件工程，通讯工程与机械工程三个工科专业英语课程中应用翻转课堂的教学模式，通过一个学年的教学实践，发现学生对翻转课堂的认同度较高，英语学习能力与成绩也得到了较大提升。学生在提高了英语学习效率的同时也获得了更加丰富的学习资源。本研究分析了翻转课堂的应用模式，应用效果，以及不足之处。

关键词：大学英语；翻转课堂；教学应用；中外合作办学

一、翻转课堂在我国的研究现状

翻转课堂作为一种教新的课堂教学组织形式，起源于美国，其核心观念是将以教师为核心的传统教学模式转换为以学生为中心，并整合现代教育技术工具为辅助，激发学生自主学习兴趣，提倡学生互助学习，从而达到良好的教学效果。翻转课堂在国外呈流行趋势，在我国也受到了国内学者教育家的关注研究。如何调动学生学习积极性，鼓励学生与学生之间，学生与教师之间的互动。这些都是翻转课堂这种新型的教学模式注重关注的问题。

二、翻转课堂在我院的导学设计

东莞理工学院法国国立工艺学院联合学院（简称中法联合学院）以为地方经济创新驱动发展培养具备国际视野、通晓国际规则、具备中英法三语能力和跨文化交际能力的高素质工程师人才为办学目标。在此办学目标的驱动下，根据高校类型、层次的不同制定针对性的人才培养模式，注重培养学生的英语语言应用能力。若想实现教学模式的改革和创新，务必将理论授课与实践联系相结合，将课堂合作教学与个性化自主学习相结合，将传统教学模式与现代化教学手段相结合，将课堂互动教学与课外活动相结合。教师需要借助现代化信息技术的力量，尤其是网络技术，使英语教学向个性化、自主化方面发展。翻转课堂应用于英语教学将有助于我院

---

① 原文刊载于：高教学刊 2019 年第 4 期。编入本书时进行了重新排版.

② 张力，女，四川，东莞理工学院中法联合学院专任教师，研究方向应用语言学，广东东莞，中级.

韩涛，男，湖北，东莞理工学院中法联合学院副院长，研究方向国际工程师教育，电子通讯，广东东莞，中级.

学生培养目标的实现。

（一）我院学生情况分析

我院 2017 年 9 月首批招生 130 人。学生的高考英语成绩介于 82～137 分,其中 100 分以下的为 22 人,100～120 分为 75 人,33 人 120 分以上。为了更准确的掌握学生英语能力,学院英语教师在开学第一周对学生进行了入学英语摸底测试,入学考试结果参见图 1。

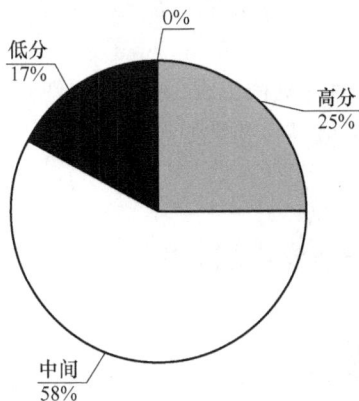

图 1　入学考试结果

测试通过以欧洲共同语言参考框架(CEFR)为基准的考试来评估学生的听、读、说和写能力。根据 CEFR 标准,B2 及以上的分数(相当于雅思 5.5/托福 87)为高分,A2 或 A2 以下的分数(等于或低于雅思 3.5/托福 56)为低分,其他为中等分数。测试数据显示,我院学生中六名学生在四项技能均低于 A2(初级),这表明他们的语言技能低于学生通常能够掌握该级别的语言课程的水平。四名学生成绩为 B2。综合高考分数以及入学摸底测试可以看出,首批学生英语能力相对较弱,如何在短时间内提升其英语水平,使其在第三年顺利融入法国国立工艺学院的全英学习环境是首要首要任务。

（二）英语教学内容分析

英语模块教学翻转课堂教学形式是我院大学英语改革新举措。第一学年我院将传统的大学英语一本书式的教学分成口语,阅读与听力为主的三个模块。三个模块平行教学,用以培养学生的听力技能和语言的输出技能,提高学生英语知识实际应用能力。第二学年除基础课外,增开研究基础和拓展课程与研究技能课程两个模块,将英语学习从基础性提升到专业性,促进英语知识与学生的专业知识的融合度,为学生出国学习打好基础。学生入学后,以导入性课程的形式先期对学生进行英语接触。在学生正式进行课程学习后,对学生进行系统性英语学习。必要时适当、合理、有序的课外活动是课堂教学的补充和延伸,作为帮助学生提高英语交际能力的辅助手段。充分利用第二课堂教学,让学生在课外学以致用,把英语学习渗透到学生的学习、生活、娱乐等各种场合中。除传统的第一课堂教学外,同时还为学生提供课堂外英语学习机会,包括:英语相关讲座会话咖啡馆(由英语教师指导的非正式会话课堂),在线支持(专用微信群)通过在线学习环境提供的更多学习资料。

另外,每个学生都分配英语学习导师。作为课程的一个必修部分,所有学生每两周与他们的个人导师单独会面一次,以一对一的方式进行英文辅导。导师会借此机会,鼓励学生讲出英语学习难点和兴趣点,师生互动学习。

（三）教学目标设定

① 在学生第三学年结束前,使学生的英语水平达到欧洲语言共同参考框架(CEFR)B2等级。

② 为学生使用英语讲授的专业学习做好准备,包括报告/论文写作技能、恰当使用资源与引用,以及专业陈述技能。

③ 使学生熟悉并运用专业学科(机械工程、通信和软件开发)学术英语风格。

④ 通过将学生暴露在各种英语口音和沟通风格中,使学生熟悉并浸泡在英语作为一种国际交流语言的环境中。

三、翻转课堂在我院英语教学中的应用

（一）课前自主学习,任务设计

教师在课堂教学前,通过技术平台向学生发布视频/幻灯片,教学视频由课程主讲教师亲自录制。发布的视频与课程设定的教学目标和教学内容相接合。学生看完视频课程后,应对教师在视频中提出的重点进行记录,并对教师提出的问题进行回答。

（二）课堂互动

英语课中,每班同学分成 5 个大组,大组中再细分为 2～3 人为一组的小组。组员之间密切合作,对一个课程议题进行探索和研究。小组学习的主题和展示形式由学生自主决策,组长安排组员开学习成果的汇报与展示。教学中发现,小组合作形式增强了学生的责任心、自信心和成就感;在合作学习中,大多数学生反馈得到小组成员的积极帮助,有助于激发学习动机。英语教学不再拘泥于传统的课堂教学一种模式,而是将面授课(lecture),讨论课(seminar)以导师辅导答疑课(tutorial)相结合,通过这种模式确保学生能得到充足的教学资源以及优良的教育环境。

（三）课堂实施

学生入学后,以导入性课程的形式先期对学生进行英语学习接触。进行课堂课程学习后,第一学年以听力,阅读和口语三个模块对学生进行系统英语训练。第二学年增设专业英语课程,学生接受专业英语技能培训,包括 1)学术英语写作;2)专业英语团队陈述;3)学术英语海报展示。鼓励学生将英语知识与实践相结合,例如鼓励学生结合专业知识申请小型科研项目或调研项目,以英语报告得形式展示成果。旨在培养学生具备扎实英语基础能力的同时,也能将其专业知识与英语相结合,为出国学习做好准备。

（四）课后任务

学生将所学的知识转化为实际语言应用能力,是一个从量变到质变的过程,这个过程需要

通过教师系统教学与学生自己大量的语言实践完成,后者是关键。科学评估学生英语学习收益,可以通过科学的定期评估机制来体现。学生成绩评定以学期为单位,总成绩＝平时成绩(in-class test)7.5％＋学生的学习计划制定 5％＋个人陈述 10％＋小组讨论 10％＋学生笔记记录 10％＋期中成绩(1 小时)10％＋期末写作(written assignment)＋期末考试(2 小时)40％。从学生听说读写译五个阶段进行考核。同时学生也要通过反思自评,找出自己的进步与不足,以全英反思报告(reflective report)的形式呈现。目的在于教师可凭借考核关注学生英语学习进展,同时也促进学生英语技能的综合发展。

四、翻转课堂在我院应用一学期后学生成绩分析情况

从入学考试结果可以看出,只有四名学生在听说读写四个模块中达到了 B2 层次.经过一学年课堂教学改革后,到第一学年结束时,经过四个模块的测试,能达到 B2 水平的学生已超过 70 人(见图 2~图 6)。

四个模块达到B2水平的学生数目

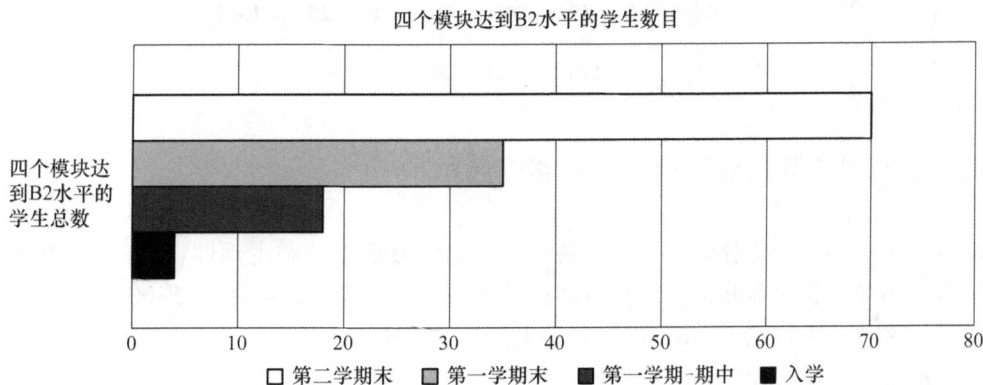

四个模块达到B2水平的学生总数

□第二学期末　□第一学期末　■第一学期-期中　■入学

"听力"技能人数统计

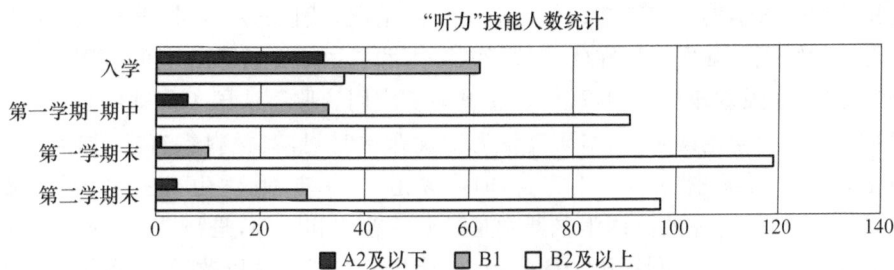

入学
第一学期-期中
第一学期末
第二学期末

■A2及以下　□B1　□B2及以上

"阅读"技能人数统计

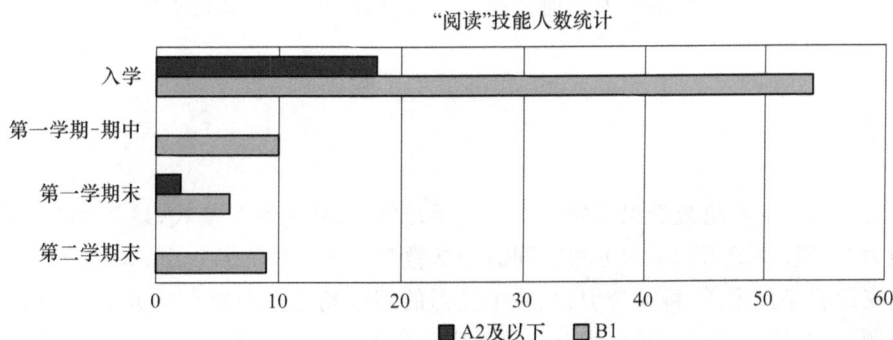

入学
第一学期-期中
第一学期末
第二学期末

■A2及以下　□B1

"口语"技能人数统计

□ A2及以下　■ B1　■ B2及以上

"写作"技能人数统计

□ A2及以下　■ B1　■ B2及以上

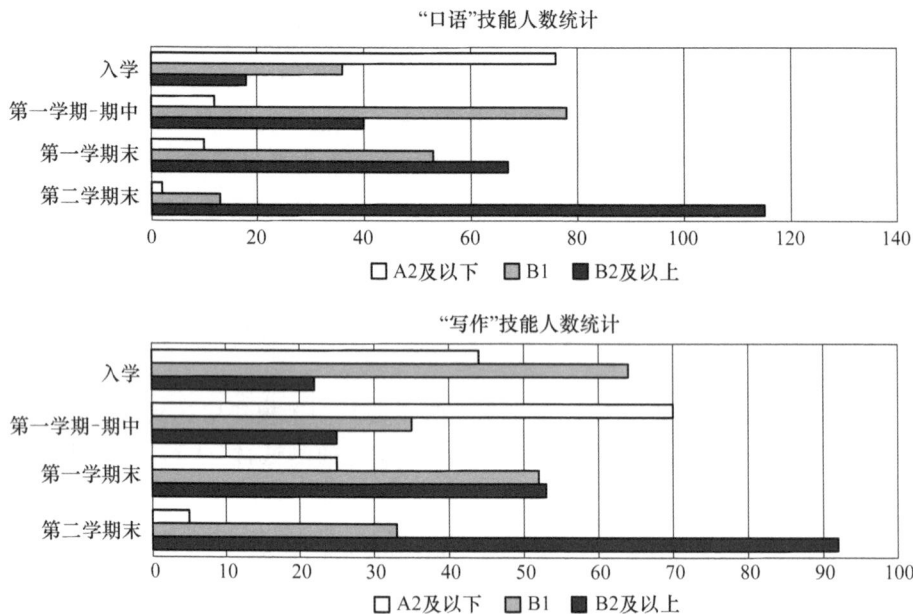

五、翻转课堂模式对英语课程教学的启示

以教师为中心的传统教学模式难以调动学生的学习积极性和主动性,不利于培养学生的英语语言应用能力和交际能力。大多数高校的英语课堂均为大班授课制,班级内学生数量多,学生学习水平差异大,导致教师难以针对学生的学习特征实施针对性教学,而学生对课堂资源的利用也会造成资源分配不均。

根据我院学生入学英语基础知识较薄弱的实际情况,我院第一年英语教学着重加强和巩固学生英语基础知识。确保学生在阅读、写作、听力和口语方面打下扎实的基础。在学生进入第二学年学习后,加强专业英语知识学习,着重语言应用。鉴于法国工程师体系致力于培养适应社会和企业需求的学生的宗旨,本研究认为传统课堂时间,教材内容有限,如果仅仅依赖课堂进行教学,一方面课程体系可能不完善,时间紧迫;另一方面,学生自主学习和实践时间太少。因此,适当、合理、有序的英语第二课堂是必要的补充和延伸,是帮助学生提高英语交际与运用能力的辅助手段。充分利用第二课堂教学,让学生在课外学以致用,把英语学习渗透到学生的学习、生活、娱乐等各种场合中。通过组织各类活动和比赛,提高学生英语学习兴趣和积极性。

六、总 结

改革后的我院的英语教学以翻转课堂为转手,结合多样化教学模式,培养学生与时俱进英语学习能力并积极接纳新型学习方式。同时团队教学要求集中教师智慧,在充分调查,研究和讨论后选定课程难点重点,群策群力,从各个教师的不同角度来反映知识点,亦可以从学生角度进行问题发掘,确保不同课程成为有价值的学习资源。经过一学期的教学模式改革,在翻转课堂模式的引导下,我院学生在 2018 年 6 月全国大学生英语四级考试成绩中获得佳绩。我院三个专业首批招生 130 名学生,报考大学英语四级考试人数为 120 人,一次性通过率超过 93%,其中 500 分以上人数达到 41 人,占已通过人数的 34%。教学改革初见成效。

　　同时通过一对一辅导调查,学生对基于翻转课堂的大学英语教学模式的满意度很高。学生普遍表示这种教学形式为他们提供了更多自主学习机会,能从各方面提升英语能力。特别是在听说能力上,翻转课堂的应用让学生有更多机会开口说,结对练,与英语教师沟通的机会大大增加,同时还增强了学生团队合作意识,与人沟通能力以及跨文化交际能力。英语的实用性大大增强,提升了学生对英语学习的热情与动力。综上所述,翻转课堂在我院英语教学中的推广是有效的。教师单向授课,学生被动听课的模式需要改变。翻转课堂作为新兴的教学模式有优越性,当然也有一定的局限性。例如如何更有效的权衡学生英语学习时间,教师如何对学生英语学习效果进行更准确地评价都是未来可以思考和改善的地方。教师与学生在教与学的过程中进行自我反思,更好的运用翻转课堂模式,学生教师都从中真正受益是翻转课堂这种新型教学模式的最终目的。

参 考 文 献

[1]　肖凌鹤."翻转课堂"模式在大学英语教学中的应用[J].沈阳师范大学学报:社会科学版,2016,(1).

[2]　李京南,伍忠杰.大学英语翻转课堂的实践与反思[J].中国外语,2015,(6).

[3]　卢海燕.基于微课的"翻转课堂"模式在大学英语教学中应用的可行性分析[J].外语电化教学,2014,(07):1-2.

[4]　金陵."翻转课堂"翻转了什么?[J].中国信息技术教育,2012,(9):18.

[5]　ASEF-VAZIRI A. The flipped classroom of operations management:a not-for-cost-reduction platform [J]. Decision Sciences Journal of Innovative Education,2015,13(1):71-89.

[6]　GILBOY M B, HEINERICHS S, PAZZAGLIA G. Enhancing student engagement using the flipped classroom [J]. Journal of Nutrition Education and Behavior,2015,47(1):107-115.

[7]　Jeremy F. Strayer. How learning in an inverted classroom influences cooperation,innovation and task orientation[J]. Learning Environ Res,2012,(15):171-193.

非英语专业大学生跨文化交际能力的获得模式构建[①]

——以中欧航空工程师学院为例

刘东亮　刘成盼

中国民航大学中欧航空工程师学院

摘　要：本教学研究在尊重新版《大学英语教学指南》和国家对高等教育质量提升的要求基础上，结合中国高校发展的实际情况和办学特色，提出了非英语专业大学生跨文化交际能力的模型以及其获得模式。能力模型包括三个要素：跨文化意识、知识和技能，三个要素有机统一。围绕这三个要素，课题组提出了实施获得跨文化交际能力的六个环节，并以中国民航大学中欧航空工程师学院的英语教学为例，逐步详述了六个环节的实施过程。能力是核心，获得模式是关键，相辅相成。

关键词：跨文化交际能力；外语教学；能力模型；获得模式；跨文化代言人

教育部在 2012 年和 2014 年发布了《国家中长期教育改革和发展规划纲要（2010—2020年）》《关于进一步深化本科教学改革全面提高教学质量的若干意见》，都在大学英语教学改革和国际化人才培养上有所着墨，并指出了"提高质量是高等教育发展的核心任务"。

2017 年，教育部大学外语教学指导委员会发布了新版《大学英语教学指南》，旨在新形势下对大学外语的定位、性质、目标做出新定位，给予新指导。《大学英语教学指南》提出，大学英语课程是高等学校人文教育的一部分，具有工具性和人文性两个属性[1]，即在掌握英语这门工具的基础上，还要培养跨文化交际能力，实现工具性与人文性的有机统一。《大学英语教学指南》还从"基础、提高、发展"三个层级提出了教学目标，并要求高校按照各自实际情况，制订细化的教学目标与要求。

可见，跨文化交际能力的培养，不再是一个热门语言学研究课题，它已经成为国家以及全球教育质量的一个重要目标与指标。

本文将通过评述国内外跨文化交际能力构建以及达成途径研究，以中国民航大学中欧航空工程师学院这个典型的中外合作办学机构为例，构建一个适合非英语专业大学生跨文化交际能力的获得模式，以期在今后的教学改革中起到抛砖引玉的效果。

一、文献综述

（一）跨文化交际能力（Intercultural Communication Competence）的概念与内涵

跨文化交际能力（ICC，后文用缩略语代替）是 20 世纪欧美语言学者新派生的一个概念，

---

① 原文刊载于：大学教育 2020.4。编入本书时进行了重新排版。

该概念来自于两个方面，一个是跨文化能力，一个是交际能力。众多流派的学者给出的定义都不尽相同，至今尚无定论。较有影响力的学者早期有 Hymes，他强调社会语言能力，将语言能力与文化能力几乎等同[2]。Van Ek 提出了"综合外语学习目标框架"，认为外语教育是通识教育的一部分，外语教育不应该只重视基本技能的强化，更应体现学习者的个人和社会发展需求。

Byram 提出了由"态度、知识、技能、文化批评意识"组成的 ICC 理论模型。他重视外语学习者的固有文化身份，强调正是由于固有"文化语境"的存在，才使得外语教学本身就涉及跨文化交流和互动。因而，他认为在为理想的"跨文化代言人（Intercultural Speaker）"[3]才应当是外语学习的终极目标，而非达到"母语语言能力"。

笔者较为认同 Byram 的外语终极目标的确定，并将成为"跨文化代言人"作为构建能力的顶层目标加以阐述。

我国学者对于 ICC 的概念与内涵研究非常少，这说明了国内学者对于 ICC 的本质认识不深，但他们就在概念本质不清楚的情况下去研究其构成和达成模式。杨盈（南京大学）对目前国内学者在 ICC 概念内涵上的误读以及要素研究上做了深入分析，然而也并未提出更好的概念。值得注意的是，杨盈在 ICC 的构建上提出了自己的看法，描述了其构成的四要素：①全球意识；②文化调适；③知识；④交际实践[4]。不足之处是，为了阐明 ICC 框架，他引入了更多需要解释的概念，这在某种程度上成了用一个概念去解释另一个概念，不够具体，也未就如何实现以上四个要素做出探讨。

此外，顾晓乐（哈尔滨工业大学）从"态度、知识、技能"三个维度构建了 ICC 互动理论模型[5]，并细化了每种维度下包含的要素，以及子要素。这是较为具体的能力模型。然而，他的理论并不能避免落入用概念解释概念的沉疴。

可见，国内学者对于 ICC 的概念与内涵的研究还不够透彻。

（二）ICC 培养的教学研究

Byram 认为自己构建的 ICC 模型在外语教学中的目标应该是：①培养跨文化态度；②获得跨文化知识；③培养跨文化技能；④培养文化批评意识。他以"美国东海岸地区法语教学课程规划"[1,6]为例，验证了 ICC 是在外语学习中逐步培养起来的，这种能力可以迁移、发展并终身保留。

反观国内的 ICC 培养的教学研究，学者们普遍认为 ICC 是可以通过教学获得或者部分获得的，尤其外语教学是大家讨论的主要平台。如李艳将 CDIO 的概念引入外语专业学生跨文化交际培养的构建当中，通过细化培养目标、确定培养大纲、优化课程体系、改进教学法、完善量化体系评价人才培养共五个步骤来实现[6]。这样的研究具有一定的宏观指导意义，但仅适用于外语专业学生。

顾晓乐在其 ICC 互动模型的基础上，借鉴 Deardorff 的跨文化能力过程模型[7]构建了 ICC 教学实现环形模型，用以指导 ICC 培养的教学实践过程。他的研究是目前较为完整的，能力模型融入教学环节的典型案例具有很好的借鉴意义。其他学者的研究多偏向于宏观描述，如史兴松认为 ICC 的培养应该基于社会需求分析[8]，再进行大纲和内容的细化。刘学惠提出了隐形教学与显性教学融合的模式[9]。葛春萍认为课堂教学和课外主题活动是实现大学英语 ICC 培养的两种途径[10]。郭乃照也概括性地提出坚持"以学生为中心"的教学理念、增强学生的文化学习意识、培养学生对英美文化的敏感性格洞察力、鼓励学生广泛开展课外阅读以及强化教师文化信念等策略[11]。

这些研究具有一定的宏观政策性,其不具体性使得教师在实践层面难以操作应用。

因此,笔者较为认同 Byram 的 ICC 模型,可参照他的六步法,结合各高校的特色和实际的师资以及学生能力,构建一个适合自己的非英语专业大学生 ICC 培养框架,并探讨获得 ICC 的途径。为了力求具体和示范性,本文将以中国民航大学中欧航空工程师学院英语教学为例。

二、目标明确的 ICC 模型

尽管国内外学者对 ICC 的定义尚未达成一致,但大多数的学者都认为 Deardorff 的“在跨文化交际实践中表现出来的基于跨文化知识、技能和态度的有效、恰当的沟通能力”[7]较为容易接受。笔者根据所在学校实际情况,将 Deardorff 的定义具体化为“在跨国的互动背景下,表现出来的有效、恰当的、得体的沟通能力”。

此外,ICC 的要素和要达成的目标实际上更有细化的必要。笔者认为 Byram 提出的“态度、知识、技能、文化批评意识”组成的 ICC 理论颇有借鉴价值,但对其每个要素的内涵有不同的理解,因而在其基础上构建了新的模型,如图 1 所示。

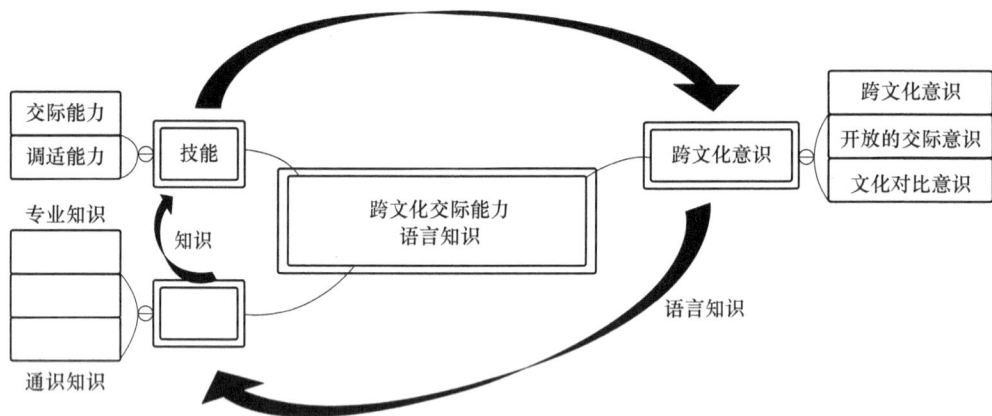

图 1　跨文化交流能力框架

（一）跨文化意识

Byram 的第一个要素实际上是“态度”,一种联系自己与他人,评价他人的主动的态度。笔者将其细化为三种意识。首先,是“我文化意识”,就是对本国、成长地的文化有较深的理解和认识,有清楚的我文化认同,是评价他文化的基础。其次,是“开放的交际意识”,跨文化交际是一个互动过程,一个外语学习者对他文化需要具有开放的心态,来认知、消化和批判。最后,是“文化对比意识”,是对 Byram 所提的文化批判意识的一种革新,换言之,交际的过程是融合了批判的,外语学习者不应背离本国的固有文化意识,而是能够公正地将两者进行对比,发现其不同,加以批判地吸收。

（二）知　识

Byram 的 ICC 模型中的“知识”主要强调跨文化互动中双方关于社会群体和文化的知识。

笔者认为语言知识是形成 ICC 的第一步,具有较强的本国语以及外语知识,使得直接的、跨文化交际成为可能。Byram 强调的跨文化互动中关于双方社会和文化的知识,过于狭隘。因为跨文化交际互动过程中,这种关于社会和文化的知识其实是隐性的,非显性的[9],是达成其他目标的途径。笔者将此类不会直接在沟通中设计到的隐性知识,归结为通识知识,比如:他国文化、历史、地理、政治、经济、风俗习惯、礼仪、思维等。专业知识的提出,是笔者的一个新看法,较少有学者认为专业知识很重要,其原因为大多数学者研究的是宏观、普通的交际场合,涉及专业问题探讨、技术探究、商业谈判等情景的较少,如果考虑以上情景,其实语言知识与通识知识的不足可以被强大的专业知识所弥补。笔者曾在多次的中外合作谈判中充当口译员的角色,经常看到涉及航空、钢铁等具体的技术问题谈判时,英语专业出身的口译员常常出现“误译、漏译或者无法理解的”的场景,此时,具备一定英语交流能力的技术人员却可以和外方实现直接、有效的互动。

(三)技　能

Byram 所强调的能力是在跨文化互动中解读信息和联系信息的技能、发现和互动的技能。笔者将其融合细化为交际能力和调试能力,也就是在跨文化交际互动中,外语学习者需要具备较强的交际能力,侧重于理解、沟通和互动技巧,包括肢体语言。而在较为复杂的互动过程中,外语学习者需要具备较高的理解和处理信息的能力、适应环境的能力,以便做出心态、思维、沟通方式的调整。

这三个要素是互动的关系,三者有机的结合便能使外语学习者达成良好的跨文化交际效果。

三、ICC 目标的具体化

在较为细致地描述了 ICC 的概念和要素之后,更有意义的是结合高校的实际情况,对外语学习者在 ICC 获得上构建出具体的目标,以便制订相应的策略,并采取措施加以实施。

下面笔者就按照 Byram 提出的六步法,以中国民航大学中欧航空工程师学院(SIAE)毕业生为例,在应达成何种 ICC 具体目标上做探讨。

2016 年,在中欧航空工程师学院培养了两届毕业生之后,这个独具特色的中外合作办学机构在既有的经验和社会、行业、专家反馈的基础上进一步明确了其办学特色和办学培养目标:企业间“充分利用中法合作院校、搭建的合作平台,借鉴吸收法国精英预科和精英工程师培育体系,培养具有深厚数理基础、系统思维、宽广专业领域知识,并具有卓越工程实践与创新能力、跨文化交流与沟通能力的复语复合型航空工程技术与管理人才。”这个较为明确的总体培养目标为细化外语最终的养成目标提供了重要依据。

中欧航空工程师学院引进法国的精英工程师教育模式,其教育过程本身就是一个跨文化交际的融合过程。学生在一个国际化的平台中接受教育,毕业后大部分的毕业生服务于中国民航,以及在华外国企业如:空客、赛丰、泰雷兹、AAA、霍尼韦尔、百思特等。可以说学生的学习全过程、毕业后都将使用英语(国际民航的通用语言),毕业后的职业升迁、学习和终身发展也都受到英语能力的影响。基于此背景分析,特制订以下 ICC 的具体目标,同时也是英语教学或者学习的各级目标(见表1)。

表 1　跨文化交际能力的目标分解

终极目标	成为中国民航与他国的"跨文化代言人"
目标的细化	1. 知识。获得高于 B2 级的英语语言能力,在听说读写四个维度都达到 CEFR 的具体要求;具备丰沛的本国文化知识和世界主要英语以及法语国家的文化常识;具备深厚的民航专业技术知识。 2. 具备较强的交际能力,能够较好地处理交际互动中的复杂问题,能够很好地适应不同场景以及问题下的交际实践,具体表现在能够参与商务社交的会面、会谈和谈判。 3. 具备高度的我文化的认知和认同感,具有较强的民族自豪感,但时刻具备好奇、开放的心态去接受他文化,能够公正地认识、吸收、对比和批判中美、中英、中法文化。
毕业的具体目标	英语语言能力达到"欧洲语言共同参考框架 CEFR"B2 级。
毕业的审核标准	1. 全英文撰写 50 页以上的专业实习报告,并通过一个小时的论文答辩(其中,半小时叙述,半小时回答问题,全程英文)。 2. 通过 TOEIC 考试并达到 785 分以上(即高级水平)。

从表 1 可以看出,中欧航空工程师学院为了达成终极目标,教师与学生需要通过合作来获得相应的"知识、技能和跨文化意识",并将各种能力的描述做了目标的细化,有助于英语教师们寻找获得的途径和便于实施的方案。但是这种目标的达成确实难以衡量。参照法国工程师学校毕业生对于外语能力的要求,学院制订了相应可量化的标准,衡量那些在中欧航空工程师学院的特色外语教学体系下完成了全部学业的学生,结果显示,绝大多数学生已经或者接近达成具体目标。当然,有的学者很早就指出,ICC 的获得没有终点,笔者充分认同,但是目标可以无限逼近,其检验方式就是跨文化交际的实践。

四、ICC 的获得模式

许多学者,如 Byram、胡文仲、顾晓乐、杨盈等,都将学校的教育放在核心位置,这是由我国以及高校的实际情况决定的。

中欧航空工程师学院是一个中外合作办学机构,引进法国精英工程师教育,分预科和工程师两个阶段。课程的语言为中、英、法三种语言,是一个较为典型融合了中、英、法跨文化交流的环境。学院常驻外籍数理教师 2 名,外籍法语教师 6 名,外籍英语教师 2 名,每年来华授课外教超过 60 名,外国留学生每年约 2 名,半年期外国实习生每年超过 8 名。外籍教师授课语言以英语为主,法语为辅。可见,此环境下的学习过程,就是一个跨文化交际的互动过程。高水平的教学环境、丰富的课程内容、严苛的毕业要求,使得学生学习英语的场所主要是教室,兼顾自主学习,可以直接、间接地使用英语,实施一定的跨文化实践互动(与英语外教、法语外教、外籍常驻数理教师、外方领导互动,参与外事活动,与留学生交流、生活等)。

然而,胡文仲认为,ICC 的培养是一个漫长且十分复杂的过程,不是仅在课堂上通过讲课就可以实现的。张红玲也指出,外语教学不是 ICC 获得的唯一途径,历史、地理、文学等科目均可以从不同角度向学生介绍文化知识。实际上,ICC 的培养仅靠外语教学远远不够,它不仅需要社会和学校大环境的支持,而且有待与其他学科的密切配合[12]。

因此,外语教学可以作为 ICC 培养的主要手段,但是也需要构建其他的方式来形成一个全面、有效的模式。

图 2 展示了笔者基于理论与实际思考所构建的适合非英语专业大学生获得 ICC 的模型。模型的核心为 ICC 的三个要素:跨文化意识、知识和技能。为了逐步实现这三个要素,笔者构建了六个环节。下面将以中欧航空工程师学院为例详解。

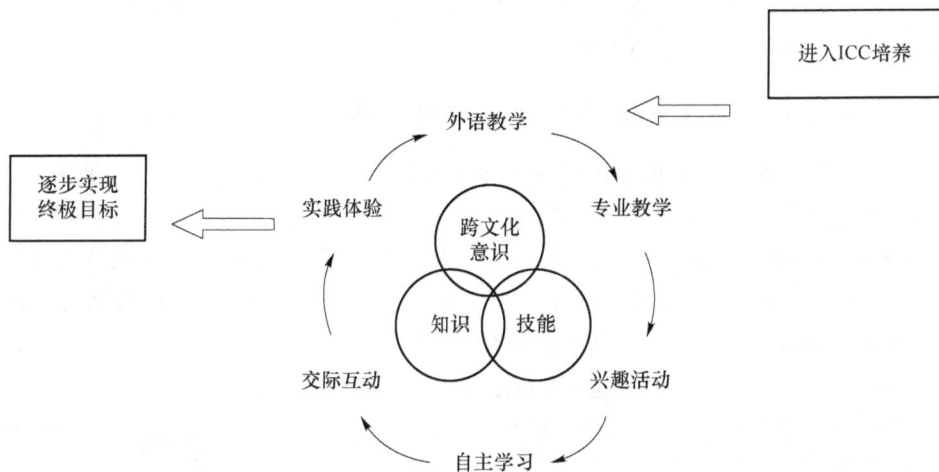

图 2　ICC 获得模型

(一) 设计独具特色的英语课程体系,引导学生获得 ICC

大学生 ICC 的获得始于外语教学。以中欧航空工程师学院为例,学生可以在一个国际学校的环境下,进一步学习语言知识,精进外语交际能力。一个较为合理的英语课程体系是学生提升英语语言能力和 ICC 的基本保障,其最终目标是培养"中国民航的跨文化代言人"。

精心设计的课程体系离不开高效的教学法的支撑。中欧航空工程师学院采用的是小班教学,中外教混合上课的模式,这使得学生在 6~7 年的学习当中,英语语言能力逐步达到 CEFR-B2 级水平,获得实现跨文化交际互动的语言能力。鉴于小班授课的优势,教师普遍采用交际教学法和面向行动的教学法,以学生为中心,让学生成为英语训练的主要执行者,教师扮演引导者的角色。

交际教学法和面向行动的教学法,会较多地模拟真实的交际情景,使学生在学习的过程中运用语言和跨文化交际知识来完成训练。所以,教师更多地采用"文化导入"的模式,将不同的文化知识、交际场景和交际策略贯穿到课堂的训练环节中。因而,学生在掌握语言知识与技能的同时,潜移默化地培养了跨文化意识。

(二) 融合全面的学科知识,弥补语言、文化知识缺失

笔者曾在教学中引用过跨文化交际过程中经常出现的交际失败案例,就是为了说明,跨文化交际互动的成功不能仅仅依靠涉及社会群体的我文化和他文化知识,更多交际实践涉及具体的业务问题,而这种跨文化互动中的语言知识、文化知识缺失造成的失败往往能够由深厚的专业技术知识来弥补,最终仍然可以实现成功的跨文化交际互动。因此,构建一个包含外语教

141

学的完整的学科知识体系有助于塑造全面的"知识"。中欧工程师学院工程师阶段课程有89门,被分成工程数学(EM)、航空电子(EE)、飞机结构(AS)、航空材料(AM)、流体力学(FM)、传热学(HT)、工程科学(ES)、计算机科学(CS)、人文科学(HS)、外语(EF)等约14个课程群。

如人文科学(HS)涉及经济学、航空法导论、航空运输经济、自然辩证法、人文与社会科学、企业管理、商务运作与团队组织等;工程科学(ES)涉及可持续发展、项目管理、航空工程科学、适航等跨学科的普及型课程,帮助学生融合多学科知识、开阔视野,奠定良好的人文、科学以及专业知识基础,弥补语言和文化知识的不足。

(三)开展跨文化主题活动,构建跨文化第二课堂

为了弥补在外语课堂中跨化文化交际互动的机会不足的缺陷,中欧航空工程师学院的外语教学团队还创造性地举办了一些比较容易实施和管理的兴趣活动(见表2),如英语角、外文电影之夜、英语演讲比赛、写作大赛、阅读大赛、全国大学生英语能力竞赛、民航英语竞赛等,鼓励全员参与,让他们加入跨文化交际互动中来。此外,学生也主动构建ICC的获得途径,如组织口语兴趣小组、模仿英语角等,加强了口语交际训练。

表2 中欧航空工程师学院跨文化主题兴趣活动

序号	主体兴趣活动	时间	训练的主要能力
1	英语角(每周不同主题)	2小时(每周)	技能、跨文化意识
2	外文电影之夜	2小时(每周)	知识、跨文化意识
3	英语主题竞赛	每学期多次	知识、技能、跨文化意识
4	法语主题竞赛	每学期多次	知识、技能、跨文化意识
5	口语兴趣小组(学生自发组织)	2小时(每周)	技能、跨文化意识

换言之,学生自主构建ICC的过程对能力的形成起到不可或缺的作用。

(四)鼓励自主学习、开拓国际视野

课堂学习或者是第二课堂都是具有一定组织、形式和限制的教学活动,是ICC获得的重要途径,但是涉及"知识"的三个方面,很难在教学环节中全部获得,教师还需要不断引导学生自主学习,如以布置相关主题的作业、安排一个项目、准备一个展示、写一篇论文等形式,有效引导学生自主学习。

当然,教师也应当尽力为学生们提供可以自主学习的资源,这样可以节省学生获得优质学习资源的时间。目前较为推荐的主要为网络资源类和非网络资源类,如表3所示。

表3 中欧航空工程师学院推荐ICC自主学习资源

非网络资源类	网络资源类
外文书籍阅读	中国大学MOOC
外文报刊阅读	网易公开课
英剧、美剧欣赏	Coursera、Udacity、edX
中国文化、历史类书籍阅读	蓝墨云班课、百词斩、扇贝英语手机APP
科技、文化类的前瞻型讲座	手机微信、QQ互动兴趣群组(如读书会)

学生通过多种渠道,获得了在课堂和第二课堂无法获得的知识、体验,拓宽了国际视野,在不断构建我文化的同时,逐步带着批判的眼光去内化他文化。

(五) 模拟交际互动场景,评估 ICC 获得效果

交际互动环节指的是,在有教师参与和监督的情况下,对在课堂、第二课堂、学生考试甚至是未来的实习、就业过程中的 ICC 的一种模拟并加以评估。教师可以通过旁听交际互动、口试、面试、电话采访、毕业后跟踪调查等多种形式对学生的 ICC 做出直接或者间接的阶段性评估。这个交际的模拟是非常有必要的,有助于我们发现六个环节中哪个环节不够完善,督促教师学生加以修正。

(六) 通过实习、实践,亲临体验场地,完成培养

完善的理论学习、模拟训练等环节给 ICC 培养打下了坚实的基础,但是还需要真实环境下的实习、体验或者工作来配合。国外的相关研究证明,要做到有效地在异文化环境中从事活动,需要克服心理压力的能力,需要成功交际的能力,需要善于建立人际关系的能力等[13]。研究还证明,在异文化环境中生活、与不同文化背景的人接触都是获得跨文化交际能力的重要途径[14]。Byram 指出:"长期以来,英国高等教育界一直认识到高层次的交际能力只有通过实地体验才能获得,对于跨文化交际来说更是如此[3,6]。"

中欧航空工程师学院是中外合作交流的典范,给部分学生提供在学期间出国留学交换、境外实验室实习、赴国际组织实习、赴外国企业实习等多种真实的体验场地,让学生能够理论联系实际,使自己在前面五个环节所积累的"跨文化意识、知识和技能"得以应用、验证、再提炼,最终内化成可以终身保留的 ICC。

此外,更有大量的毕业生选择就职于国内外的法资、英资、美资企业,真正的跨文化交际环境注定使得他们将先人一步成长为"中国民航的跨文化代言人"。

五、结　语

课题组在中外学者关于 ICC 研究的基础之上,切实考虑到我国的国情和大部分高校的实际,结合高校的办学特色,构建了一个适合我国高校非英语专业大学生毕业前获得 ICC 的模型,并提出了一个较为完整的 ICC 获得模式。课题组较为创新地以中国民航工程师学院的英语教学为例,详述了模型的要素和各个环节的实施过程,是一个较为完整的理论联系实际的教学研究过程。当然,中欧航空工程师学院的范例不一定适用于每个非英语专业学科,因此,本文希望能够抛砖引玉,以此模式的构建,为今后各高校和专业的跨文化交际能力培养甚至是大学英语教学改革提供一定的理论和实践的借鉴。

参 考 文 献

[1]　王守仁.《大学英语教学指南》要点解读[J].外语界,2016,(3):2-10.

[2]　Hymes D. On communicative competence[C]. In Pride J B & Holmes J (eds). Sociolinguistics. Harmondsworth:Penguin,1972.

［3］ Byram M. Teaching and Assessing Intercultural Communicative Competence［M］. Clevedon,UK:Multilingual Matters,1997:1 – 12.

［4］ 杨盈,庄恩平. 构建外语教学跨文化交际能力框架［J］. 外语界,2007(4):13 – 21＋43.

［5］ 顾晓乐. 外语教学中跨文化交际能力培养之理论和实践模型［J］. 外语界,2017,(1):79 – 88.

［6］ Byram M. From Foreign Language Education to Educationfor Intercultural Citizenship: Essays and Reflections［C］. Clevedon,UK: Multilingual Matters,2008.

［7］ Deardorff D K. Identification and assessment of intercultural competence as a student outcome of internationalization ［J］. Journal of Studies in International Education,2006,(10): 241 – 266.

［8］ 史兴松. 外语能力与跨文化交际能力社会需求分析［J］. 外语界,2014,(6):79 – 86.

［9］ 刘学惠. 跨文化交际能力及其培养:一种构建主义的观点［J］. 外语与外语教学,2003,(1):34 – 36.

［10］ 葛春萍,王守仁. 跨文化交际能力培养与大学英语教学［J］. 外语与外语教学,2016,(2):79 – 86＋146.

［11］ 郭乃照. 教师文化信念与大学生跨文化交际能力培养［J］. 中国高教研究,2014,(4):106 – 110.

［12］ 张红玲. 以跨文化教育为导向的外语教学:历史、现状与未来［J］. 外语界,2012,(2):2 – 7.

［13］ Hammer M,Gudykunst W,Wiseman R. Dimensions of intercultural effectiveness: An exploratory study ［J］. International Journal of Intercultural Relations,1978,(2):382 – 394.

［14］ Holmes P,O'Neill G. Developing and evaluating intercultural competence: Ethnographies of intercultural encounters ［J］. International Journal of Intercultural Relations,2012,(36):707 – 718.

基于国际工程师培养的"四能一体"外语课程教学体系构建与实践

陈 威 王 梅 崔 敏

北京航空航天大学 中法工程师学院

引 言

中法工程师学院法语团队立足学院人才培养目标,剖析国际工程师需具备的专业能力和职业素养,通过梳理课程大纲、调整课程内容实现课程体系优化,建立了以语言为中心的"四能一体"培养模式,通过跨学科团队合作,建立分级课程模块,强调现代信息技术与教学融合,注重提升学生批判思维能力、创新能力、协同合作能力和跨文化能力,致力培养融合中法两国高等工程教育特色的国际通用工程师。

一、新时期国际工程人才的能力培养要求

近年来,继"卓越工程师教育培养计划"后我国又提出了"新工科建设"计划,以持续推动高等工程教育改革,强调注重学科交叉,筹划布局培养未来战略领域的、具有国际竞争力的工程技术人才。在此背景下,教育部大力支持高校开展工程教育国际化培养,不断探索创新人才培养路径。作为中法两国当代合作办学的先行者,北航中法工程师学院以培养国际化的通用工程师人才为目标,要求学生具有坚实的数理基础和良好的人文素养,掌握多领域的基础理论和能够解决复杂问题的系统性专业知识,具备融入和领导多学科团队的能力,在国际化环境中参与跨文化协同创新能力。国际工程领域人才需要适应新时代下的机遇与挑战,能够将专业技术能力与外语语言能力和跨文化能力相结合,以适应未来工程领域的国际间融合发展。

二、"四能一体"外语教学体系建构

中法工程师学院法语教学团队一直紧扣学院的总体培养目标,以语言为基础与媒介,结合学院的总体教学设计,努力建设兼顾知识与能力、符合国际化人才培养目标的教学体系。随着学院的总体人才培养目标从最初的培养"双语、双文化"发展到如今适应全球化工业 4.0 时代的"系统思维、国际视野、创新潜质",法语教学也一直在进行相应的调整,教学重点也从最初的"听说读写"四项语言能力的培养,发展到如今的"批判思维、创新发展、协同合作和跨文化"四位一体的综合能力培养。

表1 2015版培养方案调整前的法语类课程设置及考试科目类型

	课程名称	考试科目
一年级	基础法语	法语听力、法语口语、法语阅读、法语写作
	法语听力	
	科技法语	
二年级	中级法语	法语听力、法语口语、法语阅读、法语写作
	法语写作与口语/CAC词汇语法强化	
	中级科技法语	
三年级	高级法语	法语听力、法语口语、法语阅读、法语写作
	法语写作与口语	
	TCF强化1、2	

如表1所示,原有的课程设置理念主要参考"听说读写"四种外语能力培养方向,分为精读、听力、口语、写作、科技法语等课程,紧扣"语言"这一核心,强调语音、语调、词汇、语法、句法等语言知识点的传授,单一课程专门侧重单一语言能力的培养,课程之间壁垒分明,在实现四能一体化方面力不从心。

随着"四能一体"培养目标的形成并逐步清晰,课程群建设的教学设想日趋成熟,即以教学年级为单位,以四种综合素质为导向,将每一年级的各门课程建设成一个优势互补的课程群,淡化听说读写四种语言能力之间的分野,打破课程之间的壁垒,争取在单一课程各有侧重的基础上实现通过课程群内部合作,共同实现四能协同发展的目标,并在确保课程间横向互补的基础上实现纵向发展的连贯性。

(一)优化课程设置,建成科学、合理的课程群,以"四能一体"为导向,促进学生综合能力的全面提升

1. 课程设置介绍

年级	课程名称	学时/周	课程描述
一年级	基础法语	10	由一名外教和一名中教搭班上课,从听说读写四个方面帮助学生搭建语言的基础框架
	法语视听说	2	针对听力和口语表达这两项较难提高的语言能力,对基础法语课程中已经讲解过的知识点进行补充和巩固,侧重所学语言知识的应用
	初级科技法语	2	从数字,到加减乘除的表达,再到基本的数学物理概念,从语言的角度为学生将来的专业课学习打下基础

续表

年级	课程名称	学时/周	课程描述
二年级	中级法语	4	为基础法语课程的延续,继续从听说读写四个方面提升学生的语言能力
	法语阅读与写作	2	在阅读的基础上认识和了解不同的文体,讲授日常生活中常见的不同体裁的写作规范和技巧,如私人邮件、明信片等;学习如何写文献概述、综述,使学生具备在国外学习的能力
	中级科技法语	2	在初级科技法语的基础上,更深入地探讨不同的科技话题,使学生熟悉不同科技领域的词汇,同时了解世界前沿的科技知识
三年级	高级法语	2	为中级法语课程的延续,将前两年所学的语言知识进行总结和复习,使学生达到《欧洲语言共同参考框架》(CECR)B2 水平
	法国社会与文化	2(第 5 学期)	以法语文章、电台电视节目等为教学材料,给学生讲解法国文化和社会现象,使学生更好地了解法国,为他们以后的学习和工作打破文化壁垒,提升他们跨文化交际的能力。同时,在学习文化知识的过程中进一步提升他们的语言能力
	法语国家与地区概况	2(第 6 学期)	将学习对象从法国扩大到主要的法语国家和地区,介绍其概况和文化,打开学生的国际化视野
	应用写作	2 第 5 学期)	讲授职场中需要用到的体裁的写作技巧,如简历、求职信等,为学生以后申请国外学校和开启职业生涯做好准备
	企业法语	2(第 6 学期)	介绍学院的企业合作伙伴,使学生了解不同的企业文化,学习职场中如何与不同文化背景的人合作

2. 课程群介绍及其优势

首先,加强了按教学年级划分的不同级别间同类课程的整体连贯性,注重保持纵向型课程群在四能培养中的优势作用。例如由基础法语、中级法语和高级法语组成的"综合法语"课程群,由初级科技法语和中级科技法语组成的"科技法语"课程群,由法国社会与文化和法语国家地区概况组成的"文化"课程群,由法语阅读与写作和应用写作组成的"写作"课程群,以及由应用写作和企业法语组成的"职场法语"课程群。纵向型课程群为学生综合能力的持续发展提供了时间保障。

其次,细化同级课程的四能教学目标,不同课程各有侧重,又互为补充,充分发挥横向型课程群融合互补的协作优势。以三年级课程为例,高级法语使学生具备基本的语言能力,可以进行文化类和企业类课程的学习,同时,在文化类和企业类课程的学习过程中,学生的跨文化沟通能力、思辨能力和创新能力都得到了提高,又促进了其语言的学习,并且提高了学生学习语言的积极性。

最后,课程群中各种课程的设置充分考虑了学生的实际需求,既有支撑学生学习所需的学业导向内容(例如文献综述),也有为职业生涯做准备的就业导向类课程(例如应用写作、企业法语),整个课程体系全面、立体。

（二）四能一体教学理念与各个教学活动环节深度融合

1. 教学准备环节

伴随着时代的发展、教学理念的与时俱进、教学内容的扩充和教学环节设计的多样化，原有教学素材的陈旧与失效问题逐步凸显，如何在保证教学体系构架的前提下，更新教学素材也成为了课程群建设中必不可少的一个环节，新教学素材的搜集、筛选、使用和完善工作要求我们进一步加强教师团队建设，在按照个人能力进行分工合作的同时兼顾统筹规划，保证所有平行班教学进度和教学内容的总体一致性。另外，针对原有教学体系下一名教师离去导致所有教学素材的缺失、课程无法继续设立的情况，在年级组设置之外，增加了课程团队设置，即多名教师承担同一课程的不同平行班教学工作，保证核心教学架构的稳定，同时鼓励教师发挥主观能动性与个人特色，丰富发展教学内容。

能力的培养一方面来自知识的积累，另一方面源于实践的磨练，为了促使学生在不同的实践任务中不断锻炼"四能"，必须丰富教学环节，设计出更多的模拟或真实社会任务，促使学生以两人、三人或多人为团队，以实现某一社会任务（如辩论、项目展示）为目标，从前期资料收集开始，经过系统分析，得出结论，再进行组与组之间的比较，反思自己在实现某一任务中的得失，经过一次次实践任务的磨练，使学生逐步养成科学思辨与协同合作的习惯，并在培养文化包容性的同时，鼓励创新表达。

围绕四项能力培养，组织丰富多彩的教学活动。分小组进行口头陈述报告，锻炼了学生的团队合作能力和创新能力；课堂上分组讨论，锻炼了学生的思辨能力；走出课堂，街头采访等形式的作业锻炼了学生的跨文化交际能力和协同合作能力。

2. 教学方法及手段

采用以学生为本、注重实践的交际教学法和任务导向教学法，培养学生自主学习的能力。学生从学习过程的第一天就要面临与外教交流的需求，进入专业课学习阶段对语言的要求进一步提高。教师不再是课堂的中心，而是引导学生发现问题，帮助学生自己寻找解决问题的方法，所有教学活动围绕学生展开，在教学过程中锻炼学生的交际能力、创新能力、合作能力和思辨能力。

充分利用现代化的信息技术手段，提高教学效率。学院相继建成了智慧教室和语音教室，硬件全面升级。开发制作系列法语慕课课程，同时，充分应用微信等社交软件，开展如微信打卡、一分钟语音讨论等，拓展教学的时空范畴。

3. 考核评估方式

采取能力发展动态追踪与阶段评估相结合的模式，注重对学生课堂表现及课下作业的评估，评估侧重点从语言知识逐渐向综合能力（自主学习，逻辑思维等）迁移，不以卷面成绩为考核的唯一标准，将平时成绩纳入总评成绩范围。平时成绩包括作业和课堂表现，作业可以是口头陈述报告等多种形式，这样就将语言能力以外的团队合作能力、创新能力、课堂讨论中体现出的思辨能力、跨文化交际能力都纳入了考察的范畴。

在期中和期末考试试卷中，不设翻译类题型，语法类题占比重小，约为 20%，大部分题目都能考察到学生的综合能力。此外，在口语和写作考试中，评分标准除了词汇、语法、表达方式之外，也会考虑是否有自己的观点，是否对相关文化背景有所了解等。

4. 开展丰富的课外活动

将能力的培养延伸到课堂以外,寓教于乐。先后组织了语音大赛、法语文化月等活动。同时鼓励学生走出学院,积极参加法国使馆以及其他机构组织的各项比赛和文化活动,先后在全国高校法语歌曲大赛、演讲比赛中取得优异成绩。

三、"四能一体"外语教学体系建设成果

① 以四能为导向建设课程群,系统梳理法语课程,设计建设"纵向型"课程群和"横向型"课程群,实现教学体系全面升级,在培养学生法语语言能力的基础上,学生的创新能力、批判思维能力、协同合作能力和跨文化能力均得到全面提升,有效提高法语课程教学效率,提升课程教学效果。

跟踪了解学院中攻读双学位及参与学期或学年国际交流项目同学在境外的学习生活状况,得到了积极正面的反馈,普遍表示与其他中国留学生相比,他们能更快地融入到新的文化环境中,与周围的同学建立交往关系;法国的工程师培养过程中学生会经常被要求组队进行项目展示,学生们纷纷表示法语课堂中经历的口语实践环节有效帮助他们参与到这一教学活动中。

② 课程群建设充分发挥集体能动性,探索多种团队合作途径,丰富了团队建设思路,推动了教学团队和个人的同步发展。

a. 法语团队围绕四能一体的建设思路,进行了不同层次的合作共建尝试,有效支撑了教学团队的整体发展。

* 基础法语课程团队作为中法工程师学院最大的教学团队,一直致力于课程创新改革。该团队定期组织召开教学会议,集思广益,互相学习。团队教师集体备课,课件共享,在保证教学进度整体一致的前提下,鼓励教师的特色化教学。

* 为一年级学生开设的"初级科技法语"课程建设过程中,法语授课团队与物理团队通力合作,打破课程间壁垒,深入探讨课程教学目标,不断优化课程设置,完善教学内容,实现了跨学科深度协作,为教师团队合作提供新思路。

b. 四能一体课程群建设对教师教学理念和手段创新提出客观要求,激励教师互相学习,鼓励他们积极参加教育教学会议和外部培训,及时跟踪学科领域新动态,注重凝练教学思路和提升教学理念,将教学研究成果应用于教学实践,不断提高业务能力,促进教师个人职业发展。

结　语

中法工程师学院法语教学团队基于四能导向教学理念,开展了一系列教学改革,通过课程群建设,有效提升课程间的整体性和连贯性,为中外合作办学中外语教学体系建设提供了可借鉴的经验。

第四章

中外合作办学之预科类教学

编者按：

 预科教育体系既是法国高等教育的重要组成部分,也是法国工程师教育的特色之一,自十八世纪诞生以来经历了多次变革和发展,了解、研究法国预科教学对于国内中外合作办学机构人才培养模式的发展和创新有非常重要的意义。本章的论文围绕预科教学中的物理、数学和工业科学课程展开讨论。以一线教师的个人经历,总结了法国预科物理课程的教学特点;结合我国新工科建设需求,分享了国内中法合作办学机构面向工程能力培养的大学物理教学模式创新经验;从课程内容、习题课设置等方面,详细对比分析了法国预科与国内高等工程物理教育的差异;详述了工业科学课程实践环节的教学模式和考核方法;以法国预科工业科学课程的发展演变历史为基础,探讨了其对中国高等教育发展的启示;介绍了中法合作办学机构高等数学课程的实践创新经验与成果;探究了法国工程师培养模式中高等数学课程考核新方法。

法国预科物理课程的教学特点对比分析

安炜　徐平　Renaud SKRZPEK　Noé RABAUD　Oliver HARPER

中法工程师学院,北京航空航天大学

摘　要：本文将以数位作者的个人经历和相关的调研数据作为依托,对法国预科物理教学特点进行对比分析。采用国内北京航空航天大学物理学院的物理课程作为国内传统物理教学的缩影,通过详细的对比分析,对中法两国物理高等教育中教学内容和教学方法进行对比,从而揭示法国预科物理教学特点。另外,教学授课主体是在教学一线的教师,教师的培养和资格的获得对于物理教学至关重要,故本文对法国预科教师以及国内高校教师的培训和资格认定也将做一对比分析。最后本文对中法两国的教学质量把控体系也一并进行了对比分析。

关键词：法国预科;物理课程;教学特点;对比分析

一、教学内容对比分析

物理课程在国内大学不论是理科类专业还是工科类专业都有着举足轻重的作用。国内大学中的物理课程通常分为三个档次,物理学院物理专业的物理课程,理科类学院包括化学以及生物等所要求的基础物理课程,工科类院系要求的工科大学物理课程。其理论难度逐渐降低,且内容相对于不同院系会有增减以适应不同院系后续专业课程的需要。因此,国内的物理系的物理课程将代表了国内物理教育的最高水平,也是本文进行比对的标杆。本文将主要采用北京航空航天大学(以下简称"北航")物理学院 2017 版培养方案中的教学数据进行比对。北航物理学院实行的是我国传统的物理教学有一定的典型性。同时,作为法国预科物理的代表,我们选用北航中法工程师学院对外公开发布的本科生教学培养方案中的教学数据。由于法国预科体系中不同系列的物理教学大纲存在差异无法直接比较,而中法工程师学院在国内实施预科教育时某种程度上对各个系列的物理教学大纲进行了平均化,即其教学内容有一定代表性。故根据两者对比,可以看出国内物理教学和法国预科物理的异同点(见表 1、表 2)。

表 1　北航物理学院基础物理部分(以一二年级本科课程为主)

物理学院基础物理部分				
	学分	学时	年级	开课学期
物理学 (内容为力学和电磁学)	5	80	一	春季
理论力学	4	64	二	春季
热学	2	32	二	秋季

物理学院基础物理部分				
	学分	学时	年级	开课学期
电路分析	3	48	二	秋季
光学	3	48	二	秋季
电动力学	3	48	三	秋季
数学物理方法 I	5	80	二	秋季
普通物理实验 I	1	32	一	秋季
原子物理学	3	48	二	春季
数字电路 B	2	32	二	春季
模拟电路 B	2	32	二	春季
热力学与统计物理	3	48	二	春季
	总学分	总学时		
	36	592		

表2　中法工程师学院预科物理

中法工程师学院预科物理				
	学分	学时	年级	开课学期
法语数学与法语物理（物理部分为力学，静电学）2.5	2,5	48	一	春季
电子学	3,5	64	二	秋季
物理实验-电子学	1	32	二	秋季
理论力学1	4	64	二	秋季
理论力学2	4	64	二	春季
物理中的数学方法(静磁学)	1,5	32	二	春季
电磁学(电动力学)	3,5	64	三	秋季
基础物理实验1	1	32	三	秋季
热力学	3,5	64	三	秋季
光学	3,5	64	三	春季
物理实验-光学	1	32	三	春季
波动物理	3,5	64	三	春季
	总学分	总学时		
	32,5	624		
习题课学时	112			
实验学时	96			

(一) 共有内容

从上述表 1 中可以看出北航物理系应用物理专业前两年的物理学内容覆盖力热光电以及原子物理学内容,并加入了四大力学中的理论力学和统计力学,以及添加了偏向于应用的模拟电路和数字电路。其内容与国内各大高校物理专业基本一致。中法工程师学院预科物理由于第一年学生主要精力用于学习法语,故比对年级主要为第二年和第三年。从表 2 中我们可以看出预科物理教学内容与传统物理系前两年较为基础的内容基本一致,即也涵盖了力热光电内容,原子物理学在法国预科体系算作化学课程内容中故不在预科物理中体现。四大力学中的理论力学也有设置。对比学分和学时,我们可以看出法国预科体系可以保证基本物理素养得到全面锻炼与提升。并且中法工程师学院预科物理总学时高于传统物理系基础物理部分教学,且有大量习题课进行练习,保证了基础物理知识和能力的获得扎实稳健。

(二) 特有内容

对比国内物理与法国预科体系,法国预科体系有许多其特有内容,包含但不仅限于:

首先,波动物理课程作为法国特有的以现象为主的特色课程在国内没有相应课程对应。国内与之较为相近的课程有数学物理方法中的数理方程部分对相应的波动现象有部分讨论,但大体仅限于达朗贝尔方程的求解。其他与波动物理课程对应的内容散落在电动力学,流体力学以及理论力学中。故波动物理课程相当于从另外一个侧面对波动现象进行了梳理,以现象带理论,从解释研究现象出发对与该现象相关的各种物理应用场景都进行了展开说明,包括群速度、相速度,趋肤效应,甚至在课程最后还提及了量子力学中的波函数等等。

其次,在力学中法国预科有"Torseur"这一概念,如强行翻译成中文成为力螺旋,但其真实对应在中文教材中并没有。使用"Torseur"这一概念引出的数学工具可以将刚体力学中的速度变换,以及主矢主矩等概念做一很好的梳理和总结,便于学生进行记忆。且在工业科学中,这一概念更为常用,能够有效的封装该概念底层的潜概念是学生更加容易应用在不同的刚体力学环境中。

第三,原子核电子间的弹性连接模型为法国预科物理中的特有模型。其模型假设很大程度上值得商榷,在固体物理理论中有所提及,但在法国使用频度非常高。主要因为该模型使用简单的弹簧振子图像,清晰简洁,并且所推出的电极化介质模型的性质与实验观测到的并没有量级上的大误差。因此,作为教学需要,将其引入使学生能够明白唯象理论与模型理论的区别和联系。

第四,法国预科物理中较为强调激光原理与高斯光束。在学生尚未学习量子力学时,首先通过引入爱因斯坦唯象理论对光与物质相互作用进行解释。从而可以在较低年级进入到现代物理,并讨论其应用。由于激光器在现代社会应用广泛,包括激光冷却在内的新技术开启了很多新的物理领域,故对于激光原理尽早探究有利于学生尽快进入前沿。

第五,法国预科物理对于非线性现象挖掘较为深入,部分章节会设计到分形,以及通向混沌的方式等等。相关非线性的内容会联系电路原理、以及流体力学作为论述背景。

最后,与传统物理教学所不同,法国预科体系看重实际应用。从表 2 中可以看出,在北航中法工程师学院的课程设置中,习题课的配置占比较高,习题课中所配备的习题均与实际生产生活息息相关。课程中配置的实验课程也有较大比重。且在教师资源足够情况下,法国预科体系还会增加每周口试环节,以对学生进行质量把控。

与此不同,国内的物理教学体系秉承于苏联体系,随后又融合了英美体系,在专业性教学上有明显优势,即针对具体一门课程"深挖猛打",课程内容上在具体一门类课程中也会讲解的更加细致和深入。以几何光学为例,非薄透镜组成的光学系统的处理,在法国预科体系中并没有重点讲解,通常在课上以材料阅读形式给到学生自行阅读,在法国大学校入学考试中所占比重也不高,而国内光学课上对其研究的篇幅远多于法国预科。

其次,国内物理系课程的物理教学体系在第三四年的课程量将会大增,且会设置很多专业课程,比如物理系中的四大力学,理论力学,电动力学,统计力学,量子力学。这四门课程的学习将极大提升学生物理方面的素养。而法国预科已无相应课时,上述内容被后推至法国工程师教育阶段。

最后,国内物理系课程的教学内容更加体系化和逻辑化。其课程是以理论框架形式讲授给学生。学生在学完之后脑中会有交清晰的理论范式。而法国预科更多是以问题或者应用为导向,在项目或者实践背景下,针对某一工程问题,展开讨论的过程中进行学习。且更加强调应用和调用知识,也因此,教学内容上有更多练习性质的习题课程。如果做一类比的话,传统物理教学重学科基础类似学习钢琴过程中的强调手指肌肉训练,指法,读谱的传统钢琴操练方法,使用教材为小汤姆森。而预科物理更注重整合,教学内容如类比钢琴教学,更注重弹唱结合,左手伴奏,和弦使用,使得整个音乐表现更加成为整体,所用教材为 YAMAHA 音育教材。

(三) 对比分析

1. 难度分析

单纯从单门课程难度来说,国内传统物理的内容难度大于预科物理学的难度。其难度主要来源于对于整个理论体系的把握。且由于学生在刚入学时物理直观尚未完全建立,针对某一学科的完全式逻辑推理,在后半部分会对学生构成障碍。以光学为例,其中包含了几何光学和波动光学两部分,其中几何光学部分需要的数学基础较少而波动光学甚至矢量光学牵扯到大量叠加原理的使用,以及傅里叶变换分解。某些定理的证明还需要用到格林函数,复变函数留数定理等。于是在光学课程的后期由于数学工具缺乏带来的难度陡升会对学生理解物理问题造成障碍。

2. 深度分析

从单门课程来说,国内传统物理内容深度大于预科物理课程深度。国内物理体系讲会就某一知识点深挖到底,一旦讲出就将其讲透彻。而法国预科物理只讲授涉及问题背景的知识,即能用到什么就讲什么。以偏微分方程求解问题,国内的数学物理方法数理方程部分详细讲解了三种偏微分方程的求解,以及作为定解条件的各种形式边界条件下的求解。同时还介绍了格林函数法,冲量法等多种多样的求解方法。而法国预科仅介绍了最简单求解方法,复杂方法在教学大纲中并未涉及。

3. 广度分析

法国预科物理教学广度大于国内物理教学的广度。法国预科物理教学中有大量内容是与其他学科衔接的内容,包括热化学,电路原理,伺服系统等等,以物理学的角度,阐释相关内容,能够使得后续这些其他领域的内容能够很好的被解释和理解。并且,预科课程的广度还体现在其在物理学科内部的交叉。以振动为例,在理论力学中,我们将会学到弹簧振子以及相应的摩擦带来的三种振动形式,过阻尼,临界阻尼,欠阻尼。而在电路原理中,我们也同样会学习到 RLC 电路的振荡和相应的阻尼,两者的物理图景相似,因此可以用同一种方法描述,因此学生在学习的过程中,如果能够同时讲这两个内容讲述,将大大提升学生对该问题的理解。于是,法国预科的广度就在这种现象驱动下的学科内整合下体现了出来。

二、教学方法对比分析

(一)分门别类与螺旋上升　专业性与大综合

教学方法上,国内的物理学分门别类,各细专业细分明确,相关的教学大纲我们已较为熟知,体现了国内教学的专业性。并且,在教务系统中的课程名称与实际课程相关度高。近乎相同的教学内容,法国预科物理却将知识点打碎,根据难易度和知识间联系重新排布。如此,学生将无法在第一次学习时得到整个学科框架,而是不断构建,循序渐进,螺旋式上升,在应用场景的更迭下不断发现现有理论储备的不足,从而不断加强自己已有的理论"武器库"。在这种打碎知识点情况下,学生更容易寻求知识间的联系从而进行实践性大综合。

法国预科体系的教学大纲在法国教育部官方网站上可以查询到,也可到如下链接下载:.https://prepas.org/index.php?document=34。本文以 MP(数学物理)系列为例,从其教学大纲,我们可以明显看到其在几乎等同于国内教学内容的情况下如何对知识点进行重组的(见表2,表3)。

表3　MP 第一年教学内容

1 信号处理初步	简谐振子;信号传播,行波干涉驻波;几何光学;量子力学介绍;电路原理初步;线性一阶电路;RLC 电路;线性滤波器初步
2 力学1	质点运动学;刚体运动学;牛顿三定律与动量定理;功能原理;带电粒子在电磁场中的运动
3 物态变化	三态变化与 PT 相图;物理化学系统;化学反应与反应进程;物理化学系统随时间的演化
4 物质组成	粒子物理学初步;元素周期表;分子与溶剂
5 力学2	动量矩定理;刚体定轴转动动能定理;中心力场
6 热学	热力学系统,平衡态;热力学第一定律;热力学第二定律;热机
7 电磁感应与安培力	磁场与磁矩;磁场的力效应;法拉第电磁感应定律;动生电动势与感生电动势;自感与互感
8 晶格结构	理想晶体模型;金属晶体分子晶体;共价晶体与分子晶体;离子晶体
9 溶液化学	
所需数学工具	1 代数方程求解 2 常微分方程求解 3 函数求导积分傅里叶级数 4 向量几何 5 三角函数与复数表示

表 4　MP 第二年教学内容

1 力学	非惯性系下的质点力学；摩擦力
2 信号处理	周期信号与一阶二阶滤波器 数字电路，采样与采样频率；香农定理
3 光学	标量光波模型；双光束干涉；分波前干涉，杨氏双缝干涉；分波幅干涉，迈克尔逊干涉仪
4 电磁学	静电场与高斯定理；静磁场与安培环路定理；麦克斯韦方程组；电磁能量；电磁辐射
5 热学	定常流动下的开放系统；传热学
6 量子力学初步	薛定谔方程；自由粒子；定态；非定态
7 热力学统计初步	玻尔兹曼因子；分立能谱；气体与固体热容
所需数学工具	1. 矢量分析　梯度，旋度，散度，标量和矢量的拉布拉斯算符 2. 傅里叶分析 3. 偏微分方程求解 4. 求微分 5. 随机变量

（二）ppt 教学与传统板书教学　框架性与细致逻辑

国内传统物理教学目前已 PPT 教学为主，板书为辅，其范例可以参见中国 MOOC 官网，以及爱课程视频网站，例如北京大学物理学院的王稼军教授主讲的电磁学，在 coursera 平台上已有大量学习者学习，主要录课形式即为 PPT 讲解。其特点是可以节省板书书写时间，快速的讲需要讲解的要点提供给学生，使得学生可以在最短时间接受所需要掌握的物理理论并形成框架。而相应推导部分的细节，需要学生根据自己的节奏进行补全。

而法国预科物理教学倾向于使用板书，在 prepa.org 官网上有预科介绍视频，画面中的课程实录显示其在上课中几乎只使用黑板进行教学，同时中法工程师学院每年派出的预科访学团也得到类似的反馈，即预科老师课上大量的使用黑板进行教学。同时，即便是视频课程法国预科老师依旧选择使用黑板，较为有代表性的是 E-learing prepa 视频号，在 youtube 上进行搜索即可找到该视频公众号。内容法国"网红"老师给广大法国学子进行网上预科培训，而几乎所有视频都是在高中预科班进行的现场实录，全部使用的是黑板教学。

使用黑板教学的好处是，教师的逻辑讲毫不保留的以近乎赤裸的方式展现给学生，于是，学生只要能够跟上老师的思路通常来讲，该部分证明就可以理解。当然，这也造成了法国教师在讲课时挂黑板的概率增加，如果课前备课不充分，很容易就会在推导过程中因逻辑连接不畅而在黑板上停滞无法继续推导下去。这种细致的逻辑推理可以使得学生快速而扎实的吃透某一个知识点的全部细节，并对教师所讲问题充分理解。国内也有使用黑板教学的实例，且多数来源于高中，因为高中有高考作为指挥棒，且需要学生尽量在课堂上消化知识点。举例来说，目前国内物理界"网红"人大附中李永乐老师的视频中就展现了板书授课的优势，在板书的层层展开的同时，物理知识点循序渐进的讲解，使得视频内容容易理解。

（三）模型化解题与文档搜寻建模式解题

国内的物理教学大家已较为熟知，平时练习题目和所考题目已尽可能模型化，并且题目不会出现歧义,如此可以保证学生作答在某一规定情境下,最终虽然可能出现一题多解,但总体上讲是可控的。反观法国预科物理中的题目,大部分为文档搜寻式,即需要自己根据情景建模,题目中有相当的隐含条件,需要学生自行找出并在作答时明确。更有些习题中的问题会带有较为强烈的主观色彩,例如根据物理直观对某一现象做出评判,学生的作答可能千奇百怪,而如此发散式的作答也正是法国预科所希望看到的。

关于法国预科结束后的大学校入学考试题目,后续会有更加详细的说明。

(四)对于数学的重视

相较于国内物理课程重视物理直观,法国预科物理除了对于物理直观外更加注重逻辑推导和数学演绎。有些情况下,法国预科教师会让学生先熟悉推导过程,和数学细节,最后再进行物理图像的解释。这种过程有些类似我国古代对儿童的教育,背三字经千字文论语等等,经典诵读时孩子可能还无法品读其中的意味,但是当孩子讲经典融于自己的时候,随着阅历的增加其对经典的解释可能会不断更新。法国预科物理教育也有异曲同工之妙,数学细节的掌握使得学生可以掌握住整个物理逻辑和结论,而物理图像的解释和其数学背后的真谛,某些情况下是见仁见智的,随着学生不断的学习,能够品出的物理内涵也会不断增加。

总而言之,法国预科物理教育特点就是大综合,强调逻辑推导。当然并不是所有学生都能够经受住如此高强度的综合与数学推导训练,因此,法国预科教育只能实行精英教育无法在全体民众中展开。

三、中法物理教师培训及资格考试对比

教师是教学的主要实施者,因此预科物理教学特点很大程度上也来自于其教师的特点。故我们在此对国内和法国物理教师培训和相关资格考试也做一对比分析。由于法国预科兼顾了高中和大学的双重特性,故对比分析中国内的培训和考试将连高中一并加入分析。

(一)国内教师资格考试与培训

首先,国内高中教师资格证及其培训以各大师范院校为主。学生将参加教育学,教育心理学以及课程论为期一年,每周课时总计 6~8 学时,要求通过期末考试。随后参加学校组织的普通话培训,并参加考试。最后,参加学校组织的高中教育实习,为期一个月,担任学科教师并实习班主任。经过大致如上所述的流程后,即可成为一名高中老师。而社会人士如想获得该教师资格则需要参加社会提供的相关资格证培训班,学习教育学,教育心理学。同样需要参加考试,为期一天分三个科目进行,涉及基础理论和应用,部分科目三附带面试。

同样需要参加普通话培训及考试。均成功通过即可获得教师资格。

其次,国内的大学教师资格获得主要通过学位认定。具有博士学位的候选人,填写申请表可向教育部申请成为大学教师。入职后各个高校会根据情况自行组织教学基础班以及提高班等面向新教师的培训。如社会人士想考取大学教师资格,则需要参加大学教师资格考试,内容为教育学和心理学。考试通过后,参加教育局组织的小型模拟讲课,成功通过后可以获得教师资格。

除了在获取教师资格有培训外,国内关于教学还有相关的教师基本功大赛。由全国总工

会组织已举办多年的全国青年教师基本功大赛是全国教学水平的集中体现。分为学校,省市和全国三级。通常学校青年教师基本功大赛,需准备教案 3 份,教学内容任选,每份时长 45 分钟。准备现场展示 3 份,每份时长 20 分钟,现场抽取一个展示。进入省市级的北京市青年教师基本功大赛需要准备教案 5 份,内容任选,每份时长 45 分钟。准备现场展示 5 份,每份时长 20 分钟,现场抽取一个展示。需要书写教学反思,现场展示后书写。最终的全国青年教师基本功大赛,需要准备教案 20 份,内容任选,每份时长 45 分钟。准备现场展示 20 份,每份时长 20 分钟,现场抽取一个展示。同样需要书写教学反思。青教赛的培训方式在赛时主要依靠学院教练团——学校教练团——各省市教练团。而在平时则主要依靠师徒制,教学团队,新老梯队传带带。培训形式以现场批课为主。

国内目前由教育部牵头正在筹办全国教育创新大赛,比赛方式为上传教学录像和申报材料相结合,由于是首次,相关培训工作还在展开中。

(二)法国预科教师资格考试与培训

1. 法国预科教师资格证概述

法国预科教师资格是需要通过法国预科教师资格考试(l'agrégation)且拥有至少一年实际教学经历,方可得到认证。该认证为法国预科任教的唯一官方许可。获得该教师资格的教师将隶属于法国教育部,享有法国公务员待遇。法国教师资格考试是国家级的竞考,竞争相当激烈。考试通过率历年平均为 10%。考试对于考生要求有相当高的学科素养,并且需要有广泛的学科涉猎和综合能力。通过考试课获得公务员资格,法语中叫做 Agrégés。

若追溯历史,法国教师资格考试是由 Matteo RICCI 传教士从中国传入法国的。在明朝万历年间,这名传教士来到中国发现了当时中国使用的科举考试,任人唯贤,给他带来了极大的启发。回到发过后,他也致力于将贵族世袭制改革为以能力选拔管员。在 1766 年,传教士遭到驱逐,但改革后的管员选拔体系却留了下来,并且通过考试选拔的管员弥补了传教士的空缺。

法国预科教师资格考试,分为三种,内部选拔,外部竞岗,以及外部特殊竞岗。其中内部选拔要求参加考试的考生已具备法国公务员身份,具备硕士学历,且有不少于 5 年工作经历,该考试相对另两种考试略为容易。外部竞岗要求参加考生具备硕士学历即可。外部特殊竞岗,需要参加考生具备博士学位。

法国预科教师资格考试范围基本涵盖全部学科,具体如下:艺术,生物化学-生物工程,经济和管理,体育,地理,语法,历史,法语,外语,古典文学,现代文学,数学,音乐,哲学,物理化学,生命科学-地球科学和宇宙,经济和社会科学,工业工程科学,医学社会科学。其中开设外部特殊竞岗的科目有:生物化学-生物工程,现代外语:英语,现代文学,数学,物理-化学和生命科学-地球和宇宙科学。值得注意的是,并不是所有科目每年都开设相关考试,具体考试安排每年都会进行更新。

由于法国预科教师资格是任教唯一许可,因此通过考试意味着获得工作机会,因此,每年可以通过考试的人数根据当年可选的工作职位而定,但大部分学科岗位数在几十或一百左右,以物理科目为例,2020 年岗位数为 78 个。这意味着需要在考试中考到全法国前 78 名才能够通过法国预科物理教师资格考试。因此,其通过的分数线根据每年的工作岗位和考生水平动态发生变化。

下表总结了若干考试门类和大致历年招聘的岗位人数：

表 5　考试门类和招聘人数

门类	招聘人数	门类	招聘人数	门类	招聘人数	门类	招聘人数	门类	招聘人数
英语	150	德语	50	西班牙语	50	阿拉伯语	5	医药	5
地理	30	历史	70	现代文学	120	古典文学	70	哲学	70
数学	400	物理	80	化学	40	生物	65	经济	40

不同考试门类的考试形式不同,下文中我们只关注物理教师资格考试。

法国预科教师资格考试分为两部分即笔试和面试。笔试通过后将获得笔试通过认证(l'admissibilité)且有资格参加后续面试,面试通过可以拿到考试通过认证(l'admission)。每门科目的考试组成大体相同,仍以物理为例:笔试将考察物理综合知识时长 5 小时,权重 2;化学综合知识时长 5 小时,权重 2;物理综合问题时长 6 小时,权重 2。面试将考察教师备课能力,其中将考察物理课,准备时间 4 小时,课程时间 1 小时 20 分钟,权重 4,考官在课后会根据考生所讲内容提出问题。化学课,准备时间 4 小时,课程时间 1 小时 20 分钟,权重 3,考官在课后会根据考生所讲内容提出问题。物理实验课,准备时间 4 小时,课程时间 1 小时 20 分钟,权重 3,课程中需要进行实验演示以及教学法讲解,考前可以在抽签中的两个题目中选择一个。上述面试考试的题目将会在考前一年提前公布,例如物理课程题目有 50 多个,化学课程题目 60 多个,以及物理实验 40 多个,考生可提前进行准备。考试当天考生可进入考场图书馆选择自己需要的参考书,但不可自带笔记。实验仪器也在考试时可以任意列清单选择,考场有专人负责帮助考生进行备课,其环境模拟日后考生参加工作时的备课环境。法国预科教师资格考试的注册时间为每年 9 月至 10 月份,笔试时间为次年 2 月中下旬至三月中下旬,笔试过后将公布参加面试考生名单,随后进行面试,面试时间通常为六月中下旬。

法国预科教师资格考试的专家评委通常由教育部的巡查组,资深地获得教师资格的教师,高等教育委员会成员等组成。这部分评委主要将进行面试部分的评价。并且,笔试考后可以进行查卷,但卷面上不会有判卷痕迹,且分数不会因查卷更改。专家评审组将会把笔试和面试成绩总和按权重相加给出排名,最后公布放榜。

获得预科教师资格后,教师可进入预科,或低一级别的高中进行任教以及高等技术院校,主要负责教学全程事务,包括教学,学生成绩,担任班主任,职业以及人生规划等。认证教师需要上课 15 小时/周,不包括非上课的备课时间。且工资待遇不低于 3801 欧元/月。且入职后教育部将持续提供深造学习培训机会。

2. 中国教师赴法考取法国教师资格证的必要性

在法国,优秀的学生会尽可能晚的进入到专业学习,他们会更多地进行多学科交叉的通识教育直到硕士第一年。这使得法国工程师大学校毕业的学生能够更好的进行基于多学科的创新,同时也解释了在美国硅谷和金融街有大量的法国工程师。同时,法国工程师能够在就业市场变化时根据情况使得自己重新找到适合市场定位的职位。基于这一市场要求,和法国学生的背景情况。法国预科教师便也需要具有相应的能力,即创造力,创新性以及多学科交叉。

获得预科教师资格证考试的成功,证明了考生的物理教学能力。然而,对于考生来说,拿到教师资格证的培训过程才是更重要的。以数学为例,教师资格考试中将考察分析,代数,概率统计,以及信息编程等等。菲茨奖获得者法国人 Cédric Villani 曾提到他在预科教师资格考试培训过程中的数学多大类内容的学习和整合为他日后在数学领域的建树打了重要基础。

一整年高强度的培训使得教师拥有了日后教师职业所需要的基本技能。对于物理学科来说,在法国有三大主要培训中心,分别是巴黎高等师范大学校,巴黎萨克雷高等师范大学校(原名卡尚高等师范大学校)以及里昂高等师范大学校。在这一年培训过程中,考生将听课,做大量练习以及实验,用以准备笔试和面试。期间考生将自己备课,向同学和评委展示,进行多轮次模拟和评课,以便不断提升。

法国教师资格证作为一种水平认证目前已被全世界主流国家所认可。大量的拥有博士学位并且具有法国教师资格证的人才被用人单位以高薪聘请。法国教师资格考试对于考生教学水平以及物理水平的衡量具有很强的说服力,尤其是对于物理内容的理解反思和综合运用能力。这种培训和考试体系是硕士和博士培养体系无法替代,因此在法国不论是教学单位还是科研单位都开始在入职时逐渐对法国预科教师资格证进行了要求。在法国,成为一名讲席教授需要博士学位,但目前多数该职位也已开始对法国预科教师资格证进行了要求。博士学位是对教师专业能力的认可。预科教师资格的获得是对教师在本科阶段全部物理课程和化学教学能力的认可。通常来讲,法国预科教师授课 15 学时每周,并且能够承担大课,习题课,实验课多种可行,并且具备自主撰写大课讲义,编纂习题,设计实验,编制期中期末考题等。

中国教师赴法培训考取法国教师资格证对于中法合作办学机构来说至关重要。由于目前从法国招聘具有预科资格教师越来越难,尤其今年在新冠疫情的形势下其难度更加凸显,不少中法合作办学机构出现了"断粮"的现象,即法国预科教师缺额,使得正常教学受到严重影响。因此,培养本土教师掌握法国预科教育精髓便成为当务之急。考取预科教师资格后,中方教师便可以与预科协调人一起更好的贯彻法国预科教学体系,同时可以胜任全部本科阶段的预科课程,满足法方对于预科教育的质量要求。如此,便能够使得中法办学机构的教学运转趋于稳定,极大增强机构抵御外部风险的能力。

3. 北航中法工程师学院安炜老师成功考取法国预科教师资格证经验分享

安炜老师本科毕业于北京师范大学,博士毕业于北京大学物理学院,于 2015 年来中法工程师学院实习时接触了法国预科教育,被预科教师可以"以一当十",力热声光电,一人独挑的能力深深震撼。随后,跟随学院 2015 级学生从零基础开始学习法语,并于 2016 年 3 月正式入职中法工程师学院,立志考取法国教师资格。4 年时间经过三任法方协调人和物理组同事的悉心指导,具备了前往法国参加预科培训的条件。在学校与学院的大力支持下,安炜老师于去年 9 月成功申请进入法国卡尚高等师范学校培训并成功考取了法国预科教师资格,成为了中国第一位取得该资质的男性教师,也是中国第一位同时拥有国内博士学位和法国预科资质的教师。

安炜老师所参加的 2020 年法国预科资格考试时间表及考试内容如下:

表 6 2020 年法国预科资格考试时间表及考试内容

笔 试
考试时间 3 月 11 日–3 月 13 日 ,为期三天,分别进行:
1. 物理综合　　9:00－14:00　　内容为全部大学至研究生物理知识
2. 化学综合　　9:00－14:00　　内容为全部大学化学知识
3. 物理应用　　9:00－15:00　　内容为某博士论文所引出的相关物理应用

续表 6

面 试
考试时间为 6 月 26 日、6 月 27 日
1. 物理讲课　准备 4 小时,讲课 30 分钟,评委提问 30 分钟
2. 化学讲课　准备 4 小时,讲课 30 分钟,评委提问 30 分钟(含一道思政题)
3. 物理实验(因疫情影响取消,实验考核放在讲课中)

2020 年物理教师资格考试评委报告在教育部分属官网 www.devenirenseignant.gouv.fr 已给出或可在如下网址下载:

http://www.agregation-physique.org/index.php/rapports-de-jury/70-rapport-2020

该报告为教师资格考试的唯一官方报告,对其的深入研究,便可对教师资格考试有深刻了解。

评委团共计 24 位成员,其中 10 女,14 男,其中教育部督导组 1 名,2 名高校教师,1 名法国科学院研究主管,7 位讲席教授,1 位区域督导,7 位高级预科教师,5 名教师资格证获得者。

近 4 年注册考试人数,笔试通过人数以及最终通过面试拿到教师资格证人数如下:

表 7　教师资格证人数统计

	2020	2019	2018	2017
注册人数	1069	1129	1352	1515
笔试通过	151	155	155	162
面试通过	78	78	72	87

经过上表数据分析平均来讲每年共计 1500 余人报名该分项考试,参加全部 3 门笔试的共计 500 人左右,最终通过笔试 150 人左右,经过面试筛选,最终剩下 80 人左右。根据评委报告,考生年龄分布多在 1994—1996 年,且该年龄段最终通过人数最多。值得注意的是,1966 年到 1979 年仍有 33 名通过笔试的选手,最终只通过了三人。从学生分布情况也可以看出 ENS 毕业学生通过率为 38/44,各其余大学通过率为 27/45,而其他社会人士或已经成为教师再教育培训的老师由于不能脱产参加培训,或因培训强度不足,最终通过率 15% 左右。其中男性考生 395 人,女性考生 120 人,笔试筛选剩下男性 123 人,女性 32 人,面试成功的男性 62 人,女性 16 人。

法国卡尚高等师范学校培训中心提供了大量优质培训资源,包括教师图书馆含核心书籍 800 册;物理实验中心(包括力学,热学,光学,电学,流体力学);化学实验中心(无机实验室,有机实验室(通风橱),各类药品齐全)。培训过程是严酷的,开学的前三个月培训中心便将从本科到研究生 5 年的全部物理类课程以及物理实验,甚至本科水平的化学课程全部过了一遍。也正是如此短时间高强度大容量的对全物理化学学科内容的反思,使得经受住培训的教师获得了极强的综合能力和庞大的知识网络。随后为期 2 个月的讲课批课环节,培训中心请到了全法物理界以及预科教学界的著名教师前来担任评委点评,提出修改意见。这一环节极大提升了教师自主备课,选择教学素材并组织素材的能力。培训中心最后一项大培训是协助教师准备口试环节中的内容,包含 125 个题目,所需知识涉及本科至研究生物理学和本科水平的化学,准备时间不到 3 个月,平均每天需要准备出 1~2 个完整的教学设计其中包括实验测试和实验设备搭建等,强度颇大。

培训过程中发现中法教师培训体系共同点有:

① 物理直觉的应用;

② 量纲分析和数量级:减少数学内容的呈现;

③ 逻辑线以及课程闭环的体现;

④ 现场演示实验的重要性以及教具的使用;

⑤ 课程内容选取的艺术,如何取舍内容,如何切片;

⑥ 课程思政元素的添加;

⑦ 板书的设计;

⑧ 多媒体以及网络等现代手段的运用。

中法教师培训体系不同点有:

① 法国预科培训体系为工业化,集中,短时间大批量生产,投入的培训人力物力成本巨大;

② 法国预科培训体系高强度,大综合特性,使得短时间大量知识涌入进行融合,可以获得很好的知识横向连接;

③ 法国预科培训体系中的教师图书馆,以及教师与教师图书馆的连接,"法国教师的武器库";

④ 法国预科培训体系注重推导和思维过程,结果应用次之;

⑤ 法国预科培训体系注重板书,ppt 手段为辅助;

⑥ 法国预科教师会 UPS 试题共享课件共享等。

四、教学质量控制对比分析

(一) 学生质量控制

我们主要讨论法国学生高考与国内学生考试考核评价体系对比。以与中法工程学学院合作的中央理工集团中的 CentraleSupelec 为例,其入学考试试题可在如下网站下载:

https://www.concours-centrale-supelec.fr/CentraleSupelec

在法国大学校的入学考试中,一份物理考卷需要涵盖物理的多个学科,并且考察学生综合运用能力。以 2011 年 CentraleSupélec 为例,物理试卷中就涵盖了流体力学、刚体力学、电磁感应以及热力学,可谓力热声光电样样齐全。

由于法国学生大学校入学考试相较于中国高考错后了两年,故学生学习动机和动力在高等教育初期远高于中国学生。且法国预科阶段的评价体系与我国高中阶段对学生的评价体系较为相似。由于有后续的高考作为指挥棒,在校学生更为关切最终高考的发挥,因此过程性评价意义不大,多数法国学生在过程性评价中分数较低,一方面因为学习强度在预科阶段过大导致部分学生跟不上进度,另一方面,预科教师对学生要求严格,压低分数可以让学生看到自己的劣势,并加紧学习迎头赶上。

而国内学生在从高考进入大学多半进入放羊模式,考核评价体系也以水平性而非选拔性为主,使得多数学生以通过考试,得到 60 分及格为目标,学习动力较差。为督促学生学习,国内教师增加了期中考试,随堂测试等多种过程性评价,以督促学生在平时努力学习。

(二)教师质量控制

法国有督学巡查制度,保障了法国预科体系的正常运作。法国不同学科均在教育部设立有督学巡查组,并下设有巡查员,每年或每隔一年对预科教师进行现场听课巡查,考察预科教师授课情况,并对预科教师的升迁进行评定,决定其升迁,留级或者降级。如图 1 是法国预科教师的等级(echelon)以及相应工资表(以欧元计费),由于等级与工资密切相关,巡查员有较大的权利,被巡查教师因其教学水平与个人利益直接相关,且有专家专人考察,故需要严肃对待。国内不少大学也建立有相应督学制度以及同行听课制度。督学组成员一般由教学名师担任。但由于国内教师升迁渠道目前依旧以科研渠道为主,督学制度尚不能触及教师核心利益。

中等教育认证教师等级与薪金				
教师等级	总指数	主要指数	周期(年)	税前薪酬（欧元）
1	525	450	1	2108.71
2	591	498	1	2333.64
3	611	513	2	2403.93
4	649	542	2	2539.83
5	698	579	2.5	2713.21
6	748	618	3	2895.96
7	803	659	3	3088.09
8	869	710	3.5	3327.08
9	931	757	4	3547.32
10	988	800	4	3728.82
11	1027	830		3889.4

图 1　法国教师等级与薪金[①]

五、总　结

本文针对法国预科物理教学特点进行了对比分析。经过对国内和法国相关数据和事实的梳理,我们得到法国预科的教学特点为大综合,重应用,强逻辑。针对如此特点的教学就需要相对应能力的教师,因此,法国教师资格培训和法国教师资格考试便是对法国预科教学特点的有力的支撑,最后,一脉相承的大学校考试以综合能力对学生质量进行把控,督导巡查员对预科教师能力进行把控,使得法国预科教学体系的特点得以维系并持续运转至今。该体系对我国的教学改革有着重要的参考价值,对该体系的深入研究和实验性的创新教学,正是目前北航中法工程师学院的主要任务之一。

[①] https://www.emploi-collectivites.fr/grille-indiciaire-etat-professeur-agrege-enseignement-second-degre/0/5573.htm

面向工程能力培养的大学物理教学模式创新[①]

胡雪兰　张艳峰　杨新涅　徐　舟

中国民航大学中欧航空工程师学院

摘　要：围绕国家急需的航空工程领域人才需求，引入法国精英工程师教学体系，融合中法教育理念，创新本土化工程教育模式；从课程安排、教学组织、教学方法和考核方式等方面对比某中欧学院预科物理教学体系和国内工科大学物理教学模式，分析了预科物理在人才培养目标实现中所起的作用，希望对大学物理教学创新有所借鉴

关键词：大学物理；工程能力；教学模式；培养目标

在新经济背景下，我国提出"新工科"建设方案，向未来发展，培养具有国际视野、通晓国际规则的复面向未来科学合理布局"新工科"专业，以多元化、合型航空精英重任，带动我国航空产业技术进步，推创新型卓越工程人才培养模式为主线，通过培养具备动航空业复兴，为建设创新型国家和人才强国战略服创新创业能力和跨界整合能力的工程科技人才，实现务，对丰富和推广中外合作工程技术人才培养体系具高等教育强国和中华民族伟大复兴的中国梦。《"十三有重要意义。五"国家战略性新兴产业发展规划》将"空天"领域法国作为航空航天强国，在航空设计与制造领域列为需要超前布局和建设的战略性产业。此外，《国家独树一帜，形成了后工业化时代工程教育人才培养模中长期教育改革和发展规划纲要（2010—2020年）》明式，其精英人才培养获得国际社会广泛认可。法国工确指出要建立高校分类体系。作为具有工科优势的行程师善于把科学知识、技术能力和对人类现实的关怀业院校，服务于国家战略，承担着满足产业需求和面结合起来，能够革新、创新、掌握、主导很多主要领域的复杂工程项目，这与法国精英工程师教育体系是分不开的[1-7]。预科教学是法国精英工程师教学体系中不可或缺的一部分，为工程人才的培养奠定了基础。我校中欧航空工程师学院（以下简称"中欧学院"）是经教育部批准，与法国航空航天大学校集团合作成立的办学机构，旨在系统引进法国精英工程师教育理念和培养模式，培养兼具宽厚数理基础、完备工程能力和综合创新能力，胜任研发、设计、制造、适航、运行等航空全产业链工作的国际化复合型人才。中欧学院预科物理教学一直采用精英工程师教育体系中预科物理的教学大纲[8-10]，是中欧学院工程师阶段推进系统、结构与材料以及航空电子的基础。在十年的发展历程中，不断探索，初步形成了具有自身特色的工科基础物理教学模式，并取得了一定的成效。

在我国，大学物理属于高等教育中工科专业的公共基础课。大学物理的设置是从专业需求出发，依据专业的不同其教学内容不同。如物理学专业的大学物理涉及内容比较广，且程度比较深，课时安排较多。而工科如机电、航空宇航等专业的大学物理内容则较浅，旨在培养学生对物理学的基本概念、基本理论、基本方法具有比较全面的认识和正确的理解，并具备初步

---

①　原文刊载于期刊"实验技术与管理"2020年第37卷第61期，编入本书时进行了重新排版。

的应用能力,使学生能够较系统地打好必要的物理基础,初步掌握科学的思维方式和研究问题的方法。

中欧学院所采用的法国预科物理教学体系在法国工程师教育和培养过程中有着与工科大学物理不同的教学目标和定位。法国预科教育属于精英教育的一部分,受教育对象是高中毕业以后成绩在前10%的学生。预科物理教学内容包括力学、电子学(含数字电路)、电磁学、热学、光学(几何光学与波动光学)、流体力学和扩散理论等。通过预科物理的学习,学生能够全面掌握物理学中的基本概念、基本理论和基本方法,准确地描述物理定律的推理过程,且熟练应用所学物理定律解决新的物理问题。开设本课程的作用和任务还在于使学生对今后理解工程师阶段的课程,解决学生未来职业活动中的技术问题打下坚实的理论基础,培养学生掌握科学有效的学习方法和解决新问题的能力,成为现代尖端技术领域有竞争力的工程师。

本文从教学内容、教学方式方法以及考核方式这三个方面对国内本科院校工科大学物理教学与中欧学院预科物理教学模式进行对比。通过分析总结希望能够对我国工程应用型人才培养的大学物理教学有一定的启发。

一、设置广而深的教学内容且课程难度逐年递进

我国大部分高校的工科大学物理授课时间短且内容广而浅,教材选用的是力学、热学、光学(不含几何光学)、电学和原子物理5部分融合在一起的大学物理教材。对于不同的专业设置不同的学习内容,如电信专业对模拟电路、数字电路和高频电路等课程进行学习,而发动机专业则对工程热力学和流体力学进行深入学习。预科物理教学是法国工程师培养体系中一个重要的环节。预科第一年教学大纲分为 MPSI、PCSI、PTSI[7],预科第二年分为 MP/MP＊、PSI/PSI＊、PC/PC＊和 PT/PT＊。其中 M 是指数学,P 是指物理,C 是指化学,T 是指技术,SI 是指工程科学。中欧学院引进了法国精英预科教育模式,并按法国教育部颁布的预科物理统一教学大纲实施教学。大一和大二物理选用的是 PCSI 教学大纲,大三物理选用 PSI 教学大纲,这两个教学大纲较为偏重物理和化学知识的学习,即物理化学所占课时较多。为培养学生具有系统的、坚实的物理基础,系统的思维能力和有效的处理问题能力奠定了基础。表1展示了中欧学院预科与中国民航大学和北京航空航天大学工科物理教学内容及课时对比。

表 1　工科专业大学物理教学内容及课时对比汇总表 学时

教学内容	中欧学院预科 物理理论课程	中国民航大学 飞动专业 普通物理课程	北京航空航天大学 飞动专业 普通物理课程
力学及流体力学	114	38	29
热学	82	20	19
机械振动和机械波	22	6	16
光学	66	14	14
电磁学	92	30	41
电学/电子学	80	未包含在物理课中	未包含在物理课中
近代物理	在化学中	12	22
合计	456	120	141

由表 1 可以看出,我校飞动专业的基础物理教学为 120 学时,北京航空航天大学飞动专业基础物理教学为 141 学时,而中欧学院预科物理理论课教学为 456 学时,另外还有 208 学时的习题指导课。课时上的巨大差距反映了教学内容和教学深度的差距。此外,中欧学院预科物理教学内容安排范围广且程度深,理论课的课时数远超过工科大学物理的课时数,学生需要在短时间内掌握大量的知识,这样高强度的学习也迫使学生养成高效的学习习惯。预科物理教学分布在三个学年中,图 1 为具体的教学内容。以力学为例,大一涉及质点运动学、动力学基本原理、功和能的关系以及自由谐振子与相图等,共 28 学时。大二则为动量矩定理、受迫谐振子与相图、非惯性系力学等,共 48 学时。大三则为流体运动学、流体动力学及守恒定律的应用等,共 40 学时。每年都会涉及力学模块的内容,并且讲授深度是逐年增加的。这是预科物理教学的另一个特点,有利于学生对于新知识的接受以及对已学知识的巩固。

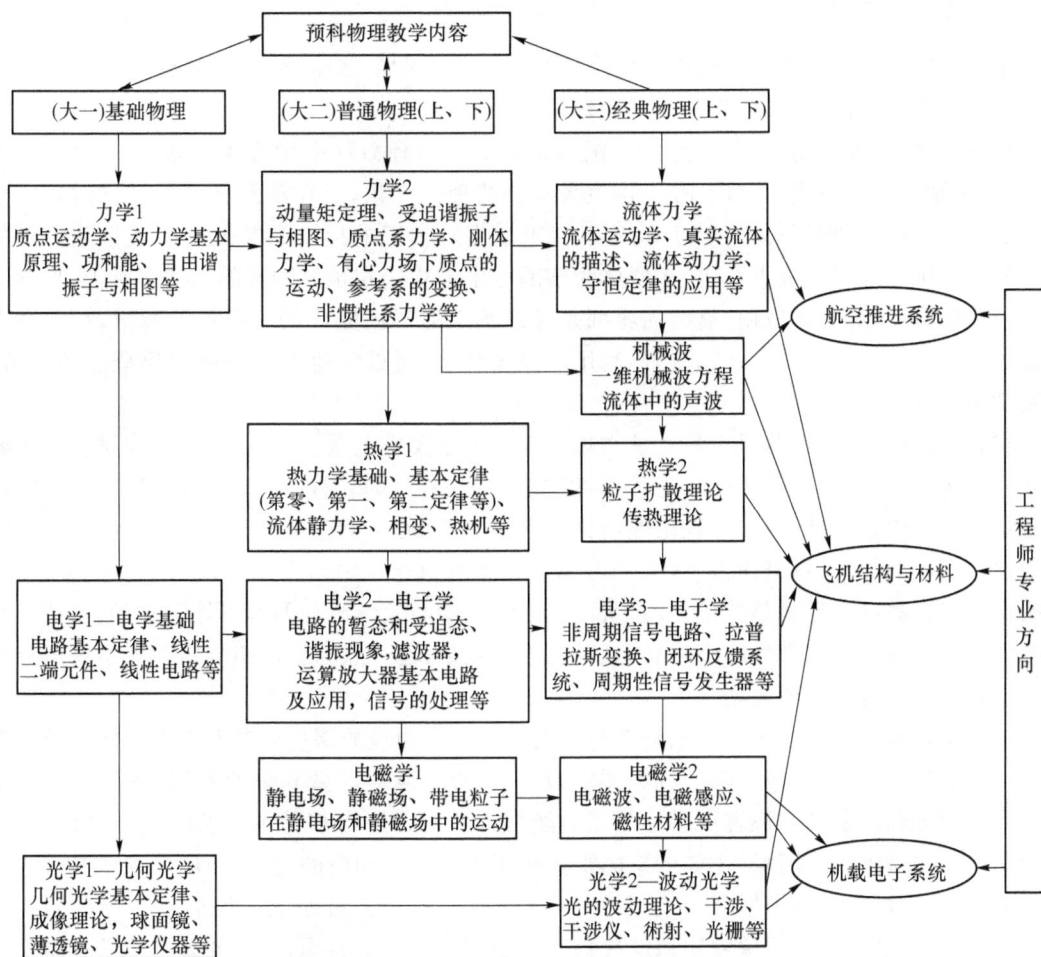

图 1　预科物理教学内容安排

教学目的不同,决定了讲授深度及对学生学习要求的不同。在教学目的上,工科大学物理在教学过程中注重基本原理及其在简单的模型化问题中的应用,对不同专业再进行深入的学习。中欧学院预科物理重在培养学生对物理问题模型建立、定律/定理的得出和推导方法的掌握。一些模块的教学内容安排和教学深度与我国高校物理专业普通物理相近,而一些模块如力学、热学、电子学等甚至高于物理专业的普通物理。例如在预科物理的力学模块教学中涉及的非惯性参考系中运动的研究属于我国理论力学的课程内容,流体力学则属于一些专业的专业基础课教学内容;热学模块中的非平衡态、开放系统则属于工程力学的教学内容;电子学基础和几何光学在大学物理中并没有涉及,而仅仅在相关专业如电子学专业和光学专业中通过专业基础课完成相关知识的学习。此外,中欧学院预科物理在习题指导课、课外作业和考试的选题上大多源于较复杂的实际问题的模型,在难度上也高于普通物理。学生通过学习必须能够准确地推导基本的物理定律,在使学生具备深厚的物理基础的同时,也初步培养了学生在未来专业领域内所应具备的科学、严谨的态度。

二、建立传统与现代相结合的教学模式,注重工程能力培养的多样化教学环节

中欧学院预科物理的教学内容及要求更接近物理专业的基础课要求,更强调物理思维的培养。教学要求不同,所需的教学方式和教学安排不同。

近年来,由于大学物理课时的减少,国内工科大学物理只能采用多媒体教学(如 PPT)为主、板书为辅的教学方式。借助 PPT 讲授大部分的理论知识,仅在涉及必要的推导时采用板书。实际上,对于物理课而言,PPT 教学不利于学生对知识的接收和掌握。中欧学院预科物理大课教学则始终保持板书为主、多媒体为辅的教学方式。在预科物理的教学课堂上,概念的引入、定理的推导和具体应用,这些内容都是通过板书的形式完成的。受条件所限,在课堂上无法进行一些必要的演示实验,我们则利用多媒体演示,帮助学生对于一些抽象概念的理解,激发学生的好奇心和求知欲。

在教学组织上,国内普通工科大学物理教学多采用大班上课。以我校为例,大学物理的教学在 120 人以上,教师一般采用理论课穿插讲解例题和习题指导的方式。中欧学院预科物理的教学除了理论课之外,还有与理论课约为 1∶2(不同年级略有差异)配套的习题指导课,习题指导课采用小班教学,每班通常 25 人。习题指导课时相比于国内大学物理所占比例要多,小班授课可以让教师更好地与学生互动,从而调动学生参与教学活动的积极性和主动性,使得授课教师能够更好地掌握学生的学习状态,提升教学效果,这一点与美国伊利诺伊大学香槟分校的大学物理课堂有着相同之处[11]。

中欧学院预科物理在习题的选题上与国内工科大学物理的课后习题有很大不同。习题课作为大课的补充,一方面帮助学生巩固课堂知识,考查学生对课堂知识的掌握,另一方面也是为了培养学生利用所学知识解决实际问题的能力。习题课题目都是主讲教师精心设计的,在选题时教师要考虑很多因素,比如课堂的重要知识点都要有相应的题目;习题的顺序安排要与课堂知识的讲解同步;所出题目要有层次感,既要有考查学生对课堂知识的了解情况的基础题,也要有能体现学生运用课堂知识解决物理问题的中等难度的题目,还要有培养学生创新思维的高难度题目。此外,考虑到具体工程应用与物理模型和数学模型之间的差异,需让学生接受和理解物理中合理的假定,习题课题目中还会对大课中一些假定近似进行补充,以下是习题课案例展示。

在大课上所讲的绳子振动模型有许多假定,其中一个假定是忽略绳子的重力。在这道题中我们要验证在仅考虑绳子竖直方向的运动时是合理的。绳子的线质量密度为 μ_1,绳子有拉

力 T 使其张紧。

① 首先,这里认为重力不是所有的情况下都是可以忽略的。在考虑重力影响的情况下,对绳子中的一小段长度微元 dx 进行受力分析,列出运动方程;

② 在什么情况下重力是可以忽略的?

③ 我们考虑下面两种情况:

a. 绳子的线密度大小为 $\mu_1 = 2.0 \times 10^{-4} \text{kg} \cdot \text{m}^{-1}$,一段系有 100 g 的砝码。

b. 金属绳的体积质量为 $\mu_1 = 7.2 \times 10^3 \text{kg} \cdot \text{m}^{-3}$,截面为直径是 1 mm 的圆,T 为 3 000 N。

绳子一端振动频率为 100 Hz,确定这两种情况下重力可以忽略时振动振幅所需满足的条件。

通过这道题的第一问,让学生对绳子的微元进行受力分析,我们可以对课堂内容进行回顾。由动力学基本原理列出运动方程后可以得到不是所有的情况下重力都可以被忽略,而是满足 $\mu_1 g \ll \left| \dfrac{\partial^2 y}{\partial^2 x} \right|$,也只有忽略重力的影响时,我们才能得到达朗贝尔方程。通过第三问,我们进一步推导,当简谐行波频率一定时,振幅需要大于一定的值才能忽略重力的影响。也就是对于水平方向静止的绳子,重力能否被忽略取决于振动频率和振动的振幅,与其他物理量无关。通过这道题,不仅复习了课堂内容,又补充了堂中在推导达朗贝尔方程时所作的假定条件,帮助学生更深刻地理解课堂内容。

除了习题课辅助课堂内容之外,还会按照模块定期给学生布置家庭作业。而作业的题目也不是传统教学中的课后习题,而是主讲教师根据课堂内容,选用综合的案例在习题课教学基础上,设计难度更高、范围更广、趣味性更强的家庭作业题目,对培养学生物理知识的综合运用能力和创新思维能力更有帮助。例如,将力学中的经典实验傅科摆的研究设计为课外作业。所出一道题目中多个设问的难易程度具有阶梯性,一般包含对课程内容的回顾,课程中基本原理的应用,对定律、定理的深入研究。教师布置家庭作业的目的不仅是对课上知识点的练习,更可提高学生的理解力、逻辑思维能力以及独立解决综合性问题的能力。另外,我们还希望通过家庭作业激发学生对物理的兴趣,拓展知识面、开阔视野。基于这个初衷,我们从法国工程师学校入学考试题目中选择与课堂内容和实际应用相关联的综合类题目,通过所学知识建立模型,然后逐步考虑实际因素的影响,促使学生运用自己所学知识解决复杂的实际问题。此外,家庭作业可要求学生以小组方式完成(2~3 人/组),学生也可自由选择自己的合作伙伴,以便互相讨论和研究,这样做可以有效训练学生的团队协作精神。考核标准不仅是检查学生是否完成了题目,还要求家庭作业具有可阅读性,即要求书写整齐、表述清晰、推导的每一步理由明确、逻辑性强。这样经过三年的锻炼,学生的书面表达能力也得到很好的提高。

借鉴法国预科物理教育模式,预科物理教学引入了物理口试环节。这是通过具有一定难度的题目对学生的学习效果进行测试,其形式与传统意义的口试不同。口试要求学生分成 2~3 人一组,每组学生每两周参加 1 h 的物理口试,学生需要向教师讲解解题思路、方法等。教师则根据学生在讲解过程中涉及的知识点进行提问,通过对问题的提问,判断学生对知识点掌握的正确性及深度。这一教学环节不仅能考查学生对近期所学知识的掌握程度,而且能够使教师及时了解课堂采用的教学方法及教学内容是否适宜。因此,口试的反馈信息对课堂教学效果的改善能够起到积极的推动作用。

大班理论课、习题指导课、课后综合作业、定期口试构成了中欧学院预科物理教学全方位、立体化的教学组织体系(见图2),保证了培养学生具备深厚的物理基础、系统思维和解决复杂工程问题的能力。

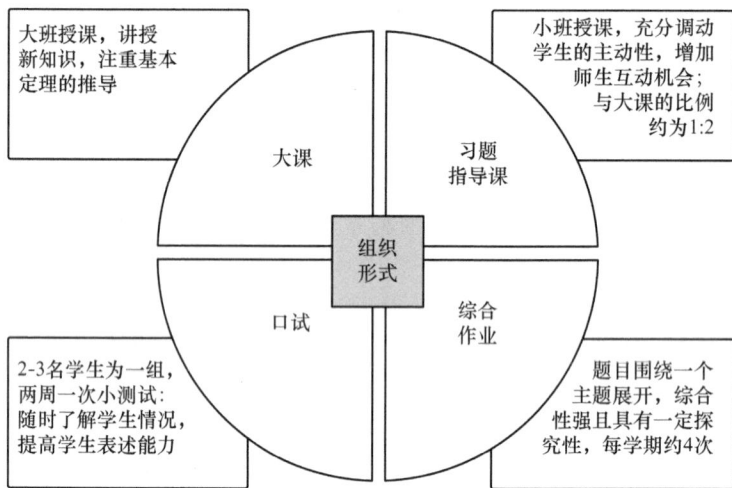

图 2　中欧学院预科物理教学组织体系

三、采用多形式的考核方式及全面、客观的学业评审制度

为了保证学生学习的规律性,中欧学院预科物理教学采用的是进程式考核方式,包括定期口试、家庭作业、期中考试和期末考试。每学期三次考试加权平均综合口试成绩为期末总成绩。

进程式考核方式可以及时对学生学习效果及对教师的授课接受度进行反馈。每学期三次考试对学生平时的学习是一种有效的督促,考试前没有固定的考前复习时间,这就要求学生紧跟课程进度,有利于培养学生养成持之以恒的学习习惯,而不是期末考试前"临阵磨刀"。另外,期末总成绩除了三次考试的卷面成绩外,还包括口试的成绩。口试不只要求学生解题,还要求学生能够把自己的思路清晰地表达出来。这样,既提高了学生系统掌握所学知识的能力,又锻炼了学生规范、准确的表达能力。

除考试之外,每学期末学院组织学业评审委员会会议对学生的学业进行评审,所有任课教师和学生代表参加此项会议。会议主要讨论学生在本学期学习中存在的问题,就学生的各科学习成绩、学习态度、学习能力及潜力进行全面分析。对在学习中存在严重问题的学生进行警告,或者建议转专业。这种学业评审制度对于端正学生的学习态度,保持持之以恒的学习状态能起到很好的鞭策作用。

四、结　语

围绕国家急需的航空工程领域人才需求,中欧学院贯彻"融合中法教育理念,创新本土化工程教育模式,持续提高培养质量"的指导思想,以"培养具有深厚数理基础、系统思维、宽广专业领域知识,并具有卓越工程实践与创新能力、跨文化交流与沟通能力的复合型航空工程技术与管理人才"为培养目标,为民用航空运行维护、技术研发以及国家航空装备设计与制造输送人才。工程教育对物理的要求是强调物理知识的牢固性和对物理思维的培养。物理是一门解析物质运动一般规律和物质基本结构的课程。因此,在教学内容的安排、教学方式的组织上都应遵循物理课程本身的固有特点。在授课过程中,中欧学院预科物理注重对物理现象的总结、物理原理的引入及推导、模型的建立,重在让学生理解定理的由来和应用。在为学生工程师阶段的学习打下坚实的物理基础的同时,培养学生高效的学习能力,为工科人才所需要的持续发展能力的培养奠定基础。

经过 10 年的教学实践、不断探索,教学效果显著,培养了一批具有扎实物理基础的学生。在中欧学院预科阶段结束后,学生在参加法国工程师学校外籍学生招生考试中取得了很好的成绩,连续几年均有学生被法国巴黎综合理工学校录取。毕业生就业情况良好,受到用人单位"基础扎实、上手快、学习能力强、善于解决实际问题"的好评。

参 考 文 献

[1]　孔寒冰. 法国工程教育系统与学科专业探析［J］. 高等工程教育研究,2007,(6):20 - 25.

[2]　陈家庆,韩占生,郭亨平. 法国的高等工程教育及其发展趋势［J］. 高等工程教育研究,2008,(4):27 - 32.

[3]　DOREY J,刘敏. 法国高等工程师教育解析［J］. 中国高教研究,2009,(12):52 - 54.

[4]　李建,周苑. 法国高等工程师学院教育特色初探［J］. 黑龙江教育,2010,(8):44 - 46.

[5]　杨东华,赵静. 法国工程师培养模式本土化过程中的学生评价研究［J］. 中国电力教育,2014,(33):46 - 47.

[6]　欧亚飞,李萍,钟圣怡,等. 法国工程师预科教育培养模式构建探索及应用［J］. 高教学刊,2016,(22):22 - 23.

[7]　邱延峻,蒲波. 中法高等工程教育合作背景、现状与策略分析［J］. 西南交通大学学报(社会科学版),2016,(5):70 - 74.

[8]　GRÉCIAS P, MIGEON J P. Physique 1er année(PCSI)［M］. Paris:TEC&DOC,2003.

[9]　BELLANGER É, GIRARDI R, PAULIN S. Physique（PSI-PSI）［M］. Paris:PEARSON,2010.

[10]　AUGIER D, MORE C. Physique（PCSI）［M］. Paris:TEC&DOC,2013.

[11]　苏亚凤,徐忠峰. 从美国伊利诺伊大学香槟分校的大学物理课程教学特点浅谈我国大学物理教学改革［J］. 大学物理,2011,(10):48 - 51.

工业科学课程实践环节考核方法与内涵[①]

徐平[1]　Hervé RIOU[2]

（1. 北京航空航天大学中法工程师学院，2. 夏普达尔预科学校）

摘　要： 工业科学是法国预科学校工程科学与物理(PSI)专业的必修课程，也是法国工程师大学校(Grandes Ecoles)入学考试科目之一，考生需要完成该课程理论和实验两部分的独立考试。在 4 个小时的实验考试期间，考生需要针对某个工程实际问题，依托实验设备，完成分析、计算、仿真、实验、口头陈述等多项任务；考试成绩则依据考生在考试过程中展示出的理解和分析能力、沟通交流和表达能力以及解决复杂工程问题的综合能力而定。该考评方法也在我院(北京航空航天大学中法工程师学院)工业科学课程的实验课中得到了应用。结果表明，这种注重过程和综合能力评价的考核方式和评价方法，可以较为客观有效地评价学生的综合实验能力，其考核标准可为我国实践教学环节的考核体系改革提供借鉴。

关键词： 工业科学；预科学校；工程师大学校；实践环节评价；考核标准

一、引　言

工业科学是法国工程师预科学校中，面向工程科学与物理（PSI）专业方向开设的一门必修课程，其设置背景与课程内容已经有详细的介绍[1][2][3]。工业科学是一门培养解决实际工程问题能力的科目，实践环节是该课程的重要组成部分，其实践教学内容与模式在本专题系列文章中也已进行了详细阐述。

法国预科学校学生经过 2 年的预科班（Classes Préparatoires）之后，要通过工程师入学考试，才能进入工程师大学校（Grandes Ecoles）学习，而工业科学的实践环节考试则是 PSI 专业的考试科目之一[4][5][6]。作为法国国家考试的重要组成部分，工程师入学考试和中国的高考一样，受到预科学校考生和老师的高度重视。

北京航空航天大学（以下简称"北航"）中法工程师学院从法国引进了工业科学课程，并自 2012 年开始在学院开设了关联的实验课程，同时还向北京市部分高校的师生开放[7]。在法国合作院校和法国工业科学与技术教师联盟（Union des Professeurs de Sciences et Techniques Industrielles，UPSTI）的支持和指导下，根据课程的目标和教学要求，结合通用工程师专业特点，对实验课程的教学内容、教学方法、评价标准等方面进行了探索和实践，并积累了一定的经验[8][9][10]。

为更加深入理解工业科学课程的教学理念，有效领会和切实掌握该课程实践环节的考核评价手段和方法，提升实践类课程教学效果和教学质量评价手段的科学性，在北京市教委的

---

①　原文刊载于：北京航空航天大学学报(社会科学版)2019 年 7 月第 32 卷第 4 期，编入本书时进行了重新排版。

支持下,笔者于 2017 年 6 月法国国家考试期间,现场观摩了法国工程师学校入学考试之工业科学课程实践环节考试。文章重点介绍该考试的内容和特点,包括考核环节程序、形式与内容、评价标准以及实验设备特色等,并在此基础上总结分析了法国工程师培养标准及内涵,最后通过一个案例介绍了实践环节考核的具体 内容并分析其特色。相比于中国高校实践课程的考核模式和方法,在法国工程师学校的入学考试中,工业科学课程实践环节的考核形式更新颖,其以评估 考生综合能力为准则的评价标准也和法国工程师的 培养目标相契合。

二、考核形式

2017 年度法国工程师入学考试中,大巴黎地区预科学校 PSI 专业方向考生约 1 800 人,均要参加工业科学课程实践环节考试。巴黎中央理工大学考点设有 3 个考场,每个考场作为一组进行考试,每组可容 15 名考生,考试安排见表 1。

表 1 工业科学实践环节考试安排表

日 期	时间与人数	设备与题目
第一组 (教室 A) 共 15 题目	8:00 - 12:00 (15 人)	设备 1(题目 1 - 1;1 - 2;1 - 3) 设备 2(题目 2 - 1;2 - 2;2 - 3) 设备 3(题目 3 - 1;3 - 2;3 - 3)
	14:00 - 18:00 (15 人)	设备 4(题目 4 - 1;4 - 2;4 - 3) 设备 5(题目 5 - 1;5 - 2;5 - 3)
第二组 (教室 B) 共 15 题目	8:00 - 12:00 (15 人)	设备 6(题目 6 - 1;6 - 2;6 - 3) 设备 7(题目 7 - 1;7 - 2;7 - 3) 设备 8(题目 8 - 1;8 - 2;8 - 3)
	14:00 - 18:00 (15 人)	设备 9(题目 9 - 1;9 - 2;9 - 3) 设备 10(题目 10 - 1;10 - 2;10 - 3)
第三组 (教室 C) 共 15 题目	8:00 - 12:00 (15 人)	设备 11(题目 11 - 1;11 - 2;11 - 3) 设备 12(题目 12 - 1;12 - 2;12 - 3) 设备 13(题目 13 - 1;13 - 2;13 - 3)
	14:00 - 18:00 (15 人)	设备 14(题目 14 - 1;14 - 2;14 - 3) 设备 15(题目 15 - 1;15 - 2;15 - 3)

用于考试的设备共有 15 种(大多为来源于工程实际的工业设备),每种各有 3 台套,分别用于考核基于此设备设置的 3 个考试题目,所以在一个考场内,共有 45 个考试题目。实践环节考试之前,每个考生通过抽签选定一套考试用设备,考试时长为 4 个小时。

每组有 5 名教师负责对本组的 15 名考生进行监督和考核,平均每个教师负责 3 名考生。在考试过程中,考生需要通过分析、仿真、试验等手段,阐述设备的功能、性能、设计理念等,并进行书面或者口头描述,期间教师将会不间断地对考生的实验过程和结果进行监督考评。监督老师通过考生的各种形式阐述,评估考生多学科知识的掌握程度和综合运用能力、对复杂工程问题的理解和解决能力、技术沟通和表述能力等。考试现场的真实环境如图 1 所示。

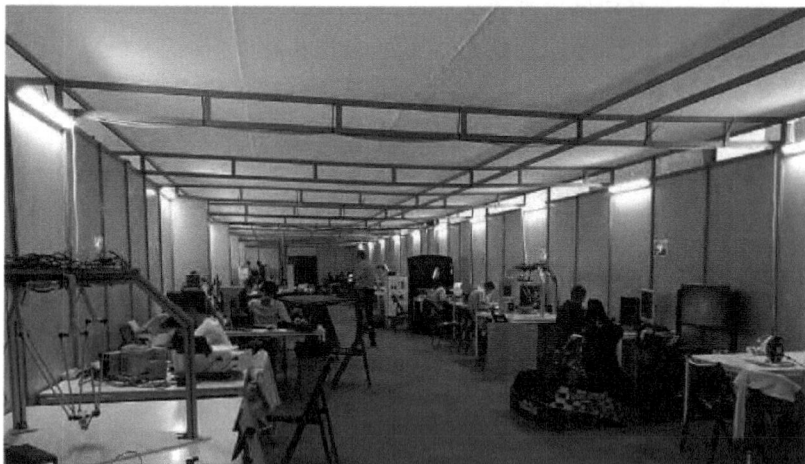

图 1　法国工业科学国家考试现场

　　法国工程师大学校入学考试持续 4 周,在此期间考生可以根据自己的安排,自由选择工业科学课程实践环节的考试时间。由于考题与工程实践紧密结合并具有开放性,同时还是基于实际设备进行综合能力的考核,因此单纯死记硬背知识点并不会对解决现场的工程问题有太大帮助,这就有效降低了考试题目泄露带来的风险。

三、考核程序

　　4 个小时的工业科学实践环节考试被分为三个部分,具体见表 2。

表 2　工业科学实践考核程序

时　　间	完成内容	考核模式
第 1 部分 (1 小时)	(1) 根据说明书操作运行时间设备,测量基本性能参数; (2) 完成系统的功能分析,阐述各部件在实际系统中的作用;	口头阐述 5 分钟 (面对考核老师)
第 2 部分 (1 小时)	(1) 分析系统结构组成,给出结构框图; (2) 建立性能模型,解释模型与物理系统关系及内涵;	口头阐述 5 分钟 (面对考核老师)
第 3 部分 (1.5 小时)	(1) 对系统操作,或对系统文件进行分析,辨识控制模型中的未知参数; (2) 在参数确定之后,对模型进行仿真,和实际测试结果进行对比; (3) 给出系统设计改进建议,并解释模型改进后系统的改进点。	不考核
	总结	口头阐述 10 分钟 (面对考核老师)

　　在考试开始之前,老师会介绍一些和设备相关的基本背景,以及考试的要点和注意事项。考生要 掌握此次考核的目的、实施途径,并能够领会不同工业领域、不同设备之间的相同与不同点。在考试用电脑上会提供所有与设备相关的文档资料、图纸、软件工具等,现场还备有操作工具与测试设备。

　　在整个考试过程中,老师不会主动提醒和打扰考生,在每个部分完成后,考生可以向老师示意,等待向老师口头阐述。在等待过程中考生可以继续下一个部分的工作直至所有要求项目完成。最后 10 分钟的总结之后,考评老师会根据考生的综合表现进行打分。

四、考核标准

在法国工程师大学校工业科学课程实践环节的考试中,主要考核考生 6 项专业能力,每项专业能力包含 3 个基本技能;在实践考核中,每个专业技能通过一个相关的问题来考核。根据考生的表现,每项技能评分从 0(差)到 3(非常好)不等,考核标准见表 3。

表 3　工业科学实践环节考核标准

序　号	专业能力	基本技能
A	理解系统工作方式和原理	A.1 描述设计功能和结构 A.2 正确使用设备 A.3 理解和确认设计者意图
B	分析能力	B.1 明确产品设计和需求 B.2 正确分析系统功能和结构 B.3 分析模型和实际系统之间的差异及产生原因
C	实验及动手能力	C.1 掌握操作规范 C.2 正确操作设备 C.3 正确测试实验结果
D	建模及分析能力	D.1 具备建立/验证模型正确性能力 D.2 能够基于模型进行分析和仿真 D.3 基于分析结果校核模型准确性
E	解决问题能力	E.1 掌握数值仿真技巧 E.2 准确进行数值仿真 E.3 能够准确得到数值仿真的结果
F	设计优化及决策能力	F.1 提出设计方案 F.2 对现有的设计方案提出优化建议 F.3 给出结论

实践环节考核满分为 20 分,其中 15 分和考生完成工作结果相关,根据考生在表 3 所描述的 18 项技能上的表现直接给出。另外 5 分用来评价考生的技术沟通、工程能力以及口头表述能力,其中包括:①考生口头描述的逻辑性和质量(2 分);②工程能力(分析系统的功能和性能,模型与实际产品结果差异原因)相关阐述结果(2 分);③监督老师根据考生表现进行综合权衡(1 分)。

五、实验设备

法国教育装备企业为工业科学课程开发的实验设备种类很多,且大都来源于实际工业系统,涵盖大多数工业领域和所有工业科学课程涉及的学科方向。考生在考试时有可能会遇到自己未曾接触过的设备,但一般情况下,这些设备与考生在实验课中曾用到过的设备具有一定的相似性;考生如已经掌握基本专业知识、数学方法及软件工具之后,就具备了通过考核的能力。2017年工业科学实践考试设一共有15种,如图2所示。

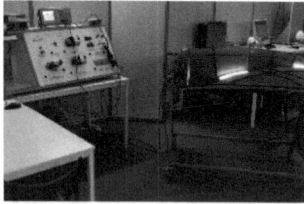
(1) 电动自动调节屋顶

(2) Delta机器人

(3) 触觉跟踪器

(4) 喷墨打印机

(5) 汽车驾驶模拟器

(6) 力感知伺服机械手

(7) 压路机

(8) 飞行观测控制实验系统

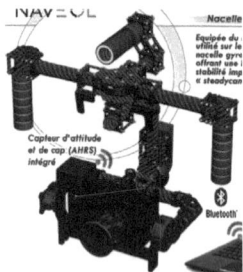
(9) 三轴稳定摄像

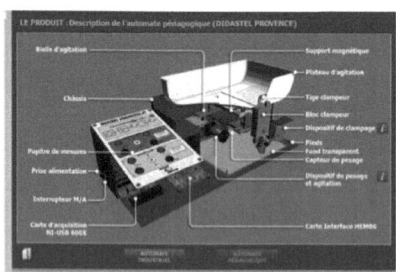
(10) 血液自动采集系统

(11) 无人机控制平台

(12) 天文望远镜控制平台

(13) 腹腔镜手术操作臂

(14) 葡萄分拣机器人

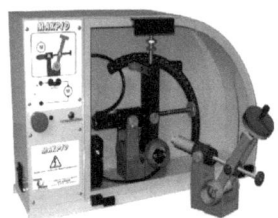
(15) 航空用伺服机构MAXPID

图 2　法国 2017 年度工业科学实践考核用设备

从考试设备可以看出,其涉及领域非常广,15 种考试用设备涵盖了交通、汽车、农业、办公、通讯、医疗等多个行业,每台设备设置 3 个重点各异的考核题目,分别侧重机械、控制、信息处理等领域。其中(1)-(5)是为 2017 年工业科学实践考试新开发的设备,(6)-(15)是以往考试曾经用过的设备。工业科学实践考试设备更新率为每年 20% 左右,设备的更新与工业技术的发展同步,保证了考核内容具有一定的先进性。考试用设备在预科学校和工程师学校的日常教学中也会使用,但考试题目则会每年更新。

六、案例介绍

下面以航空用伺服机构 MAXPID(见图 2(15))为例,介绍工业科学实践环节考试的主要内容[11]。该装置设计理念来源于飞机的舵机系统。舵机接收飞行控制计算机的指令,通过转动某个角度,以实现飞机姿态和飞行轨迹的准确控制。作为一种简化的飞机舵机系统,该装置可以接收计算机的位置指令,并通过控制器、驱动电机、机械机构、传感器等实现对舵机转角的准确控制,具体性能指标见表 4。

表 4　舵机机构性能指标

描　　述	指标要求
质量	1.2 kg
转动角度	$0 - 40°$
快速性	全量程阶跃响应时间<0.2 s
准确性	无稳态误差
稳定性	相角裕度>60 度

在 4 个小时的考试期间,考生围绕 MAXPID 设备,需要完成的工作项目详见表 5 所列。

对应表 3 阐述的考核能力及标准,围绕 MAX-PID 设备,每个工作项目与对应考核能力关系矩阵见表 6 。

根据考生在所有 16 个工作项目上的表现,监考老师根据表 6 给出考生的客观表现评价(最高 15 分)。另外 5 分评价考生的技术沟通和口头表述能力,包括:①正确描述结果的能力;②解释结果发生原因;③独立自主工作;④提出多种解决问题方案;⑤针对问题给出结论。技术沟通能力最高为 5 分,监考老师根据学生在阐述环节的表现进行综合评定[12]。

表 5　考试过程工作项目

序　　号	工作项目
1	识别 MAXPID 系统组成 分析实验西提与实际飞机舵机系统的差异 分析运动学特征
2	分析传感器及系统信息流
3	测量运动角度 分析电机转动角度与舵机转动角度之间关系
4	基于测量结果,分析辨识部分结构参数(如电机时间常数等)
5	理论分析当前设计状态下伺服机构的性能参数
6	通过实验,通过实验对比不同控制参数下系统的响应
7	理论分析不同控制参数对系统性能的影响

续表 5

序 号	工作项目
8	通过实验,验证系统中的非线性环节
9	考虑伺服机构的重量、摩擦力、电枢电流饱和环节等非线性因素,校核模型正确性
10	对比理论分析和试验结果之间的差异,以及产生原因
11	基于建立模型,调整控制参数,分析是否能够达到性能需求
12	为验证调整后的模型,需要进行实验设计,确定测试项目,以及模型准确性验证方法。
13	评价系统响应稳态误差,确定消除稳态误差方法
14	基于提供软件工具,计算机实现控制器
15	通过实验验证提出的稳态误差消除方法
16	提出系统设计优化方法和方案

表 6　工作项目与考核能力关系矩阵

考核能力	系统理解能力			分析能力			实验动手能力			建模分析			解决问题			设计优化和决策			评分				
序　号	A1	A2	A3	B1	B2	B3	C1	C2	C3	D1	D2	D3	E1	E2	E3	F1	F2	F3	0	1	2	3	总分
工作项目1	1	1	\	\	1	1	\	\	\	\	\	\	\	\	\	\	\	\					
工作项目2	1	\	1	\	\	\	\	\	\	1	\	\	\	\	\	\	\	\					
工作项目3	\	\	\	\	\	1	\	1	1	1	\	\	\	\	\	\	\	\					
工作项目4	\	\	\	\	\	\	\	\	\	\	1	1	1	1	\	\	\	\					
工作项目5	\	\	\	\	\	\	\	\	\	\	1	1	\	1	1	\	\	\					
工作项目6	\	\	\	\	\	\	1	1	1	\	1	\	\	\	\	\	\	\					
工作项目7	\	\	\	\	\	\	1	\	\	\	\	\	\	\	\	\	1	\					
工作项目8	\	\	\	\	\	\	1	1	\	\	\	\	\	\	\	\	\	\					
工作项目9	\	\	\	\	\	\	1	1	1	\	\	\	\	\	\	\	\	\					
工作项目10	\	\	\	\	\	\	\	\	\	\	1	1	\	\	\	1	1	\					
工作项目11	\	\	\	\	\	\	\	\	\	\	\	\	1	1	1	\	\	1					
工作项目12	\	\	\	\	\	\	\	\	1	\	\	\	\	\	\	\	\	\					
工作项目13	\	\	\	1	1	1	\	\	\	\	\	\	\	\	\	\	\	\					
工作项目14	\	\	\	\	\	\	\	\	\	\	\	\	\	1	1	\	\	\					
工作项目15	\	\	\	\	\	\	\	1	1	\	\	\	1	\	\	1	\	1					
工作项目16	\	\	\	1	1	1	\	\	\	\	\	\	\	\	\	\	\	\					

七、结　论

通过上述的分析介绍,我们可发现工业科学课程实践环节考核具有以下特点:

① 考核内容和形式与工业科学课程教学内容有良好的衔接。实践环节的考核以工程实际系统为对象,持续 4 个小时的考试时间中,考生与考评老师能够进行充分的沟通和交流;实

践设备来源于工程实际,督促教师在平时的教学过程中也注意保持教学内容与工业技术发展的同步性。

② 考核方法和标准与现代工程技术人才培养需求和目标高度契合。工业科学课程实践环节主要考核考生的 6 项专业能力,涵盖 18 项基本技能以及技术沟通能力。科学合理的考核方法和标准有助于提高这些基础能力和技能培养水平,进而支撑工程技术人才培养体系的完善。

③ 评价标准科学规范。考试采取"自主实践＋ 问答"的方式,能够充分考评考生在专业基础知识、动手能力、自主解决问题能力、沟通交流水平等各个方面的素质,评估手段更具科学合理性,既能够科学评价考生综合素质,又具备非常高的可操作性,让考生在 4 个小时的考试期限内能够充分发挥自身能力。科学评价标准也减少了考核过程中的偶然和不确定因素,更能体现考生真实素质和能力。

正是因为工业科学课程实践环节考试是工程师入学考试的重要科目,一贯备受考生的重视和社会的关注,所以客观上促进了其考核标准更加严谨科学,考核手段更加合理规范,同时也使其更加具有可推广性。本专题前几篇系列文章也曾介绍了工业科学课程的目标、内容和要求,其与中国的工程教育专业认证标准具有很高的契合度,因此将工业科学课程实践环节考核标准引入到中国工科专业同类别的综合性实验实践环节,作为考评的参考标准是可行的;其考核形式和程序也可以应用在实验实践类课程的考试或课外实践竞赛中[13]。

从 2016 年开始,中法工程师学院的工业科学实验课程面向北航其他工科专业学生以及北京科技大学的部分学生开放。不同专业背景的学生在同类实验项目、相同的考核标准和考核形式下,开展实验课程学习并接受考核评估。教学实践的结果表明,基于过程的综合考核评价促使学生更加仔细审视面对的问题(考题),关注由此展开的每个环节,重视实验过程中出现的每一问题,专注于现象的观察分析并寻求合理的解决方案;开放性的问题摆脱了传统学科专业的界限,拓展了学生的视野,促进了学生学习的主性,提高了灵活运用知识的能力;另一方面,作为教师而言,要确保能有效掌控考试,不仅需要考试过程中的投入,更需要大量的时间精力关注相关学科领域的前沿性问题,拓宽自己的知识面,提升自己的综合能力。因此,科学合理的实践环节考核评价手段和方法,可以起到以考促学、以考促教的良好效果。

法国的工业科学课程实践环节的考核标准对于中国实践类课程质量标准的建设具有很高的参考价值,其考核方式和评价方法具有很好的可移植性;以培养解决复杂工程问题能力为目标,以达到这一目标所应具备的各分项能力为主线,确定对应的各分项基本技能,再由此确定实验实践类课程的教学内容和组织形式;参照应具备的分项能力和基本技能建立考核标准,并通过基于过程的分项评价和综合考评,全面了解该课程的教学效果并定位不足点,可为进一步提升课程教学质量提供依据和切入点。

参 考 文 献

[1] Official Bulletin of the Ministry of National Education and Research[R]. France: Ministry of National Education and Research,1995:214－224.

[2] Official Bulletin of the Ministry of National Education and Research[R]. France: Ministry of National Education and Research,1995:355－367.

[3] Official Bulletin of the Ministry of National Education and Research[R]. France：Ministry ofNational Education and Research,1996：639 - 642.

[4] 王群,郑晓齐. 法国通用工程师培养模式在中国本土化的研究[J]. 高等工程教育研究,2012,(1)：28 - 33.

[5] 陈维嘉,罗维东,范海林,等. 法国"大学校"办学模式及其启示—"教育部行业特色型大学发展考察团"考察报告[J]. 中国高等教育,2010,(24)：10 - 13.

[6] 熊华军,刘鹰. 法国高等工程教育改革的特点及其启示[J]. 现代教育科学. 2014,187(6)：21 - 23.

[7] 刘晓洁,何宁. 法国工业科学教学模式的思考[J]. 实验科学与技术,2013,11(5)：140 - 143.

[8] 马纪明,徐平,段斐,等. 基于工程问题的工业科学实验课程探索与实践[J]. 北京航空航天大学学报(社会科学版). 2013, 26 (5)：117 - 120.

[9] 郭天鹏,王峥,徐平. 中法高等工程教育体系中的实验课程比较研究[J]. 高等工程教育研究,2013,(3)：159 - 162.

[10] 于黎明,马纪明,张心婷,等. 法国预科教育与我国本科教育的教学法比较与融合研究[J]. 高等工程教育研究,2013,(4)：103 - 110.

[11] GUILLAUME M, VINCENT C, HERVE R. Industrial Science(Volume 1) [M]. 北京：科学出版社, 2013：141 - 157.

[12] GUILLAUME M, VINCENT C, HERVE R. Industrial Science(Volume 2) [M]. 北京：科学出版社, 2014：31 - 35.

[13] 孙桓五,张玎. 基于工程教育专业认证理念的地方高校工科专业建设实践[J]. 中国大学教学, 2017,(11)：39 - 42＋53.

法国预科与国内高等工程教育物理课程比较[①]

袁岑溪

中山大学中法核工程与技术学院

摘　要：以中山大学中法核工程与技术学院预科物理课程为例，与国内高等工程教育物理课程比较。对两国高等工程教育体系中物理课程的内容、习题课设置等细节进行了比较。预科物理课程更注重与应用方面的联系，值得我国高等工程教育物理课程学习和借鉴。

关键词：高等工程教育；法国预科教育；物理课程

一、引　言

我国在 21 世纪要继续高速发展，在产业规模不断扩大的同时，对卓越工程技术人才的需求也更为迫切。2010 年，教育部启动了"卓越工程师教育培养计划"，此计划贯彻落实了《国家中长期教育改革和发展规划纲要（2010—2020 年）》和《国家中长期人才发展规划纲要（2010—2020 年）》，可以培养一大批高水平的工程技术人员，为国家的进一步发展提供人才保障。截止至 2010 年，我国开设工科专业的本科高校 1003 所，占本科高校总数的 90%；高等工程教育的本科在校生达到 371 万人，研究生 47 万人[1]。可见，我国是名副其实的工程教育大国，该计划对高等工程教育有示范和引导作用，是我国迈向工程教育强国的重要基础。

在全球人才竞争的背景下，我国的高等工程教育也需要国际化，培养的学生才能在未来的竞争中占得先机。另外，我国作为发展中国家，需要研究和借鉴其他国家特别是发达国家的高等工程教育经验。法国的工程师教育是非常独特的，在国际上享有盛誉，培养了一大批在各个行业出类拔萃的精英工程师。其在工程师教育质量保障机制方面的经验，很值得我国高等工程教育研究和借鉴[2]。

在这样国际化、精英化的高等工程教育背景下，北航中法工程师学院、上海交大-巴黎高科卓越工程师学院、中山大学中法核工程与技术学院等中法合作办学应运而生。中法核工程与技术学院是在中法双方政府的直接推动下，由中山大学与法国五所法国工程师学校合作组建。近年来，核科学重要性日益凸显，包括核电站在内，越来越多的涉核产业快速发展。中法核工程与技术学院采用法国工程师教育的精英培养模式，旨在培养国际一流的涉核及相关产业的工程师。中法两国有种种不同，在本学院的合作实践中，发现法国工程师教育本土化会遇到很多问题并需要解决对策[3]，面对学生不适应的情况还需考虑对其淘汰和分流办法[4]。北航中法工程师学院和上海交大－巴黎高科卓越工程师学院的合作实践也为中法合作办学提供了很多经验，为我国高层次工程人才联合培养提供新的思路[5]。文献[6]以北航中法工程师学院为

---

①　原文刊载于中山大学"2015 年教学研究与实践-教师论文集"，编入本书时进行了重新排版。

例比较和研究法国预科教育与我国本科教育。通过对北航中法工程师学院 340 名学生的问卷调查发现学生对这样中法合作的教学模式总体比较满意[7]。

法国工程教育总体上更重视实践、应用及与企业的合作,可以根据工业界的需要灵活调整课程,法国工程师学校的成功离不开企业的支持[8]。对在教学中培养学生的实践能力非常重视,对法国工程师学校和国内工科学校的实验课比例对比,发现法国比国内高出近一倍[9]。而且法国工程师教育在实验课上更重视实际操作和对结果的分析,不太重视是否得到的教科书上的"标准值",如果偏离标准值,则鼓励学生找出原因[10]。法国工程师学校的"项目设计"课程(类似国内本科毕业设计)就有大量项目题目来源于企业[11]。

深入分析两国在培养工程师上的异同、总结中法核工程与技术学院教学和管理等各个方面的经验将对进一步发展我国高等工程教育提供参考。本文以中法核工程与技术学院预科阶段物理课程为参考,对两国工程师教育中的物理课程进行比较。预科教育是法国工程师教育的重要基础,高等数学、大学物理等课程是在预科阶段开设的,而不是在工程师学校开设的。所以本文比较预科阶段物理课程与我国高等工程教育物理课程。

二、中法核工程与技术学院预科阶段介绍

法国工程师教育分为两个阶段,预科阶段和工程师阶段,大致对应我国高等教育的基础课程学习阶段(大一至大三)和专业课程学习和实践阶段(大四和工程硕士)。中法核学院同样采取了两阶段教学,其中预科阶段三年、工程师阶段三年。预科阶段中,学生主要学习数学、物理、法语、英语以及政治和体育等公共基础课。

在预科阶段中数学和物理课程分别由两名法方教师和若干中方教师组成教学团队,由法方教师担任教学组组长。每名法方教师和数名中方教师共同承担一个阶段的数学和物理课程教学(比如大三阶段),如图 1 所示:

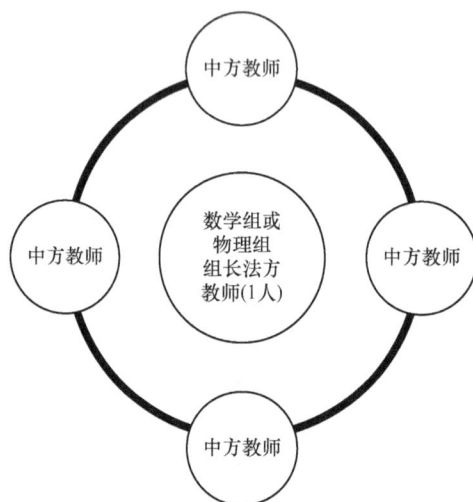

图 1　预科数学和物理教学团队组成

在实际教学中,法方教师主要负责理论课程讲解,中方教师主要负责习题课讲解。

三、物理课程内容总体比较

中法核工程与技术学院预科阶段数学、物理等课程聘请了法国预科学校的老师全程讲授，所以通过学院的物理课程，可以了解法国预科物理课程的教学。作为对比，笔者选择了国内工科专业使用广泛的程守洙、江之永老师的《普通物理学》为例。两个课程的内容和讲授顺序如下表（表格中数字表示预科物理课程教学顺序，《普通物理学》教学顺序即从上至下）：

表 1　课程内容与讲授顺序

中法核预科物理课程	程守洙、江之永《普通物理学》
1. 质点动力学：运动学、动力学、能量、振子 4. 刚体力学 8. 流体力学：运动学，动力学和热力学平衡、几个重要方程 10. 相对论	力学
5. 热学：理想气体模型、气体动理论、流体静力学，热力学第一和第二原理、在热机中的应用、状态变化、扩散	热学
2. 电子线路：直流和交流电路、瞬态电路、滤波器、线性放大器和饱和机制 6. 电磁学：静电、静磁、电和磁偶极子、麦克斯韦方程组、电磁感应、发电机	电磁学
9. 波动：达朗贝尔方程（即波动方程）、流体中的声波，真空中的电磁波	振动和波
3. 几何光学 7. 波动光学：衍射、干涉、偏振	光学
	量子物理

两个课程除了量子物理部分，其他内容大致上一致，所以没有列出《普通物理学》的细节内容。量子物理课程在工程师阶段有专门课程，这里不作介绍和比较。仔细比较两个课程的内容会发现以下差别：

① 教学顺序差别，《普通物理学》是以内容为顺序，由上至下，先讲力学、再讲热学、电磁学等。这样的优点是课程教学更为系统，每一部分自成体系。缺点是难度较大的课程会较早学习，对学生要求较高，学生望而生畏，在实践中往往导致少讲或不讲，比如流体力学和相对论内容。而预科阶段物理课程大致按照难易顺序，讲完较为简单的质点动力学后，直接跳到电学中较为简单的电路部分，把流体力学和相对论等较难的内容放到最后。这样的优点是学生学习过程中难度逐渐提高，对掌握较难内容更为有利。缺点是课程内容较不成体系。

② 预科物理课程包含一些专业课程的内容，比如预科物理课程的电子线路、流体力学等。对于这些课程，工程师阶段都会专门开设，预科阶段也不会涉及太多相关的内容。但作为在工程技术领域极其重要的课程，在预科阶段有所涉及对学生更好的掌握这些知识是很有帮助的。

③ 预科物理课程着重强调一些工程技术相关的例子，比如热力学在热机中的应用、发电机等。国内的课程有的也会有涉及，不过一般作为例题或习题。而预科物理课程会着重强调这些在工程技术中，特别是在核工程与技术中非常重要的实例。这对学生将来接触进一步的课程或设备都有裨益。

④ 国内的物理教材表述时更侧重原理，预科物理课程更侧重应用。程守洙、江之永老师

的教材非常经典,笔者高中时就通过这套教材学习普通物理。后面也接触了很多物理教材,发现国内的物理教材都很"物理",也就是都侧重讲解原理。面对高等工程教育的物理教材在难度上比物理专业的低,但在讲解的侧重点上并没有大的差别。而预科物理课不太侧重讲解原理,笔者会在文章第四部分举例说明。

以上四点说明预科物理课程从内容的各个方面都侧重于应用,而国内更侧重系统性和原理性。两种课程内容侧重应无优劣之分,但在培养工程师上,也许前者更为合适。

四、习题课设置

预科物理课程和我国高等工程教育物理课程的一个重要不同是习题课的设置。物理是需要通过做习题来理解的。预科物理课程每周都会布置一些题目(视题目长短,6-10题不等)让同学在课下完成,老师在习题课上讲解。和国内相比,预科物理课程的习题课有如下特点:

① 课时多。在学习预科物理课程的五个学期,基本每周都有四课时的习题。就笔者了解,这比大多数国内物理课程的习题课多很多。国内多的有一周两课时,少的两周两课时甚至几周两课时。大量的习题课让同学们有充分的时间通过练习理解教学内容。

② 与教学互补。法国对习题课的定位和国内很不一样。法国的习题课更像是课内,强调通过例子理解教学内容,和理论课是一体的。国内的习题课初衷也应如此,但由于种种原因,多数变成告诉同学们这些题目的解题过程和答案是什么,和理论课内容的联系多数要靠学生自己思考。预科物理课程的主讲法国老师每周都会召集中方老师开会讨论习题课的内容。法方老师会讲上周理论课讲了什么内容,有哪些重要的定理公式等等,然后就会讨论这些习题该重点强调哪些方面,如何通过习题让学生理解理论课内容。比如我们学习的几何光学的内容通常是在高斯条件即近轴条件下成立的,即经过物体的所有光线都会经过像,这需要光线靠近光轴并且和光轴夹角很小。在讲解习题的时候,就要经常提醒学生我们的求解过程是在什么条件下成立的,而且也会有不满足高斯条件的习题,让同学们知道不成立时的情况。

③ 小班互动。每节习题课老师面对不到20个学生,这样有充足的时间可以在一个学期内让每个同学都多次主动讲解题目,而不只是被动接受。一般在习题课上,笔者会让2-3名同学把同样题目(或其中的若干问)的课下做的结果抄到黑板上,然后有时由笔者讲解,有时由这些同学自己讲解。同学完成度较低时,笔者会亲自讲解题目的重点和难点,避免一道题目占用过多上课时间。同学完成度较高时,笔者会让同学们自己讲解,这样可以把思路整理清楚,更有助于理解。基本每1-2周,小班内的所有同学能轮流一遍。这样让所有同学都参与其中,也对发现常见的、有代表性的错误很有帮助。

④ 每道题目内容丰富。预科物理课程对题目的选择比较精心,习题一般较有层次,每个题目有很多问,可能从基础的知识点到深入的知识点,也可能从一个知识点到另一个知识点,做完整道题目再回顾一下,能对多个内容的理解有帮助。这样一个题目比较长,讲透一个题目就可以理解不少知识点。

比如一道电子线路的题目是关于调幅信号的。首先介绍载波信号为高频正弦波,第一问是如果调制信号是方波,画出调制后的信号,这是比较简单的,让同学们对两个波的叠加有个图像上的概念。第二问是如果调制信号是正弦波,写出调制后的信号的函数表达式。这涉及到两个波叠加的数学推导。第三问是选择什么样的滤波器接收这个信号,并给出了一些具体频率数值,问什么样的频率能被接收。这涉及到滤波器以及滤波后不同频率信号衰减等知识。第四问是选择一个解调信号,给出解调后的信号函数,并说明应该选择什么样的滤波器。这涉及的知识还是波的叠加和滤波器,不过要求更高了一点。这个题目通过一个实际的调幅调制并解调的例子,综合了一些知识点,并把整个过程呈现给同学们。按顺序讲完这道题目后,同学们对整个物理过程很有兴趣,希望我从头至尾再梳理一遍整个过程。

又比如一道几何光学题目,首先介绍眼睛,包括近点远点等概念。第一问是如果近视,焦距改变了,近点远点有什么变化;第二问是什么样的镜片能够矫正视力;第三问是近视后的分辨率有什么不同;第四问比较隐形眼镜(紧贴眼睛)和普通眼镜的不同。这道题目通过眼睛这个实例,综合了几何光学的很多知识,也贴近同学们的生活经验,引起同学们的兴趣,在讲解过程中有的同学还会拿着眼镜比划,验证结论。

通过以上几点,可以看出有这些特点的习题课对学生学习和理解知识很有帮助,是理论课的重要组成部分。

五、通过一些实例比较教学内容

笔者提到我们的物理教材更侧重原理,而预科物理课更侧重应用。这里举一些例子来说明这一差别:

① 牛顿第二定律的讲解差别。程守洙、江之永老师的《普通物理学》中,牛顿第二定律及其微分形式这一小节前后大概三页半内容,包括:首先给出了牛顿第二定律的传统表达式,然后详细讨论了质量、瞬时性、矢量性等概念以及力的叠加原理,最后给出了牛顿第二定律的微分形式,并说明微分形式更为基础和普遍。在法方老师的预科物理讲义中牛顿第二定律只有六句话,包括:首先给出了牛顿第二定律的微分形式,然后给出五句说明,传统表达式并说明传统表达式有哪些限制、定律的一些其他名称、孤立和准孤立体系的情况等。比较两者对牛顿第二定律讲解的差别,直观的是篇幅上后者只有前者的六分之一甚至更少,后者只给出了定律及一些说明,并不涉及更多的物理意义和原理等内容。有趣的是程老师的教材先给出了牛顿第二定律的传统表达式,再给出微分形式并做出说明;法方老师的讲义先给出微分形式,再给出传统表达式并做出说明。这也代表了不同的教学思路:前者是从中学生熟悉的形式出发,再到更普遍的形式,侧重知识体系的系统性;后者是直接给出普遍形式,侧重知识的使用。在牛顿第二定律之后,程老师的教材和法方老师的讲义都花了大量篇幅举很多例子讲解其应用,两者较一致。

② 直流电路几个定律的讲解差别。程老师的教材中对欧姆定律和焦耳-楞次定律的讲解都是从微观电子碰撞出发推导出定律,然后讲了含源电路的欧姆定律,基尔霍夫方程组已作为选学内容。法方老师的讲义直接给出欧姆定律和焦耳-楞次定律,讲解了含源电路的欧姆定律、基尔霍夫方程组,并着重讲了国内教材较少涉及的 Millman 定律。Millman 定律可以通过基尔霍夫方程导出,在求解电路时非常方便,是对应用很有帮助的定律。通过比较发现前者着重微观原因,而对具体应用关注较少;后者不重原理,而偏重更适合应用的定律。

从这些实例可以看出,预科物理课程对定律的物理含义、微观原理等方面涉及较少,而对于定律的应用或者偏向应用的定律更为重视。辅以习题课,同学通过练习理解和掌握这些定律。

六、总 结

与我国高等工程教育物理课程相比,法国预科物理课程更注重和应用方面的联系、更重视习题课以及学生在习题课上的互动。对培养学生的主动性、解决实际问题的能力都有帮助。学习和借鉴这些方法,结合我国实际情况,有助于我国高等工程教育体系培养更多的精英工程师。

参 考 文 献

[1] 教育部.教育部启动实施"卓越工程师教育培养计划"[EB/OL]. http://www.edu.cn/zong_he_news_465/20100624/t20100624_489087.shtml,2010-06-24.

[2] 杨东华,等.法国工程师教育质量保障机制探析[J].中国电力教育,2013,(11):11-12.

[3] 杨东华,等.法国工程师精英教育模式本土化过程中的问题与对策[J].中国电力教育,2012,(6):49-50.

[4] 杨佩青,等.法国工程师培养模式本土化过程中学生分流淘汰的困难及对策[J].高等工程教育研究,2013,(1):95-97.

[5] 章丽萍,等.试论两个中法工程师学院的办学意[J]义.高等工程教育研究,2013,(4):22-27.

[6] 于黎明,等.法国预科教育与我国本科教育的教学法比较与融合研究[J].高等工程教育研究,2013,(4):103-110.

[7] 王群等.法国通用工程师培养模式在中国本土化的研究—北航中法工程师学院学生问卷分析[J].高等工程教育研究,2012,(1):28-33.

[8] 王晓辉.法国工程师教育研究[J].清华大学教育研究,2013,34(2):36-42.

[9] 郭天鹏,等.中法高等工程教育体系中的实验课程比较研究[J].高等工程教育研究,2012,(3):159-162.

[10] 王峥,等.法国工程师培养模式物理实验教学的特点与启示[J].实验室研究与探索,2009,28(4):149-150.

[11] 王乐梅,等.中法高等工程教育体系中的毕业设计比较研究[J].高等工程教育研究,2013,(4):132-135.

法国预科工业科学课程体系的发展及启示①

洪冠新　Merle Guillaume　张　瑾

北京航空航天大学中法工程师学院,北京,100191,中国

摘　要: 法国预科教育体系是法国工程师教育体系的重要支撑。工业科学是法国近 20 年来对其预科教育体系中工程类专业课程设置的重大改革。工业科学课程体系的诞生历史和背景、课程设置的定位和宗旨、教学大纲的内容和演变、教学组织的模式和方法,展现了法国工程教育改革伴随工业化进程的发展历程,诠释了法国独具特色和优势的工程人才培养模式和内涵。工业科学课程体系引入了北航中法工程师学院,在中国工程教育体系下的教学认知和实践,对培养国际化卓越工程师人才的教育改革提供一定的参考。

关键词: 法国预科教育;工程师教育;工业科学;课程体系;中国高等教育;教育改革

一、引　言

法国工程师这一职业有着古老而闻名的历史。迄今为止,法国社会很多耳熟能详的科技成就都是工程师的杰作。闻名于世的埃菲尔铁塔由工程师古斯塔夫埃菲尔(Gustave Eiffel, 1832—1923)于 1889 年为世博会设计建造。基础物理学方面,工程师查尔斯·奥古斯丁·库仑(Charles‐Augustin de Coulomb,1736—1806)提出库仑定律;菲涅耳(Augustin‐Jean Fresnel)是波动光学的奠基人。热力学方面,法国陆军工程师尼古拉·约瑟夫·居纽(Nicolas‐Joseph Cugnot,1725—1804)制造出第一辆蒸汽机驱动的汽车;尼古拉·莱昂纳尔·萨迪·卡诺(Nicolas Léonard Sadi Carnot,1796—1832)是热力学的创始人之一。航空学方面,法国工程师克雷芒·阿德尔(Clément Agnès Ader,1841—1925)发明了历史上第一架飞行器,至今法语中飞机一词 "Avion"便是来源于此飞行器;马塞尔·达索(Marcel Dassault,1892—1986)是著名的法国飞机设计师和企业家。

以上各位杰出代表均接受过法国精英教育‐工程师教育体系的培养。法国工程师教育体系沿用至今,仍保持着其不同于其他国家工程教育的优势和特色。迄今为止,中国已有多所高校引进了这一教育理念,通过联合办学、学位互认等方式建立了广泛的合作[1][2]。但国外教育理念如何更好的服务于中国高等教育,探究有中国特色的卓越人才培养模式,一直是高等教育关心的问题。

不同于描述教育体系整体框架的研究,本文的特色是通过探究工业科学这个法国工程师预科体系中新生且重要的一门课程的诞生、发展和变革的整个历程,深入理解法国工程师体系

---

①　原文刊于:北京航空航天大学学报(社会科学版),2019,32(04)。编入本书时进行了重新排版。

的特点和优势,并依托北航中法工程师学院的实际教学经验,讨论工业科学课程在中国教育体系中的引入和优化,为中国高等教育的发展提供一定的参考。

二、法国工程师预科教育体系的诞生

法国第一所军事工程师学校(École nationale de la marine marchande de Marseille,2010年并入法国国立海事大学)建立于 1571 年,随着 18 世纪中叶工业革命的兴起和传播,第一所国立工程师学校(École des ingénieurs – constructeurs des vaisseaux royaux,现并入 ENSTA ParisTech)于 1741 年建立。经历了约 275 年的发展,法国现有 207 所[3]法国工程师职衔委员会(法国工程师职衔委员会成立于 1934 年)认证的拥有工程师学位授予权的工程师学校。

法国工程师教育体系的诞生和发展演变与世界工业革命及法国工业化进程息息相关。第一次工业革命时期,法国工程师教育蓬勃兴起、不断成长,确立了其国家意志的精英教育地位;第二次工业革命时期,法国工程师教育壮大成熟、不断规范,确立了其品牌质量的国际地位;第三次工业革命时期,法国工程师教育主动变革、加强国际化,推动了其科技与产业融合的时代变革。延续至今,这一教育体系仍然伴随着社会的进步不断的寻求发展和变化。

法国工程师学校建立的初衷是为军队选拔培养优秀的科技人才(例如炮兵等),使其能够在军事国防、建筑交通、工业环境等领域发挥作用。除此之外,法国大部分工程师学校都有授予硕士、博士学位的权力,工程师毕业后可以直接进入博士阶段学习,这为毕业生提供了更宽的升学选择。得益于工程师学校毕业生的高就业质量和高社会声誉,越来越多的优秀青年希望能够被选拔进入工程师教育体系,随之竞争激烈的考试体系就慢慢建立起来。在这样的背景下,法国工程师预科教育体系于 19 世纪初诞生了,预科教育阶段和工程师教育阶段紧密相关,共同组成了现在的法国工程师教育体系。

预科教育是连接高中和工程师阶段的中间环节。法国大革命以后,高级军官等职位不再预留给贵族,而面向公众开放,选拔的唯一标准是个人能力。十九世纪初,拿破仑对高中教育进行了改革,在高中之后增加了两年特殊的"高等教育班",为巴黎综合理工和高等师范学院的工程科学专业及军事院校等培养和选拔优秀人才,这便是预科教育的雏形。十九世纪中期,此类的预科学校仅有 15 所,且诞生伊始,只是为工程师教育体系培养选拔优秀人才,因此仅有与科学相关的学科。直到十九世纪末,文学和商科才慢慢出现,二十世纪中叶,民主化广泛发展之后,预科教育才大面积普及。根据法国 1994 年 11 月 23 日颁布的法令(Décret n 94 – 1015,www. legifrance. gouv. fr),目前的预科教育体系分为工程师学院预科、商学院预科和文学学院预科三类。本文将着重介绍法国工程师预科教育体系。

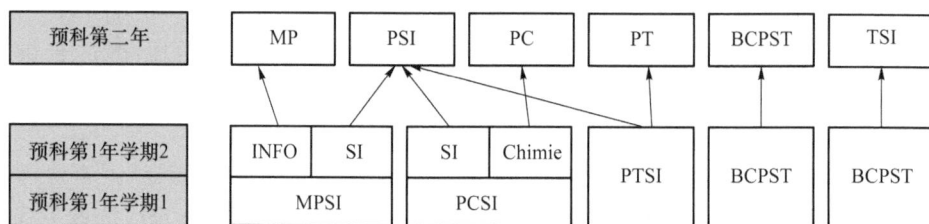

图 1 法国工程师预科教育体系的专业设置及关系

三、法国预科教育体系的现状及工业科学课程的建立

同其他国家的高等教育不同,法国持有高中会考毕业证书(Bac)的优秀高中毕业生不是直接进入大学(University)学习,而是进入工程师预科学校。法国的预科学校,又称为"大学校预科班"(CPGE,Preparatory Classes for the "Grandes Ecoles"),作为法国高等教育的一部分,一般设立在教学质量良好的重点高中。预科班的录取取决于学生高中二年级和三年级的综合成绩以及老师们的评语。预科班学生经过两年(或三年)的高强度学习之后,通过淘汰率很高的入学考试(Concours)方能进入大学校(Grandes Ecoles),其中大部分为工程师学校。因其拥有特定的优质资源,教育规模必然受到限制,所以它并不是全民教育,而是专门为优秀学生打造的"精英教育"。法国工程师预科教育体系在世界上是独一无二的,为了满足工业界的需求变化,预科教育的课程体系也在不断的自我完善和改革。但是,这一体系的存在与否却很少被政府或者教育研究者质疑过。法国教育界普遍认为,跟传统大学相比,预科教育给学生提供了更高水平的师资、更扎实宽广的基础知识、更严格的筛选和监管制度。

法国工程师预科教育体系涵盖的基础知识范围很广,涉猎工程科学各个领域的基础学科,传统课程包括物理、数学、化学、生物、地球科学等。政府还会根据工程师学校专业设置的变化和社会需求的变化不断地调整预科专业分布及知识结构。

二十世纪90年代,面对经济全球化、信息技术革命、人口老龄化,源于美国的新技术革命发生了。以法国和德国为代表的、曾具有优越工业技术能力的欧洲模式受到挑战,迫使法国强调发挥技术劳动者的积极性,促进企业把创新技术应用于生产。同时,学科交叉和宽口径培养被公认为是未来工程教育的趋势。1995年,在工程师学校的强烈要求下,工业科学课程被引入工程师预科教育体系中的多个专业方向,工业科学课程体系被正式建立起来。工业科学课程设置的目的是培养学生系统思维能力和多学科综合运用能力,主要内容是培养学生运用力学、机械、自动控制等相关基础知识对实际工业系统进行分析和建模,培养学生学习检验已有设计系统的性能并完成系统优化。工业科学课程的学习和考核主要采取理论学习、实践研究、口头报告等多维度能力的培养。

自1995年起,预科学校第一年设置的五类专业方向中,有三类增加了工业科学的课程,分别是数学物理和工业科学(MPSI)、物理化学和工业科学(PCSI)、物理和工业科学与技术(PTSI)。在预科第二年设置的六类专业方向中,有三类专业方向包含工业科学的课程,分别为数学物理(MP)、物理和工业科学(PSI)、物理和技术(PT)。此外,其他三类分别为物理化学(PC)、生物化学物理和地球科学(BCPST)、工业科学与技术(TSI)。预科学校的第一年的五类专业方向与第二年的六类专业方向有着密切联系(见图1)。

预科一年级选择数学物理和工业科学(MPSI)、物理化学和工业科学(PCSI)两个方向的学生,在第二学期必须选择一个小专业:数学物理和工业科学(MPSI)的学生可以选择计算机科学(Info) 或者工业科学(SI);物理化学和工业科学(PCSI)方向的学生可以选择化学(Chimie)或者工业科学(SI)。选择了工业科学(SI)的学生在预科二年级可以进入物理和工业科学(PSI)专业学习,选择了计算机科学(Info)和化学(Chimie)的学生在预科二年级将分别进入数学物理(MP)和物理化学(PC)专业学习。此外,预科一年级选择物理和工业科学与技术

(PTSI)方向的学生在预科二年级也可以选择物理和工业科学(PSI)或者物理和技术(PT)方向。预科一二年级的生物化学物理和地球科学(BCPST)、工业科学与技术(TSI)专业方向是一一对应的。

四、工业科学课程大纲的要求及历次调整

工业科学课程分阶段贯穿在法国预科教育的第一年和第二年,不同年级、不同阶段、不同专业的课程设置和教学大纲均有所不同。前面提到,工程师预科教育中引入工业科学课程是应工程师教育的需要。同样的,工业科学课程的改革也是为了向前与高中教育接轨,向后适应工程师教育的需求,同时满足工业行业对工程师院校毕业学生的需求。自 1995 年设立工业科学课程以来,进行了两次大改革,第一次是 2003—2004 年的早期改革,第二次是 2013 年的近期改革。其中工程师学校全面参与了 2003—2004 年工业科学课程改革大纲的撰写。

1. 1995—2002 年预科工业科学课程的设置

设立工业科学课程之初,法国教育部以官方文件形式公告,规定了该课程的教学大纲和要求(文献[4]和[5]针对第一年,文献[6]适用第二年)。

1995—2002 年工业科学课程的大纲设置见表 1。可以看出,不同专业的学生,课程设置略有区别。比如,物理和工业科学与技术(PTSI)专业方向的学生,预科第一年的工业科学课程第一部分关于力学的内容要更多一些,第四部分关于工程交流技能的内容增加了技术图表及机械制图部分。物理和技术(PT)专业方向的学生,预科第二年的工业科学课程第二部分关于自动控制原理的学习内容更详尽,增加了非线性定常系统表述、频域响应和时域响应等。

表 1　1995—2002 年工业科学课程的设置要求

学期/专业		第一部分 力学和机械原理	第二部分 自动控制原理	第三部分 系统研究	第四部分 工程交流技能
预科 第一年 MPSI PCSI PTSI	第一阶段	• 向量和向量簇 　(PTSI 方向) • 刚体运动学导论 • 刚体运动学建模 　(MPSI、PCSI 　方向)	• 自动控制导论 • 线性定常系统定义和特征 • 线性定常系统分析和建模 • 传感器(针对PCSI 方向)	• 导论 • 系统分类 • 系统功能链	• 技术文档的阅读 • 模型的功能和结构描述 • 技术图表及机械制图 　(PTSI 方向)
	第二阶段	• 力的作用、分析及建模 • 物质系统的分离 • 静力学基本理论 • 刚体静力学应用	• 组合系统 • 时序系统和GRAFCET 模型 • 线性时变系统的表述	• 执行机构 • 传感器 • 传输机构 • 可编程控制器 • 控制和动力接口	• 几何表述 • 系统功能链的图形表达

续表 1

学期/专业		第一部分 力学和机械原理	第二部分 自动控制原理	第三部分 系统研究	第四部分 工程交流技能
预科 第二年 MP PSI PT		• 刚体动力学 • 刚体系统研究 • 材料力学（PT 方向）	• 时序系统和GRAFCET 模型（PSI 方向） • 线性定常系统响应 • 非线性定常系统表述（PT 方向） • 频域响应和时域响应（PT 方向） • 控制系统分析：准确性，敏捷性，稳定性	• 系统分析（PT 方向） • 性能评估（PT 方向） • 设计方法（PT 方向）	• 材料（力学、摩擦、成形、热处理） • 机械加工工艺（机械切割、几何测量、产品控制） • 技术功能 • 产品设计

2. 2003—2004 预科工业科学课程的改革

2003 年，预科教育对其第一年的工业科学课程大纲进行了改革，详见官方文件[7]。比如，针对 MPSI 专业，第二阶段的自动控制原理部分，加入了有限状态控制的内容；针对 PTSI 专业，第一阶段的力学和机械原理部分，删除了向量和向量簇内容；针对 MPSI 和 PCSI 专业，第一阶段的刚体运动学建模移到第二阶段，第二阶段的线性定常系统的表述移到第一阶段，同时在第二阶段的工程交流技能中引入功能分析导论。针对所有专业，这次改革把第二年的自动控制原理部分的时域响应，统一移动到第一年的第二阶段。

表 2 2003—2004 年工业科学课程的改革对比

学期/专业		第一部分 力学和机械原理	第二部分 自动控制原理	第三部分 针对系统的研究	第四部分 工程中的交流技能
预科 第一年 改革	第一阶段	• 刚体运动学建模（移到第二阶段，MPSI 和 PCSI 方向） • 向量和向量簇（PTSI 方向，删除）	• 线性定常系统的定义和特征（包括时域响应） • 线性定常系统的表述	• 功能分析导论（PTSI 方向）	
	第二阶段	• 刚体运动学建模	• 时序系统和GRAFCET 模型，及有限状态控制（MPSI 方向） • 线性定常系统的表述（移到第一阶段，MPSI 和PCSI 方向） • 时域响应		• 功能分析导论（MPSI 和 PCSI 方向）

续表 2

学期/专业	第一部分 力学和机械原理	第二部分 自动控制原理	第三部分 针对系统的研究	第四部分 工程中的交流技能
预科 第二年 改革	• 刚体动力学(引入导论,如状态变换,坐标转换,图形表达等)(PT方向)	• 时序系统和GRAFCET模型(所有方向) • 时域响应(移到第二阶段) • Black和Nyquist频域分析图,setback分析准则,稳定性裕度(MP和PSI方向) • 主极点和降阶简化方法 • Routh–Hurwitz判别法(PT方向)	• 结构的分析及功能链的分析(MP方向) • 结构及功能链的建模(MP方向) • 现有系统的功能和结构分析(PT方向) • 产品分析(PT方向)	

2004 年,预科教育对其第二年的工业科学课程大纲也进行了改革,详见官方文件[8]。

主要是针对 MP 专业,在系统研究部分引入了系统的结构分析及功能链的分析,以及结构和功能链的建模;将原来针对 PSI 专业的自动控制原理部分的时序系统和 GRAFCET 模型引入 MP 专业。针对 PT 专业,将力学部分的刚体动力学引入导论内容;将自动控制原理部分的控制系统分析中引入 Routh – Hurwitz 判别法,这样就使得各种控制器的内容都得到讲授;将加工工艺的内容加以扩充;增加了对现有系统的分析(包括实际功能分析和结构分析)和针对技术功能的设计方法。针对 MP 和 PSI 专业,在自动控制原理部分中,加入了 Black 和 Nyquist 频域分析图、setback 分析准则、稳定性裕度等。针对所有专业,在自动控制原理中引入主极点和降阶简化方法。

改革的主要变更内容对比见表 2 中粗斜体部分。

三、2013 年预科工业科学课程的改革

法国预科工业科学课程最近的一次改革是在 2013 年,改革针对预科一年级和二年级,详见官方文件[9]。具体内容见表 3。

这次改革的背景可以概括为两个方面。一是,2010 年 1 月 28 日,法国新一轮的高中教育改革方案向社会公开征求意见。高中改革的目的是赋予学生更多的选择机会;给学生更个性化的帮助;让学生更加适应时代的需要。为了同新的高中教学大纲更好的衔接,预科教学大纲也做了相应的调整。这次改革由预科学校独立完成,工程师学校仅提供了指导。二是,随着产品(系统)复杂性的不断增加,传统的基于文件的系统工程已经无法满足需求。2010 年前后,基于模型的系统工程(MBSE,Model Based Systems Engineering)这一概念逐渐成熟并发展起来。虽然,目前 MBSE 仍然是系统工程领域的前沿阵地,其定义和应用也在逐渐完善过程中。但随着国际上一些著名工业集团的大规模使用(如波音、IBM、EADS、GE 等),教育部门

认为非常有必要给学生讲授这一概念,认为若干年之后,当这一概念方法趋于成熟时,现在的预科学生将成为工业界工程师的主力军。因此,2013年的工业科学课程改革的一个主要内容是引入 MBSE 的概念及方法,并统一介绍了用于此模型的系统工程建模分析的应用语言 SysML,引入一种表述多物理现象模拟的模型及其算法结构。

表3 2013年工业科学课程改革的能力培养要求

	MPSI – MP 专业	PCSI – PSI 专业	PCSI – PT 专业
A 分析能力	A1 明确需求;A2 定义分析的边界条件		
	A3 掌握功能分析和结构分析;A4 差别分析;A5 相关性鉴别和结果验证		A3 执行分析
B 建模能力	B1 确定特征物理量;B2 建模;B3 验证模型		
C 解决问题的能力	C1 提出解决问题的最初方法;C2 理论分析解决问题的方法;C3 数值分析解决问题的方法		C1 解决问题的能力
D 交流能力	D1 查询收集及获取所需要信息的能力;D2 实现有效交流的能力		
E 实验能力	E1 操作复杂仪器(多种技术混合)及功能发现的能力;E2 设计并验证实验方法的能力;E3 完成实验的能力		
F 设计能力	无	F1 设计能力	F1 思维导图,构架及设计思路的提出 F2 选择设计方案 F3 表述设计方案
G 生产能力	无	无	G1 生产能力

除了一些细节的调整,2013年教学改革的另一个焦点(不仅是针对工业科学,还包括其他课程)是如何让学生掌握学习的技能(即能力的培养),而不是仅着眼知识本身。所以,工业科学课程的设置被重新分割,现在的课程组成形式是以学生应具备的能力为基础,着重培养学生的分析能力、建模能力、解决问题的能力、交流能力、实验能力和设计能力,而且对于不同专业的学生,能力培养的具体条目有所变化。

四、工业科学课程的先修课以及同其他课程的联系

工业科学的先修课主要是数学,比如复数、极限、微积分、矩阵等概念。一般情况下,这些知识在法国预科学习的相关数学课程中都会讲授。

工业科学课程同物理课有着紧密的联系,比如力学、自动控制理论以及电子学等,但又同物理课讲授的知识有所区别:如力学方面,物理课中主要研究质点受力,工业科学中主要研究刚体及刚体系统受力;如自动控制方面,物理课上介绍了几种滤波器以及基于波特图和傅里叶变换的滤波器的特性,工业工程课则在深度和广度上扩充了研究内容,研究多种控制器(包括物理课中学习的几种滤波器),研究方法是基于波特图、Black 图、Nyquist 图和频域含义更广的拉普拉斯变换。

从某种意义上讲,工业科学课程融入的很多基础知识类似于中国高等教育大学一二年级的基础课,比如理论力学中的静力学、运动学和动力学,自动控制原理中的经典控制理论,以及

微电子学等。

五、工业科学课程的授课形式及组织实施

工业科学有三种授课形式:理论课、习题课和实践课。理论课的目的是传授给学生课程大纲规定的理论知识。习题课是小班授课,在老师的指导下完成,主要是给学生一个生活或工业中具体的案例,并通过一系列事先由教师设计好的问题,慢慢引导学生独立运用理论课学习的方法,逐一分析问题,最终解决问题,并在这一过程中,体会如何应用理论知识解决实际问题。实践课是让学生认识并感知实际工业系统或实验仪器的复杂性,培养动手实践能力。工业科学实践课使用的设备和系统都最大限度的复现生活或工业中使用的真实设备和系统,只是为了教学需要做了稍许改动,比如增加了一些传感器便于学生测量数据等。下面我们简单介绍两个教学案例。

教学案例一:在预科第二年的力学课程里面,刚体动力学有一部分内容是关于刚体绕固定轴转动的平衡分析。理论课上将给学生们讲授刚体平衡的条件和如何进行刚体静力学和动力学的力学分析。与理论课相关的习题课将设计一个真实的机动车轮作为例子,提供给学生车轮质量惯性矩阵,然后让学生自己选择合适的位置给车轮增加质量,使其达到并保持静力学及动力学的平衡。实践课将研究一个平衡系统,让学生们测量一个汽车轮子的惯性矩阵的系数,并追加质量对其进行静力学和动力学平衡分析,最后,应用平衡仪器检验惯性矩阵是否为(或近似)对角矩阵。

教学案例二:在预科第一年的自动控制原理课中,第三章主要是对线性定常系统的确定。理论课会讲授一阶及二阶系统的阶跃响应和响应相关特性。习题课会要求学生用一阶及二阶系统的阶跃响应去复现一个实验曲线。实践课让学生通过仪器测量得到一个物理量的实验曲线,然后用一阶和二阶系统的阶跃响应去近似拟合以获得这个实验曲线,并用相关的软件进行建模,最后比较建模模拟结果和实验结果,验证模型的有效性。

理论课、习题课和实践课三种授课形式对应三种考核形式,即家庭作业、笔试和口试。家庭作业的难度和形式同习题课相当,但是要求在没有老师的帮助下独立完成。笔试分多次定期举行,以便于督促学生复习掌握所学内容,同时为工程师入学考试的笔试部分做准备。口试也是分多次定期举行,学生面对评委用一个小时的时间在黑板上解决一个实际的问题。评委们会不时的提问以便检查他们对问题的理解,也可以对学生进行一定程度上的引导。口试可以帮助学生准备工程师入学考试的口试部分。

这里需要说明一点,法国的预科教育一般是设立在高中,很少一部分是在大学或者工程师学校,所以预科学校同工业界的接触并不多。为数不多的联系之一便是工业科学课程的实践课所使用的实验设备,其最大限度的模拟了工业系统的真实设备和系统。除此之外,同工业界的另一个联系是有些预科学生会跟企业一起做自主研究项目(TIPE)(Supervised Personal Initiative Work)。学生在指定的大方向下选择题目,用数值模拟和实验的手段完成项目,然后口头汇报自己的工作。

六、工业科学课程在中国高等教育中的引入和启示

2005 年北京航空航天大学同法国中央理工大学集团（Ecoles Centrales）合作创办了"北航中法工程师学院"（Sino - French engineering School，法语：Ecole Centrale Pekin），学制六年，在中国相当于本科阶段加硕士阶段，在法国相当于预科阶段加工程师阶段。工业科学课程是 2012 年开始系统引入北航中法工程师学院，刚开始也出现一些水土不服的情况，主要原因是中法两国学生教育基础不同以及中法两国课程设置阶段不同。因此，在教学模式的选择和教学大纲的确定等方面做出了一些适应中国学生和中国工程教育环境的调整和改进。

首先，针对中法两国学生的学习基础和学习方式有所不同，调整工业科学的理论课学习和习题及实践课学习的节奏和重点，扬长避短循序渐进。中国的教育模式使学生习惯记忆式学习，中国老师在课堂上将公理及其衍生的各种定理，应用范例及其结果尽可能多的讲授给学生，学生记住范例和结果。当遇到问题时，中国学生尝试用记住的知识去比对相似性来解决问题。法国的教育模式有所不同，法国学生需要侧重去理解为什么会产生这样的公理及其适用的条件，至于随之衍生的定理或者应用范例，法国老师可能不会讲授，需要学生自己在习题课或者实践中去获得。法国的教学模式可能短期效果不显著，但是长期看，在培养学生的创造能力和独立思考问题、解决问题的能力方面效果更好。在实际教学组织中，更适合中国学生的培养模式是，加强理论课学习让中国学生具备快速有效处理已知问题的能力，再帮助学生在习题和实践课中培养利用已有知识解决未知问题的能力。

其次，针对中法两国的工业科学课程授课阶段不同，利用中国工科高校的资源优势，拓展课程的深度和广度。中法工程师学院的工业科学课程大体安排在预科阶段（理论课和习题课在第三年，相当于法国预科第二年。实践课在第四年，相当于法国工程师阶段第一年），但由于我们的预科教育是集成在大学教育中，不同于法国预科阶段集成在高中。因此，在授课及实践内容的深度和广度上做了适当的挖掘和扩充，充分利用大学师资、科研及实验室资源，让中国的教育在质量上比法国的教育有所提高，实现青出于蓝而胜于蓝的超越。

鉴于工业科学课程的宗旨和定位，其对学生的能力培养所做出的贡献主要体现在：问题解决能力、交流能力、分析能力、决策评估能力、实践能力及创新能力等的培养和提升。将之与普林斯顿大学提出的用提升学生八个能力进行教学评价[10]（即分别为交流能力、分析能力、审美能力、全球视野、问题解决能力、决策评估能力、社会互动能力及公民权利）进行比较，可以看出这是一门更有利于培养工程类学生素养和能力的综合课程，贡献效果如图 2 所示。

七、总　结

本文研究中获得的启示可以总结为以下几点。首先，高等工程教育课程体系的设置和调整应当紧密结合现代工业化的发展，积极配合社会及企业发展对工程人才的需求。这就从某种程度上要求课程大纲的制定和改革需要企业适度地参与和配合。

其次，高等教育课程的教学及考核应当紧密结合综合能力的培养和提升，将单纯的知识传授变成能力培养，打造适应社会转型期的复合型人才。

最后，高等教育课程的组织及设计应当紧密结合预定设置的人才培养目标，借鉴国际标准的同时充分结合中国国情，助力当前"新工科"建设和高校"双一流"建设。

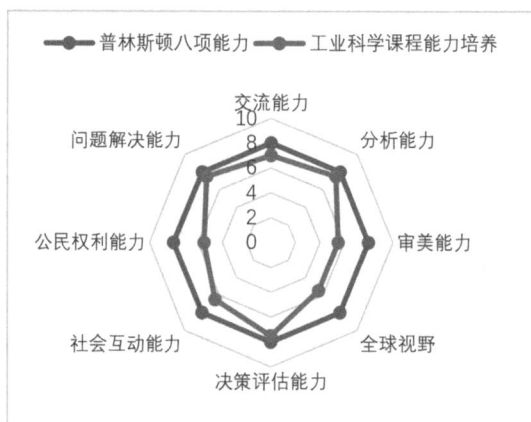

图2 工业科学能力培养雷达图

参 考 文 献

[1] 王晓辉.法国工程师教育研究[J].清华大学教育研究,2013,34(2):36-41.

[2] 熊璋.法国工程师教育[M].北京:科学出版社,2012:359—367.

[3] Arrêté du 24 janvier 2018 fixant la liste des écoles accréditées à délivrer un titre d'ingénieur diplômé. Texte n°25. JORF n°0035 du 11 février 2018 [S]. https://www.legifrance. gouv. fr/eli/arrete/2018/1/24/ESRS1733578A/jo/texte.

[4] Ministère de l'éducation nationale et de la jeunesse. Official Bulletin of the Ministry of National Education and Research No. 1 [EB/OL]. [1995-07-20](2019-05-01). http://www. education. gouv. fr.

[5] Ministère de l'éducation nationale et de la jeunesse. Official Bulletin of the Ministry of National Education and Research No. 2 [EB/OL]. [1995-07-27](2019-05-01). http://www. education. gouv. fr.

[6] Ministère de l'éducation nationale et de la jeunesse. Official Bulletin of the Ministry of National Education and Research No. 3 [EB/OL]. [1996-07-18](2019-05-01). http://www. education. gouv. fr.

[7] Ministère de l'éducation nationale et de la jeunesse. Official Bulletin of the Ministry of National Education and Research - special edition No. 6 [EB/OL]. [2003-08-28] (2019-05-01). http://www. education. gouv. fr.

[8] Ministère de l'éducation nationale et de la jeunesse. Official Bulletin of the Ministry of National Education and Research - special edition No. 6 [EB/OL]. [2004-09-16] (2019-05-01). http://www. education. gouv. fr.

[9] Ministère de l'éducation nationale et de la jeunesse. Official Bulletin of the Ministry of National Education and Research - special edition No. 5 [EB/OL]. [2013-05-30] (2019-05-01). http://www. education. gouv. fr.

[10] BurtonBollag. Making an Art Form of Assessment [EB/OL]. [2006-10-27](2019-05-01) http://chronicle. com/article/Making-an-Art-Form-of/17645/4.

法国预科学校工业科学课程实践教学模式[①]

马纪明[1]   Vincent CRESPREL [2]

(1. 北京航空航天大学 中法工程师学院;2. 圣路易预科学校)

摘　要：工业科学是法国工程师预科学校工程专业学生的必修课程,旨在培养学生面对实际工业系统时解决复杂工程问题的能力。工业科学课程实践是课程的关键环节,实践教学内容和模式与法国工程师人才培养目标高度契合。文章介绍了法国工程师预科学校工业科学课程的实践教学目标、教学内容以及它们之间的关联关系、实践教学方法和特色、实践教学设备特点等,并与国内工程师培养的实践教学模式进行了对比分析,这对于中国面向卓越人才培养的实践教学改革和实施具有一定的参考价值。

关键词：工业科学;实践教学;教学模式;预科学校;工程师

一、引　言

法国学生高中毕业时必须参加高中结业会考,才能得以取得高中毕业文凭(BACcalauréat,BAC)。毕业后有很多种选择,包括进入普通公立大学、预科 学校(Classe Préparatoire)或其他职业学校。其中普通大学有 BAC 即可报名入学,而预科学校(Classe Préparatoire)是法国精英教育体系的重要组成部分,只有 BAC 中评语为"很好"或"好"的学生才能注册,并需要通过入学考试或考核后才能进入。预科学校共分 4 类,经济、文学、数理(Mathématiques Physique,MP) 和理化(Physique Chimie,PC),后两种预科学校人数较多[1][2]。预科班学习难度大、进度快,对学生各方面要求很高,并采用 2 年制教学,毕业后参加工程师学校(Grandes Ecoles) 的入学考试。工程师采用的是精英教育模式,毕业生很容易找到一份待遇优厚的工作[3]。

1994 年,法国对高等教育的教学大纲进行了改革,MP 和 PC 类预科班的教学大纲中增加了工业科学课程(Sciences Industrielles,SI) 内容,同时对工程类预科学校中的专业名称也进行了对应修改[4][5][6]。这一教学安排被看做是学生接近工程师职业进行的 预先训练,企业也对这一改革表示认同[7]。工业科学是 MP 和 PC 类预科学校的必修课程,是为了培养学生对实际工业领域中复杂系统的认知能力和系统分析能力和系统的建模、校模、验模能力,并最终具备复杂系统的设计优化能力及创新思维[8][9]。

工业科学课程的实践教学环节是工业科学课程的主要部分,与理论教学内容密切相关且和实践教学同步展开。工业科学课程实践环节的考核也是工程师学校入学考试的主要部分。

文章主要介绍法国预科阶段中工业科学课程实践教学模式和实践设备的特点,以及对照实践环节教学所培养的学生能力等。同时,将法国预科学校的实践环节设置模式,与中国本土

---

①　原文刊载于:北京航空航天大学学报(社会科学版)2019 年 7 月第 32 卷第 4 期。编入本书时进行了重新排版。

的针对专业技能培养的实践教学模式进行了对比分析。

二、工业科学的实践教学内容

法国预科阶段工程类专业的专业分布及流向见图 1。

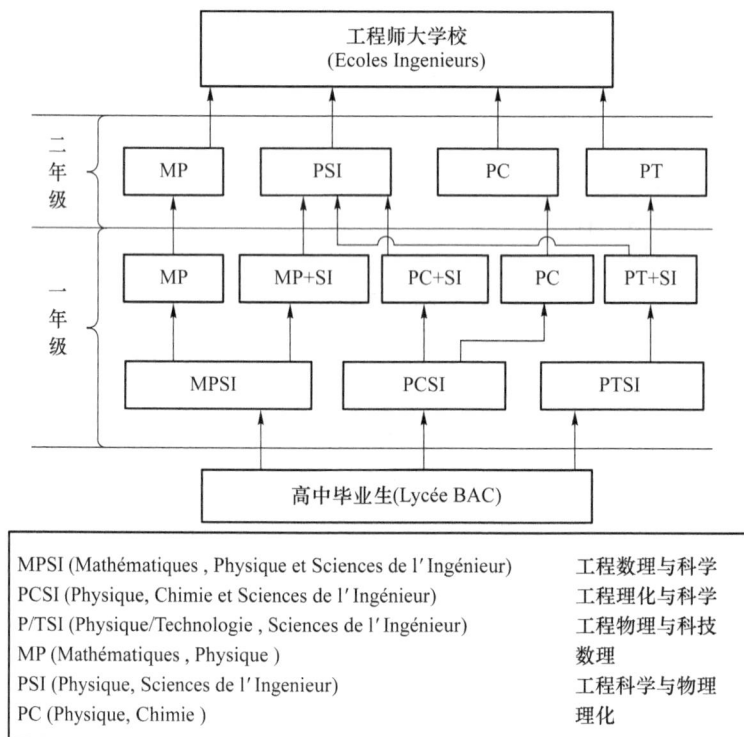

图 1　法国工程类预科学校的专业结构

针对工程师预科阶段一年级 MPSI、PCSI、PTSI 等专业的学生,以及二年级 PSI 专业的学生,工业科学理论教学内容见表 1。

表 1　教学内容与培养目标

内　容	学　时	培养目标
系统分析方法	16	系统结构组成及功能分析能力 工业系统认识能力
自动化科学	28	LTI 系统的建模分析方法 LTI 系统的性能分析及验证方法
运动学	16	系统运动学建模/性能校验能力
运动学及建模方法	20	刚体结构的性能建模/验证能力
工程力学	28	系统动力学特性的建模分析
数字电子及信号	16	离散系统的性能建模、分析和验证
工业系统时序控制	4	离散系统的性能建模、分析和验证
技术沟通	\	多学科交叉融合能力

从表1可以看出,工业科学课程的涉及面比较广泛。从这里也可以看出,工业科学在预科阶段(对应国内本科低年级阶段),主要是培养学生的基本工程思维方法和技能,以及多学科交叉和融合能力。特别需要说明的是技术沟通能力(technical communication)培养,也是工业科学课程的要点。技术沟通能力的培养持续整个预科阶段,这种能力包括科学绘图、系统描述语言和工具,还包括语言表述能力。实际上就是培养学生通过书面语言、高级编程语言、绘图、口头描述等多种手段,描述技术问题以及复杂工程系统。这一个方面在国内的专业培养中虽有体现,但没有作为一个显著的培养目标且加以重视。

预科一年级的课程以理论授课为主,实践环节相对较少,主要是配合理论课程,让学生初步认识工业系统的基本结构和工作原理,并能够完成简单的建模和仿真分析工作。表2所示为PCSI专业一个学年的工业科学教学实验环节的设置情况。可以看出,在一年级阶段只有约10个小时的动手环节。

表2 预科一年级实验课设

第一部分:系统功能和结构分析(4小时)	
实践1	实践2
熟悉工业设备,尝试独立操作	系统功能及工作流程分析
第二部分:建模和仿真分析(6小时)		
实践3	实践4	实践55
建立第一个工业系统的数学模型	模型仿真与校核	使用专业软件的仿真分析
评估考试(4小时):2次考试+1次答辩陈述		

在法国预科学校中,二年级已经完成了专业划分,PSI专业学生需要接触更多的工业科学相关课程。理论课程内容同一年级阶段相似,只是更加深入,与一年级明显不同的是实践环节的内容大量增加,如表3所示。

表3 预科二年级实践内容安排

描　述	内　容
第1部分(6学时)	工业系统的性能分析与评价
第2部分(6学时)	工业系统的性能改进方法
考试1(6学时)	系统分析能力考核
	机构仿真分析能力考核
	控制系统仿真分析能力
第3部分(6学时)	机构运动学建模/仿真/性能分析
第4部分(6学时)	动力学的建模/仿真/性能分析与校核
考试2(4学时)	上机考试
第5部分(4学时)	时序逻辑建模、性能分析和校核
全国统考	全国统考(工程师大学校入学考试)

从表2和表3可以看出,围绕工业科学课程及实践教学,培养目标主要是针对工程能力的提高,包括面对复杂系统时的分析能力、解决问题的能力等等,这些能力也与我国工程专业认

证中对学生的能力培养要求具有较高的匹配度[10]。从这个方面可侧面反映出法国工程教育的初衷和目标与我国目前人才培养的需求是一致的,具有较高的参考价值。

表2和表3中还可以看出,工业科学实践部分的考核也是主要内容之一,每次考核持续4个小时。工程师大学校的入学考试中,工业科学实验也是主要科目。关于考核方法、考核内容、形式以及相关的评价标准,本专题系列文章有进行过专门介绍,在这里不再展开说明。

三、实践教学设备与方法

首先,所有的实践教学均围绕工业科学实验设备展开。法国工业科学与技术实践教学设备也具有鲜明特色,设备通常来自于实际工业系统,还有部分是实际工业产品经过改造后用于实践教学的。文章以法国预科学校中常用的工业科学实验室实践设备为例,说明工业科学实践教学设备的来源及特点。

(一)来源于实际工业系统

图2所示为北京航空航天大学(以下简称"北航")中法学院部分工业科学实验教学设备。

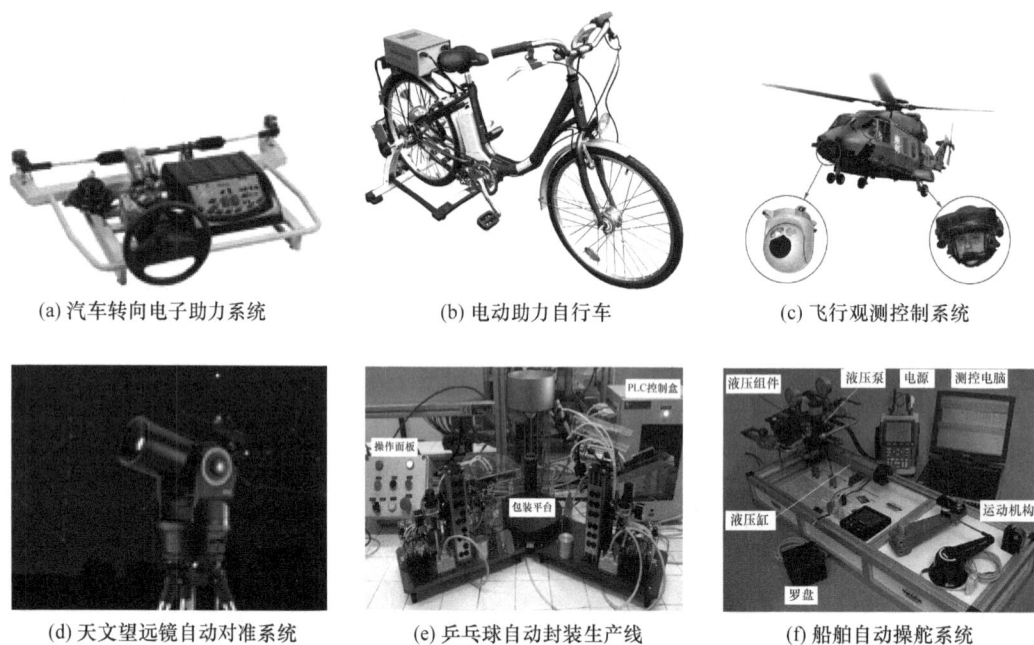

(a)汽车转向电子助力系统 (b)电动助力自行车 (c)飞行观测控制系统

(d)天文望远镜自动对准系统 (e)乒乓球自动封装生产线 (f)船舶自动操舵系统

图 2 北航中法工程师学院工业科学实验设备

图2所示设备的一个共同特点就是都来源于实际工业系统:(a)汽车转向电子助力系统是法国雷诺汽车集团TWINGO型轿车的实际转向助力系统,配备了测控模块、传感器以及人机交互软件;(b)自行车电动助力系统是基于在欧洲常用的一种电力助力车改造而来,它检测自行车行驶速度及施加在踏板上的力的大小,自动控制电机输出助力的大小。并且,在自行车行驶速度超过25 km/h的情况下,自动停止施加电动助力;(c)飞行观测控制系统是一种应用于飞机飞行员对地观测的可调节平台,能够自动适应飞机姿态的变化,跟随驾驶员视线对地进行

观测；(d)天文望远镜自动对准系统用于海洋作业的观测船,能够自动适应船舶位置和姿态的变化,自动对准固定观测目标；(e)乒乓球自动封装生产线来源于实际乒乓球生产线的封装环节,能够将零散乒乓球自动封装在固定包装内；(f)船舶自动操舵系统是一种典型的伺服机构,跟随舵操作指令,实现对船舶行驶方向的自动控制。

将这些实际工业系统中的设备进行改造,配备传感器和数据采集设备、数据通讯单元和软件系统,就可以组成适用于教学的实验平台,如表4所示。同时,与这些实验平台配套的还有完备的实验手册及教学材料,其中内容可以与法国预科学校 PSI 专业教学大纲很好地匹配[11][12]。

在法国有很多专业开发工业科学实验教学设备的企业,不完全统计有 200 多家。这些设备涉及航空航天、汽车、电子、通讯、环保、计算机等多个行业领域,预科学校可以根据自身专业特点选择合适的设备。

表 4　部分工业科学实践设备

行业领域	实践设备名称
工业生产	➤ 模拟包装实验机 ➤ 仿人机器人实验平台 ➤ 太阳能光机电伺服系统实验平台 ➤ 葡萄分拣系统实验平台
交通运输	➤ 模拟船舶导航系统 ➤ 轿车电子助力转向 ➤ 电动自行平台 ➤ 方向盘力反馈教学实验平台 ➤ 无人机控制教学实验平台 ➤ 自动栏杆测控教学实验平台
医疗卫生	➤ 腹腔镜机器人教学实验平台 ➤ 血液自动采集系统 ➤ 自动水疗设施教学实验平台
航空航天	➤ 飞行观测控制实验系统 ➤ 天文望远镜控制系统教学实验平台
体育生活	➤ 弦张力测控实验仪 ➤ 三轴摄像控制实验平台 ➤ 自动百叶窗教学实验平台

（二）具有多学科交叉特点

图 3 以汽车转向电子助力系统、自行车电动助力系统和船舶操舵系统为例,介绍工业科学实践设备所涉及的学科。从图 3 中可以看出,这些设备几乎涉及了和实际工业系统相关的所有学科领域,以这些设备为对象进行工业科学课程的教学和实验,能够锻炼学生的多学科交叉融合能力,进而激发其创新思维。

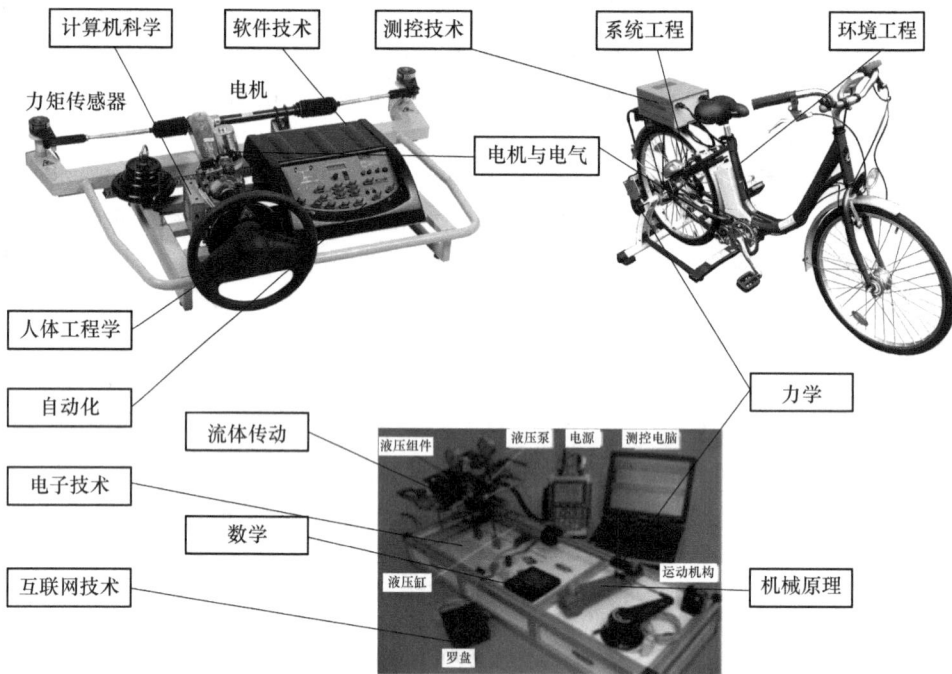

图 3　工业科学实验设备涉及多个学科

每台工业科学实验设备都涉及多个学科领域,所以在实践环节的内容设置上,围绕一个实践平台,就可以设置多个实践教学模块,培养学生学习与体悟多学科的知识和能力。表 5 以自行车电动助力系统为例,说明围绕此实验平台开展的预科阶段工业科学实验教学内容,以及培养学生的相关知识和能力。

表 5　基于电动助力自行车实践平台开展教学内容

	实践内容	知识与能力培养
预科一年级	助力车系统功能分析	系统分析方法
	机械及电力能量流分析	机械刚体运动学/动力学
	系统信息流分析	自动化技术
	传动及运动机构运动学分析	机械原理
	主动力和被动力受力分析	工程力学
	直流无刷电机控制策略	自动化科学
	助力系统性能校核与验证	机械建模 自动控制系统
预科二年级	直流无刷电机逻辑控制	时序系统与 GRAFCET 语言 软件编程与实现 系统研究分析
	传动机构刚体动力学特性分析	刚体动态特性; 技术沟通能力培养

续表 5

预科二年级	传动及运动机构能量和信息流分析	刚体动态特性分析； 技术交流能力；
	助力车传动机构运动特性	刚体运动学分析方法
	直流无数电机的伺服控制	动态特性的建模与仿真方法
	助力系统以行驶速度-踏板力矩-摩擦力矩最优匹配为目标的系统设计优化方法	多目标设计优化技术
	电动助力系统性能校核	系统性能校核； 技术沟通与交流
	直流无刷电机逻辑控制	时序系统与 GRAFCET 语言 软件编程与实现 系统研究分析 系统描述与分析

(三) 基于任务和问题的自主式学习

法国工业科学课程的实践环节，以学生自主动手为主，教师很少主动干预学生的实践过程。教师主要通过四个环节控制实践课程的进度和评价学生完成工作的质量。

1. 提供保障条件

工业科学课程实践教学设备不仅仅是独立的硬件系统，为了保障实践教学效果，设备厂商和任课教师还需要提供完备的保障条件，其中包括设备应 的工业背景说明、软件工具和程序、设备技术资料、操作说明手册等。通过这些保障条件，学生不仅可以掌握设备对象在实际工业系统中的角色和地位，还能够自主完成设备的运行和操作，探索工业系统的结构功能。同时，还可以通过提供的软件工具测试分析系统的性能指标。所有保障条件的目标都是为了让学生能够自主工作，充分发挥其主动性和激发他们探索未知领域的兴趣。

2. 明确工作任务

在工业科学课程实践环节中，教师的主要工作是针对不同阶段的学生和不同实践设备，结合表 2 所示的培养能力和目标来设置工作任务。一般情况下，围绕一台实践设备，通常设置 10 个左右的工作任务。内容涵盖设备操作运行(认识能力)、系统结构和功能分析(系统分析能力)、基于技术资料分析运动和受力特性、测试和数据分析、控制方法和控制效果对比等。每个任务侧重点不同，需要的技术资料和软件工具也有差异，其不仅可以拓宽学生的知识领域和工程能力，也可以培养学生的多学科交叉融合及理论联系实际能力。

3. 提出工程和学术问题

工业科学课程实践中，教师的一个重要任务是针对不同工业设备和培养目标，提出能够激发学生主动思考意识的工程和学术问题。其中，最常见的问题是"工业系统为什么采用此种设计实现方法而不是另外一种实现方案？""理论结果、期望结果和试验结果为什么会有差异以及产生原因？"等，这种问题通常没有标准答案和最优结果，让学生通过这种开放但又非常具体的问题，逐步提升其解决复杂工程问题的能力[8]。

4. 注重沟通能力培养

技术沟通能力是工业科学课程实践环节的主要培养目标之一。在一堂实践课上,学生要完成提交技术报告、口头描述系统功能、口头回答技术问题、口头阐述系统特点和设计优化的方案任务,这些任务均可以有效提升其技术沟通能力。

四、对比分析与总结

对比国内实践(实验)类课程,法国预科学校中的工业科学实践教学具有以下三个特点:

(一)理论与实际教学紧密结合

在法国预科学校中,工业科学课程量大。理论教学内容并不将机械、控制、系统科学等学科进行区分,而是将这些内容在一门课程中进行全面讲解,是一种典型的多学科交叉和融合的教学模式。

实践教学的特点是持续时间长,实践环节多。不同于以验证理论为目的的实践教学模式[13],工业科学课程实践环节中,教师通过明确工作任务和设置问题,培养多学科交叉融合能力、理论联系实际能力和解决复杂工程问题的能力。

(二)实验设备来源于实际工业系统并具有典型的多学科特征

通常使用的教学实践设备多是标准设备,以演示和验证理论目标为主[14]。工业科学实践设备大多数是非标准工业系统或设备,种类多样、来源丰富、多学科交叉特征明显。学生在 2 年的预科学习期间,能够接触和掌握与实际工业系统相关的大多数学科和工程技术,这不仅有助于培养动手、动脑习惯以及多学科交叉融合能力,还有助于发现自身的技术优势及兴趣,更加合理地规划将来的职业方向。同时,每年 20% 左右的实践教学设备设备更新也保证了教学内容的先进性。

(三)注重技术沟通能力的培养和考核

实践类课程考核通常以结果的准确性为标准,对过程质量的评价以及沟通能力的评估比重很小。工业科学课程实践环节的考核不仅要考察对工业科学基础知识和技能的掌握水平,还要评估学生的技术沟通能力,书面报告、口头描述、结果展示等环节的评估结果在课程成绩中占有较高的比重。这种考核方法有效提升了学生的技术沟通能力。

参 考 文 献

[1] 王晓辉.法国工程师教育研究[J].清华大学教育研究,2013,34(2):36-41.

[2] 熊璋.法国工程师教育[M].北京:科学出版社,2012:359-362.

[3] 形克超,李兴业.法国教育[M].长春:吉林教育出版社,2000:234-236.

[4] Ministère de l'éducation nationale et de la jeunesse. Official Bulletin of the Ministry of National Education and Research No. 1 [EB/OL]. [1995-07-20] (2019-05-01).

http://www.education.gouv.fr.

[5] Ministère de l'éducation nationale et de la jeunesse. Official Bulletin of the Ministry of National Education and Research No. 2 [EB/OL]. [1995 - 07 - 27] (2019 - 05 - 01). http://www.education.gouv.fr.

[6] Ministère de l'éducation nationale et de la jeunesse. Official Bulletin of the Ministry of National Education and Research No. 3 [EB/OL]. [1996 - 07 - 18] (2019 - 05 - 01). http://www.education.gouv.fr.

[7] 刘建立,谭俊峰.法国工程师大学校教育对"卓越工程师教育培养计划"中企业培养方案制定的启示[J].教育与教学研究,2013,27(11):59 - 62.

[8] 马纪明,徐平.基于工程问题的工业科学实验课程探索与实践[J].北京航空航天大学学报(社会科学版),2013,26(5):117 - 120.

[9] 于黎明,马纪明,张心婷,等.法国预科教育与我国本科教育的教学法比较与融合研究[J].高等工程教育研究,2013(4):103 - 110.

[10] 熊璋,于黎明,徐平,等.法国工程师学历教育认证指南[M].北京:科学出版社,2012:191 - 235.

[11] GUILLAUME M,HERVE R.工业科学第一卷[M].北京:科学出版社,2013:18.

[12] GUILLAUME M,HERVE R.工业科学第二卷[M].北京:科学出版社,2014:25

[13] 厉旭云,梅汝焕,叶治国.高校实验教学研究的发展及趋势[J].实验室研究与探索,2014,33(3):131 - 136.

[14] 李朝荣.基础物理实验[M].北京:北京航空航天大学出版社,2005:209 - 354.

《高等数学》在法国工程师预科教学中的实践创新[①]

欧亚飞　陆佳亮

上海交通大学-巴黎高科卓越工程师学院

摘　要:《高等数学》作为高校基础课程之一,在高等教育中起着极其重要的作用。在《高等数学》教学中创新教学方法,提高教学质量,一直是高等数学教育工作者直面的重大课题之一。文章借鉴法国工程师预科阶段《高等数学》的教学模式,结合课堂教学、课外教学及考核方式的实施及教学效果的数据统计分析,总结归纳独有的教学特点,期望为高校《高等数学》乃至其他基础理科教学方法创新提供新的思路和改革途径。

关键词:法国工程师预科教育;《高等数学》;教学模式;教学方法创新

一、背景介绍

上海交通大学-巴黎高科卓越工程师学院创办于 2012 年,是响应《国家中长期教育改革和发展规划纲要(2010~2020)》中提出的"卓越工程师教育培养计划"重大改革项目的号召,为社会发展储备精英人才,由上海交大与巴黎高科集团合作创办。2013 年法国总统弗朗索瓦·奥朗德访华时亲自为学院揭牌,学院致力于培养适应经济社会发展,具有国际视野、专业技术、领导才干的精英人才。在法国,工程师学校的预科阶段非常重视理科的基础教学,学生能够受到强化优质的数学物理学科教育。作为上海交大-巴黎高科卓越工程师学院[1](以下简称上海交大-巴黎高科学院)的《高等数学》专职教师,本人在近几年的教学实践中,深深感受到法国工程师预科《高等数学》教学注重学生能力的培养,重在提高学生学习兴趣和培养学生良好的学习习惯。内心期望该教学模式得到普及与推广,并能够对其他基础学科教学改革提供帮助。

二、法国工程师预科《高等数学》教学模式的特点

(一) 形式丰富多样的课堂教学

传统的《高等数学》教学模式,通常是定义的给出、定理的证明、公式的推导、解题方法和解题技巧的训练。然而,随着现代教育信息技术的发展,这种照本宣科的课堂教学模式,难免会使得课堂教学比较枯燥,束缚着学生的思维,不利于提高学生的创新和实践能力。在上海交大-巴黎高科学院,《高等数学》课堂教学采取了黑板板书证明运算这种传统模式与数学计算软件进行编程验算相结合的模式,使学生及时理解数学理论知识在实际中的应用。众所周知,传统

---

① 原文刊载于:高教学刊 2020 年 21 期。编入本书时进行了重新排版。

的黑板板书证明计算能够体现数学解题的基本思路和证明方法,对提高学生的逻辑思维能力以及抽象思维能力培养起到至关重要的作用。然而,通过数学软件将抽象的数学问题直观表现出来,能够极大地帮助学生理解问题。这两种教学方式有机地结合,能够很好地优化课堂教学过程,大大提高学生的学习兴趣。为了说明上海交大-巴黎高科学院《高等数学》课堂的授课方式,我们给出下面的简单例子。

例 1　求极限$\lim\limits_{x\to 1}\dfrac{x^3-3x^2+5x-3}{4x^4+x^2+x-6}$

(1.1) 传统教学计算(由洛必达法则可得)

$$\lim_{x\to 1}\frac{x^3-3x^2+5x-3}{4x^4+x^2+x-6}=\lim_{x\to 1}\frac{(x^3-3x^2+5x-3)'}{(4x^4+x^2+x-6)'}=\lim_{x\to 1}\frac{3x^2-6x+5}{16x^3+2x+1}=\frac{2}{19}$$

(1.2) 应用 Wxmaxima 运算

这样的验算能够使学生一目了然,并且增加学生学习和探索知识的欲望。

(二) 与课堂内容相结合的课外教学

在传统的《高等数学》教学模式中,通常只强调课堂教学,课堂外师生之间的交流互动有限,而且时效性较差。在法国,工程师预科《高等数学》的教学非常强调课堂"教"与课外"学"的密切结合以及学生在教学过程的主体地位。在上海交大-巴黎高科学院,课堂教学在内容、时间和空间上都有很大延伸,教师的"教"与学生的"学"从时间上不再仅限于"课堂",从空间上也不再仅限于"教室",实现了封闭式的课堂教学到开放式课堂教学的转化。

1. 以"学生"为主体的学习兴趣小组

在以往的《高等数学》教学中,课堂教学结束后,教师都会鼓励学生提问题,希望通过学生的问题,能更好地了解学生对课堂知识的掌握情况以及学习的难点所在,以便及时解决存在的问题。然而,来咨询的学生寥寥无几。为了鼓励学生之间的讨论,增强互助学习,上海交大-巴黎高科学院成立了以"学生"为主体的学习兴趣小组。学生们带着当天学习过程中遇到的问题和巴黎综合理工的学生进行讨论学习,及时解决课堂学习的疑难点,尽量做到问题不堆积,以便顺利进行接下来的课堂学习。

2. 教师"引导式"学习的课后随堂测试

除了组织以"学生"为主体的学习兴趣小组,在上海交大-巴黎高科学院《高等数学》的教学过程中,课堂教学后,老师都会及时和同学们进行沟通,了解他们学习难点,并且根据课程的重要知识点为学生准备"课后随堂测试"题,学生通过完成测试题来检验自己对于知识点的掌握,加强对知识的理解。同时,学生也可以在网上对于自己不清楚的内容和知识点向老师留言提问。通过网上学生答题的统计数据,教师能够及时掌握学生的学习情况,对于学生出错较高的题目和重要知识点给予及时解释。这种老师与学生"零距离"的交流与沟通,使得老师能以不同的方式在不同的时间给学生的学习以引导,从而以更加弹性的方式引导和配合学生达成学习目的。使得学生不再是被动的接受知识,而是主动学习和主动思考。

3. 数学习题课与数学计算机实践课相结合

除了课堂上采用传统板书授课和数学计算软件应用相得益彰的授课方式外,在上海交大-巴黎高科学院《高等数学》的课后辅导课则采用了数学习题课(TD)和数学计算机实践课(TP)

相结合的方式。《高等数学》习题课(TD)老师通常会鼓励学生在黑板进行证明计算,在学生解题过程中出现困难时,老师会通过提问并引导全组同学共同讨论的方式,开拓学生的思路,帮助学生顺利完成问题的解决。这种提出问题——相互讨论——引导学生解决问题的模式,培养了学生的数学逻辑推理和思维能力。但这种习题课(TD)主要偏重学生数学演绎论证的训练,而无法解决学生普遍存在的将数学思维方法应用到分析和解决实际问题中,为此,在上海交大-巴黎高科学院《高等数学》辅导课开设了数学计算机实践课(TP)。数学计算机实践课(TP)与课堂教学以及数学习题课 TD)的内容紧密结合,根据课堂的进度,教师会设置相应的实践课(TP)的内容,让学生能够及时了解数学课堂上的理论知识在实际问题中的应用。实践课(TP)主要培养学生的创新思维和实践能力,使学生在提高解决有固定答案的问题能力外,解决开放性问题的能力也得到提高。

(三)体现学生"综合素质"的考核方式

课程考核不仅可以考查学生对知识的掌握程度同时也可以对教师的教学效果进行检验。现阶段,不同高校对《高等数学》的考核方式不尽相同,但大体都采用期中、期末闭卷笔试和平时作业相结合的考核方法。这种单一的笔试考核,一方面只注重学生对数学理论知识的掌握,不利于提高学生的学习兴趣,致使学生们忽视整个课程的教学过程,考前突击,考试结束后即遗忘知识的现象严重。另一方面,这种单一的笔试考核方式,不是以发展学生的创新意识、实践能力、团队合作意识等综合能力为根本目的给出的考量,不利于学生综合素质的全面提高。在上海交大-巴黎高科学院,《高等数学》的考核过程采取月考、数学计算机实践课(TP)考核、小组家庭作业以及口试考查(colle)等多种方式对学生的综合素质给予合理的考核。

1. 月 考

众所周知,知识的掌握是一个不断积累的过程。对知识的考核也需要一个持续的过程。在上海交大-巴黎高科学院,每月都要对学生进行一次《高等数学》考试,这在很大程度上督促学生不断学习,避免期末考试前临时抱佛脚,而且也可以持续不断的检验教师的教学成果,及时改进教学计划。

2. 数学计算机实践课(TP)考核

与通常《高等数学》考核采取单一的笔试考核不同,在上海交大-巴黎高科学院,教师会根据《高等数学》课程进度以及课堂内容对学生进行数学计算机实践课程考试,学生通过电子邮件收到当天的考试题目后,必须在规定的时间(通常为 2 小时)内对问题进行分析、明确问题考察的数学理论知识点、设计程序算法、完成计算机编程并提交实验报告。整个过程能够充分考查学生将数学理论知识转换为计算机实际应用的能力以及组织和成果展示等高阶的综合能力。

3. 小组家庭作业

与传统教育仅重视通过成绩区分学生的竞争式学习不同,法国工程师预科《高等数学》的教学方法非常注重培养学生相互协作能力,强调合作式互助学习。在上海交大-巴黎高科学院,老师每月都会给学生布置家庭作业,作业的完成通常是以 2~3 人为小组合作完成,小组成员间需要互相讨论协作完成。通过这种团队合作、互助学习的方式,能大大提高学生团队合作能力,将学生与学生之间的竞争学习,转换为自我竞争的主动学习,同时这种互助的学习方式,可以在增强学生学习能力的同时,帮助提高层次较弱学生的学习能力。

4. 口试考查(Colle)

口试考查(Colle)[2]作为最具特色的法国工程师预科教育的考试模式,在上海交大-巴黎高科学院也进行了实践创新应用。Colle 的考试模式是一位教师同时对三位学生进行为时 1 小时的考查。学生需要在指定的黑板区域内对教师给出的不同问题进行证明计算,并且能够回答老师提出的关于题目的不同问题。教师根据每位学生具体表现给每个学生打分,满分为 20 分。这种教师与学生面对面的笔试和口语结合的考查方式,能够极大增强学生的口语表能力和人际交往能力,与此同时也大大提高了学生的抗压能力。

(四)《高等数学》创新教学方法在教学中的反馈研究

为了更好地了解《高等数学》创新教学方法对学生学习兴趣的提高以及学习效果的影响,笔者对上海交大-巴黎高科学院预科阶段大一和大二的学生进行了一次匿名问卷调查,问卷结果如图 1、2。

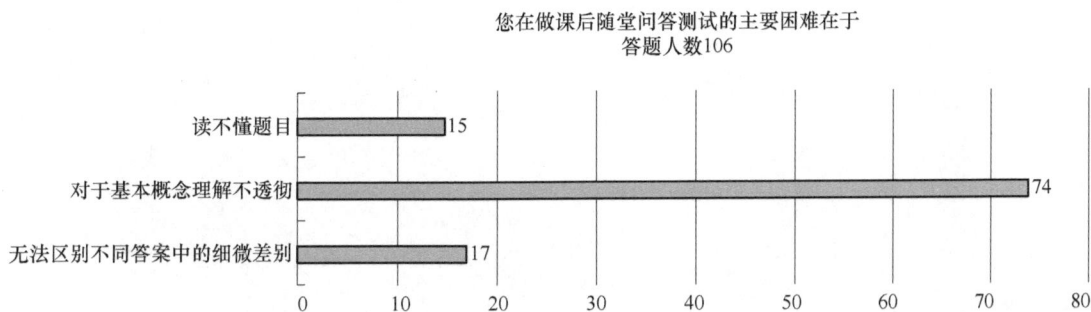

图 1　创新性教学方法对学习兴趣提高及学习效果的影响-调查问题 1

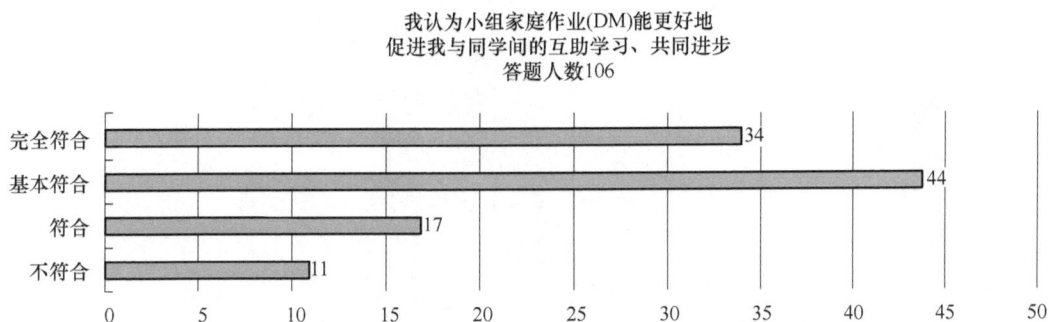

图 2　创新性教学方法对学习兴趣提高及学习效果的影响-调查问题 2

从调查数据中可以看出,近 70% 的学生在进行课后随堂测试题目时遇到的主要困难是对数学基本概念理解不透彻,因此,每道测试题后教师都对题目中的每个选项给出详细的解释,学生可以查看这些解释,及时纠正和加强对概念的正确理解。

综合以上分析,笔者针对小组家庭作业对促进学生互助学习、共同进步以及口试考查对养成良好的学习习惯的效果也进行了问卷调查,从调查结果可以看出,这些考核方式对于促进互助学习、提高学生学习效率和养成良好的学习习惯等方面都产生了积极有效的影响。

三、结束语

借鉴了法国工程师预科《高等数学》的教学模式,上海交大-巴黎高科学院对《高等数学》的教学方法进行了积极的改革,在进行了多年的教学实践后,取得了良好的教学效果。在调动学生学习的积极性及提高学生学习《高等数学》的兴趣外,也培养了学生的创新及解决实际问题的能力,同时也极大提高了学生交流沟通能力。笔者希望这种教学模式下的创新教学方法能更好地推广及应用,对我国高等院校《高等数学》教学改革提供参考。

参 考 文 献

[1]　钟圣怡,李萍,陆佳亮,等.浅谈口试在联合办学中的作用及影响[J].高等工程教育研究,2015,(05):183 - 185.

法国工程师培养模式中高等数学考核新法探究[①]

——以中山大学中法核工程与技术学院为例

张留伟

中山大学中法核工程与技术学院

摘　要： 传统的高等数学评价模式存在评价方式单一，评价的诊断、导向和激励功能弱化，忽视沟通和表达能力的评价，与社会对高校毕业生能力认同不一致等诸多不足。测、考、评相结合的新的成绩评价模式，结合国际合作办学模式下高等数学课程的特点，能充分发挥评价的诊断、导向和激励功能，是新形势下高等数学考核方式的有益探索。

关键词： 工程师教育；预科；高等数学；考核方式

一、概　述

《国家中长期人才发展规划纲要（2010—2020 年）》关于人才建设的主要举措提出，创新人才培养模式，建立学校教育和实践锻炼相结合、国内培养和国际交流合作相衔接的开放式培养体系。探索并推行创新型教育方式方法，突出培养学生的科学精神、创造性思维和创新能力。中山大学借鉴和学习国外先进成熟的培养模式，2010 年与法国五所著名工程师学院合作成立了中法核工程与技术学院，培养精英核能工程师。学院每届招生 100～120 人，实行"3＋3"精英工程师培养模式，学制为 6 年，即 3 年精英学校预科阶段和 3 年工程师阶段。课程完全按照法国国内核能工程师培养模式设置，实行大班授课，小班导学，个性化辅助的模式，由中法两国教师共同授课，法方为主。预科阶段主要学习法语、数学、物理、化学等。预科阶段结束后，由各科任课教师组成的教学委员会根据学生三年来的综合成绩评判其能否进入工程师阶段继续学习。因此，如何科学和客观地评价学生预科阶段数学课业成绩，不仅反映学生的学习效果、数学能力和教师教学效果，也是学习导向和教学导向的重要风向标，对保障和监测教育教学质量有关键意义。

二、预科阶段高等数学课程简介

不同于我国现行工科数学课程把高等数学、线性代数、概率与数理统计分册编写按学年讲授各册，预科阶段的数学课程将数学的不同分支，按难易程度和逻辑关系，把几何、代数、分析、概率分章节编排，各个章节相对独立，由浅入深，循序渐进，螺旋上升。注重数学基础，从集合、关系、映射、多项式入手，引入群、环、域等概念，涉及初等数论的经典内容；以线性空间和线性

---

①　原文刊载于：高教学刊，2017 年 20 期。编入本书时进行了重新排版。

映射为主线,较我们工科数学更注重代数知识和数学基础;注重逻辑符号使用,介绍常用的数学推理方法,如分析综合法、反证法、(多重)数学归纳法等;注重现代数学知识和数学工具,涉及拓扑学、微分形式和泛函分析,介绍拉普拉斯变换和傅里叶分析;以公理化的方式介绍概率论,强调大数定理和中心极限定理的应用,介绍三种重要收敛形式:以概率收敛、几乎处处收敛和以分布收敛,较多涉及实分析内容;详细介绍一阶和二阶线性微分方程的基本理论,以专题的形式介绍微分方程的定性理论和稳定性理论等非线性理论,涉及内容较我国工科数学深;强调基本理论的严格与抽象,注重理论证明,大多数定理和命题给出严格证明,但数学建模和数值计算较少[1-3]。具体地,预科阶段各学年高等数学课程编排参见图1~3。

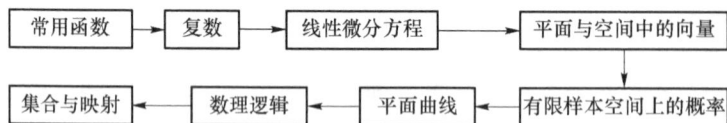

图 1　预科阶段第一年级数学课内容及次序

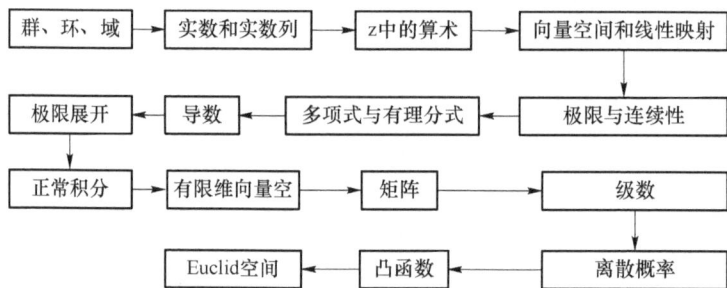

图 2　预科阶段二年级数学内容及次序

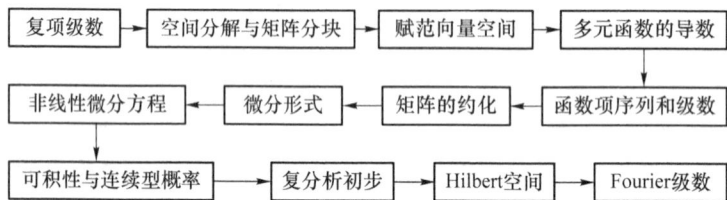

图 3　预科阶段三年数学课内容及次序

三、国内高等数学考核常见方式及存在的问题

学业成绩考核是高等教育质量的重要保障措施,通过考试、测验、实践、评价等方式衡量学生的学习效果,在教育教学活动中具有诊断、导向、激励、反馈和教育功能。我国高校高等数学课程考核主要通过考试成绩和平时成绩给出学生期末总评成绩,即课业成绩,其中考试分期中考试和期末考试,时间一般为两个小时;平时成绩主要包括出勤情况、作业完成情况、课堂参与情况等。尽管不同高校对考试成绩和平时成绩设置权重有所不同,但是,由于受应试教育思想的影响,高等数学成绩考核在目标认识和组织形式上均存在偏差,普遍存在注重考试成绩的评定,忽视成绩对学生学习和教师教学的反馈功能,缺少对考试结果的深层次分析;考试形式单

一,多为闭卷考试;试题质量不高,区分度不够;受标准化考试影响,题型设计不合理,多以选择题、填空题、判断题、计算题等形式,答题存在投机现象,综合性题目少,缺少对知识运用与迁移能力的考查;粗暴地将平时成绩以出勤情况代替[4],虽有作业,但不免相互抄袭,应付了事。教师在批改试卷或作业时仅以结果的正确与否给分数,忽视推理过程和创新方法。同时,期末试卷往往密封保存,不便于学生查阅,虽有分数,但学生不知错在何处,不利于学生的改进与提高。

四、新的高等数学考核方式探索

针对当前国内高等数学考核方式存在的问题,结合我院预科阶段高等数学课程的特点与法国工程师教育的成功之处,我们提出"测、考、评"相结合的综合考核方式。

(一) 测

测是指测验。鉴于预科阶段数学课程范围广、内容琐碎、授课密集等特点,我们设计了课堂测验,每两周一次,每次 15-20 分钟,主要考查学生对已经讲授的重要定义、定理、推论、命题以及它们之间的逻辑关系的理解和记忆。由于高考制度的影响,学生普遍认为学习数学就是为了会做数学题目,找出问题答案,轻视对数学系统理论的理解和记忆,往往使他们不能准确地表述数学理论,特别是由忽视理论成立的条件而导致错误的应用。此外,我们的教材是按数学的不同分支之间的逻辑关系分章节编排,每章开始前会简要说明本章所需的预备知识,通常,在开始讲授新的章节之前,我们通过课堂测验的方式,检查学生对预备知识的准备情况,比如,在讲授离散型随机变量前要求学生熟悉判断级数收敛常用准测,讲授连续性随机变量前要求学生熟悉广义积分收敛的判断准测。课堂测验不仅能及时了解学生学习情况,发现学生的知识储备,及时调整教学内容,还能督促学生及时学习,学在平时,使教师教学能有的放矢。

(二) 考

考是指考试。当前阶段,能够真实且有效地衡量学生的学习效果和教师的授课效果还是要通过考试。为了克服过分关注考试的评价、选拔功能,为考试而考试的偏向,充分发挥考试的诊断功能、反馈功能和学习功能,一方面,我们在试题题型设计时,舍弃标准化考试中的选择题、判断题、填空题题型,以问答题、计算题、证明题为主,规避答题投机现象。答题时要求学生书写整洁,表述得当,推理严密,重要推理注明依据,必要时要求学生先复述题目涉及定理的内容,以甄别学生错误的原因:是未能准确记忆定理内容还是不能应用定理。另一方面,在设计考试试题时,我们认为有些章节,例如平面和空间中的向量工具,作为中学阶段平面几何和立体几何的向量化,主要是引入一些新的名词和观点,内容简单,形象直观,学生无陌生感,可以让学生自学,以考代教,培养学生的自学能力和自律能力。对于一些重要的定理或结论,我们不但要求学生能够运用,而且能够自己证明,为此,我们会根据难易程度,在考试中要求学生证明某个教材中已经给出证明的结论,让学生不但"知其然",而且能"证其然",改变学生不细读教材、为做题而做题的陋习。另外,我们将与当前教学内容密切相关的重要结论设计成试题,通过的一连串相互关联的问题的方式,引导学生逐步完成重要结论的发现或证明(必要时给出提示),如 Chebyshev 多项式的性质、代数学基本定理、单摆方程周期解的存在性等,这样不仅扩大了学生的视野,而且让学生体会到解决复杂问题的一般过程,训练学生的科学研究能力。基于上述考虑,每学期我们安排三次考试,每次 4 个小时。每次考试我们会提供试题答案,在考试结束时当场发给学生,人手一份,以便学生及时参照。批改试卷时,不能简单地判 √ 或×,要指出错误或扣分的原因,包括推理的严密性、书写的规范性、叙述的恰当性,并给出修改意见;同时,根据解题步骤细化评分标准,制作电子表格统计得分率,以发现普遍性问题与不足,对普遍存在的问题进行原因分析,在课堂上重点讲解;最后,还要对整个试卷进行评价,写出评语或建议。

（三）评

评指教师评价学生。未来社会的发展需要的是多层次、全方位的复合型人才,当前,由于师生比、授课方式等实际因素的制约,高等数学成绩评价过于注重纸笔测试,忽视学生的个性差异,疏于学生语言表达能力和沟通能力等可就业能力的培养[5],使得用人单位与高校对毕业生素质的高低认定存在一定差异。用人单位在选人时最看重的毕业生素质是职业素养和沟通能力,而学习成绩等对多数用人单位录用毕业生并没有太大的影响[6],产生这种认识差异一个重要的原因是高校给出的学生成绩没有如实反映学生的综合能力。此外,有数据表明,课程参与和教师的建设性反馈意见会显著提高学生的学习参与和学业成绩[7]。我们在教学中也发现,当前理科学生语言表达能力亟待提高,语言表达严重跟不上思维的步伐,往往辞不达意。因此,在练习课和辅助课中,我们创设问题情境,以对话、问答和板书等形式,让学生走上讲台,面对教师和学生讲解问题,教师作为课堂的组织者、问题的提出者和引导者;学生作为课堂活动的主体,教师鼓励学生提出问题、发表不同见解,引导学生积极思考并给予点评。教师根据学生的参与度、积极性、语言表达、逻辑推理、书写规范等表现等进行记录。学期结束后,根据记录结果,对学生进行量化评分。

五、实施建议

目前,国内高校学生成绩评价普遍采用百分制或等级制,根据课程性质的不同,两种方式各有利弊,教师可根据实际情况选择适合的评价方式。鉴于高等数学课的性质,我们采用百分制形式作为学生期末成绩的评定。测、考、评三部分的比重可以根据教学内容的难易程度、量的多少、教学目标等灵活设定。通常,我们按测试 15％左右,考试 70％左右,评价 15％左右设定。由于期末成绩与各种评比和奖励密切相关,学生很重视期末成绩的每一分,教师务必事先明确告诉学生期末成绩的判定方法和影响因素,让学生参照规则自我改进和提高,以发挥成绩评定的导向和激励作用。由于评价的细化与多元化,新的评价方式较传统方式增加了教师的工作量,需要配备更多的师资,同时,教师之间要达成共识,认识一致,统一标准。

参 考 文 献

[1] Alexander GEWIRTZ,Alexis GRYSON. 大学数学入门 2(法文版)[M]. 北京:科学出版社,2016:vii - xii.

[2] Alexander GEWIRTZ. 大学数学进阶 1(法文版)[M]. 北京:科学出版社,2016:vii - xi.

［3］ 曾绍标,彭大鹏,齐植兰.法国高等学校工科数学教材的特点及对我们的启示[J].中国
大学教学,1995,(2):41-43.

［4］ 刘莉莉.高校学生学业成绩考核:功能缺失与回归 [J].教育教学论坛,2015,(16):
44-45.

［5］ 北京大学、兰州大学、南京大学课题组.高等理科教育改革调研结果及政策建议报告(三)
[J].高等理科教育,2016,(1):1-8.

［6］ 潘玉驹,陈文远.高校学生评价制度存在的问题与对策[J].教育发展研究,2010,(17):
78-82.

［7］ 北京大学、兰州大学、南京大学课题组.高等理科教育改革调研结果及政策建议报告(一)
[J].高等理科教育,2015,(5):8-19.

第五章

中外合作办学之工程师类教学

编者按：

进入新时代，党中央把"培养大批卓越工程师"作为"加快建设国家战略人才力量"的重要内容，作为人才培养主体，高等学校需要积极探索中国特色、世界水平的卓越工程师培养之路，努力建设一支爱党报国、敬业奉献，具有突出技术创新能力，善于解决复杂工程问题的工程师队伍。本章论文从工程师阶段的专业教学和工程能力培养出发，总结探讨了中法合作办学机构专业类教学的实践经验和成果。探索了跨课程项目教学方法；分享了专业教学中构建学生自主学习激励机制的研究成果；讨论了工程教育中个性化人才培养的实践经验；介绍了中法工程人才培养模式的融合方法；分析了法国工程师学校力学课程的设置情况；详述了新工科视域下数理基础课程的跨学科教学经验；以专业课程教学为例，探讨了计算机模拟等工业技术在理论与实验教学中的应用。

建立跨课程项目教学方法的探索

——以中法合作工程师培养中的跨课程项目教学为例①

刘　洋，张纯禹

（中山大学　中法核工程与技术学院，广州 510275）

摘　要：针对中法联培养核电工程师的教学课程特点和教学实际，结合法国工程师培养方式的本土化教育进程，运用项目教学方法，建立跨多课程的项目教学方法，以热工流体知识体系作为探讨案例，分析了跨课程项目教学方法的应用重点与实践利弊，为核电工程师培养的教学改革进行有益的探索，同时也为项目教学在不同教学领域的应用作了尝试。

关键词：核电工程师培养；项目教学；教学改革；能力培养

为了培养具有国际资质和全球化竞争力的高端工程人才，在中法两国政府的支持下，2009年中山大学与法国民用核能工程师教学联盟共建中山大学"中法核工程与技术学院"（Institut Franco-chinois de l'Energie Nucléaire）。几年来在引入法国在核能工程师培养经验、结合国内教学实际对法国核能工程师培养体系的本土化、核能工程师人才培养等方面作出了有益的探索与实践。本文结合中法合作核能工程师培养体系的建立，在总结大学本科与工程师教学阶段比较与实践经验的基础上，对工程师培养体系，尤其是工程师培养初期，建立跨课程项目教学方法进行探讨。

一、独特的法国工程师培养模式及其本土化

法国的工程师教育分两个阶段：第一阶段是工程师预科阶段，为期 2 年，接收高中毕业生，以大学基础知识教育为主。第二个阶段为工程师教育阶段，为期 3 年，属于专业学习阶段。法国工程师培养模式移植到我国以后成为 3＋3 模式，即预科 3 年、工程师阶段 3 年。其中预科3 年主要针对科学基础理论及法语基础的培养，学习主要包括法语、数学、应用数学、基础物理学、电子学、计算机科学等通用课程；工程师阶段则主要包括应用技术类课程、非技术类课程（如工程管理、经济学常识以及核政策和法规等）和实践教学。教学采取"工学交替"的方式，通过大量的企业实习，进行工程训练，以培养学生对课本知识的学习及其工程技术应用[1]。在法国的工程师教学体系中，其课程大多邀请有丰富工程实际经验的工程师、或丰富教学经验的学者担任课程授课教师，其所用教材大多为专业授课教师为工程师教育单独编写，配套习题则是根据当前热点及工程实践需要设计，具有极强的应用性及针对性。尤其在核能工程师的培养过程中，绝大多数课程的习题设计都与其今后的工作领域密切相关。可以说，工程实践训练及

---

①　原文刊载于中山大学 2015 年《教学研究与实践-教师论文集》。编入本书时进行了重新排版。

结合实际的教育与教学理念是法国工程师培养体系的精髓之一。

法国这种独特的工程师培养模式,为其培养了大量的、服务于各行各业的高端工程技术人员。尤其在核能领域,其核能工程师的培养对于其成为民用核能强国起到重要作用。为借鉴法国的这种独特培养模式,推动我国高等工程教育改革,自 2005 年开始,在中法双方政府的推动下,相继在北京航空航天大学建立了中法通用工程师学院、在中国民航大学建立了中欧航空工程师学院、在中山大学建立了中法核工程与技术学院。在引进法国工程师精英教育体系的同时,与我国已有人才培养模式的优势相融合,建立一种具有本土特色和优势的国际化工程教育新模式,形成符合我国国情的工业领域高端人才培养体系。中山大学中法核工程与技术学院由中山大学与法国民用核能工程师教学联盟共建,主要针对核能领域的工程师培养,为我国核电发展培养急需人才。

在中山大学中法核工程与技术学院成立以后,我们积极学习借鉴法国工程师培养的特点,并根据核电技术综合性强、学科跨度大的特点,在工程师培养阶段,探讨运用跨课程实践项目教学方法,设计贯穿多门课程的实践性项目教学环节,将工程实践训练有效结合到课程教学环节之中,以期进一步加强工程师教育中的实践环节,突出了学生的动手能力与工程实践素养。

二、项目教学方法

项目教学,又称作专题研究,或专案式学习,是一种开放的学习策略。它鼓励以学习者为主的有意义的学习活动,学习者对开放式的问题寻求解答,搜集和分析信息,提出方案或计划,并制作产品以解决问题[2]。近年来对项目教学的研究日益广泛,国内外教育教学工作者针对项目教学本身[3],高职教育[4],实验室建设[5],高校理工科专业课程教育[6,7],高等工程教育[8,9]等领域进行了有益的探索,提出了许多宝贵经验。

和传统的"老师讲、学生听"的课堂学习模式不同,项目教学中学生是带着问题和任务主动地进行学习,因此主动性更强、对所学知识的理解更深,但同时对教师的要求也更高。因此可以说,项目教学是以学生实践为基础的,在教师有目的的指导下进行的,对课程内容有计划、有目的的自我实践与提高的过程。随着对项目教学实践的不断开展,项目教学方法以其开放的教学方式、注重实践与调动学生自主创新能力的特点不断被大学教学所接受。

三、项目教学在核电工程师培养中的应用

(一) 中法核工程与技术学院课程设置特点

现阶段中法核工程师学院在工程师阶段的课程主要以集中式授课为主,即工程师阶段的各门课程一般规划 30～80 学时的授课量,每门课程基本集中在 4～6 周内完成,完成一门课程后迅速进入下一门相关课程的学习。这种集中式教学区别于传统的本科教学中以整个学期为教学阶段的课程安排方式,可以使学生有计划的专注于某一门课程的学习,从而获得较好的教学效率与学习效率;同时有利于工业界、企业界、研究员等兼职或客座教授进行授课与教学。但与传统的教学模式相比,上述阶段式的教学安排对不同课程内容之间的衔接性要求很高,同时也对学生所学知识的贯通与融汇提出了挑战。为解决这一矛盾,我们对跨课程项目教学方

法进行了探索。

(二)跨课程项目教学题目的设计与教学实现

项目教学在现代的教学实践中已被广泛应用。内容涵盖多课程的跨知识体系的项目教学也为课程改革提供了有力的支持,"课程设计"、"毕业设计""项目设计与实践"等课程就是这种跨知识体系的项目教学的典型代表。传统的项目教学的过程往往相对独立,其教学时段往往安排在相关课程均已授课完毕之后;其教学过程中往往需要专职教师进行不间断的指导与问题解答。这种集中式的项目教学对于培养学生掌握知识、应用知识可以起到关键性作用,也是从解决抽象问题到解决工作中的实际问题的转变中的重要一环。这种项目教学方法在起到关键作用的同时也失去了一定的灵活性。结合项目教学的特点与中法核工程师培养课程体系的安排,我们设计了跨课程的项目教学方法。相关题目的设计过程如下:

首先,按照专业知识的建立过程及知识流向,将相关课程进行归类,按照课程的先后顺序将知识流及可能应用项目教学的知识点进行归纳整理。

其次,设计能够涵盖相关课程重要知识点的项目教学题目。对设计好的项目教学题目及内容按照课程体系进行分解,得到各门课程中涉及的各个小任务。

最后,根据课程的具体实践条件将跨课程项目教学题目融入各课程的教学过程之中。

(三)跨课程项目教学设计一例

《工程制图基础》,《传热学》,《有限元方法解扩散问题基础》,《传质学基础》四门课程是核电工程师培养中热工知识体系中的主干课程,在中法核的教学安排中,每门课程的学时数在50~60学时,包括20~30学时的集中授课与20~30学时的小班习题讨论与辅导。按照热力学知识体系的建立过程,设计贯穿这四门课程的实践项目——《水杯的创新设计与传热模型》,见图1。

按照授课顺序,具体要求如下:

① 首先在《工程制图基础》课程中安排创新设计题目(2学时),要求学生自主设计一个水杯。结合《工程制图基础》课程所学知识,利用三维制图软件绘制三维模型,并利用3D打印技术亲手制作所设计的水杯。该设计作为本课程对学生的一个考核点,考察学生对3D设计软件掌握情况及培养自主创新思维。

② 随后在《传热学》课程中安排模型设计题目(2学时),要求学生对前面《制图》课程中自己设计的水杯建立起简化的热扩散模型,并运用该模型对装有给定温度热水的水杯进行温度分布计算。安排2学时实验课程,利用红外热成像仪测量自己所制作水杯的实际温度分布,并与理论简化模型结果对比,对结果进行分析。培养学生对实际问题的合理简化与分析能力,培养实际操作能力。

③ 在《有限元方法解扩散问题基础》课程中安排仿真分析题目(2学时),利用部分给定代码,对前面设计的水杯的三维模型进行网格化及热传导有限元计算,获得温度场分布。培养学生利用有限元方法解实际问题的能力。

④ 在《传质学基础》课程中安排分析题目(2学时),结合传质与传热基础,对水杯的传热问题进行再定义,建立包括传质、扩散传热、对流传热在内的完整模型。总结对比前述分析、仿真结果及测量结果,完善传质传热知识体系。

题目：水杯创新设计及传热分析(总计8学时)

课程：工程制图基础	课程：传热学	课程：有限元方法	课程：传质学基础
题目：水杯构型创新设计	题目：水杯传热模型	题目：有限元方法解水杯传热扩散	题目：水杯内水的蒸发
知识点：3D建模；软件操作；3D打印实践；创新设计；	知识点：热扩散问题的简化与求解；温度场测量；	知识点：有限元方法；网格划分；扩散模型求解	知识点：对流传质；传质界面；水的蒸发；
设备要求：3D打印机	设备要求：热温场仪	设备要求：计算机房	设备要求：无

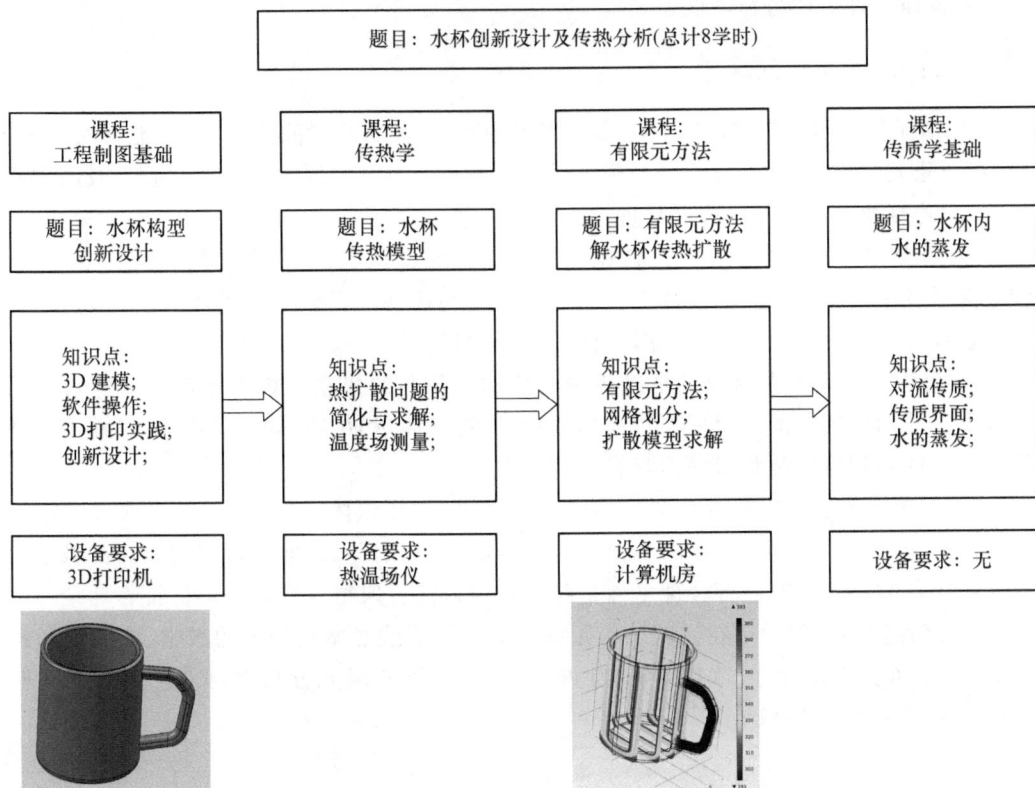

图1　跨课程项目设计实例(水杯的创新设计及传热分析)

上述，利用一个学生自主设计、亲手制作的实物，贯穿四门相关课程，构建跨课程的实践项目进行教学，将相对独立的课程贯穿起来；利用自主动手的过程充分吸引学生的注意力，在实践中逐渐体会各课程相关知识点的相互联系，分阶段建立完整的知识体系。

四、跨课程时间项目教学的优缺点探讨

跨课程项目的教学方法与法国工程师培养过程中注重实际的思想相吻合，能够对工程师的培养起到有效的推动作用，但由于时间跨度、课程跨度大，在项目的题目设计与实际执行过程中必然存在需要注意的问题：

(一) 优点及培养重点

① 跨课程的项目教学题目的设计与执行贯穿2～4门甚至更多的相关课程，有利与学生建立课程间知识的横向联系。

② 跨课程项目教学的核心是让学生亲自动手、自主设计并完成既定项目，可以充分调动学习的积极性，对于调动学生主体的能动性，优化教学效果起到良好的促进作用。

③ 跨课程项目教学在每门课程中所占的学时及评估比例较少，对于课程进行过程中的授课内容、每门课各自涵盖的深度和广度影响较小。

④ 跨课程项目教学的题目是根据生产生活实际、专业培养要求进行设计的。这种题目可

以具有较强的针对性与新颖性。

(二)缺点与应对策略

① 由于该项目教学的内容贯穿多门课程的授课,其执行时间跨度大,可能横跨 1-3 个学期,在如此大的时间跨度下,学生的积极性不可避免的有所消耗。在相关课程涉及跨课程项目的时候,需要教师对前面所作项目进行必要的回顾。

② 跨课程项目的教学分散在各相关课程的授课过程中,在现有的教学模式下,其教学过程必然涉及多位授课教师的协调工作。为了更好的达到项目教学的效果,充分体现跨课程项目的贯穿性,要求授课教师之间保持良好的协调与沟通。

③ 跨课程项目的题目设计是以相关学科知识体系的建立过程为基础的。针对不同的知识体系设计贴合实际的跨课程项目教学的题目,既能体现对基础知识的应用,又能充分调动学生的积极性与创造性是跨课程项目教学的难点。

④ 虽然一个题目贯穿多个课程,有利于学生横向知识体系的建立,但该项目占用课程各自的教学资源(教学时间、习题的多样性与覆盖面等)。因此,如何在各课程自身的教学计划与跨课程项目的执行之间进行合理平衡是跨课程项目能否取得良好效果的保证。

⑤ 跨课程项目教学重在实践。紧跟科技前沿的实践必然对相关的教学、实验设备提出较高要求,比如前述提到的 3D 打印机、红外热像仪、三维有限元分析软件等。良好的实验条件是跨课程项目教学的基础。

五、结 语

针对法国核电工程师培养的本土化特点,结合学校的具体教学情况和实验室条件,将项目教学方法渗透应用到多课程教学领域,根据知识体系建立的过程设计跨课程的项目教学课题,对于有效地调动学生的学习兴趣,培养创新、实践能力,建立横向知识联系具有良好的促进作用。针对知识体系设计的跨课程项目教学方法是对我国工程师培养体系的有益探索。同时,这种由法国核电工程师培养本土化衍生出来的教学方法对于其他学科、领域的本科教学工作亦有借鉴意义。

参 考 文 献

[1] 杨东华,杨佩青.法国工程师精英教育模式本土化过程中的问题与对策[J].中国电力教育,2012,6:49-50.

[2] 杨文明.项目教学的内涵与分类[J].语文学刊(外语教育与教学),2010,7:87-89.

[3] Clavert M.,Paloposki T. Implementing Design-Based Learning in Teaching of Combustion and Gasification Technology [J]. International Journal of Engineering Education,2015,31(4):1021-1032.

[4] 黄健东,孙学耕.项目教学的实践与反思——浅谈高职院校的课程教学与改革[J].中国成人教育,2011,12:116-118.

[5] 岑岗,余建伟.构建学生自主管理的开放型项目教学新环境[J].实验室研究与探索,

2011,30:158 - 160.

[6] 宗亚妹,李建启. 系列化项目教学的研究与实践[J]. 中国大学教学,2013,11:44 - 46.

[7] Forcael E.,Gonzalez V.,Orozco F.,et al. Application of Problem-Based Learning to Teaching the Critical Path Method [J]. J. Prof. Issues Eng. Educ. Pract.,2015,141(3):04014016.

[8] Zhou Chunfang,Kolmos A.,Nielsen J. D. A Problem and Project-Based Learning (PBL) Approach to Motivate Group Creativity in Engineering Education [J]. International Journal of Engineering Education. 2012,28(1):3 - 16.

[9] 邓铁军,陈颖,贺志军. 基于 PMBOK 原理的"项目式"教学法研究[J]. 高等工程教育研究,2010,1:159 - 163.

《核物理介绍》教学中构建学生自主学习
激励机制的探索性研究[①]

贺秀杰[②]　谭　捷　袁岑溪　郭琛琛

中山大学中法核工程与技术学院

摘　要：核物理课程是核工类院系的专业必修课,针对中山大学中法核工程与技术学院的学生特点,文章详细阐述了构建自主学习激励机制的原因,并且根据切身教学经历提出了三种切实可行的激励机制,以提升学生学习的主观能动性。

关键词：核物理;本科教学;激励机制

本科生教学是所有高校均热切关注的重点问题,核物理作为核工程学院的专业必修课程,其在教学中的重要性不言而喻。核物理的发展历史表明,它是一门内容异常丰富,在理论和应用上均十分重要的基础学科。目前,在全世界范围内,与核工程、核科学、核技术等核学科相关的院校,几乎均开设了核物理课程。在我国,高校所选择的教材一般有卢希庭主编的《原子核物理》[1],过惠平主编的《原子核物理导论》[2],以及杨福家主编的《原子核物理》[3]。不论使用哪版教材,由于核物理课程的特点是理论性强,对量子力学、原子物理等科目的前期基础要求高,所涉及的诸多与量子理论相关的特征,很难用经典理论解释,所以造成学生普遍认为核物理课程过于深奥和晦涩,对核物理课程的学习产生惧怕和抵触情绪。这时,亟须建立一套有效的激励机制,以促进学生学习的主动性。激励就是主体运用某些手段或方式让激励客体在心理上处于兴奋和紧张状态,并使其积极行动起来,以实现激励主体所希望实现的目标的行为[4]。哈佛大学关于激励机制的一项专题研究表明:施以激励可使一个人能力的提升幅度达60%[5],这足以说明激励的巨大作用。本文即结合作者的切身教学经历,对《核物理介绍》教学中如何构建学生自主学习激励机制进行探索性研究。

一、为什么要构建自主学习激励机制

作者所在的工作单位中山大学中法核工程与技术学院(以下简称"中法核学院"),实行中、法两国联合办学模式,既秉承中国高校的传统教学模式,又吸纳了法国工程师教学联盟的办学特点。学生在中法核学院需完成六年学业,《核物理介绍》这门课程安排在第四年开设,按中国的划分模式("4+2",四年本科和两年研究生),属于本科生四年级的课程,按法国的划分模式("3+3",三年预科阶段和三年工程师阶段),属于工程师阶段一年级的课程。无论按哪种划分

①　原文刊载于:教育教学论坛 2020 年 3 月第 11 期。编入本书时进行了重新排版。

②　贺秀杰(1987—),男(汉族),山东济宁人,博士,副教授,研究方向:核材料。

模式,核物理课程均处于从一个阶段向另一个阶段过渡的关键时期。此时,学生具有如下三个特点:

第一,学习积极性下降。中法核学院的本科生在升入高校的前三年里,面临中、法双语教学,课时多,任务重,压力异常大,学生必须非常努力才能保证不掉队。到了第四年,学生已逐渐适应这种高强度的学习模式,学习积极性相比于前三年稍有下降,学生旷课率开始升高,很多同学也不再提前预习习题。

第二,学生时间紧张。第四学年的学生分为两种,本硕连读生和本科毕业直接离校生,对于第一种学生,正值本科毕业设计的关键时期,毕业设计即将答辩,学生忙于整理数据、撰写论文或准备答辩PPT,平时用在核物理课程上的时间势必减少。对于第二种学生,更是忙于工作招聘或去其他单位读研,时间相对更不充裕。

第三,核物理课程难度系数高。与前三年的课程相比,核物理课程的难度不降反升,即使学生在有限的时间内依然保持较高的学习积极性,大课听不懂、习题不会做的现象仍会接踵而至,致使学生疲于应对。

鉴于以上三个特点,学生在主观上和客观上都会出现学习积极性下降的现象,于是,在《核物理介绍》教学中构建学生自主学习的激励机制便显得尤为重要。中法核学院的本科生既有国内高校的普适性,又有中外联合办学的特殊性,根据中法核学院学生在第四学年自主学习的状况,提出一套适用于学院学生的激励机制迫在眉睫。

二、如何构建自主学习激励机制

本文拟以先进教育思想、教育理论与教学观念为指导,结合中山大学"十三五"本科教学发展规划,立足于当前高校学生学习主动性差这一热点和难点问题,以《核物理介绍》这一特定课程为例,围绕课程体系与教学内容、教学方式与方法等方面进行以下几个方面的探索性研究。

第一,优化学生最终成绩的评定方法。以往学生的最终成绩即为该课程的期末考试成绩,导致学生平常时上课出勤率低、考前突击现象频出。中法核学院的课程大都分为大课和导学课,核物理课程也是如此。大课为所有学生集体上课,主要以章节形式讲授相关知识点;导学课为将学生分为若干小组单独授课,主要以习题形式对重要知识点进行深化和总结。根据往年经验,学生在自身时间紧和课程难度大的背景下,会选择忽视大课,将问题悉数留在导学课解决。由于学生没有出席大课,对相关知识点不熟悉,势必会造成导学课授课压力陡增、学生对知识点难以接受等问题。虽说没有规矩不成方圆,但如果教师循规蹈矩,依然只是机械地制定"规矩",比如以上课点名、签到等形式,来要求学生出席听讲,出席率仍然难以保证。即使学生"被迫"出席听讲,也极有可能"身在曹营心在汉",无法全身心投入听讲。为避免出现上述情况,可在上课阶段穿插平时测验(小测),小测次数设为两次,不会占用过多讲授时间,且小测时间不固定,万一错过小测即没有本次成绩,没有假条的学生不准补测,设置最终成绩=50%×期末成绩+50%×(第一次小测成绩+第二次小测成绩)。通过这种优化学生成绩评定的方法,不仅可以保证学生的出勤率,更可以调动学生日常学习的主观能动性。

第二,突出学生的主体作用。改革传统"灌输式""单向式"教学模式,突出学生主体地位,发挥学生主体作用。无论是大课还是导学课,教师不再只是一味地讲,学生也不再只是一味地听,教师与学生积极互动,鼓励学生在黑板上演算,或者上讲台亲自讲授某个知识点。另外,鼓励学生在听课过程中发现问题,教师要做到鼓励问、不怕问,教师能解决的当堂解决,不能解决的课下仔细研究,留待下节课解决。充分发挥学生内在激励的作用,合理利用外在激励的作用,为学生自主学习创造条件,激发学生自主学习的潜意识和内动力。通过运用启发诱导的方法,激发学生自主学习的欲望和兴趣,让学生体验换位教学,变被动为主动,不仅会直接促进《核物理介绍》这一课程教学的优化,还会提升学生本身的自主学习能力,完善教学过程中激励机制的探索。

第三,发散式教学。根据与学生交流、调研,作者得知学生对核物理课程学习缺乏主动性的原因主要有以下两点:(1)与目前所做的毕业设计无关;(2)在将来所从事的核工业工作中,不会用到核物理相关知识点。存在这两点想法的学生,都是目光短浅的学生。核物理属于核工业行当中的基础学科,不论从事核材料、核化学、核技术、核工程、核辐射等何种与"核"相关的工作,均会碰到与核物理挂钩的知识衔接点。要让学生充分意识到,虽然有时候把所从事的工作当成"黑匣子"也能开展,但是根据核物理知识了解其内涵和本质,才能更好地开展相关工作。教师一方面要让学生明白探究原子核本源的重要性,另一方面也要采用发散式教学,经常将核物理与其他学科结合,比如向从事核材料的同学讲授扫描电镜的工作原理,向从事核化学的同学讲授核素的放射性等。营造良好的发散式教学环境,让学生真切地意识到学习核物理是大有裨益的。

三、结语与展望

本文结合中法核学院的办学特点和学校的培养理念,详细分析了构建自主学习激励机制的重要性,并提出了优化学生最终成绩的评定方法、突出学生的主体作用和发散式教学三种激励机制,来提升学生学习的主动性。当然,在大学生自主学习能力培养中,不同的院校肯定存在不同的特点,学生自主学习激励机制的探索仍有很长的路要走,高校教师应当继往开来,在实践中不断反思,不断创新,力争将学生培养成为满足国家与社会需求的、具有家国情怀的高素质拔尖人才。

参 考 文 献

[1] 卢希庭,江栋兴,叶沿林.原子核物理[M].北京:原子能出版社,2010.

[2] 过惠平.原子核物理导论[M].西安:西北工业大学出版社,2017.

[3] 杨福家,王炎森,陆福全,等.原子核物理[M].上海:复旦大学出版社,2006.

[4] 陈瑶.科技型企业知识型员工激励管理的探讨[J].四川有色金属,2012,(3):58-62.

[5] 武夏林,钟天送.HRD视阈下自主学习激励机制的建立[J].科教导刊,2015,(8):36-37.

工程教育个性化人才培养的实践探索

——以天津大学国际工程师学院为例

顾雨竹 关 静 王 蓉[①]

天津大学国际工程师学院

一、背景描述

个性化教育是尊重个体生命的独特价值、发掘个体生命的潜能、培养学生独立人格和独特个性、促进个体生命自由与和谐发展的教育[1]。早在两千多年前,孔子便已提出"因材施教"的教育理念,现代著名教育家陶行知先生更是将其与种花木结合起来,解释到"培养教育人和种花木一样,首先要认识花木的特点,区别不同情况给以施肥、浇水和培育"[2]。进入 21 世纪,经济社会的快速发展,要求作为工程实践主体的工程师不只是简单地掌握科学技术原理,还需要更广泛的技能,以应对全球知识经济对不断变化的劳动力和技术的需求[3]。面对世界性的工程教育改革潮流,以及我国国家战略和新兴产业发展需求,培养具有全球视野、创新精神和实践能力的复合型人才,促进多学科交叉融合的新型工程技术学科建设显得尤为重要[4]。然而,传统的工程教育人才培养模式难以适应新的时代要求,个性化人才培养提上日程。《国家中长期教育改革和发展规划纲要(2010—2020 年)》(以下简称《规划纲要》)第二条指出:"关心每个学生,促进每个学生主动地、生动活泼地发展,尊重教育规律和学生身心发展规律,为每个学生提供适合的教育。"第三十二条提出:"创新人才培养模式。适应国家和社会发展需要,遵循教育规律和人才成长规律,深化教育教学改革,创新教育教学方法。探索多种培养方式,形成各类人才辈出、拔尖创新人才不断涌现的局面。"[5]《规划纲要》的出台为我国高校推进工程教育改革,促进工程人才的个性化培养提供了政策依据和支持。

近些年,国内外高校在工程人才个性化培养方面进行了诸多探索与实践。例如牛津大学在其《2018—2023》战略规划中提出,将通过为学生提供高质量的教学使学生在价值观、技能和学科知识等方面实现个性化发展,进而促进社会经济和科技的发展[6]。斯坦福大学发布了《斯坦福大学 2025 计划》,创新了教育新图景,其中重要一环是自定节奏的教育(Paced Education),学生可根据自己的个人需求按照自己的节奏来完成各阶段的学习。国内的高校也先后开展了诸多探索,为学生自主学习、个性化发展提供了平台和机会。

2014 年,天津大学与法国尼斯综合理工合作创建工程人才培养试验区——天津大学国际工程师学院(Tianjin International Engineering Institute,简称 TIEI),这不仅是中法合作创建

---

① 顾雨竹,天津大学发展战略研究中心发展规划科科长,助理研究员,主要从事高等工程教育、大学战略管理研究;关静,天津大学求是学部副主任,国际工程师学院副院长,教授;王蓉,天津大学教育学院硕士研究生,主要从事教育管理研究。

的工程人才培养试验区,也是中国首家借鉴法国工程师精英教育培养模式,由中方设立独立办学的工程师学院。在法国,工程师教育是其高等教育的重要组成部分,是工程治国的重要依托。经过 200 多年的经验积累和发展,法国工程师教育已经形成其独有的教学特点,成为法国引以为豪的"精英教育"。所谓"精英教育",要求学生不仅要具备宽泛的理论知识,更要兼具社会责任,通过培养,使学生在基础科学、工程科学、企业文化与社会人文以及国际交流方面形成工程师应有的知识和能力[7]。也因此,工程师头衔在法国具有很高的地位,可以获得较高的工资报酬。法国工程师教育体系创立以来,培养出了密特朗、希拉克和若斯潘等在内的多位国家领导人和诺贝尔奖获得者,法国二百强企业中 60% 的总裁和大部分高级管理人员均来自法国精英学院[8]。可以说,法国工程教育体系的建立和发展,为法国工业化、现代化的发展发挥了巨大的作用。

天津大学国际工程师学院依托天津大学工科优势与国外高水平大学的工程教育优势资源,结合天津大学"综合性、研究型、开放式、国际化"的世界一流大学建设目标,打造具有可持续国际竞争力、创新力、实践力、领导力的卓越工程领军人才。建院 5 年以来,天津大学国际工程师学院将国家重大发展战略与行业热点有机结合,积极探索国际工程人才培养模式,不断提升教育质量,为学生制定个性化的培养方案,服务学生成长成才。

二、天津大学国际工程师学院个性化教育的实践

天津大学(北洋大学)是中国第一所现代大学,是一所以工科见长的综合性大学。在 120 余年的发展中,天津大学秉承兴学强国的使命,始终聚焦国家重大需求,深化工程教育改革,特别是积极倡导"新工科建设",探索形成中国特色、世界水平的工程教育新模式,得到了国内外高等教育界的积极响应。在国际上天津大学新工科教育也得到了认可,获得了创业与参与型大学认证委员会办法的创新挑战奖。国际工程师学院中法合作办学模式作为天大"新工科"建设的重要一环,借鉴法国独特的、精英式的工程教育理念、工程师培养模式及成功经验,不断创新,在多年的实践探索中逐步形成具有天大特色的个性化人才培养体系。

(一) 人才培养理念

国际工程师学院作为拓展工程教育改革新尝试的试验区,在实践中将"以人为本"的理念贯穿至对研究生的教学和培养当中,注重学生综合素质的提升,同时加强与企业紧密合作,根据学生发展需要培养学生的实践创新能力。经过 5 年的探索与实践,国际工程师学院(TIEI)将法国工程师教育的培养特色与天津大学工程教育特色相结合,初步建立起一套"注重基础,强化实践,拓展视野"的工程人才个性化培养体系。

1. 培养目标

国际工程师学院以坚持对外开放为导向,以提高培养质量为主线,以统筹构建质量保障体系为着力点,以服务经济社会发展需求、培养创新精神和实践能力、突出科教结合和产学结合为目标,积极发展具有中国特色的专业学位教育。学院在参照法国工程师培养体系的基础上,遵循天津大学本科及硕士研究生培养计划制定培养目标(见表1),突出产学结合,强化知识迁移力、实践创新力和职业胜任力的培养,培育适合中国经济社会发展和世界进步的未来国际工程领域领军人才。

国际工程师学院针对人才培养目标的制定确立了长效调研机制,理事会与企业俱乐部的意见是人才培养方案制定的重要依据,对于培养目标的任何修改均需要经过理事会与企业俱乐部的讨论评议。同时,通过合作网络,学院定期向用人单位管理者、政府机构、相关行业组织、资深工程师、教师及学生发放调查问卷,就发展需求、工程师应具备的个人条件、人才培养标准等进行调研,确保培养方案能够与时俱进地与世界工程技术进步需求相吻合,使毕业生具有更高的竞争力。

表 1　天津大学国际工程师学院培养目标[9]

	专业学位硕士			中法工程硕士		
	电信	计算机	建筑	电信	计算机	建筑
学制	2.5 年	2.5 年	2～3 年	3 年		
培养目标	以职业需求为导向,以实践能力培养为重点,以产学结合为途径,培养知识迁移能力、实践创新力、职业胜任力			面向工业企业需要,企业参与人才培养全过程,培养工程实践能力、管理能力、国际视野和创新能力		
学时要求	33 学分(500～550 学时)			125 学分,2000 学时		
授课教师	校内教师			校内教师、外籍教师、企业教师(20%)		
专业实践	≥6 个月	≥6 个月	(非全日制)	课内实践占总学时 1/3,企业实习不少于10 个月		
学位论文	论文形式(研究报告、规划设计、产品开发、案例分析、发明专利)			论文形式(研究报告、规划设计、产品开发、案例分析、发明专利)		

2. 培养方案

国际工程师学院根据国家工业发展趋势以及行业企业对人才培养的需求,以保障服务、提高质量为主线,结合学科发展修订培养方案。培养方案由学院发展委员会提出,经天津大学研究生学位评定委员会审议通过并确立。国际工程师学院人才培养方案的制定不仅符合法国CTI 认证的原则,更充分显现天津大学工程硕士培养标准。同时,学院聘任企业高管担任发展委员会委员,企业全程参与学院人才培养的过程。

学院共设置电子与通信工程、计算机技术、智能建筑、智能医学和智慧水五个专业发展委员会,在委员会深入研讨之后,制定专业培养方案。一是确定国际工程师学院学制为 3 年(见图 3);二是培养方案按照课程模块设置;三是毕业标准,学生经过 2000 学时的课程学习(见图2)、三阶段实习以及企业对实习成果进行鉴定并鉴定合格、学位论文依照各专业学术委员会标准执行,满足以上条件者即可毕业。

根据法国工程师培养的特点和 CTI 认证的要求,课程针对工程领域的特点和企业需求设置,既保证必要的理论基础,又具有广泛的适应性和相对的稳定性,使工程硕士在有限时间内构筑复合型的知识结构和能力结构。

(二) 特色专业建设

国际工程师学院融合中法两国工程教育精髓,依托天津大学优势学科,打破学科壁垒,推行学科交叉与创新,设置了五个"智能+"专业。分别为电子与通信工程、智能建筑、计算机技

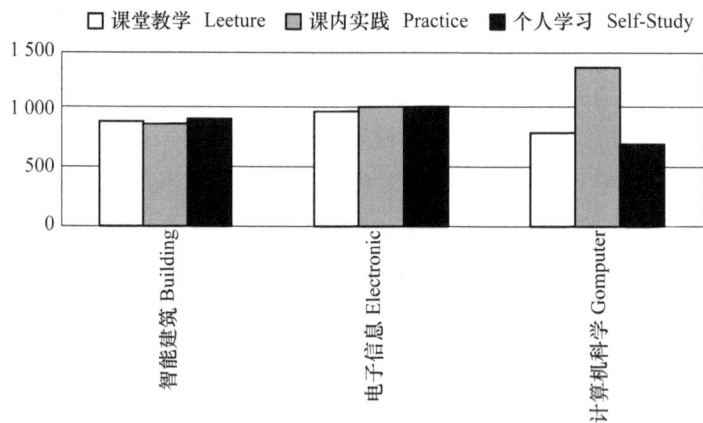

图 1　天津大学国际工程师学院培养方案学时要求[9]

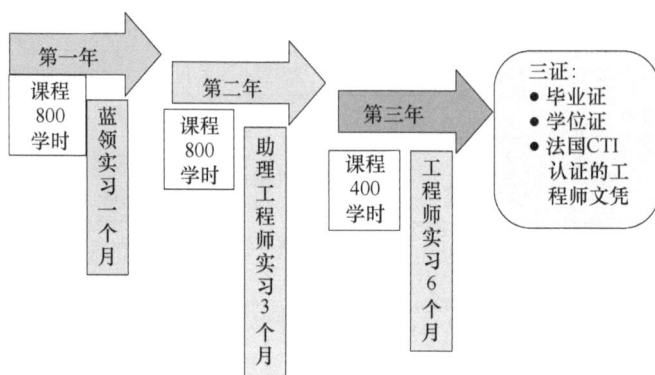

图 2　天津大学国际工程师学院三年培养方案[10]

术、智能医学工程和智慧水工程。其中,电子与通信工程、计算机技术专业培养学生具备较强的工程实践能力、灵活运用所学知识的能力、管理能力、国际视野和创新能力,使学生成为能在国际大企业中从事各类电子设备和信息系统的研究、设计、制造、应用和开发的应用型、复合型、国际化的高层次工程技术和工程管理人才。智能建筑专业着力打造"智能建筑师",为智能化建筑领域培养"宽基础、高素质、具有创新精神和实践能力的高端国际化精英人才"。智能医学工程专业是把理、工、医结合起来的一个知识密集、技术密集、口径宽、覆盖面广以检测和研究人体信息获取为目标的工程领域,它运用现代人工智能和工程技术的原理和方法,结合传统的现代医学和数据技术,培养能够开发和实施新方法的工程师,以应对未来疾病诊断与防治问题等方面所面临的挑战。智慧水工程专业侧重培养与计算机技术相结合的智能水利领域人才,以利用新兴的智能技术改进水管理方法,促进城市的可持续发展。

国际工程师学院专业学制三年,定位于全日制专业硕士学位层次的工程师培养,招收推免生和统考生,每年招收硕士研究生 100 余人。2017 年 7 月,天津大学国际工程师学院顺利通过法国工程师职衔委员会认证(CTI)授予的最高等级六年期专业认证,毕业时,合格的学生可获得天津大学硕士研究生毕业文凭和专业硕士学位及法国工程师职衔委员会(CTI)认证的工程师文凭。

（三）课程结构体系

在法国,工程师是一种通用人才,对其开展的培训主要包括四大要素:基础科学、工程科学、企业文化与理解经济、社会、人文、伦理和哲学环境以及国际交流与文化[9]。国际工程师学院(TIEI)以天津大学优势学科为依托,借鉴法国工程师教育与培训要求,有机融合科学、工程、人文、经管等多方面课程模块,加强英语和法语教学、建设全英文课程体系。课程设置注重综合素质及能力的培养,包括跨学科交叉型、前沿型、信息类和应用型等课程。外语课程注重学生外语应用能力的培养,突出实用性。专业课程强调本领域的新技术、新方法和新工艺的学习与实践,适当增加经济、管理、艺术等课程。

目前,国际工程师学院(TIEI)中法工程师项目基于法国工程师培养体系要求,参考法国尼斯综合理工学院的课程体系,并结合天津大学专业学位研究生培养要求,确立了个性化人才培养目标。在结合天津大学人才培养方案方面,中法工程师项目的课程依照专业学位研究生培养要求,通过分类(Classification)指导、能力(Capability)导向、协同(Collaboration)培养和内涵(Connotation)引领,构建"4C"培养体系,实现专业学位的特色化、个性化培养。课程设置上,实行模块化结构(见图5)、强调多层次的企业实际工程实践、注重行业前沿课程的开发与建设,突出产学结合,强化知识迁移力、实践创新力和职业胜任力的培养。

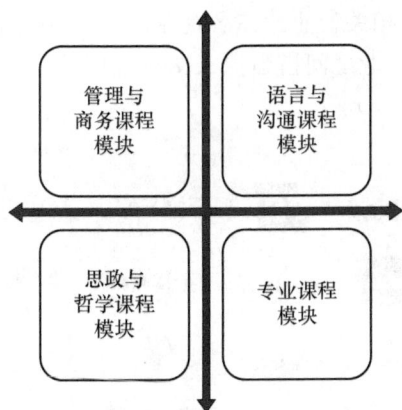

图 3　天津大学国际工程师学院(TIEI)课程模块

在教学方面,国际工程师学院按照法国工程师教育的模式和标准,推进课程教学的全面改革,开展问题式教学、辅导式教学和实践项目式教学,理论课(Learning)、练习课(Training Discipline)和实践课(Training Practice)分别占到授课比例的1/3,使得实践学时(练习课和实践课)占总学时的2/3以上。工程师教育阶段共三个学年,进入到TIEI学习的新生,开学时直接进入工程师阶段学习。前两年的课程为工程概述学习,以巩固和深化本科阶段所掌握的数理基础和学科知识为主,并循序渐进地展开专业知识的学习;最后一个学年为强化专业学习与实践阶段,学生完成个别高级专业课程的学习之后,进行高级企业实践实习,并完成毕业论文。在整个三年的学习中,课程由天津大学教授、法国教师、企业高管或专家共同完成,其中80%为双语和全英文授课。课程学习方面,师生配比高,小班授课,保证课程质量;讲解课、辅导课、实验课和口试课,语言文化课、专业课和人文经管课,充分培养学生的良好的跨学科综合素养和能力。注重培养学生的实践创新能力,重视经济、管理、沟通表达等人文与素质教育。

除在校课程外,TIEI与企业强强联合,共同对课程进行整合。学院企业俱乐部的成员单位为学生提供实习岗位和设计性课题,强化学生实践能力和创新能力的培养。学生学习期间需完成3个阶段,累计时间不少于10个月的实习实践。

（四）校企合作模式

TIEI在学校与企业之间建立了一种新型的合作关系,企业不再以点对点的形式与学校某个专业领域开展合作,而是在合作网络内实现校企和企业之间交叉领域的资源贡献和优势互补,校企互利关系得到加强,企业俱乐部和创新研究中心是实现新型校企合作关系的主要途径。

1. 企业俱乐部（the Enterprise Club）

企业俱乐部随国际工程师学院一并建立,由学校与国内外知名企业合作共建,其主要目标是为企业会员储备人力资源,探索企业与院校双轨培养机制,是学校构建人才实战能力培养的平台。学院为企业培养适合企业需要的一流工程人才,让学生提前了解企业情况,同时建立校企联合科研团队,聚焦共同感兴趣的科研课题,促进科研创新的发展。同时,企业深度参与学校教育与课程开发,高层管理人员和技术人员担任学生导师,为学生开设密切结合企业实际的相关课程,建立学校的实习实践基地,接纳学生实习和带薪实习。目前已有塔塔、360、华为、西门子、天津钢管等50家国内外相关行业的知名企业加入企业俱乐部(见图7)。学院通过企业俱乐部为大学与企业、企业与企业之间搭建深入交流合作平台。定期举办企业家沙龙,增进校企和企业间的交流合作。

图4 天津大学国际工程师学院企业俱乐部成员

2. 创新研究中心（the Innovation Center）

创新研究中心是由学校、企业和天津市政府三方共建,作为培养学生实践创新能力,促进科研成果转化,培育商机的重要平台。创新研究中心具有以下特点:

① 创新研究中心以学校和企业的研发人员及学生为主体;

② 以企业需求和开放式的研究项目为导向;

③ 打破学科和领域的界限,由具有跨学科背景的团队完成创新成果的研发;

④ 为企业提供技术支持并培育商机。

⑤ 创新研究中心以科研项目为载体,向学生提供设计性课题,培养学生实践创新能力,为企业培训研发人员。

（五）实践教育体系

TIEI 培养工程硕士,以实践能力培养为导向,为学生提供了个性化的实践教育体系,包括课程、学期项目、企业实习实践等,实践环节贯穿于人才培养的全过程。课程中除 1/3 的理论课外,还有 1/3 的练习课、1/3 的实践课,练习课与实践课侧重将理论课应用于实际动手环节,解决实际问题的能力。

学期项目每个学期一次,由每个专业的负责人安排课业。例如智能建筑专业的负责人,会带着学生实地考察,辅助学生完成项目。项目结束时要求学生提供项目报告,并且组织小型答辩会进行评审、交流,项目成绩计入学生的综合评价。

企业实习实践环节是 TIEI 实践教育体系最具特色的部分。学生实习企业主要是企业俱乐部的成员单位。学院充分发挥企业俱乐部和创新研究中心的功能和效用,将教学内容与企业工程实际项目深度整合,实现学校教育与企业需求的"无缝衔接"。

在实践实习的过程中,学生可根据自己的专业和未来发展方向,选择合适的企业进行实习。学生在学习期间须接受 3 次企业实习实践(见表 2),分别为 1 个月的企业认知实习(蓝领实习)、3 个月的企业见习实习(助理工程师实习)及为期 6 个月及以上的企业实岗实习(工程师实习)。在企业认知实习阶段,学生主要对实习所在的企业形成基本的认知,接触企业的内外部环境,了解企业的组织和运行模式。认知阶段过后学生进入企业见习实习。这一阶段,学生须大量接触工厂生产实际情况,深入学习专业知识,为拟定研究课题奠定基础。在为期 6 个月的企业实岗实习阶段,学生则要深入参与到企业日常的运行与工作当中,运用专业知识帮助企业解决工程实际问题。同时,在企业实岗实习阶段,校内导师和企业导师根据学生的专业特长和实习状况为学生共同商定研究课题,帮助学生将行业产业项目内化到课题研究当中。创新研究中心则以学校和企业的研发人员及学生为主体,在项目开展过程中打破学科和领域的界限,培养学生的实践创新能力,为学生实现科技成果转化提供契机与平台。

表 2 天津大学国际工程师学院递进式实习模式

时　间	第一阶段	第二阶段	第三阶段	备注
内容	"蓝领实习" 1 个月;对企业有基本的认知,接触企业工作环境,了解企业的组织形式和运行模式。	"助理工程师实习" 3 个月;大量接触工厂生产实际情况,作为工程师助理深入学习专业知识,课题来源将是代表行业产业最前沿的高端项目。	"工程师实习" 6 个月;解决企业的工程实际问题,校内导师和企业导师共同商定研究课题。	学生的实习企业主要为企业俱乐部的成员单位。实习共分为三个阶段,累计时间不少于 10 个月。

每个阶段实习,TIEI 都要求学生提交实习报告,并进行实习答辩。除自己导师外的其他相关领域的专家、企业人员对学生实习过程的整体情况进行评分,作为学生整体评价的一部分。

（六）国际合作模式

国际合作在国际工程师学院个性化人才培养中发挥着重要作用。结合天津大学"学生全球视野拓展"、"国际科技战略合作"、"队伍国际竞争力提升"和"留学天大"四大国际化工程,国际工程师学院将世界作为课堂的延伸和补充,打造符合国际标准的课内教学平台。一方面,组建国际化、高水平师资队伍。学院在聘请外籍专家开设优质全英文课程的同时,利用学校优质资源与国际名校并轨合作,实现国内外顶尖课程同步,为学生营造国际化的学习氛围。另一方面,围绕政治经济、文化及科技视野,多方面拓展学生能力。学院通过开发国际化实习实践、国外高校研究项目、国际竞赛等多重渠道和项目,不断完善对学生的国际化培养。

TIEI还为学生提供了法语学习的机会。学生一入学便可接受零基础的法语教学。学习一段时间后,为给学生提供更好的法语学习环境,法国尼斯综合理工学院引入线上的法语教学资源。通过硕士阶段的学习,学生预期法语水平达到B2水平,能够进行日常的工作交流。

三、天津大学国际工程师学院个性化教育结果评价

(一) 法国工程教育界的认可

天津大学国际工程师学院自2014年成立以来,一直稳步发展。学院构建的个性化人才培养体系,得到法国、欧洲工程教育界的认可。2017年,TIEI通过法国工程师职衔委员会(CTI)权威性认证,这不仅是中国第一所获得CTI认证的非中外合作办学学院,也是CTI首次在中国授予三年制学院最高等级六年期的认证。同年11月,学院还获得了欧洲工程教育(EUR-ACE)认证,得到国际教育界的肯定和认可。为促进学院的进一步发展,TIEI于2018年12月向法国综合理工学院联盟(POLYTECH GROUP)提交报告,申请成为其联盟成员。法国时间2019年12月,法国综合理工联盟(POLYTECH GROUP)理事会宣布天津大学国际工程师学院(TIEI)正式成为海外第一所综合理工联盟合作伙伴学院。

这标志着天津大学卓越工程教育受到法国工程师精英教育的高度认可。

(二) 社会认可度

工程领军人才个性化培养方案经过多年的实践与探索,在创新竞赛、升学就业方面也取得了优异的成绩,并得到了企业各界的高度认可。在2019年"全国第二届钢结构装配式建筑设计创新竞赛"中,18级智能建筑专业5位学生和建筑学院2位学生携作品《钢的藤蔓》参加并最终斩获竞赛一等奖,不仅展现了天大学子沉着冷静、临场不乱的良好素养,也体现了天大国工学子扎实的专业积累和勇于创新的工程师风采。在升学就业方面,学院学生毕业时,不仅可以获得由天津大学颁发的硕士毕业生和学位证,还能获得由法国工程师职衔委员会CTI授权颁发的法国工程师文凭,该文凭在欧洲受到高度认可。另外,跨学科及专业的个性化培养为学生进入社会提供了良好的选择和竞争条件。毕业生就业企业类型多为世界500强企业、行业龙头企业、科研院所等,就业地域多为北京、上海、天津等直辖市。此外,还有部分毕业生选择到国内外知名高校继续深造。

据统计,国际工程师学院第一批"工程师"毕业生共计36名,其中智能建筑专业11人,计算机专业7人,电子信息专业18人。在首批毕业的36名学生中,33人选择就业,3人继续攻读博士学位。学院毕业生选择的企业类型大致可以分为世界500强企业、行业龙头企业、科研院所以及创业型企业三大类。其中,进入世界500强企业(华为、京东、招商银行等)的毕业生

比例约为 20%,进入行业龙头企业(万科房地产、龙湖、网易、搜狐等)就业比例为 55%,继续深造攻读博士学位的比例约为 8%。

学院重视用人单位的满意度,通过自行编制系统全面的雇主满意度调查问卷并发放至用人单位,由用人单位对学院毕业生进行整体系统评定,并将评定结果反馈回学院进行统计分析。根据用人单位对学院学生的专业能力、动手能力、创新能力、管理能力等多方面综合能力考评结果并统计用人单位对学院毕业生整体综合满意度为 95%。

(三) 学生认可度

根据对国际工程师学院毕业生的调查和研究,其就业具有起薪较高、找到满意工作快、得到企业重点培养、用人单位满意度较高等特点。学生普遍认为,学院对于学生的职业生化规划和就业指导比较到位。

据统计,首届毕业生平均年薪水平 24 万,最高年薪近 40 万。多数毕业生在进行三阶段实习期间已经明确自己发展方向与就业的目标企业。并且毕业生就业行业的领域广,供毕业生择业的企业较多。学生大部分都能在就业季高峰期拿到满意的 offer,更有部分学生能在就业季来临前收到企业转正录取函。龙湖仕官生、万科新动力、中海海之子,都是企业重点培养对象,且每年的招聘人数非常少,学院建筑专业的 11 名毕业生中,其中有 6 人被录取。

国际工程师学院致力于培养高水平、国际化、能服务于国家重大发展战略的卓越工程领军人才。学院积极构建企业俱乐部搭建校企合作平台,企业俱乐部成员大多数是行业龙头企业。为学生提供大量优质的实习机会于就业信息。并多次组织毕业生开展就业指导相关课程学习、学院就业双选会活动。为毕业生树立正确的择业观并积极引导其就业,以保障毕业生高质量就业。

四、分析与讨论

天津大学国际工程师学院的个性化人才培养实践探索,通过校企紧密合作,共同参与宽基础的工程师培养;通过校企优势互补,在跨学科的背景下完成科研创新。这一人才培养路径集中表现为知识生产模式 Ⅱ 的特征。知识生产模式 Ⅱ 理论强调知识在更广阔的、跨学科的社会和经济情境中被创造出来,具有应用情境中的知识生产、跨学科性等多个特征。知识生产模式 Ⅱ 突破"学科导向",强调以问题为中心,注重学科交叉、基础与应用交叉、理论与实践交叉,知识生产的场所不限于大学和学院,还有非大学机构、研究中心、政府的专业部门、企业实验室、智囊团、咨询机构。越来越多的利益相关者参与知识生产,评价体系从同行评议,到形成由广泛的社会构成参与、更加综合的、多维度的评价体系。结合知识生产模式 Ⅱ 理论,探讨天津大学国际工程师学院在工程教育个性化人才培养方面的经验。

(一) 扎根中国大地办国际水平的工程教育

与大部分中法合作的教育模式相比,天津大学国际工程师学院没有采用中外合作办学的模式,而是创新地采取了借鉴法国工程师教育体系、中方独立办学的模式。在这种模式下,中方不仅吸收了法国工程师教育的经验和优势,更重要的是,根据生源、办学条件等多方面的实际情况,有更大自主性地设计更加个性化、柔性的工程人才培养体系以及教学模式和教学方法。

这一办学模式,正是国际工程师学院扎根中国大地、聚焦国家需求的创新性实践。专业设置上,结合智能时代的社会需求,主要开设"计算机技术、电子与通信工程、智能建筑、智能医学、智慧水"5个专业,形成了以"智能＋"为主、通专结合,多学科交叉融合的发展布局。在人才培养过程中,强调中国情境、解决中国问题、着力培养具有家国情怀的工程人才。

(二)工程"情境"嵌入人才培养过程

当前我国培养的准工程师,在实践能力方面还不能完全满足企业的需求,而天津大学国际工程师学院将课程学习(包括理论学习、练习课、实践课)、学期项目、实习实践环节落到实处,强化工程实践环节,将工程"情境"嵌入工程师培养的全过程,健全了工程人才培养从理论学习到实践能力的质量链。

中国工程院指出,培养一名合格的工程师,必须使其经历工程科学知识的学习、工程实践的训练和工作实际的体验三个环节[11]。如果把工程教育人才培养环节分成三个阶段,第一个阶段是0-10的理论知识学习,10-100的所学知识的能力应用,100＋的能力综合运用于工程情境,解决实际工程问题。那么天津大学国际工程师学院,借鉴法国体系更好的夯实了学生从10-100的实践能力。例如,以法方教师授课的计算机课程,上午进行知识的学习,下午就要求学生进行编程,并有授课教师进行辅导。做到了及时的知识运用与学习成果反馈。通过工程实践,学生在跨学科的环境中、在复杂的问题情境中进行学习,提高人才培养质量。

(三)利益相关者参与,双向延伸了校企合作价值链

国际工程师学院的学生培养阶段不再是学校唱"独角戏",企业等利益相关者深度参与学生在实践、实习环节的培养,为学生提供适切性的实践培养。企业在参与人才培养的同时加强对学生的了解,部分企业在学生实习环节就对部分有潜力的学生加以深入观察和培养,作为未来企业重点培养的对象。通过三个阶段的企业实习,学生可以深入了解未来职业所需要的能力和素养,加强对自身学业生涯和未来职业发展的规划。同时对于所实习和同学实习的特定企业的企业文化、发展理念也有了一定的了解,部分学生在实习环节就与企业签订了就业协议。利益相关者参与人才培养,将学校人才培养和企业人才需求的价值链双向延伸,可以说加强了学生培养的个性化适切性。

(四)以实践导向的学生评价体系保障实践能力培养

国际工程师学院建立起全方位的学生评价体系,运用多元化的评价方式和评价主体确保人才培养各环节的成效。这也是工程教育"学习成果导向"理念的重要体现。对学生的综合评价包括出勤、课堂作业、阶段检测、期末试卷或报告监测等,其中最突出是以实践为导向,人才培养过程中的学期项目、企业实习都要求学生提供相应的报告进行答辩,学院组织相关专家、企业人员参与评审和评价,给学生以反馈,确保每个实践项目真真正正地落实到学生的实践能力。

五、结论与启示

个性化教育的实施与转变,不仅是时代发展和教育转型的客观要求,更是未来教育发展的方向和趋势,经合组织《2030年学习框架》提出了未来教育的发展愿景和基本原则,指出要促

进每一个学习者的全面发展,发挥其潜力,以应对未来社会中不断变化的环境对人的需求[12]。斯坦福、牛津等世界一流大学在个性化教育方面也进行了不同程度的尝试与探索。

天津大学国际工程师学院创新了工程师培养模式,在精英教育的基础上不断改进教学模式,保证教学质量,构建融合中法工程教育特色、世界一流、具有天大品格的国际工程领军人才培养体系,形成了以"智能＋"为主、通专结合,多学科交叉融合的发展布局。学院始终秉持"继承与创新、交叉与融合、协调与共享"的办学理念,以"智能"、"创新"为主题,通过专业交叉、师资交叉、生源交叉,实现学科横向融合,逐步构建以信息产业和智能产业为主体的学科群,同时根据交叉学科特点和学生自身发展需求,为学生制定个性化培养计划,服务学生成长成才。多年来,学生在升学就业、科技创新、学科竞赛等方面都取得了显著的成效。同时,学院的实践经验也得到了社会上的支持与认可。

国际工程师学院在工程人才个性化培养方面取得了一定的成效,但是将这一探索进一步完善,还是一个漫长的过程。在这个过程中应当注重处理好三方面的关系。一是中国特色与世界一流的关系,二是精英教育与普及教育之间的关系,三是人才培养各主体之间的关系。

参 考 文 献

[1]　刘献君.本科学生个性化教育体系探索[J].高等工程教育研究,2012(06):105-113.

[2]　董卓宁,齐建立."双一流"建设背景下现代书院个性化教育研究—以北京航空航天大学为例[J].思想教育研究,2016(06):95-98.

[3]　James J.,Duderstadt,et al.变革世界的工程:工程实践、研究和教育的未来之路[R].浙江大学科教发展战略研究中心,译.2009:8,41.

[4]　胡波,冯辉,韩伟力,等.加快新工科建设,推进工程教育改革创新——"综合性高校工程教育发展战略研讨会"综述[J].复旦教育论坛,2017,15(02):20-27+2.

[5]　国家中长期教育改革和发展规划纲要(2010—2020年)[Z].北京:人民出版社,2010.

[6]　University of Oxford Strategic Plan2018 - 23[EB/OL].[2019-10-08].http://www.ox.ac.uk/sites/files/oxford/field/field_document/Strategic%20Plan%202018-23.pdf.

[7]　王晓辉.法国工程师教育研究[J].清华大学教育研究,2013,34(02):36-42+49.

[8]　详介法国工程师教育体系[EB/OL].(2007-02-02)[2020-01-28].http://edu.people.com.cn/GB/5360372.html.

[9]　国际工程师学院培养目标[EB/OL].[2020-02-04].http://tiei2014.tju.edu.cn/jxms/jjms2/pymb/.

[10]　国际工程师学院培养方案[EB/OL].[2020-02-04].http://tiei2014.tju.edu.cn/jxms/jjms2/pyfa/.

[11]　中国工程院工程教育研究课题组.我国工程师培养的重要性与培养途径[J].高等工程教育研究,2005(1):2.

[12]　OECD. The future of education and skills:Education 2030[J]. OECD Education 2030,2018.

融合中法工程人才培养模式[①]

刘增路

上海交大-巴黎高科卓越工程师学院

上海交通大学的合作办学起步较早,1994 年建立了第一个合作办学机构即中欧国际工商学院,第二个是交大密西根学院,第三个才是上海交大—巴黎高科卓越工程师学院(以下简称"工程师学院")。

上海交大的机械专业学科全国排名第一,信息工程、能源与动力工程等都是非常强势的学科。工程师学院希望能够依托交大的优势、合作学校的优势,创新人才培养模式,打造精英教育和中外合作办学的典范,成为世界一流的工程师学院,旨在培养适应经济和社会发展的复合型、应用型、具有国际视野的卓越的工程人才和企业管理人才。

工程师学院的合作院校有四个:巴黎综合理工学校、巴黎高科国立高等矿业学校、巴黎高科国立高等先进技术学校、巴黎高科国立高等电信学校(见表 1)。法国工程师教育的特色是精英教育,同时注重工程能力和管理能力的培养。

《泰晤士高等教育》2017 年"母校指数"(根据世界 500 强企业的领导人数量),巴黎综合理工学校世界排名第 4,巴黎高科国立高等矿业学校世界排名第 10,而这两个学校都是规模很小的学校,前者有 2 000 多学生,而后者只有 300 多学生。从中可以看出法国工程师培养工程和管理复合型人才的特色。我们工程师学院的毕业生既是工程方面的硕士,又具有 MBA 的素质,是复合型人才。

表 1　工程师学院合作院校

合作工程师院校	优势研究领域、学科
巴黎 综合理工学校 Ecole Polytechnique	机械、能源、交通和环境、纳米科学、创新材料等。
巴黎高科 国立高等先进技术学校 ENSTAParisTech	学校的通用教育模式让学生能适应众多领域的工作: 汽车、铁路、船舶工业,核能源,海洋可再生能源,机器人技术,金融数学,海洋学或环境学等等。
巴黎高科 国立高等矿业学校 MinesParisTech	交通、能源、机械等。
巴黎高科 国立高等电信学校 TelecomParisTech	电子、信号和图像处理、计算机科学、网络、通讯及人文科学等,同时将技术与经济、社会类学科(如经济、管理、创业、多种语言等) 相结合。

[①]　原文刊载于《神州学人》2018 年第 A02 期,编入本书时进行了重新排版。

一、与法国学校的合作

2010 年,教育部启动实施"卓越工程师教育培养计划",上海交大在建立交大密西根学院后建立上海交大—巴黎高科卓越工程师学院,就是落实"卓越工程师教育培养计划"的重要举措,这是教育多元化及改革的需要。同时也是为了满足经济和社会发展需要,特别是信息化、智能化的时代及全球化的趋势对工程人才的需要。

一提到法国,人们首先会想到香奈儿、欧莱雅、XO、LV 等品牌,其实 LV 的老板就是巴黎综合理工学校的毕业生。法国也有非常发达的工业,在航空、核能、医药等现代工业领域有很强的实力。二十世纪五六十年代,法国就拥有了非常领先的高铁技术。法国的工程师教育注重人文底蕴、艺术、管理能力、综合能力的素质,一个产品只有把文化的元素、艺术的元素加进去,才能产生极大的价值。这是我们需要借鉴的地方。

工程师学院的法方合作院校有大批杰出校友,包括法国前总统德斯坦和一批跨国企业老总等。

法国的高等教育体系在 2010 年博洛尼亚进程(由 29 个欧洲国家于 1999 年在意大利博洛尼亚提出的欧洲高等教育改革计划)完成后基本归到本科、硕士、博士体系,即高中毕业后 3 年本科、5 年硕士、8 年博士。在工程师教育方面,高中毕业以后,10% 的优秀学生进入大学预科强化基础课程,然后通过严格的大学入学考试,再进入工程师学院学习 3 年,拿到工程师文凭,相当于硕士学位,在这些学校是没有本科文凭的(图 1)。

法国工程师教育的特色是精英教育,是第一次工业革命的产物。工业革命时期,传统的大学教育与工业革命经济和社会发展是脱节的,在这样的情况下,法国就产生了工程师学校,以满足社会对技术和管理人才的需要。

我们工程师学院于 2012 年创建,第一批学生 2019 年 3 月才毕业。2015 年通过了法国工程师职衔委员会(CTI)的认证,2018 年 7 月获得 6 年最长期限的认证,这是对工程师学院教育质量的很好认可。

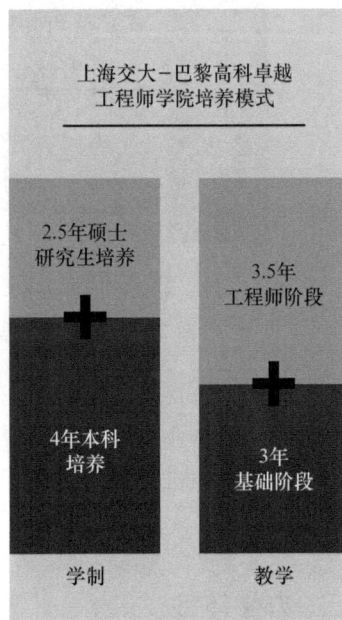

图 1　上海交大–巴黎高科卓越工程师学院培养模式

在工程师学院的管理体系中,最高决策机构为联合管理委员会,除了双方的校领导,企业占 6 个席位。办学过程中,企业的作用非常大,可以参与工程师学院的决策。学院还有科学委员会,主要讨论如何开展校企合作培养人才。学院与企业有密切的联系和互动,与企业一起讨论未来 10 年、20 年企业需要什么样的人才,根据企业的人才需求确定培养目标,制定培养计划。所以,工程师学院培养的人才是为企业量身订做的,会更受企业的欢迎。

在工程师学院的培养计划中,基础阶段(图 2)主要强化数理和外语,训练强度非常大。还有一些综合实践项目,目的是提高学生综合运用所学知识的能力。在工程师教育阶段(图 3),每学期有很多专业课程,其中一部分要请企业专家结合行业的发展来讲授,使学生在上学期间就能对行业最前沿的技术应用充分了解。同时,每学期都会请企业出一些题目,请学校教授和企业专家结合题目进行指导,提高学生综合运用及解决问题的能力。此外,中方设有学科协调人,保证教学安排更加合理。近几年,学院都会定期举办中法人才培养研讨会,与企业及合作院校共同讨论人才培养问题。

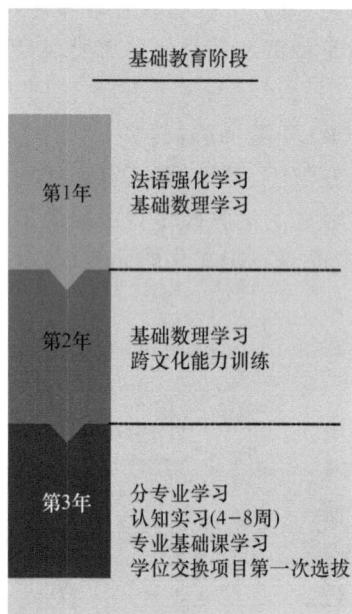

图2 基础教育阶段

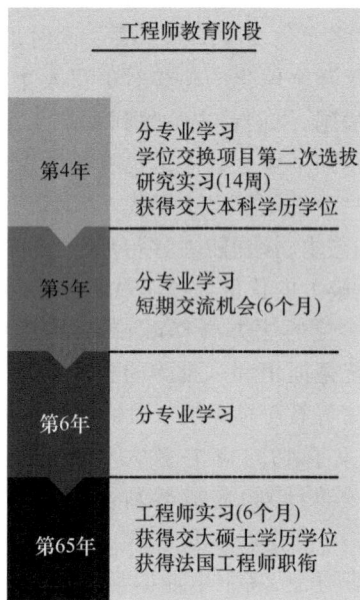

图3 工程师教育阶段

工程师学院也接收国际学生,建立良好的国际化氛围,每个学生都有参与国际交流的机会。学院建立了企业俱乐部,俱乐部会员需要给学院一定的捐赠,提供课程,也要为学生提供大量的实习和就业机会。学院还经常开展丰富的法式文化活动,这里已经成为中法文化交流的重要基地。

二、办学体会

管理制度需要兼顾文化差异,树立以学生为中心的教学和管理理念。还要与业界保持密切合作,明确人才培养目标,不断优化培养方案。法国工程师教育是通才培养,中国的硕士是专才培养,工程师学院融合了中法两种人才培养模式,充分利用两种模式的优势,培养既是通才又是专才的复合型人才,坚持融合创新,实现超越。

工程师学院属于二级学院,不但要理顺与外方的合作机制,理顺与校内各个部门的机制,还要理顺内部治理体系,建立和谐的氛围。建立结构合理的专任教师、校内相关的专业教师、访问教师、企业专家的师资队伍,这样才能保证教学质量。

工程师学院培养的人才应具有扎实的科学基础、很强的工程能力、深厚的人文底蕴、良好的跨文化交流能力和管理能力,是具有国际视野的卓越工程人才和企业管理人才。对此我们满怀信心。

法国工程师大学校通用工程师力学工程师培养浅析[①]

——以航空航天特色鲜明的法国里昂中央理工大学为例

黄行蓉　殷传涛　洪冠新

（北京航空航天大学 中法工程师学院，北京 100191）

摘　要： 法国工程师教育具有鲜明的厚基础、宽口径特点，与我国新工科人才培养和强基计划人才培养战略不谋而合，本文将以具有鲜明航空航天特色的法国里昂中央理工大学为例，深入剖析其通用工程师培养方案和核心通识教育中的力学课程体系，探讨分析法国工程师大学校是如何培养工程师学生的力学能力的，主要围绕总体培养方案、核心通识课中的科学教学单元和深入学习单元中的力学课程教学大纲这两方面展开阐述。通过本文的研究，发现法国工程师大学校通用工程师教育体系培养工程师力学人才具有一些鲜明的特色，可为"新工科"背景下我国高等教育理工科学校的力学人才培养提供参考和启示。

关键词： 法国通用工程师教育；力学课程体系；教学大纲；新工科；工程师力学人才培养

一、引　言

英国学者李约瑟（Joseph Needham，1900—1995）在其编著的 15 卷《中国科学技术史》中正式提出一个问题："尽管中国古代对人类科技发展做出了很多重要贡献，但为什么科学和工业革命没有在近代的中国发生？"该问题被称之为"李约瑟之问"。2005 年，温家宝总理在看望钱学森的时候，钱老感慨说："这么多年培养的学生，还没有哪一个的学术成就，能够跟民国时期培养的大师相比。"钱老又发问："为什么我们的学校总是培养不出杰出的人才？"该问题被称之为"钱学森之问"。

这些问题引发了教育界的深刻反思，教育部陆续启动一系列教育改革发展计划，例如2010 年 6 月 23 日，教育部启动实施"卓越工程师教育培养计划"（简称"卓越计划"），以期培养一大批创新能力强、适应经济发展需要的高质量各类型工程技术人才。2018 年 10 月 8 日，《关于加快建设发展新工科 实施卓越工程师教育培养计划 2.0 的意见》，指出将经过五年的努力，形成中国特色、世界一流工程教育体系，进入高等工程教育的世界第一方阵前列。2020 年 1 月 13 日，《教育部关于在部分高校开展基础学科招生改革试点工作的意见》印发，决定自 2020 年起，在部分高校开展基础学科招生改革试点，选拔培养有志于服务国家重大战略需求且综合素质优秀或基础学科拔尖的学生。国家在教育领域的一系列重大改革举措均与如下问题密不可分："明天需要什么样的工程师？"世界正处在 5G＋物联网的第四次产业革命洪流中，未来还将迎来新一轮的产业革命，在大学里经过什么样的培养才能使我们的学生能够从容应

---

①　本文于 2020 年 12 收稿，编入本书时进行了重新排版.

对未来世界的挑战,是教育界和企业界一直在探讨的一个问题。

特定的民族国家,有着特定的教育系统,而教育系统深深地根植于民族传统之中。美国高等工程教育在实用主义哲学的指导下,呈现出多层次、多样化和多元的高等教育发展格局,在这种哲学的持续影响下逐渐形成了大工程观,涌现出许多成功的工程教育改革模式,经历了"技术模式"与"科学模式"后,该国正在实践当前的"工程模式",并且不断地面向未来进行探索和改革;目前美国理工科大学课程改革中有两大趋势:一是优化科学核心课程、发展人文课程和跨学科相关课程,以促进通识教育的发展;二是关注实践性教育,以促进学生科研能力、团队协作能力的发展。俄罗斯高等工程教育是其高等职业教育体系的一个重要组成部分,其结构呈现学士、硕士、专家的多级制;为了适应社会需要培养综合性人才的需求,目前俄罗斯正改变高等工科院校办学定位,由单科性大学逐渐向多科性大学转变,在专业设置上由精而窄转向厚基础、宽口径,无论是学士、硕士还是文凭专家的培养都不再有窄方向的专业,而只有更为宽泛的培养方向;课程模式从"统一化"向"多样化"转变,注重人文学科。相比之下,法国是一个善于将两种对立的事物很好地融合在一起的国家。这一特点,在教育领域的直接体现就是法国"一个国家,两种高教"的"双轨制"高等教育体制。这种特殊的高等教育格局由大学和大学校组成,分别实施以普及科学技术知识和科学精神为目标的公立大学系统和以精英教育为特征的教育系统,两者在相互竞争的同时又相互补充,共同构成了独一无二的高等教育体制[1]。

法国工程师教育是令法国人引以为豪的精英教育,其教育体系由拿破仑创立,最初出于军事目的,后来逐渐扩展到工程教育的各个方面,主要是为了克服传统大学培养的学生理论脱离实际的弊端,经过 200 多年的发展,培养出了一批批引领工业革命、技术进步和时代发展的优秀人才,如毕业于巴黎综合理工的联军统帅福煦、诺贝尔得主贝古勒耳、热力学的奠基人卡诺、数学家柯西,法国总统德斯坦,空客、法电、雪铁龙、阿尔斯通、路易威登的总裁等,毕业于巴黎中央理工学院的埃菲尔铁塔设计者,工业界米其林、标致、斯伦贝谢的创始人等,毕业于国立高等航空航天学校的达索航空创始人、欧洲直升机公司创始人、法国空客联盟缔造者等[2],在世界上独树一帜。

笔者毕业于北京航空航天大学中法工程师学院,曾在法国巴黎中央理工大学和法国里昂中央理工大学交流学习,在法国里昂中央理工大学机械学院获得力学博士学位后,获得教职留校任教为法国工程师学生讲授力学课程,现与法国工程师大学校的教授一起承担北京航空航天大学中法工程师学院工程师阶段的力学教学。在三年的中法联和教学工作中,对于法国工程师大学校的力学人才培养计划和理念产生了诸多感悟,下面以航空航天特色鲜明的法国里昂中央理工大学为例,围绕通用工程师整体培养方案和力学课程设置,深入探讨法国工程师大学校是如何培养工程师学生的工程力学能力的。

二、法国里昂中央理工大学工程师整体培养方案

法国里昂中央理工大学与北航中法工程师学院均隶属于法国五所中央理工大学集团,两者具有相同的教学理念:旨在培养能力完备、思维开放、创新素养可应对 21 世纪社会挑战的通用工程师。其整体培养方案围绕三个学期的核心通识课(Tronc Commun-TC)和两个学期的选修课(Parcours Electif-PE)展开[3-4],经过三年的科学和技术培训,辅以人文和社会科学文化,开展项目实践工作,培养管理和领导才能,掌握两种甚至三种现代语言,从事体育实践,并

向国际和企业界开放。整体培养方案如图 1 所示：

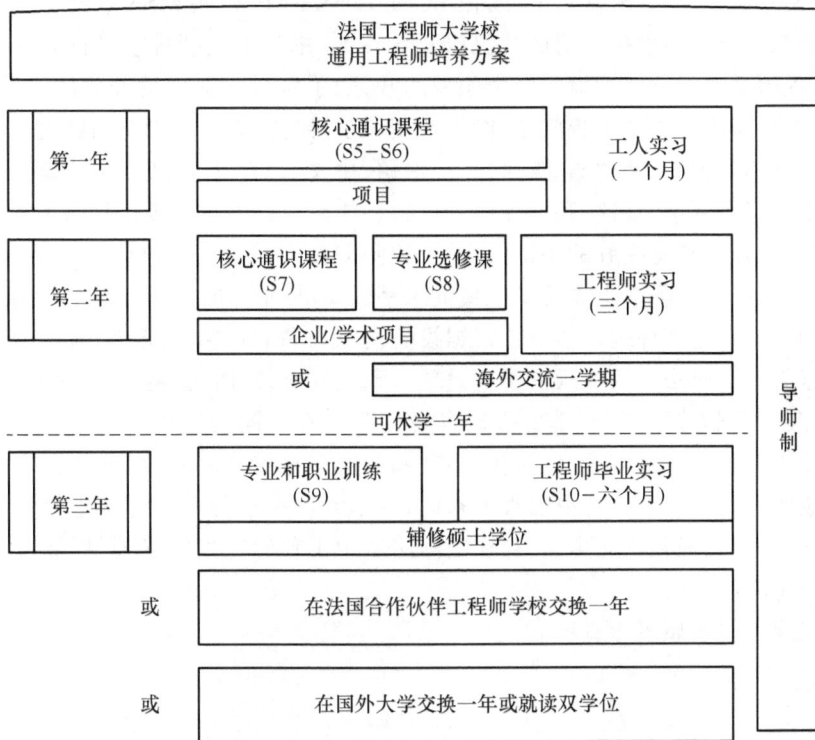

图 1 法国工程师大学校通用工程师培养方案

(一) 核心通识课程

核心通识课程分布在工程师一年级一学年和工程师二年级上学期(S5 - S7)，包括四个单元：科学教学单元，职业教学单元，深入教学单元，以及语言和文化单元。经过三个学期的核心通识课程课程训练，工程师学生将获得广泛的科学知识基础，从基础科学(数学，物理学等)到工程科学(力学，电子学，计算机科学等)，人文科学和社会科学，经济和管理科学。培养过程中，学生还将接触专业领域的项目，并接受项目管理方面的培训。

科学教学单元中，包括电能和系统控制模块(ECS)、流体和能源模块(FE)、机械工程模块(GE)、信息模块(INF)、材料工程模块(IDM)、数学模块(MTH)、固体和结构力学模块(MSS)、材料物理化学模块(PCM)、经济与管理科学模块(SEM)、信息科学与技术模块(STI)，以及人文与社会科学模块(SHS)。

职业教学单元中，包括会议模块、发现调查模块、公司参观模块、工人实习模块、体育训练模块、项目研究模块、职业项目陪伴支持模块、工业/研究应用项目模块。职业教育单元为通用工程师培养提供了强大的职业组分，以使学生从学校毕业后就可以立即开始工作。职业教学单元的目标是使学生能够：①通过参加会议，公司参观，与工程师访谈来发现企业界和工程师职业的不同方面；②通过各种学习活动(项目，体育，实习)将专业技能付诸实践，使学生能够发展快速融入团队、适应企业文化、开始领导小组、谈判和沟通、管理项目和团队的能力；③通过充分利用在职业教学单元的各种活动中获得的所有信息，帮助学生思考并制定其职业规划。

深入教学单元的目的是使工程师学生加深对两个不同科学单元中两个主题的理解。学生可以在 INF/MTH/STI/ECS 单元中,或在 PCM/IDM/FLE/GM/MSS 单位中选择自己的培训项目。最终根据系统中学生注册的情况以及 S5 - S6 中学生成绩排名进行分配。通过该单元的培训,工程师学生将能够加深在特定领域的知识、了解该学科中的开放性问题、建立解决问题的科学方法、凝练和总结工程问题、能够使用该学科的概念或原则对问题进行建模。

语言与文化单元中,包括德语、英语、阿拉伯语、中文、西班牙语、法语(为母语非法语的外国留学生设置)、意大利语、日语、葡萄牙语和俄语。如果说英语对当今世界的工程师来说至关重要,那掌握几种外语则是决胜的关键,也是工程师职衔委员会十分推崇的[5]。在里昂中央大学的语言学习后,工程师学生需要掌握最低水平的英语(毕业时托福成绩至少需要 570 分),并且可以使用至少一至三种现代语言。根据设置的语言科目(德语,英语,阿拉伯语,中文,西班牙语,法语(为母语非法语的外国留学生设置),意大利语,日语,葡萄牙语,俄语)和提供的级别(从初学者/A1 到非常好/C2),学生根据自身情况可有不同的选择。语言和文化单元的另一个目的是使工程师学生了解语言、文化、地理和社会多样性,并为他们前往合作伙伴大学学习或外国企业实习做好准备。从更宏观上来说,该单元旨在是为工程师学生提供一种语言工具,使其在整个培养过程和职业生涯中,在国际团队中工作时能发挥潜能,以促进其个人的社会关系和职业生涯的发展。

核心通识课程体系如图 2 所示:

(二)选修课程

选修课程是"点菜"课程,分布在工程师二年级下半学期和工程师三年级上半学期(S8 - S9)[6]。在两个学期的选修课程中,学生可以在某些特定学科领域,选择某一领域(能源,环境,航空,运输等),去发展自己的职业岗位(研发、供应链、生产等)。工程师二年级下半学期共开设了 58 门选修课将介绍更为深入的专业知识;工程师三年级上半学期,工程师学生需要完成未来职业岗位培训(包括业务开发工程师、咨询工程师、生态设计与创新工程师、工业运营管理工程师、工业和环境风险管理工程师、研究,创新和开发工程师、供应链工程师、企业家工程师)、领域培训(航空、生物工程与纳米技术、能源、土木工程与环境、信息、数学与决策、运输与交通)、前沿学科培训(工程师三年级上半学期共开设了 56 门选修课介绍未来前沿技术领域)和语言培训[7-9]。

(三)项目实践

项目实践方面,在校期间工程师学生必须要完成 3 个实习:①第一年在公司完成一个月的生产实习;②第二年在公司或实验室中完成至少 3 个月的应用实习;③第三年完成至少 5 个月的毕业实习。

(四)国际化交流和个性化定制课程

国际化交流和个性化定制课程方面,在校期间工程师学生要进行为期至少三个月的国际交流,学校为此种定制课程提供了许多可能性:①工程师第二年下学期(S8)的学术或研究学期在国外交换;②工程师三年级在国外大学或中央理工大学集团中的工程师学校交换;③在合作伙伴院校就读双学位(在初始培养计划上增加一年);④与工程师三年级并行的硕士学位。

图 2　核心通识课程体系

　　职业界和社会对工程师技能的要求不断变化,尤其是近几十年来,企业界明显期待工程师能力从科技领域向更复杂、全面、多样的领域扩展。在现代社会中,所有的现代化工具,小到手机,大到火箭、核电站,都是不同学科合作的成果。在预科教育之后的工程师阶段中,学生受到涉猎领域非常宽广的科学和技术教育,使工程师学生受到全方位的基础知识训练,以确保培养出的学生具有良好的适应性和极强的综合能力以及发展潜力,将来成为科研和工程技术领域

的领军人物[10-12]。其具有如下十分鲜明的特色:

① 扎实的基础知识:进入里昂中央理工大学的学生均经过了严苛的预科班训练,通过了高标准、高难度的"大学校"入学考试;进入里昂中央理工大学后的第一年工程师阶段仍是基础知识的深度夯实,随后才是专业课程训练。

② 多学科融合:里昂中央理工大学在学生培养过程中强调多学科融合的广度,以扩大学生知识视野和提高学生分析问题、解决问题能力。

③ 注重实践:与工业界紧密结合,企业不仅参与学校的管理,而且在实习、项目、企业参观和开设讲座等形式全方位参与工程师人才的培养。

④ 团队精神的培养:通过项目、导师制、课外辅导、校友会、协会等方式提高沟通能力和增强团队合作精神,并加强培养学生在融入团队与小组成员共同工作过程中的个人优势。

⑤ 国际化:通过海外游学或实习扩大师生国际化交流,与国外学校合作实施双学位制度,扩大在校的留学生比例,提高学院的国际化氛围,增强学生国际化视野。

三、法国里昂中央理工大学工程师通用力学工程师培养分析

下面我们将分析与北京航空航天大学一样、具有鲜明航空航天特色的里昂中央理工大学是如何培养通用力学工程师的。

通过分析其工程师培养大纲,我们发现一个力学工程师的养成大致可以分为三个阶段:第一个阶段是工程师第一年的科学教学单元,除了机械工程模块和固体与结构力学模块中的力学基础知识外,同时必须广泛学习材料、能源、电子、信息、数学、经济、管理、人文和社科多门学科的基础知识。经过领域宽广的工程基础教育后,工程师学生受到全方位的工程基本知识训练,未来将具备良好的适应性和极强的综合能力以及发展潜力。

第二个阶段是工程师第二年上半学期的深入教学单元,深入教学单元按学科性质分为两个大模块:①电能与系统控制/信息/数学/信息科学与技术模块(ECS/INF/MTH/STI);②流体与能源/机械工程/材料工程/固体与结构力学/材料物理化学模块(PCM/IDM/FLE/GM/MSS),在该阶段学生将深入学习相关学科领域的专业知识、建立解决问题的科学方法。值得注意的是,在深入教学单元的力学专业课也并不独立存在,而是隶属于 PCM/IDM/FLE/GM/MSS 深入教学单元中,与材料工程模块、材料物理化学模块和流体和能源模块共同构成一个完整的单元。而且,工程师学生必须在两个大模块中各选择一个小模块去深入学习,即除了力学专业课,必须在电能与系统控制/信息/数学/信息科学与技术模块中选择一个小模块去深入学习,学科交叉特色明显仍然十分明显。

第三个阶段是工程师第二年下半学期(S8)的选修课模块和第三年上半学期(S9)的学科前沿开放模块:S8 的选修课中开设了 58 门选修课供学生选择,其中包括 14 门力学课程,学生必须从这 58 门课程中选择 5 门课程;S9 的学科前沿模块中开设了 56 门选修课供学生选择,其中包括 20 门力学课程,学生必须从这 56 门课程中选择 6 门课程。该阶段的课程设置学科交叉特色仍然十分明显,而通过相应专业课程的学习,学生也有机会接触相关学科领域的专业知识、开放性问题和前沿科学技术研究,经过该阶段的培训后,工程师学生将能够从一个较为宏观的维度去加深在特定领域的知识、了解该学科中的开放性问题。

除了学科交叉特色显著的三阶段力学知识教授和能力培养之外,职业教学单元和语言与

文化教学单元也贯穿一个力学工程师培养的始终,在职业教学单元中,学生将有机会:①通过参加会议、参观公司、访谈工程师或与学校/企业导师交流这些环节来了解力学学科现状、发展和需求,力学工程师的工作内容和职责,思考并制定其职业规划;②通过学术项目模块和工业/科研应用项目模块以小组团队的方式去像一个力学工程师一样完成力学案例分析、展开项目实践;③通过1个月的工人实习、3个月的工程师实习和6个月的毕业实习,学生可以分阶段、由浅入深、从简单到复杂、从动手操作仪器到解决实际工程问题地像一个力学工程师一样开展项目实践。综上,职业教育单元为通用工程师培养提供了强大的职业组分,以使学生从学校毕业后就可以立即开始工作。

正如工程师职衔委员会强烈推荐的一样,语言和文化教学单元也构成了一个力学工程师不可或缺的环节,在经过1~3门语言和文化的培训后,学生将具备前往国外留学的语言和文化工具,可以直接与世界上其他国家的专家进行对话,在国际团队中也能发挥潜能,与国际同行一起解决世界上更为复杂的问题。

综上,一名通用力学工程师的培养过程和关键环节如图3所示,多学科交叉的基础上滋养了力学工程师思维的广度和深度,职业培养环节和实习实践环节让学生毕业后可直接进入企业或研究所工作,语言和文化环节使得学生能不受地域和国别限制在国际舞台上成长成才发挥作用。

四、法国里昂中央理工大学工程师核心通识课程中的力学课程分析

下面我们着重分析核心通识课程中的科学教学单元和深入教学单元中的力学课程设置[4]。

核心通识课程科学教学单元中的力学课程包括两个模块:"机械工程"模块和"固体和结构力学"模块,"机械工程"为"固体和结构力学"的先修知识模块,两个模块按照先修课程和后续课程的先后顺序安排在工程师一年级(S5~S6)。

在经过工程师一年级一整学年广泛的科学知识训练后,学生进入工程师二年级上半学期(S7)后,可根据自己感兴趣的方向加深对两个模块中两个专题的理解。学生必须在INF/MTH/STI/ECS大模块中和在PCM/IDM/FLE/GM/MSS大模块中分别选取一个模块学习,通过两个模块中两个专题的培训,工程师学生将能够加深在特定领域的知识、了解该学科中的开放性问题、建立解决问题的科学方法、凝练和总结工程问题、能够使用该学科的概念或原则对问题进行建模。

核心通识课程中的力学课程设置如图4所示。

(一) 核心通识课程中科学教学单元的力学课程

1. 机械工程科学模块

科学教学单元中的机械工程模块共96学时,对应6学分,涵盖了有关机械系统的设计、制造和性能分析的知识和技巧,是普通工程师应具备的基本能力要素。其先修知识包括刚体力学、螺旋理论和动力学普遍定理。

该模块中包括以下四个环节:

① 机械工程理论,包括工艺、一般力学和分析力学、材料力学理论,旨在介绍机械系统的

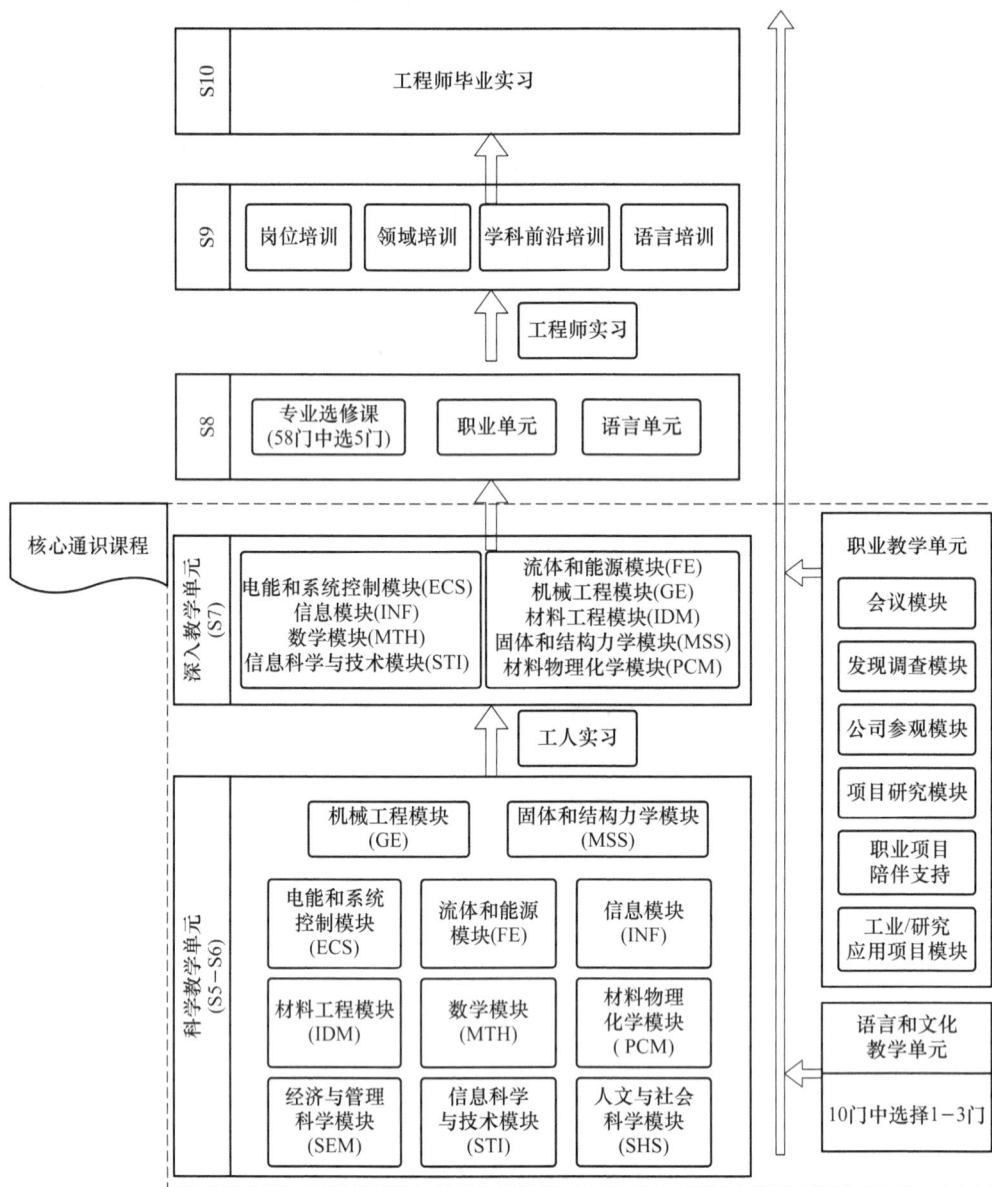

图 3　通用力学工程师培养过程

尺寸设计、构建和运行机理；

②　机械工程实验，旨在将机械工程理论课上的内容付诸实践；

③　数值仿真建模和设计，旨在给出固体和结构力学中更高阶的一些概念，并将课堂理论应用于实际工程案例；

④　机械设计，旨在介绍动力传输元件的尺寸设计方法、运动学和动力学控制，并将课堂理论应用于分析陆路运输中动力传输系统工程案例。

机械工程模块中各环节的内容、能力、授课形式、考核形式和学时分配如表 1 所示：

机械工程相关的理论、实验、数值仿真和设计这四个环节的学时分配如图 5 所示，其中理

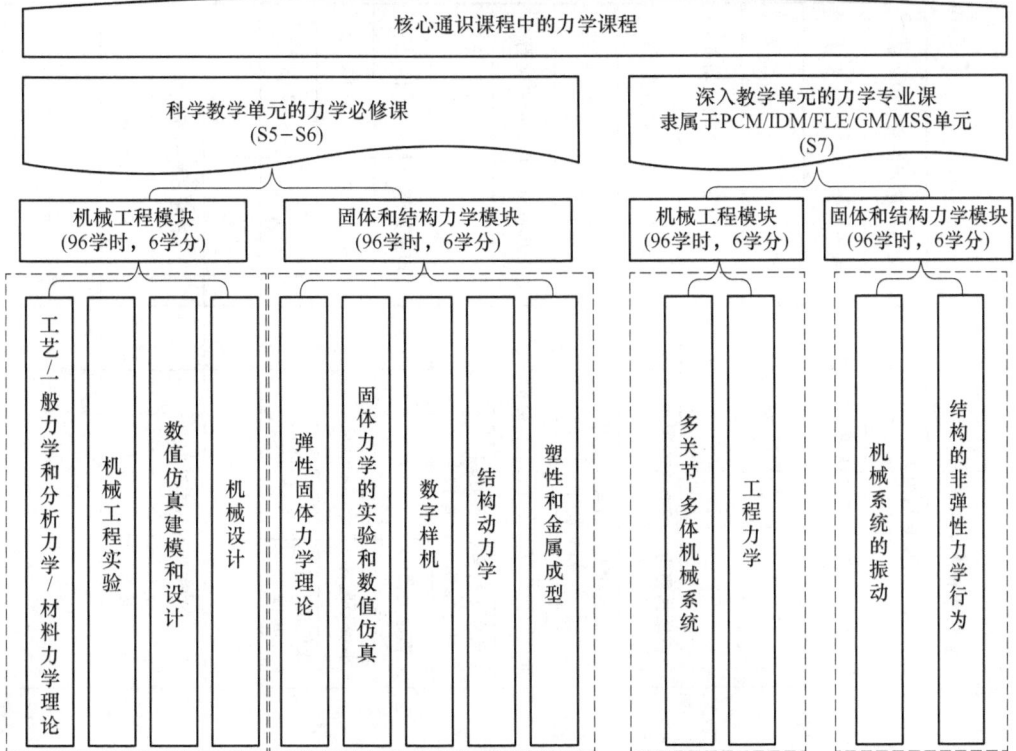

图4　核心通识课程中的力学课程设置

论占比为40%,仿真(17%)、实验(26%)和设计(17%)总占比为60%,实践部分占比高于理论部分,更注重实践能力的培养:

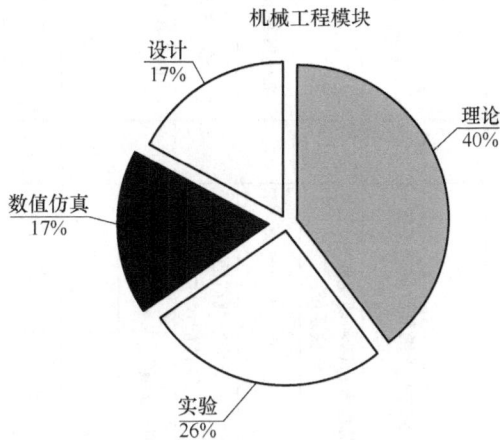

图5　核心通识课程科学教学单元中机械工程模块四个环节课时占比

为了全面地训练和提升学生的分析、建模、解决问题、交流、实验、设计和生产能力,这四个环节中每一个环节均采用丰富的授课形式和考核形式,其中包括如下五种基本授课形式:①理论大课,②小班习题课,③数值仿真上机课,④小组实验课,⑤自主学习。这四个环节中各环节的授课形式组成如图6所示。

表 1　核心通识课程科学教学单元中机械工程模块各环节的内容、能力、授课形式、考核形式和学时分配

科学教学模块		第一个环节	第二个环节	第三个环节	第四个环节
机械工程 96 学时 6 学分		工艺/分析力学/材料力学理论	机械工程实验	数值仿真建模和设计	机械设计
	内容	机械系统的尺寸设计 机械系统的构建 机械系统的运行机理	机械系统的几何一致性设计 机械系统的制造和控制 机械系统的架构分析 机械系统性能诊断	对静定和超静定结构进行尺寸设计 分析静定和超静定结构的静力学和动力学特性 桁架结构动力学特性	动力传输元件的技术要素 动力传输元件的尺寸设计 动力传输元件的运动控制 动力传输元件的性能分析
	能力	根据技术图纸分析机械系统的结构 根据技术指标和功能要求设计机械系统 分析系统的动力学行为 定义承受静态载荷的细长零件的尺寸	分析机械系统的架构 机械系统的设计和制造流程 机械系统的几何一致性控制 诊断机械系统的性能	将结构静力学的概念应用于桁架设计 将结构动力学的概念应用于桁架设计 使用数值计算平台进行结构分析 具备对结构进行静态和动态分析的意识	对机械传动系统的功能分析 仿真模拟机械传动系统的运行 分析机械传动系统的运行
	形式	理论大课　18 小时 小班习题课　22 小时 自主学习　6 小时	数值仿真上机课　10 小时 实验课　20 小时	理论大课　4 小时 小班习题课　4 小时 数值仿真上机课　10 小时 自主学习　2 小时	理论大课　4 小时 小班习题课　4 小时 数值仿真上机课　12 小时
	考核形式	书面笔试	随堂测试 工程制图 实验报告	案例分析书面报告 案例分析口头答辩	案例分析书面报告 课堂表现
	学时分配	46 小时	30 小时	20 小时	20 小时

机械工程模块

□理论大课 ■小班习题课 ■数值仿真课 □小组实验课 ▨自主学习

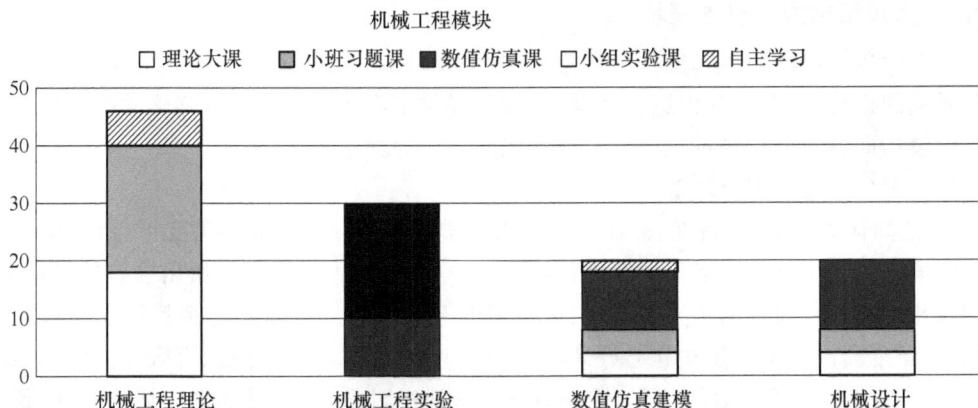

图 6 核心通识课程科学教学单元中机械工程模块各环节的授课形式组成

第一个机械工程理论环节以讲授理论和通过习题训练理解理论为主;第二个机械工程实验环节以小组形式实验和数值仿真案例分析为主,将理论知识应用于分析仿真结果和解释实验现象;第三个数值仿真建模环节和第四个机械设计环节在讲授完必要的理论和习题后,利用工程中正在使用的数值仿真工具以小组形式数值仿真案例分析为主。如图 7 所示,

机械工程模块

△理论大课 △小班习题课 ▲数值仿真课 ▲小组实验课 ▲自主学习

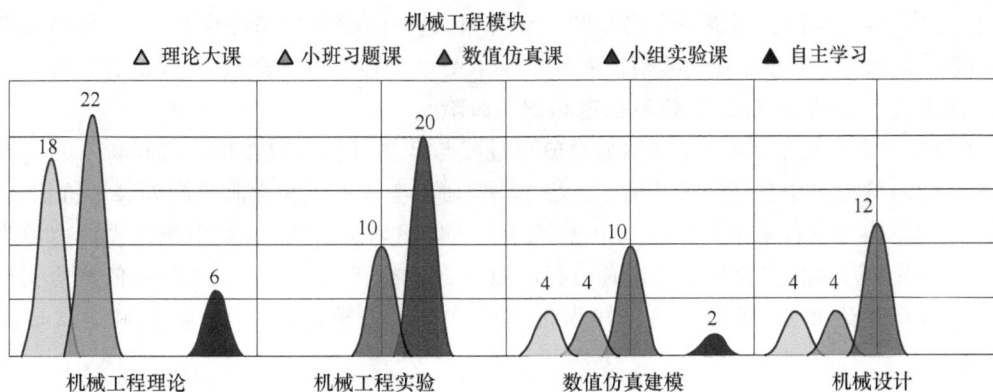

图 7 核心通识课程科学教学单元中机械工程模块各环节的授课形式对比

根据各环节的能力培养目标,各环节的考核形式也较为丰富:第一个机械工程理论环节为书面笔试;第二个机械工程实验环节为随堂测试、工程制图和实验报告;第三个数值仿真建模环节为案例分析书面报告和案例分析口头答辩;第四个机械设计环节为案例分析书面报告和课堂表现。

通过该模块的学习,预期工程师学生将具备如下能力:

① 学会从技术图纸中分析机械系统结构及其几何描述;

② 学会设计机械系统;

③ 了解如何定义机械零件的公差几何形状,以及满足良好运行条件的制造方法;

④ 能够分析刚性系的动力学行为;

⑤ 学会定义承受静载荷的细长零件的尺寸。

2. 固体和结构力学科学模块

科学教学单元中的固体和结构力学模块共 96 学时,对应 6 学分,旨在对宏观尺度上连续的材料系统的运动,变形和内力进行建模,为固体提供了有关运动和材料强度的基本信息。其先修知识包括向量、螺旋、张量、变分法、线性代数以及力学基本定律。

该模块中包括以下五个环节:

① 弹性固体力学理论,旨在:a. 在连续介质力学框架下介绍固体的可变形特性,引入变形和应力的概念并在小扰动框架下对其进行解释,建立弹性动力学方程并给出主要的能量定理;b. 介绍机械结构尺寸设计的主要工具,引入振型的概念并通过模态综合将其用于计算结构的动力响应,建立离散模型以建立起与设计部门在设计中使用的计算方法(有限元方法)的联系。

② 固体力学的实验和数值仿真,旨在通过一系列实践活动,使得学生能够:a. 意识到力学中的物理现象,了解力学实验中用到的测量变量的不同技术(拉伸计,加速度计,光弹性计,频闪法等);b. 将理论概念应用于分析实际情况,从而促进其吸收;c. 知道如何验证实验结果(对测量质量和相关性进行严格分析,将实验结果与理论近似结果和数值计算结果进行对比)。

③ 数字样机,旨在让工程师学生理解数字建模的不同方面,如体积和曲面建模、(运动学分析,力学计算,制造)仿真集成等,对机械工程和固体和结构力学这两个模块起着重要的支撑作用。

④ 结构动力学,旨在围绕一个实际的工程对象,进一步学习模态综合技术,分析模态截断和结构修改的影响,并将动力学模型扩展到结构承受大位移和组合荷载的情况,在设计过程中对相关现象进行预估和控制,了解不稳定和摆振风险。

⑤ 塑性和金属成型,旨在提高学生对成型过程与金属材料弹塑性特性之间联系的认识。

固体和结构力学中各环节的内容、能力、授课形式、考核形式和学时分配如表 2 所示:

固体和结构力学科学单元中这五个环节的学时分配如图 8 所示,其中弹性固体力学理论占比 27%,固体力学的实验和数值仿真(16%)以及数字样机(17%)占比 33%,依然是实践部分占比略高于理论部分,而作为基础知识延伸的结构动力学占比 20%,塑性和金属成型占比 20%。

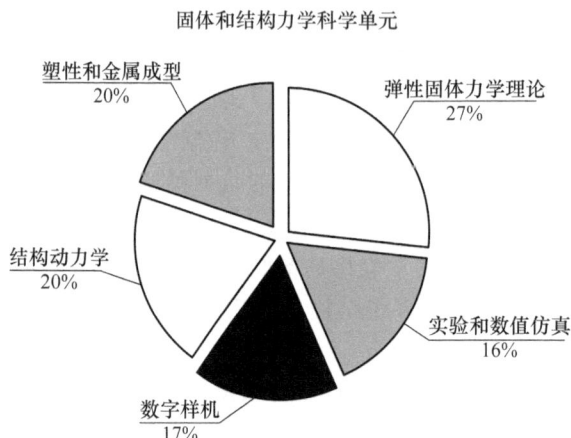

固体和结构力学科学单元

图 8　核心通识课程科学教学单元中固体和结构力学模块五个环节课时占比

表 2 核心通识课程科学教学单元中固体和结构力学模块中各环节的内容、能力、授课形式、考核形式和学时分配

科学教学模块		第一个环节 弹性固体力学理论	第二个环节 固体力学的实验和数值仿真	第三个环节 数字样机	第四个环节 结构动力学	第五个环节 塑性和金属成型
固体和结构力学 96学时 6学分	内容	固体的可变形特性；变形和应力的概念；建立弹性动力学方程；给出主要的能量定理；机械结构尺寸设计的主要工具；模态分析与模态综合计算结构响应；Rayleigh Ritz 方法；有限元方法	固体和结构力学中的物理现象；力学实验中的测量仪器和技术；分析和验证实验结果；基于有限元软件计算结构力学特性；利用理论解释试验和仿真结果	从极点到表面的数学建模；Catia V5 软件入门(体积建模)；Catia V5 曲面建模；对具体技术问题建模、仿真、设计和优化	围绕实际工程对象进一步学习数字模型的综合技术；大位移和静态预应力环境下的结构力学特性；观察和分析承受大载荷的结构动力学行为；仿真模拟结构力学行为	金属零件的塑性变形拉伸、铸造等主要生产过程；经典的弹塑性模型；了解弹塑性模型的局限性；扩展该模型所遵循的步骤；成形过程对弹塑性特性的影响
	能力	掌控弹性体的变形和应力的基本概念；学会提出弹性力学静力学问题；通过解析方法解决简单结构问题并对其进行尺寸设计；预测简单结构的动力学行为；掌握 Rayleigh-Ritz 近似方法及其在有限元方法中起到的作用	掌握弹性体的变形和应力的基本概念；了解限设、建模与相关物理现象之间的联系；知道如何识别实验测量过程的要素；知道如何撰写内验和工程设计报告	使用计算机工具建立技术解决方案的模型；知道如何使用当下工业界的建模和仿真工具；能够理解工程项目的科学和技术知识；了解工业制造商使用的数字模型软件工具	能够给出预测结构动力学行为的数值仿真模型；能够收集基本结构信息并评估其重要性和可靠性；知道如何评估模型的弹性力学有效性极限；理解使用动力学计算代码时所需的概念	学会将两种铸造工艺通过实验的方式付诸实施；理解弹塑性现象；学会通过实验方式对材料的弹塑性行为进行认识；知道如何解释弹塑性的有限元计算结果

续表 2

深入学习模块		第一个环节 弹性固体力学理论		第二个环节 固体力学的实验和数值仿真		第三个环节 数字样机		第四个环节 结构动力学		第五个环节 塑性和金属成型	
固体和结构力学 96学时 6学分	形式	理论大课	16小时	数值仿真上机课	4小时	理论大课	2小时	理论大课	4小时	理论大课	4小时
		小班习题课	16小时	实验课	16小时	数值仿真上机课	14小时	小班习题课	4小时	小班习题课	4小时
						自主学习	4小时	实验课	4小时	实验课	8小时
								数值仿真上机课	8小时	数值仿真上机课	4小时
								自主学习	4小时	自主学习	4小时
	考核形式	随堂测试 书面笔试		实验分析报告 数值仿真案例分析报告 课堂表现		小组形式的数值仿真案例分析报告		实验分析报告 数值仿真案例分析报告		实验分析报告 数值仿真案例分析书面报告 课堂表现	
	学时分配	32小时		20小时		20小时		24小时		24小时	

这五个环节中各环节的授课形式组成如图 9 所示。

固体和结构力学模块

□ 理论大课 ▨ 小班习题课 ▨ 数值仿真课 ■ 小组实验课 ■ 自主学习

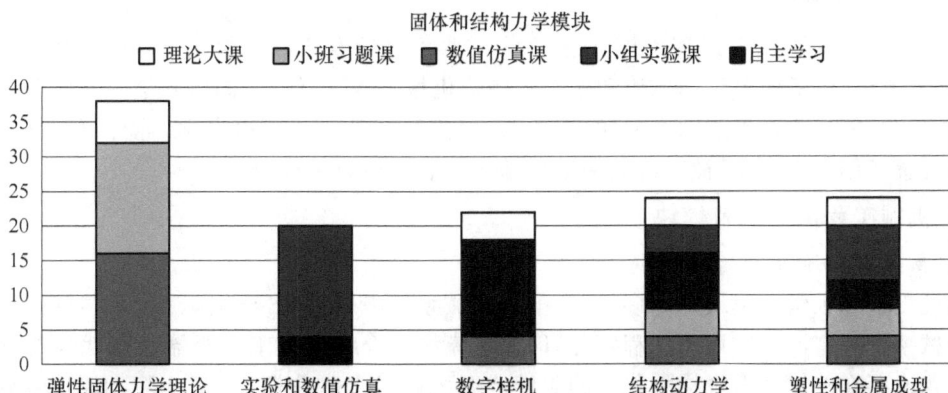

图 9　核心通识课程科学教学单元中固体和结构力学模块各环节的授课形式组成

第一个弹性固体力学理论环节以讲授理论和通过习题训练理解理论为主;第二个实验和数值仿真环节以小组形式实验和数值仿真案例分析为主,将理论知识应用于分析仿真结果和解释实验现象,而由于此学科是一门基于实验的学科,需要大量实验作为理论依托,因此尤其以实验占主导地位;第三个数值样机环节引入工程中正在使用的数值仿真工具 CatiaV5 软件,在讲授完必要的理论和习题后,以小组形式数值仿真案例分析为主;第四个结构动力学环节和第五个塑性和金属成型环节同时包括这五种基本授课形式,而根据其实际工程中分析手段的侧重,结构动力学环节中小组形式数值仿真占比最多,塑性和金属成型环节中实验占比最多。如下图 10 所示。

固体和结构力学模块

△ 理论大课 ▲ 小班习题课 ▲ 数值仿真课 ▲ 小组实验课 ▲ 自主学习

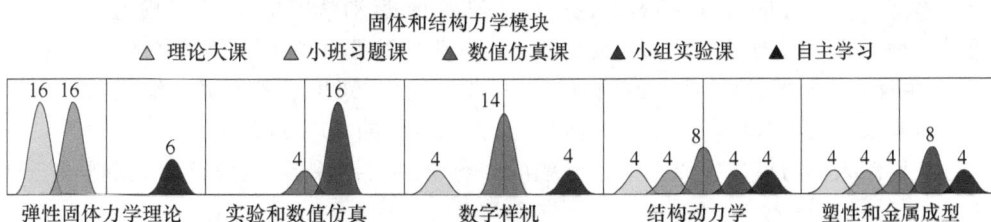

图 10　核心通识课程科学教学单元中固体和结构力学模块各环节的授课形式对比

根据各环节的能力培养目标,各环节的考核形式也较为丰富:第一个弹性固体力学理论环节为随堂测试和书面笔试;第二个弹性固体力学实验和仿真环节为实验、数值仿真案例分析报告以及课堂表现;第三个数字样机环节为数值仿真分析报告;第四个结构动力学环节为小组形式实验和数值仿真案例分析报告;第五个塑性和金属成型环节为实验、数值仿真案例分析报告以及课堂表现。

通过该模块的学习,预期工程师学生将具备如下能力:

① 学会提出线性弹性问题并通过解析来解决简单几何构型的问题;

② 学会使用模态分析和模态综合工具来预测简单结构的动态行为;

③ 学会使用仿真软件解决复杂几何构型的问题;

④ 学会使建模水平适应结果的预期精度;

⑤ 学会解释测量结果。

(二) 核心通识课程深入教学单元中的力学专业课程

工程师阶段核心通识课程中深入教学单元中的力学专业课程隶属于 PCM/IDM/FLE/GM/MSS 单元,包括两个科学模块和四个专题:"机械工程"模块和"固体和结构力学"模块,其中"机械工程"模块中设置了两个专题:多关节-多体机械系统和工程力学;"固体和结构力学"模块中设置了两个专题:机械系统的振动和结构的非弹性力学行为[4]。

1. 机械工程深入学习模块

1) 多关节-多体机械系统专题

机械工程深入学习模块中的多关节-多体机械系统专题共 48 学时,对应 3 学分。由于多关节机械系统被广泛地应用于工程实际,因此该模块中介绍了从工业机器人为代表的开放式系统到普遍存在的以许多机构为代表的封闭式系统(如连杆,曲柄,汽车悬架,雨刮器,链式悬吊机构)。该专题旨在:①通过理论和习题课介绍和建立对这些系统进行描述、建模和分析的一般方法,介绍了用于设计,确定尺寸和系统集成的工具;②通过案例分析仿真上机试验模拟工业机器人和汽车刮水器系统的动力学行为,并将其可视化。关键词包括:机器人,机构,几何模型,运动学模型,动力学模型。

通过四种形式进行授课:理论大课(12 学时)、小班习题课(12 学时)、实验课(12 学时)以及自主学习(12 学时)。该专题同时考核知识和能力,知识形式为书面笔试(占总成绩的50%),能力考核形式为两份数值仿真案例分析报告(占总成绩的50%)。

2) 工程力学专题

机械工程深入学习模块中的工程力学专题共 48 学时,对应 3 学分。该专题中的研究对象是广泛应用在各个领域(土木工程,航空,汽车等)的机械系统,涵盖结构尺寸设计、静力学特性以及动力学特性。关键词包括:机器人,机构,几何模型,运动学模型,动力学模型。

通过四种形式进行授课:理论大课(4 学时)、小班习题课(4 学时)、数值仿真上机课(24 学时)以及自主学习(16 学时)。该专题同时考核知识和能力,知识形式为书面笔试(占总成绩的50%),能力考核形式为数值仿真案例分析报告(占总成绩的50%))。

机械工程深入学习模块中以上两个专题的内容、能力、授课形式、考核形式和学时分配如表 3 所示。

这两个专题的授课形式组成如图 11 所示。

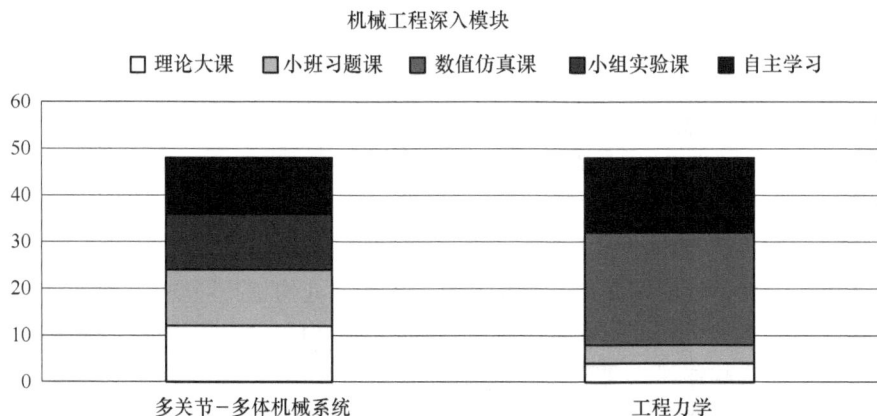

图 11 核心通识课程深入教学单元中机械工程模块各专业的授课形式组成

表3 核心通识课程深入教学单元中机械工程模块中各专题的内容、能力、授课形式、考核形式和学时分配

深入学习模块			专题一 多关节-多体机械系统		专题二 工程力学	
机械工程 96学时 6学分	内容		铰接式机械系统的总体架构和构造元件		结构尺寸设计、静力学设计和动力学设计	
			铰接式机械结构的建模		综合性结构力学和系统设计流程	
			开放的运动链:机器人案例研究		桥的尺寸设计	
			封闭的运动链:汽车雨刮器案例研究		航空结构组件中的应力分析	
			根据给定技术规范,给出工程系统解决方案		起重锚的尺寸设计	
					汽车离合器的尺寸设计	
	能力		了解多关节机械系统的技术要素和构造准则		了解机械结构尺寸设计的基础知识	
			掌握多关节机械系统的几何和运动学建模方法		知道如何利用数值仿真工具进行建模	
			用能量法来计算多关节机械系统运行所需施加的力		综合运用各学科力学知识分析解决实际问题	
			学会使用多关节机械系统模拟仿真和可视化的工具		知道如何撰写实验和工程设计报告	
					学会提出和分析力学问题并给出解决方案	
	形式		理论大课	12小时	理论大课	4小时
			小班习题课	12小时	小班习题课	4小时
			实验课	12小时	数值仿真课	24小时
			自主学习	12小时	自主学习	16小时
	考核形式		知识	书面笔试	知识	书面笔试
			能力	数值仿真案例分析报告	能力	数值仿真案例分析报告
	学时分配		48学时,3学分		48学时,3学分	

第一个多关节-多体机械系统专题理论大课、小班习题课、实验课和自主学习并重;第二个工程力学专题以利用工程中使用的数值仿真工具通过小组形式开展数值仿真案例分析为主,如图 12 所示。

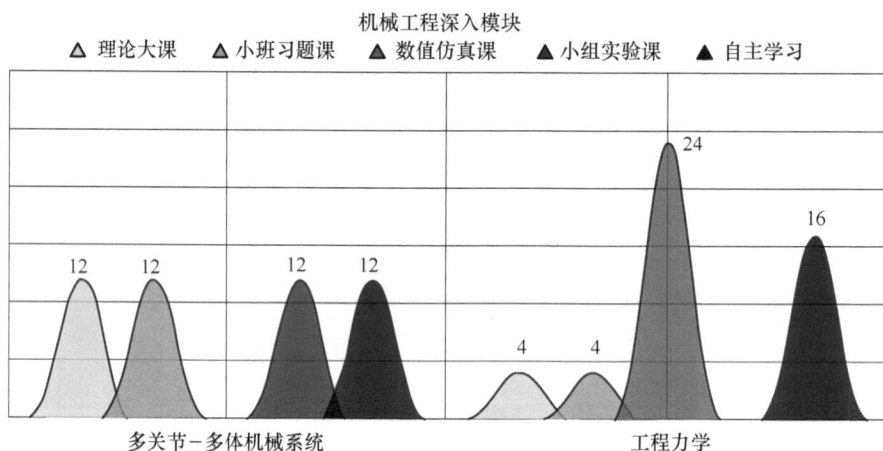

图 12　核心通识课程深入教学单元中机械工程模块各专业的授课形式对比

深入学习模块中的所有专题均包括知识和能力这两方面的考察。根据各环节的能力培养目标:第一个多关节-多体机械系统专题的知识考察形式为书面笔试,能力考核形式为数值仿真案例分析报告;第二个工程力学专题的知识考察形式为书面笔试,能力考核形式为数值仿真案例分析报告。

2. 固体与结构力学深入学习模块

1) 机械系统的振动专题

固体与结构力学深入学习模块中的机械系统的振动专题共 48 学时,对应 3 学分。该专题在"一般力学和结构力学"的框架下,既是振动力学的导论,也向学生敞开了非线性现象和机械系统的稳定性的大门。

通过五种形式进行授课:理论大课(12 学时)、小班习题课(16 学时)、实验课(4 学时)、数值仿真上机课(4 学时)以及自主学习(12 学时)。该专题同时考核知识和能力,知识形式为书面笔试(占总成绩的 50%),能力考核形式为实验和数值仿真案例分析报告(占总成绩的 50%)。

2) 结构的非弹性力学专题

固体与结构力学深入学习模块中的结构的非弹性力学专题共 48 学时,对应 3 学分。该专题旨在拓宽有关具有弹性和非弹性行为结构的知识范围。

通过四种形式进行授课:理论大课(12 学时)、小班习题课(6 学时)、小组项目(10 学时)以及自主学习(20 学时)。该专题同时考核知识和能力,知识形式为为时 2 小时的闭卷书面笔试(占总成绩的 50%),能力考核形式为项目验收答辩(占总成绩的 50%)。

固体与结构力学深入学习模块中以上两个专题的内容、能力、授课形式、考核形式和学时分配如表 4 所示。

表4 核心通识课程深入教学单元中固体与结构力学模块中各专题的内容、能力、授课形式、考核形式和学时分配

深入学习模块		专题一			专题二		
固体和结构力学模块 96学时 6学分	内容	机械系统的振动	离散系统	振动响应	非弹性结构力学	弹塑性单元各向异性概念	位移法及其在结构热弹性中的应用
				隔振和阻尼减振		结构的可塑性	
			连续系统	模态综合		非弹性结构的解析分析和数值计算	
				计算梁的模态			
				建立离散模型			
				有限元法的应用			
			非线性系统				
			机械系统的稳定性				
	能力	学会如何在小扰动框架下建立机械系统的运动方程			在更广泛的理论框架下理解线弹性		
		学会计算模态并将其用于模态综合			使用粘热弹塑性或弹塑性单元进行结构分析		
		了解以有限元为代表的经典近似方法			综合运用各学科力学知识分析实际问题		
		学会在振动力学分析中考虑非线性			提出力学问题并给结出解决方案		
					运用解析法和数值法等多种方法解决问题		
	形式	理论大课		12小时	理论大课		12小时
		小班习题课		16小时	小班习题课		6小时
		实验课		4小时	数值仿真课		10小时
		数值仿真课		4小时	自主学习		20小时
		自主学习		12学习			
	考核形式	知识		书面笔试	知识		书面笔试
		能力		实验分析报告	能力		数值仿真案例分析报告
				数值仿真案例分析报告			项目验收答辩
	学时分配	48学时,3学分			48学时,3学分		

这两个专题的授课形式组成如图 13 所示。

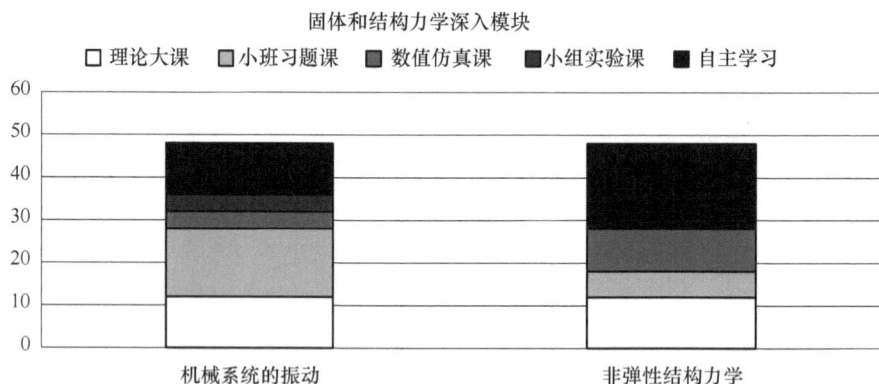

固体和结构力学深入模块

□ 理论大课　■ 小班习题课　■ 数值仿真课　■ 小组实验课　■ 自主学习

图 13　核心通识课程科学深入单元中固体和结构力学模块各专业的授课形式组成

第一个机械系统的振动专题理论大课、小班习题课和自主学习讲授、理解和消化知识为主,辅以小组形式的数值仿真和实验;第二个结构的非弹性力学专题以小组形式开展实际工程结构案例分析为主,如图 14 所示。

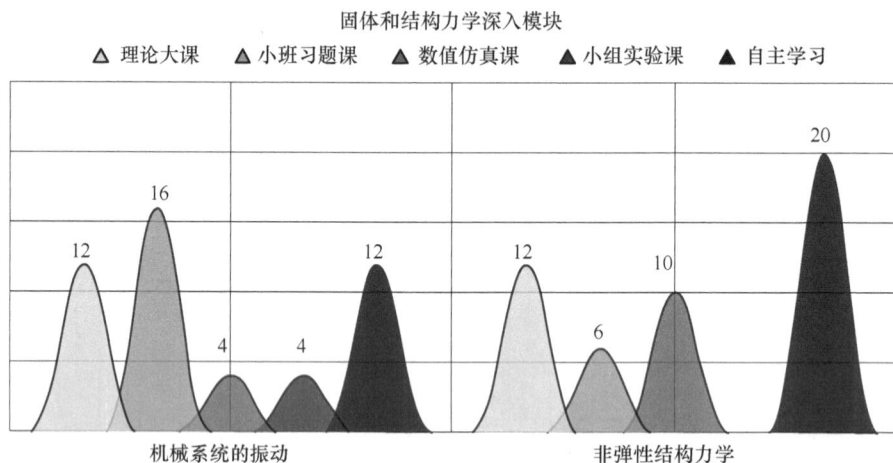

固体和结构力学深入模块

△ 理论大课　▲ 小班习题课　▲ 数值仿真课　▲ 小组实验课　▲ 自主学习

图 14　核心通识课程深入教学单元中固体和结构力学模块各环节的授课形式对比

深入学习模块中的所有专题均包括知识和能力这两方面的考察。根据各环节的能力培养目标:第一个机械系统的振动专题的知识考察形式为书面笔试,能力考核形式为实验和数值仿真案例分析报告;第二个结构的非弹性力学专题的知识考察形式为书面笔试,能力考核形式为项目验收答辩。

五、总　结

法国工程师大学校在培养工程师学生时,不仅是教会学生技术,而且得为他们提供思考的工具,去理解世界上的关键问题并以实际行动尝试解决这些问题。其力学工程师人才培养依托数理基础科学高度综合的预科训练,理工专业课程高度交叉、人文社科经济管理课程高度融合的工程师核心通识课程训练,以小组为单位的强调团队精神、工程实践能力的团队项目训练,重视人文素养、企业文化、社会意识和职业道德的实习实践活动。在广阔和肥沃的学科土壤上,法国工程师大学校力学工程师的培养贯穿在三年的科学和技术培训,科学和工程项目实践,工厂、企业、公司和实验室参观,未来职业培训众多培养环节里。

经过这三年全方位、多层次地培养,通过设置多个教学环节、多种教学手段、多种考核方式,学生可通过核心通识课中的科学教学单元掌握基础力学知识,学会使用工业领域使用的建模、分析和仿真软件,使用工具开展力学实验、观察实验现象,并对实验现象表现出的力学行为并运用解析和数值多种方式进行解释和预测,可以通过核心通识课中的深入教学单元和选修课了解力学领域的学科前沿知识,通过职业教学单元中的会议模块、发现调查模块中与工程师和科研人员对话、公司参观模块、项目研究模块、职业项目陪伴支持模块、工业/研究应用项目模块和未来职业培训单元深入理解力学工程师这项职业。

如此,也就不难理解法国工程师大学校为何能培养出热力学的奠基人、空客、标致雪铁龙、阿尔斯通的总裁,埃菲尔铁塔的设计者,达索航空、欧洲直升机公司的创始这些优秀的具有领导、领军才能的力学人才了。

参 考 文 献

[1]　刘鸿.法、美、德、俄高等工程教育"卓越"之缘[J].大学教育科学,2012,(02):46-50.

[2]　洪冠新,Merle Guillaume,张瑾.法国预科工业科学课程体系的发展及启示[J].北京航空航天大学学报(社会科学版),2019,32(04):142-148.

[3]　Fascicule de presentation de la formatio ingenieur,2018-2019,Ecole Centrale de Lyon.

[4]　Programme des enseignements tronc commun,2018-2019,Ecole Centrale de Lyon.

[5]　Official Bulletin of the Ministry of National Education and Research,special edition no.5[S].May 30,2013.

[6]　Programme parcours electif S8,2018-2019,Ecole Centrale de Lyon.

[7]　Programme parcours electif S9UE-metiers,2018-2019,Ecole Centrale de Lyon.

[8]　Programme parcours electif S9 UE-secteurs,2018-2019,Ecole Centrale de Lyon.

[9]　Programme parcours electif S9 UE-modules ouverts,2018-2019,Ecole Centrale de Lyon.

[10]　熊璋,于黎明,徐平,王乐梅,陈辉,殷传涛.通用工程师学历教育的研究与实践[J].高等工程教育研究,2013,(01):46-57.

[11]　熊璋.法国工程师教育[M].北京:科学出版社,2012.

[12]　Jean DOREY,刘敏.法国高等工程师教育解析[J].中国高教研究,2009,(12):52-54.

新工科视域下数理基础课程的跨学科教学①

章丽辉　钟圣怡　赵加强　刘增路②

上海交大–巴黎高科卓越工程师学院

摘　要： "新工科"建设旨在培养创新型卓越工程人才,应对多元环境、强调交叉融合的人才培养的需求,对数理基础课程的教学提出了更高的要求。巴黎高科学院通过跨学科的课程设计和跨学科的教学执行,以数学工具思维为核心,实现数理基础课程的实质性跨学科教学,培养学生严密的逻辑思维,开阔的学科思路,为创新型工程人才培养的基础课程教学提供实践与思路。

关键词： 新工科;数理基础课程;跨学科;数学工具思维;法国工程师

近年来,从"复旦共识"到"天大行动",再到"北京指南",新工科建设成为了我国新时期高等工程教育改革的指导方针[1]。钟登华院士强调,新工科是以应对变化、塑造未来为建设理念,以继承与创新、交叉与融合、协调与共享为主要途径,培养未来多元化、创新型卓越工程人才[2]。多学科的交叉融合能力,面对多元环境的创新思维、创新精神和创新能力,是创新型卓越工程人才最根本的素质要求如何培养创新思维、创新精神和创新能力？华为公司创始人任正非提出,没有基础研究,对未来就没有感知,没有感知就做不到领先[3],因为基础科学的发展才是推动技术创新和革命的源动力。而基础研究则依赖于夯实的数理基础,严密的逻辑思维,开阔的学科思路,因此,要加强新工科建设的根基,必须对数理基础课程的教学提出更高的要求。

目前新工科建设是各大高校的战略重点之一,也引发了新工科研究的热潮,一方面是理论研究,主要集中于新工科的产生背景、现实瓶颈、内涵特征与建设思路等[4];另一方面部分高校积极开展工程教育探索与创新试点,形成了新工科建设的一些实践成果,但多集中在如何校企联合、协同培养工程人才领域,而对新工科视域下数理基础课程的创新教学却鲜有研究。数理基础课程教学往往还是上百人的大课,重理论轻实践、重共性轻个性、重知识轻能力的现象依然存在[5],不利于新工科建设的厚积薄发和全面推进。上海交大—巴黎高科卓越工程师学院(以下简称"巴黎高科学院")借鉴法国工程师培养的预科教学经验,开展数理基础课程的跨学科教学,经过七年的教学实践探索,取得了良好的教学效果。

---

① 原文刊载于：高等工程教育研究. 2019,(06)。编入本书时进行了重新排版。

② 章丽辉,上海交大—巴黎高科卓越工程师学院助理研究员、博士;钟圣怡、刘增路,上海交大—巴黎高科卓越工程师学院副教授、博士;赵加强,上海交通大学教师工作部副研究员、博士

一、法国工程师教育体系与预科教学制度

法国高等教育历史悠久,特色鲜明,执行特色的双轨制高等教育体系。法国综合性大学,由中世纪欧洲的教会大学发展而来,如成立于 12 世纪的巴黎大学,最富盛名。但教会控制的大学,不可能为国家政权服务,因此,在 18 世纪中期,法国世俗政权建立了一批高等专科学校,培养各个领域的精英人才,经过法国经济快速发展的大工业时代的蓬勃发展,建立了非常良好的声誉,形成了法国引以为傲的"大学校"体系,造就了综合性大学体系和"大学校"体系平行发展的双轨制高等教育体系。

(一)法国工程师培养体系

通过会考获得高中毕业证书的法国学生,大约 10％优秀学生分流进入预科学校,进而为进入"大学校"精英教育轨道做准备。"大学校"通常包括高等工程师学校、高等医科学校、高等师范学校、高等商科学校等精英教育学校,但工程师学校是"大学校"的主体,经法国大学校联席会议 2014 年认定的 212 所"大学校"中,有 145 所工程师学校[6],是法国高等精英教育的典型代表。200 多年的发展,法国工程师培养体系在不断的改革优化中形成了特色的精英培养模式。

法国工程师培养执行 2＋3 贯通培养模式,其中前两年为预科教学,后三年为工程师培养环节。除了少数工程师学校同时设有预科,大多数工程师学校通常不直接招收高中毕业生,而是从上述预科学校的学生中选拔录取。通过预科学校和工程师学校两轮制选拔,保证了工程师学校的优秀生源。工程师学校一般规模不大,学生人数在 300 到 4 000 人之间,但师资配备比综合性大学高出很多,在 1:3 到 1:7 之间,而生均经费则达到综合性大学的 1.5～4 倍。[7] 充足的师资配备和培养经费,保证了工程师学校能够坚持小班教学,为学生精心配制教师、设置课程、提供实习、引导就业,提供以心智开发与人格完善为核心的精英培养模式。完成学业获得的工程师文凭,得到社会的高度认可,是法国社会高质量就业的敲门砖。法国工程师培养从入口到出口,学生的严苛选拔、全过程培养、高质量就业,采取精英定位,实践精英培养,成就精英人才。

也正是得益于工程师培养体系,几百人的工程师学校能持续地培养出一批诺贝尔奖、菲尔兹奖等科学界大师以及企业界领军人物、将军和总统,而工程师学校则把学生的成功很大程度上归因于他们坚实的数理基础,归因于法国特色的预科教学。

(二)预科教学制度

预科教学制度是支撑法国"大学校"精英教育轨道蓬勃发展的重要一环。法国高中毕业生,近 80％的学生通过高中毕业会考(Bac),申请就读高等教育机构。仅有约 10％左右学业优异的学生,依据高中三年的成绩和教师、学校的推荐,在高中会考之前获取预录取的资格,并在高中会考之中,获取优异成绩,才能进入预科班的学习,完成预科选拔。预科学校一般设在重点高中里,预科学校的学习任务繁重,在知识学习的同时,训练培养抽象、推理、演绎等逻辑思维的能力。完成预科学校的学业之后,法国各个"大学校"依靠严苛而细致的考试选拔对学生进行分流,即"竞试"(Concours)。这是法国"大学校"特有的一种难度大、淘汰率高、竞争激烈

的分流机制,被称作流入精英阶层的黄金通道(voie royale)。

法国的预科教学特色鲜明[8],首先,执行大平台教学制度,所有学生除了人文语言课程,只上两门课程:数学计算机和物理化学;其次,通过大平台教学制度,由同一位教师承担多门课程,或者一位资深预科教师领衔一个教学团队,覆盖数学或者理化综合的所有课程,确保打通各课程的教学内容,统一部署教学进度,整体推进;第三,教师在一定范围内围绕着学生转,通过沟通交流、考试、习题、口试等等途径,全面掌握每一位学生的学习掌握情况,给学生空间让学生自主学习,但教师随时可以提供帮助。在这样的模式下,强调各课程之间数理基础知识的融会贯通和实际应用,目的是为了培养学生能够综合运用多学科知识来思考和解决问题。

二、巴黎高科学院数理基础课程的跨学科教学体系

巴黎高科学院由上海交通大学与法国四所顶尖的工程师学校(Ecole polytechnique,Mines ParisTech,ENSTA ParisTech)合作创建,执行"基础教育阶段+工程师阶段"即3+3.5年的卓越工程人才培养方式。

(一) 数理基础课程跨学科教学的重要性

对接国家的卓越工程人才需求,巴黎高科学院的人才定位,不局限于为某种职业培养专业人员,而是要培养在多元环境下,具备广阔的视野和思维高度,具备创新精神和创新能力的创新型卓越工程人才,是要培养实用型的通才。基础教育阶段专注于"通才"教育,工程师阶段注重于实践与动手能力的培养,包括解决问题的能力、从业的适应能力、处理各种人际关系的能力等,据此,数理基础课程,是卓越人才培养的开始。理论基础扎实、抽象思维能力强、知识面广、思维开放是"通才"培养的根本要求,落实到数理基础课程的教学当中,必须打通课程的界限,挖掘不同课程的内在逻辑关系,探讨不同课程的知识点的共性、使用环境、使用边界等,使数理基础课程的内容贯通起来,不停留在形式上的跨学科,实现实质性的跨学科教学,这样,才能真正培养学生严密的逻辑思维,开阔的学科思路,为创新型卓越工程人才培养奠定根基。

巴黎高科学院根据"通才"培养的跨学科定位,同时借鉴法国工程师培养体系中的预科教学经验,除人文语言、思想政治类课程以外,以数学、物理-化学、计算机科学为主,实行跨学科教学,目的是让学生打下坚实的数理基础,形成开阔的学科思维,较高的自主分析问题、解决问题的能力以及创新能力,为后续国际工程师培养奠定坚实的基础。

(二) 高强度数理基础课程的跨学科设计

新工科视域下,数理基础课程通过大平台的模块化教学,普遍认为可以拓宽学生的学科视野,夯实数理基础,因此工科平台教学也是理工科高校重点推行的创新举措,即前1.5年,工科平台学生不分专业,在工科平台接受统一的数理基础课程训练。根据上海交通大学教学服务信息网的培养计划信息[9],与工科平台培养计划相比,巴黎高科学院的数理基础课程设计,课程量大、难度高,并具备更清晰的跨学科设计,如图1所示,课程名称后括号内数字为学分。从整体来看,与工科平台1.5学年的数理基础课程教学不同,巴黎高科学院的数理基础课程教学跨度覆盖2.5学年,另一方面,工科平台的数理基础课程,整合了五个不同学院的教学资源,分别承担相应的课程教学任务,如数学课程由数学学院承担,计算机科学由电信学院承担,而巴

黎高科学院则是由其一个学院的教师承担所有数理基础课程的教学。

从具体的课程设置来看,巴黎高科学院的数理基础课程的强度明显大很多,数学包括高等数学、线性代数、泛函分析等内容的课程,高达 50 学分,物理相关课程的学分也是高达 41 学分,总学分数近三倍于工科平台的相应学分。另外,跨学科的课程设计思路非常突出,物理与化学的课程,与工程相结合形成的"工程物理与化学基础"成为物理相关的最主要课程(20 学分),而跨学科数值方法与实践、跨学科高级模拟与数据处理等课程的设计,横跨了数学、物理、化学和计算机科学的数理基础所有学科。

由此看出,巴黎高科学院的数理基础课程教学在知识面的广度和深度都超出工科平台的数理基础课程设置,并且从培养计划的设置上,对跨学科教学做出了充分的考虑(见图 1)。

工科平台数理基础课程(1.5学年)

数学学院		物理与天文学院	化工学院	船舶学院	电信学院
					程序设计思想与方法(C++)(3)
	数理方法/离散数学(3)				数据结构(3)
	概率统计(3)				
高等数学(A)1-2(10)	线性代数(B)(3)	大学物理(A)1-2(8)	大学化学(2)	理论力学(4)	基本电路理论(4)

高等数学1-6(32)	线性代数(4)	大学物理基础(5)	液相物理化学化学(3)	物质结构导论(2)	数据结构(2)
	概率论与统计(4)	工程物理与化学基础1-4(20)			C程序与算法分析(2)
	泛函分析(4)	电磁学原理(3)			
	微分几何(4)	高等电磁学(4)			
	最优化理论(2)	量子物理与统计物理导论(4)			

跨学科数值方法实践(4)

跨学科高级模拟与数据处理(2)

巴黎高科学院开设全部课程

巴黎高科学院数理基础课程(2.5学年)

图 1 数理基础课程设置图

(三)螺旋式上升的跨学科教学执行

人才培养,除了培养计划以外,教学执行则是另一个重要方面。跨学科教学可以让学生把多学科的知识融会贯通,学以致用,从而调动学生的学习主动性及养成多角度思维的习惯,拓宽思维,在培养创造性方面具有显著意义,得到教育专家们的普遍认同,但如何有效地落实跨学科教学,却不容易。巴黎高科学院通过 7 年的跨学科实践教学,形成了螺旋式推进的教学执行模式。

巴黎高科学院的数理基础课程教学,共分两个团队,数学团队和理化团队,每个团队各有6 位教师,中国教师和法籍教师各占一半。每个团队由一位资深预科教师领衔,制定教学计划和教学方案,由同一位/同一团队的教师连贯地完成所有教学任务。数学团队完成数学、计算机科学的全部课程的教学推进,理化团队完成物理、化学、电磁学等科学的全部课程的教学推进,同时,两位团队协调人负责平衡两个团队的教学进度,共同完成跨学科设计的课程教学。下面以第二学期和第三学期的课程教学执行为例进行阐述(见图 2)。

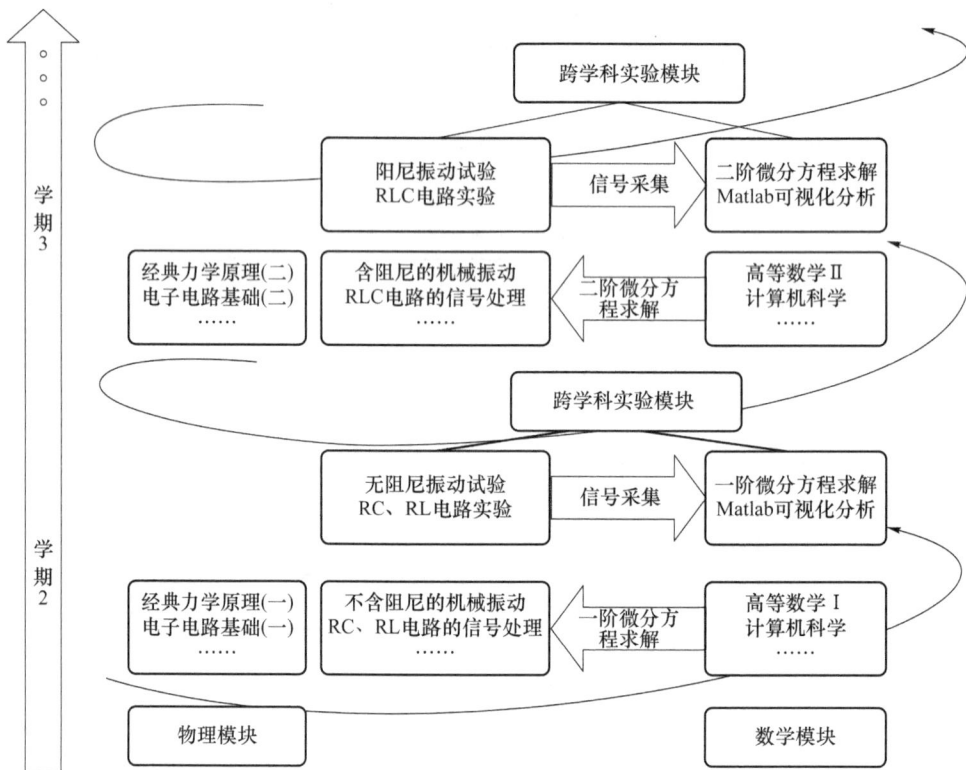

图 2　跨学科教学执行图

在大一下即第二学期,学生开始学习数理基础课程,物理团队教授经典力学原理(一)、电子电路基础(一)等课程,知识点集中在不含阻尼的机械振动的经典力学,RC、RL 电路的信号处理;数学团队教授高等数学Ⅰ,Matlab 等课程,重点为一阶微分方程。知识来自不同学科,一开始学生也不会思考其互相关联性。但在紧接着的两个团队的共同课程上,要求学生用一阶微分方程来求解 RC、RL 电路的信号处理和不含阻尼的机械振动的问题,并且通过跨学科实验模块:振动和电路实验,收集数据信号,再次用一阶微分方程来求解,同时结合 Matlab 编程和可视化分析,让学生深刻理解不同学科中的原理相似相通,引导学生从理解基本原理、事物本质入手,学以致用,融会贯通。

进入第三学期,物理组安排课程电子电路基础(二)、经典力学原理(二)、物质结构(二)等,数学组安排高等数学Ⅱ等,知识点进阶到 RLC 电路信号以及含阻尼的机械振动,而数学进阶到二阶微分方程,相比前一个学期,知识点的难度逐步加深,但原理相似,可以通过求解二阶微分方程来解决问题。随着课程的逐步推进,难度在逐渐上升,但从基本原理入手认识问题,从数学方法入手解决问题的原则,始终贯穿在整个上升型的教学过程之中。同时,由同一个团队连贯地教授相应课程,更容易做到知识点的逐步凝练和提升,形成了螺旋式上升的跨学科教学执行模式。

(四)以学生为中心的跨学科能力培养

卓越工程人才的培养,归根结底是要让学生学会如何学习,如何独立分析问题和如何创新解决问题,而不只是知识的简单接收。而如何评价培养效果,其实很难,远非一场考试所能权衡的。巴黎高科学院数理基础课程的教师,基本是围绕着学生转,执行全程跟踪的跨学科教学,通过纵向和横向两个维度,清晰了解每一个学生的学习特点、学习能力、兴趣特长,建立以学生为中心的跨学科能力培养模式。

1. 纵向维度

单门课程的授课模式,教师从大课开始,讲解基本概念和基本原理,接着转入小班教学,开展原理应用的习题辅导课,布置课后作业和小组作业,与助教批改后集中讲解不同,每一题均有授课教师亲自批改,准确掌握学生对课程内容的接受程度。而最具特色的是口试环节(平均每周一次),源于法国工程师教育中的一种考核模式,是巴黎高科学院教学全程跟踪中纵向维度的亮点。口试由一位教师和三位学生在一小时内面对面地进行,教师就课程知识点对学生进行即兴问答以外,还有一道大题,学生当场思考、解答并解释解题思路。在口试过程中,教师非常直观地考察学生的学习情况,了解学生分析问题和解决问题的思路,并能及时发现和指出学生学习中的问题,引导学生思考如何分析问题和解决问题。从大班到小班,再到面对面的口试,通过师生不间断、多层次的沟通交流,让教师能够充分掌握学生的学习情况,从而适时调整教学内容、教学方法和教学进度。

2. 横向维度

巴黎高科学院的每一门课程的学习情况,都精确到每一个学生的学习情况,数学组和物理组的学科协调人会根据各门课程的教学内容和进度,动态地设计跨学科的项目课程,并穿插在各门课程的教学过程中,5~6人一组,来完成项目设计、项目评估、项目执行、项目答辩,整个项目课程环节,由各门相关课程的授课教师全程跟踪,来考察学生跨学科思维能力、项目组织与落实能力等各个方面。项目课程中,特别强调从事物的本质、原理出发思考问题,以及强化数学的工具作用。

三、数理基础课程的跨学科教学的成效

随着数理基础课程跨学科教学模式的逐年推进,巴黎高科学院学生也陆续有三届进入到硕士阶段,即后续工程师的培养中,具备深刻的数理思维,在后续培养过程中,逐渐体现出跨学科能力。

首先,作为开放的培养平台,巴黎高科学院的学生进入硕士阶段以后,与其他学院学生融合,进入机械工程、能源与动力工程和信息工程三个专业的工程硕士培养环节,从不同学院的导师反馈来看,由于前三年专注于学习数理基础课程,专业课程相比其他学院学的少,一开始进入专业有点茫然,但学生能够迅速地学习和理解专业内容,对专业原理显示出优秀的理解力,在后续研究中,深厚的数理基础呈现出非常强的跨学科穿透能力,并且比其他同学少半年时间高质量完成硕士环节的学习。

其次,半年强制性的脱产实习(所以硕士环节少半年时间),第一届学生获得的实习岗位数与学生数的比例超过3：1。学生在顶岗性的实习中,迅速适应多元化环境,并逐渐发挥创新性工作思维,在标致雪铁龙集团的多名实习学生,更是在3～4个月后成为团队骨干。实习结束后来自企业的实习评价都非常令人满意,公司给出实习后留用的比例超过60％。

第三,通过与合作学校的双学位项目,大约三分之一的学生就读于法国顶尖的工程师精英学校,近四年来,所有输送的双学位学生,学业成绩和综合评价均位于所在工程师学校的前30％,受到中法双方的高度评价。

第四,学生获奖成绩骄人。数学建模、创新大赛等国际、省部级的比赛中,成绩年年攀升,如世界顶级的数学建模竞赛—美国国际大学生数学建模竞赛(MCM)与交叉学科建模竞赛(ICM),在该竞赛中,巴黎高科学院学生历年成绩(如图3所示),2017年度10支参赛队伍获1个特等提名奖、3个一等奖、8个二等奖。获奖学生人数达到巴黎高科学院本科在册学生总数的近15％,而上海交大的这一比例在3％左右。通过高强度数理基础课程的跨学科教学培养,学生数理基础的提高具有整体性,而非个别学生的突出表现,这对数理基础课程的跨学科教学模式的正面评价有积极意义。

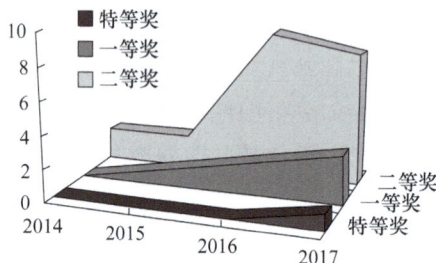

图3　美国大学生数学建模竞赛(MCM/ICM)历年获奖情况

此外,在创新思维方面,巴黎高科学院学生也有突出表现,多位学生分别拿下中国创新设计大会中国好设计第一名(2017),首届金砖国家创客大赛特等奖(2017)等创新奖项。

四、结束语

巴黎高科学院从数理基础课程的跨学科设计和跨学科教学执行两个方面入手,实现数理基础课程的跨学科、宽口径教学;另一方面,通过教学环节的全程跟踪,教师掌握每一个学生的学习情况,来随时调整教学节奏,把控课程的进度和难度,达到教与学的和谐统一,同时,关注学生的演绎归纳、融会贯通能力,分析问题和解决问题的思路、跨学科思维的能力。在螺旋式上升的教学推进过程中,培养学生以事物本质、基本原理为出发点,以数学为工具这样一种深刻的数理思维能力,而这种深刻的数理思维能力,对跨学科的交叉融合能力培养,具有支点作用,助力新工科建设的全面推进。

参 考 文 献

[1]　马宏伟,张伟伟.新工科力学课程体系的几点思考[J].高等工程教育研究,2018,(3)：

6 - 12.

［2］ 钟登华. 新工科建设的内涵与行动［J］. 高等工程教育研究,2017,(3):1 - 6.

［3］ 任正非与中科大校长座谈:对科学研究,要大胆地失败!［EB/OL］.［2018 - 12 - 19］. http://www. sohu. com/a/283343221_682886.

［4］ 崔庆玲,刘善球. 中国新工科建设与发展研究综述［J］. 世界教育信息,2018,436,(4):19 - 26.

［5］ 朱婉珍. 面向卓越工程师培养的高等数学课程体系创新［J］. 中国大学教学,2018,(4):55 - 57.

［6］ 法国留学服务网［EB/OL］.［2015 - 09 - 30］. http://www. education-ambchine. org/publish/portal116/tab5722/info118053. htm.

［7］ ZUBER S. Evolution de la concentration de la dépense publique déducation en France:1900 - 2000［J］. Education et formation,2004,70:97 - 106.

［8］ 李萍,钟圣怡,等. 借鉴法国模式,开拓工科基础课教学新思路［J］. 高等工程教育研究,2015,(2):20 - 28.

［9］ 培养计划查询［EB/OL］. 上海交通大学教学信息服务网. http://electsys. sjtu. edu. cn/edu/pyjh/pyjhQueryNew. aspx.

计算机模拟在化学理论与实验教学中的应用[①]

康明亮　韩东梅　GEWIRTZ Océane

中山大学中法核工程与技术学院

摘　要：借助 PHREEQC 程序，探讨了计算机模拟在化学理论与实验教学中的应用。对于水溶液中的酸碱中和、络合反应、沉淀溶解平衡以及化学动力学等化学过程，建立了相应的反应模型。应用这些模型进行教学，促进了学生对所学知识的理解与掌握，提高了教学质量，丰富了现代教学方法，为培养学生的创新实践能力及建立科学有效的研究方法打下了良好基础。

关键词：多媒体教学；化学模拟；PHREEQC 程序；现代教学方法

一、前　言

化学类课程是高等教育中有关专业的重要教学内容。中山大学中法核工程与技术学院（简称中法核学院）是在教育部和法国相关政府部门的支持下，引入法国在核能工程师培养上的先进经验、雄厚的科研实力以及产业资源，致力于培养国际一流的核电及相关产业高级工程技术研发和管理人才的教学科研单位。核化学与放射化学是学院重点发展的学科方向，开设了多门涉及化学的核心课程。传统的教学模式，采用的是讲授型教学，以传授书本的系统知识、培养基本技能为目标，强调教师的指导作用。该模式存在一定的刻板性，所学知识较难理解、消化与掌握，课堂气氛不活跃。法国工程师教育除大班授课外，还安排了小班教学的导学课，每位教师至多指导 20 名学生，对所学的课程进行一定量的习题训练以强化知识的理解与掌握，过程中要求学生在黑板上讲解习题的解答。导学课注重理论在实际中的应用，小班制教学使得学生有更多的机会参与到讨论环节，学生表现活跃，在提高学习效率的同时，有可能提出各种须即时解决的疑难问题。

高等学校本科专业教学改革工作是贯彻国家中长期教育改革发展规划纲要及教育部全面提高高等教育质量工作会议精神的重要举措，是深化教育教学改革、提高人才培养质量、实现人才培养目标的重要手段。基于此，本文利用国际上广泛使用的免费化学模拟软件 PHREEQC，探讨了计算机模拟在化学理论与实验教学中的应用，为发展新的现代教学方法提供了参考。

---

　①　原文刊载于：大学化学，Univ. Chem. 2016，31（10），23 - 28。编入本书时进行了重新排版。

二、PHREEQC 程序简介

化学反应模型自 20 世纪 60 年代诞生以来,已经被广泛应用于地球化学、环境科学等领域的科学研究中[1-3]。目前,国际上有 10 多款化学模拟软件,如 EQ3/6、PHREEQC、CHESS、WATEQ4F 和 GWB 等。PHREEQC 是由美国地质调查局开发的一款水文地球化学模拟软件[4]。基于质量平衡、电荷平衡和质量作用定律等有关原理,PHREEQC 可进行液相混合、温度变化、溶解和沉淀反应,固 -液间的离子交换、表面络合反应,定压或定容条件下的气相平衡,固溶体平衡,反应进程以及基于弥散和扩散的一维反应迁移等模拟计算。PHRREQC 自带多个热力学数据库,其中的劳伦斯利弗莫尔数据库(llnl. dat)含有大量常规元素及锕系元素的热力学数据。PHREEQC 具有用户友好、数值稳定、兼容、数据格式直观和灵活等特点,用户可以根据自己的实验数据对使用的热力学数据库进行添加或者更新[5]。

三、教学组织模式

在中法核学院预科(本科)阶段的溶液化学和化学反应动力学等课程的教学中,建立了相关化学过程的反应模型,安排了 4 学时的 PHREEQC 程序讲解及 4 学时的上机操作。而在工程师(研究生)阶段的反应堆循环水化学、锕系元素溶液化学、放射性核素在地质圈与生物圈中的迁移等专业课的教学中,每门课程均安排了一定学时的计算机上机操作教学内容。

通过引入计算机仿真模拟来教学,强调了实践在课堂教学中的作用,改变了传统的单一课本讲授教学模式。学生通过参与互动性的反应模拟来获取化学知识,有效地解决了教学过程中遇到的各种疑难问题,提高了学习的积极性和主动性,促进了对所学知识的理解与应用,取得了积极的教学效果。同时,在设置的对应实验课程的教学中,通过引导学生建立化学反应模型,实现了实验结果的计算机仿真模拟,培养了学生创新实践的能力,并为建立科学有效的研究方法打下了基础。

四、化学反应模型的应用实例

(一) 酸碱滴定反应

酸碱滴定法也称中和法,是一种利用酸碱反应进行容量分析的方法。用酸作滴定剂可以测定碱,用碱作滴定剂可以测定酸,这是一种用途极为广泛的分析方法。终点的确定一般通过酸碱指示剂来实现,指示剂颜色突变时,停止滴定。

在酸碱滴定过程中,以滴定剂加入的量或体积比 (或滴定百分数)为横坐标,以溶液的 pH 为纵坐标作图,得到酸碱滴定曲线。酸碱滴定是化学类专业的基本教学与实验内容。图 1 所示为利用 PHREEQC 模拟的 NaOH 滴定不同浓度醋酸的滴定曲线,该过程是动态的,学生很容易理解掌握滴定过程中的酸碱缓冲区及滴定突跃区的概念与特点。此外,计算结果直观地给出了不同浓度醋酸的初始 pH,并显示了滴定初始阶段 pH 的快速上升(生成的醋酸根一定程度上抑制了醋酸的电离),为了解并掌握弱酸的电离性质提供了便捷途径。对于其他各种类型的酸碱滴定,PHREEQC 均能建立相应的模型,在此不详述。

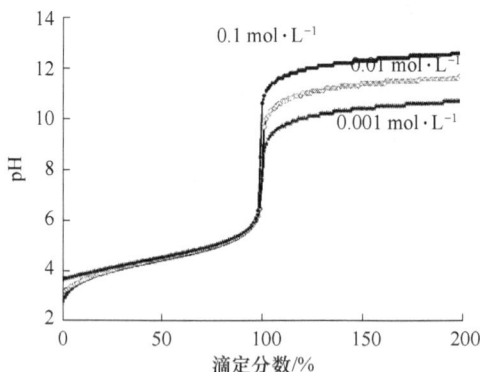

图 1 PHREEQC 模拟 NaOH 分别滴定 0.1、0.01 和 0.001 mol·L⁻¹ CH3COOH 溶液的滴定曲线

(二) 络合反应

分子或者离子与金属离子结合,形成很稳定的新离子的过程就叫络合。以络合反应为基础的滴定分析方法称为络合滴定法,又叫螯合滴定法。络合反应广泛地应用于分析化学的各种分离与测定中,如许多显色剂、萃取剂、沉淀剂、掩蔽剂等都是络合剂,因此,有关络合反应的理论和实践知识,是分析化学的重要内容之一。

EDTA 全称为乙二胺四乙酸(H_4Y),是一种良好的络合剂,它有 6 个配位原子,形成的络合物叫做螯合物。EDTA 滴定法是化学分析中常用的分析方法,有直接滴定、间接滴定、返滴定和置换滴定,可用于水的总硬度、溶液中多种金属离子含量的测定。

由于 EDTA 在水中的溶解度很小,通常把它制成二钠盐($Na_2H_2Y·2H_2O$)。EDTA 相当于六元酸,在水中有六级离解平衡:

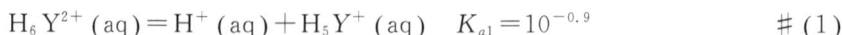

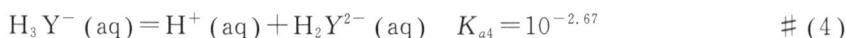

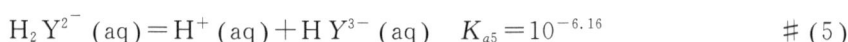

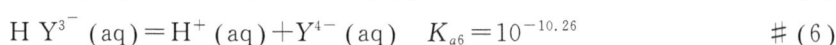

$$H_6Y^{2+}(aq) = H^+(aq) + H_5Y^+(aq) \quad K_{a1} = 10^{-0.9} \qquad \sharp(1)$$

$$H_5Y^+(aq) = H^+(aq) + H_4Y(aq) \quad K_{a2} = 10^{-1.6} \qquad \sharp(2)$$

$$H_4Y(aq) = H^+(aq) + H_3Y^-(aq) \quad K_{a3} = 10^{-2.0} \qquad \sharp(3)$$

$$H_3Y^-(aq) = H^+(aq) + H_2Y^{2-}(aq) \quad K_{a4} = 10^{-2.67} \qquad \sharp(4)$$

$$H_2Y^{2-}(aq) = H^+(aq) + HY^{3-}(aq) \quad K_{a5} = 10^{-6.16} \qquad \sharp(5)$$

$$HY^{3-}(aq) = H^+(aq) + Y^{4-}(aq) \quad K_{a6} = 10^{-10.26} \qquad \sharp(6)$$

依据上述电离或水解反应的平衡常数,传统教材给出了 EDTA 的形态分布随 pH 的变化图(见图 2)。

然而,由于平衡常数中的每一浓度项事实上是以活度来计算的,尤其是在偏酸性或偏碱性条件下,溶液的离子强度大,此时活度与浓度偏差较大,两个相邻优势形态的分界线 pH 并不等于 pK_a。因此,有必要在教学过程中引导学生建立正确的浓度与活度的基本概念。

PHREEQC 允许用户根据自己的数据对使用的热力学数据库进行添加更新,因此我们将上述反应式(1)-式(6)添加至常用的 llnl.dat 中。PHREEQC 采用 WATEQ 推广的 Debye-Hückel 公式 $\lg \gamma_i = \dfrac{AZ_i^2\sqrt{I}}{1+Ba_i\sqrt{I}} + b_i I$ 算溶液中各物种的活度系数 γ_i,公式中参数 A 和 B 在定温

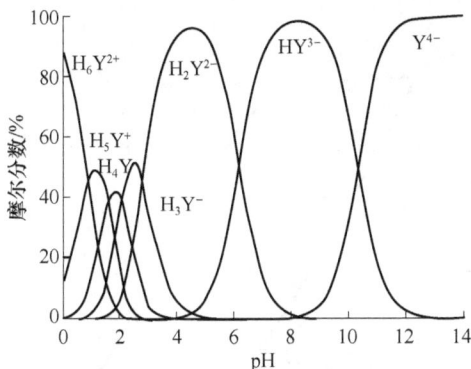

图 2　EDTA 随 pH 变化的形态分布图

下是常数，Z_i 为离子电荷数，I 为溶液的离子强度，a_i 为离子 i 的特征参数，a_i 和 b_i 也称为 Debye-Hückel 参数；对于未给定 Debye-Hückel 参数的离子，PHREEQC 采用 Davies 公式 $\lg \gamma_i = -AZ_i^2(\frac{\sqrt{I}}{1+\sqrt{I}} - 0.3I)$ 计算离子活度系数 γ_i；对于不带电粒子，则使用公式 $\lg \gamma_i = 0.1I$ 计算活度系数。图 3 是使用 PHREEQC 计算的 EDTA 形态分布随 pH 的变化图。由模拟结果来看，两个相邻形态的优势区分隔线并不是 pH=0.9、1.6、2.0、2.67、6.16 和 10.26，而是更小的 pH。通过图 2 和图 3 的直观比较，可以使学生更容易理解并掌握化学平衡常数及活度的概念。

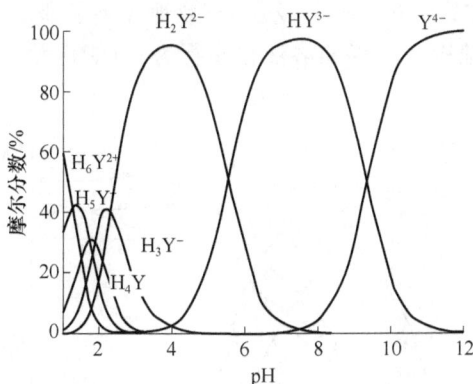

图 3　PHREEQC 计算的 EDTA 形态分布随 pH 的变化图

EDTA 极易与金属离子形成 1:1 的螯合物，与 Ca^{2+} 和 Mg^{2+} 形成配合物的稳定常数 $\lg K$ 分别为 10.7 和 8.7。在 pH=10 的 NH_3—NH_4Cl 缓冲溶液中，以铬黑 T 为指示剂，用 EDTA 标准溶液滴定溶液中的 Ca^{2+}、Mg^{2+}，可以测定水的总硬度及钙镁离子含量，这是基础化学的实验教学内容。依据这些实验条件（钙镁离子浓度均设为 0.02 mol·L^{-1}）及热力学参数，PHREEQC 可动态模拟整个实验过程（见图 4）。由于程序可随时改变模拟条件，以考查不同条件下的实验结果，因此计算机模拟能很好地辅助化学实验教学。基础化学中其他常见的络合反应，如 NH_3 滴定 $AgNO_3$、$AgNO_3$ 滴定 CN^-、$Hg(NO_3)_2$ 滴定 Cl^-、Cu^{2+}/Fe^{3+} 对 SCN^- 的络合竞争反应、或 $SCN^-/C_2O_4^{2-}$ 对 Fe^{3+} 的竞争络合，也均可利用 PHREEQC 来建立反应模型，在此不详述。

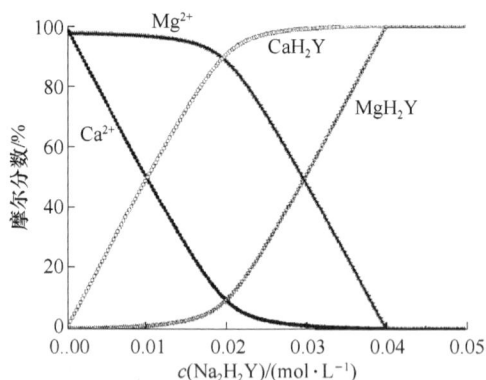

图4　NH₃-NH₄Cl体系中同浓度 Ca²⁺/Mg²⁺ 离子与 EDTA 的竞争络合

pH＝10；Ca²⁺/Mg²⁺ 的浓度为 0.02 mol·L⁻¹

锕系元素化学是核科学专业的基本教学内容。由于锕系元素（Th，Pa，U，Np，Pu，Am，Cm）都有放射性，且具有元素周期表中罕见的 $5f$ 轨道，具有较强烈的水解和聚合倾向，而且这种倾向又因价态不同而有差别，再加上它们与环境物质的氧化还原、络合和吸附等作用，构成了一个错综复杂的体系，给教学与研究工作带来了一定的难度。因此借助计算机模拟来阐释锕系元素的化学反应历程已成为一个重要选择[3]。利用 PHREEQC，图5所示为动态模拟 Na_2CO_3 的加入量对 0.1 mmol·L⁻¹ $UO_2(NO_3)_2$ 溶液中铀酰离子（UO_2^{2+}）形态分布的影响，很直观地显示了铀酰离子丰富的配位化学反应，有效地改善了课本教学的刻板性，促进了学生对知识的理解与掌握。其他锕系元素的溶液化学行为，也能借助 PHREEQC 进行模拟计算，在此不详述。

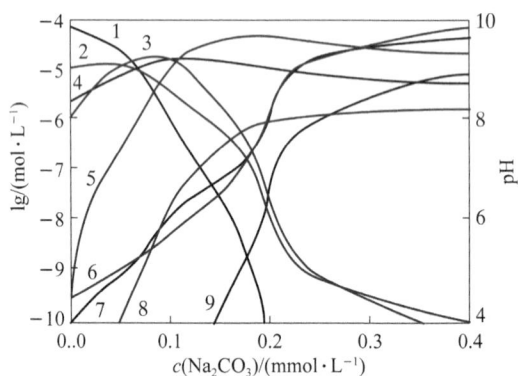

图5　碳酸根对铀酰（0.1 mmol·L⁻¹）形态分布的影响

$1-UO_2^{2+}$；$2-UO_2OH^+$；$3-(UO_2)_3(OH)_5^+$；$4-UO_2(OH)_2$；$5-(UO_2)_2CO_3(OH)_3^-$；
$6-pH$；$7-UO_2(OH)_3^-$；$8-UO_2(CO_3)_3^{2-}$；$9-UO_2CO_3)_3^{4-}$

（三）沉淀反应

在一定温度下，将难溶电解质晶体放入水中，就发生溶解和沉淀两个过程。当溶解和沉淀速率相等时,便建立了一种动态的多相平衡。沉淀溶解平衡是化学类专业的基本教学内容,只要涉及到溶液中的沉淀反应,均可以利用 PHREEQC 建立相应的反应模型。

在科研和生产过程中,经常要利用沉淀反应制取难溶化合物或抑制生成难溶化合物,以鉴定或分离某些离子。常用的莫尔法(Mohr)是基础化学实验的教学内容,它是以 K_2CrO_4 为指示剂,$AgNO_3$ 为滴定剂,在中性或弱碱性(pH=6.5~8.5)溶液中测定卤素元素含量的沉淀滴定法。指示剂用量通常为 5×10^3 mol·L^{-1},出现砖红色的 Ag_2CrO_4 沉淀时,指示达到滴定终点。图 6 所示为 PHREEQC 模拟的滴定过程中各组分含量随 $AgNO_3$ 加入量的变化趋势,很好地再现了整个实验过程。同样地,研究者可随时改变实验条件,以观察实验结果的变化,实现了无成本的实践教学。

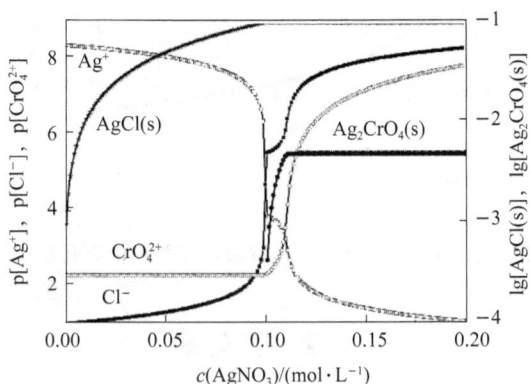

图 6　莫尔法测定溶液中 Cl⁻ 的 PHREEQC 模拟

$[Cl^-]$=0.1 mol·L^{-1};$[CrO_4^2]$=5 mmol·L^{-1}

(四) 化学反应动力学

化学反应动力学是物理化学的一个分支,是研究化学过程进行的速率和反应机理的物理化学分支学科。利用相关动力学与热力学参数,PHREEQC 同样可以模拟动力学反应过程。以 Fe^{2+} 在空气中的氧化为例,其氧化速率与溶液中的 OH^- 浓度、Fe^{2+} 浓度及氧气分压的大小有关,可由下列方程描述[6]:

$$\frac{dm(Fe^{2+})}{dt} = -(2.91 \times 10^{-9} + 1.33 \times 10^{12} \cdot a^2(OH^-) \cdot p(O_2)) \cdot m(Fe^{2+})$$

基于以上参数,图 7 为模拟 0.1 mmol·L^{-1} 的 $FeCl_2$ 溶液在空气中($p(O2)$=2.13×10^4 Pa)的氧化动力学。由图 7 可见,初始时刻反应速率较快,随着反应的进行,反应物浓度降低,溶液 pH 持续下降,反应速率逐渐趋近于 0。因此,对于水溶液中的化学反应动力学,PHREEQC 可有效地模拟反应过程。化学动力学模拟能很好地呈现长时间尺度的化学反应过程,对增进学生对动力学研究意义的理解具有积极作用,同时也能激发学生对科学探索的兴趣。

五、结　语

教育信息化是当前高等教育的发展趋势,推动着高校先进教学理念的发展。运用现代多媒体教学设备及 PHREEQC 模拟程序,本文建立了水溶液中的酸碱中和、络合反应、沉淀溶解平衡以及化学动力学等化学过程的反应模型。结合这些反应模拟来教学,丰富了现代教学方法,提升了教学质量,同时有利于培养学生的创新实践能力。化学模拟对高校开展的无机化学、分析化学、地球化学、放射化学、环境科学等专业的教学、实验与科研工作均具有一定的参考价值与指导作用。

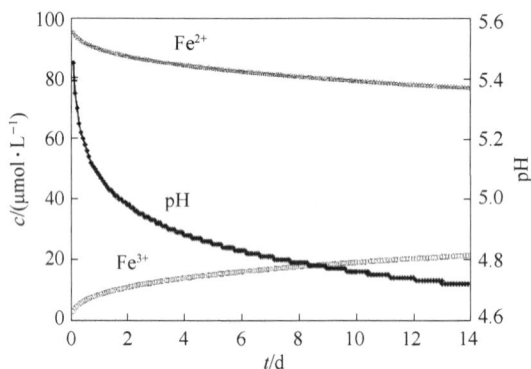

图 7　0.1 mmol · L^{-1} FeCl$_2$ 溶液在空气中的氧化动力学

参 考 文 献

[1]　康明亮,陈繁荣,吴世军,等. 辐射防护,2010,30 (6),327.

[2]　康明亮,陈繁荣,杨永强,等. 核化学与放射化学,2010,32 (3),160.

[3]　蒋美玲,陈涛,康明亮,等. 中国科学:化学,2014,44 (10),1508.

[4]　康明亮,蒋美玲,杨颥维,等. 核化学与放射化学,2013,35 (3),160.

[5]　Singer,P. C. ; Stumm,W. Science 1970,167,1121.

第六章

中外合作办学之校企合作

编者按:

    校企协同实践教学模式的创新和发展是有效解决高校人才培养与企业需求的供给侧脱节和不平衡问题的重要手段之一。本章的论文从多个角度论述了校企合作模式和实践经验。以核能领域为例,介绍了中法校企全方位合作共同培养高端技术和管理人才的探索之路;依托服装设计专业,探讨了国际化办学背景下校企合作人才培养的新模式;结合机构十几年的办学经验,总结了中外合作办学实践教学体系的模式研究与应用成果;以提升学生国际竞争力为目标,探索了校企合作新模式;讨论了法国高校学生事务的管理特色以及其对我国中外合作办学的启示。

中法全方位合作共同培养核能领域高端技术和管理人才[①]

王　彪　马显锋　张小英

中山大学中法核工程与技术学院

摘　要： 立足我国核电产业对于核能领域高端技术和管理人才的需求，中山大学与法国民用核能工程师教学联盟在中法两国政府的共同支持下，全方位合作建立了中法核工程与技术学院。学院充分发挥中法全方位合作的优势和特色，针对人才培养、学科建设和科学研究的一体三面，协同建设，建院七年来已取得了可观的成果，成为我国核能领域首家获得法国工程师职衔委员会（CTI）和欧洲工程教育（EUR-ACE）认证的机构，为我国中外合作办学和精英工科人才培养提供了良好的借鉴和示范作用。

关键词： 中法合作办学；核能精英工程师；本土化；CTI认证；精英教育

随着社会经济的快速发展和能源消费的增加，我国对于可大规模利用的清洁能源—核能的需求日益迫切。积极推进核电的"自主化"和"走出去"已经成为我国核电"十三五"的重要战略。近年来，我国核电产业发展迅速，取得了令人瞩目的成绩，然而核能领域的自主创新与设计能力相对不足，同时具有高技术、国际视野和多语言交流能力的核能高级人才尤其缺乏。因此，尽快培养出一批掌握高端核能技术的优秀专业人才，以提高我国核电的自主研发能力和技术应用能力，从而实现核电的可持续快速发展，具有重大的现实意义。

另一方面，与国际高水平大学开展合作办学、探索创新人才培养新模式，是我国高校教育改革的一项重要举措。2010年，教育部启动了"卓越工程师教育培养计划"[1][2]，迎来了高校培养工程技术人才的新时期。法国的工程师教育培养模式以其独特的教育理念和教学方法、重视数理基础和实践教学、与经济领域密切结合等特点，在国际上享有盛誉。[1]北京航空航天大学、中国民航大学、上海交通大学等高校纷纷成立工程师学院，尝试学习法国工程师培养模式[3][4][5]。

一、中法核工程与技术学院简介

在我国核电高速发展和核能高端人才缺乏的背景下，中山大学在中法两国总理的见证与推动下，于2010年与法国民用核能工程师教学联盟合作组建了中外合作办学实体机构—中法核工程与技术学院（Institut Franco-chinois de l'Energie Nucléaire）。参与合作的法国民用核能工程师教学联盟以法国格勒诺布尔国立综合理工学院为首，其他成员包括法国原子能与可替代能源委员会、法国国立南特高等矿业学院、法国国立蒙彼利埃高等化学学院、法国国立巴

---

①　原文刊载于：高等工程教育研究.2018，（03），编入本书时进行了重新排版。

黎高等化学学院。法方单位具有高度的资源调配能力,在教学科研和产业实力上均为法国的领头羊[3][4]。中法核工程与技术学院通过引入法国在核能工程师培养方面的先进经验和科研实力,结合中山大学的优质教学资源以及华南地区核电产业优势,探索符合中国国情的精英核能工程师培养模式,打造高端核能工程师中法协同育人平台,培养国际一流的核电及相关产业的高级技术研发和管理人才,推动核能领域的技术创新,服务于快速发展的涉核产业和地方经济。

中法核工程与技术学院自成立以来得到了中法政府部门的高度重视,以及资金和政策方面的大力支持。目前中方已先后投入逾1亿人民币于本学科建设;按照双方合作协议,法国合作高校与中山大学按照1:1的比例投入到学院建设,法国企业在课程建设和日常运作管理资金、企业专家外派、企业实习等方面为法方联盟院校提供了强大的后盾。

目前,中法核工程与技术学院拥有核科学与技术一级学科硕士点、核能工程与技术专业学位硕士点,学院研究人员可在粒子物理与原子核物理、材料物理和力学等博士点招收博士研究生。学院现有教职员工共89人,其中教师及实验工程人员共66人(常驻法籍教师18名),管理及行政人员共14人(2人同时为学院教师)。法方派遣7人常驻学院开展教学管理工作,更派遣大批专家前来讲授研究生课程和开展科研项目合作,2015年法方共派出32位。自2010年以来,学院已招收7届学生,学院招生规模为每年110~120人,目前在读学生数量为520人,其中专业型硕士136人。2015年本科毕业生81人,其中75人经过学校的推免程序进入研究生阶段,学院在管理、服务、育人工作机制上日渐稳定、成熟。

二、中法全方位合作内涵

(一) 人才培养

中法核工程与技术学院实行"3+3"法国精英工程师培养模式,即三年预科阶段和三年工程师阶段(对应中国的高等教育体制为"4+2"的本硕连读培养)[3]。为确保教学实现良好的衔接,中法双方制定的培养目标、培养方案、培养要求、课程设置、教学内容等均严格按照法国工程师培养模式的标准,并满足双方国家高等教育相关学位的法规要求。本学院的目标是培养具有以下四项基本素质的人才:①具有扎实的专业基础和前沿知识,善于解决复杂的工程问题;②过程紧密结合实际,具有较强的工程实际创新能力;③具有多元文化素养,能够较好地适应国际环境和国际竞争压力;④掌握中英法三种语言,具有较强的沟通能力,具有系统思维、全球视野、领导素质、兼容并包的核能精英工程师综合性人才,为华南地区乃至全国核电产业的发展提供智力支持。围绕核能领域高端技术和管理人才在数理基础、多语言环境交流、人文素养、多专业融合、自主探索研究和解决复杂问题能力的培养,学院在课程设置、教学模式和实习实践上积极探索、锐意创新,成功实现了中外合作办学和精英工科人才培养示范。

1. 注重数理基础、三语能力、技术管理结合的四阶段课程体系

我国核电的快速发展与国际化需求对核能人才提出了更高标准:要求具备坚实的数理基础、良好的国际沟通能力和人文素养,多学科融合的核能知识结构,自主探索研究精神和善于解决复杂问题的工程能力。现有核工程教育的课程体系往往涵盖了基本的专业课程,在综合性、完整性、国际化等方面不能满足新时期的培养要求。

为此,本模式通过引进法国精英预科和核能工程师教育资源,与中国工科优质课程资源融合,成功构建了"3+3"的本土化核能工程师四阶课程体系。第一阶课程为夯实数理基础、注重三语交流和推行人文素养设置的数理、语言和人文课程。数理课程在第一到第八学期共设置了 25 门课程,其中数学课程 12 门,包括数学理论课程 7 门(数学Ⅰ-Ⅶ)和数学应用课程 5门,如工程数学方法、应用统计、有限元法求解扩散方程、有限元法解瞬态扩散问题和线弹性问题等。语言课程贯穿 12 学期,设置法语课程和英语课程共 21 门。其中法语课程 17 门,包括9 门综合法语和 7 门法语应用课程,如法语听力、科技法语、法语文化项目、专业项目法语等;英语课程有综合英语和专业英语共 4 门。人文通识教育推出 4 类通识核心课程:"中国文明"、"全球视野"、"科技、经济、社会"、"人文基础与经典阅读",每大类课程需选修 4 学分。第二阶段课程为倡导专业融合开设了核能六个专业方向的 33 门课程,包括核物理、核仿真、核材料、核化学、核探测和热工水力,培养学生应对核能复杂大系统解决问题的能力。第三阶段课程为强化学生自主探索能力开设的科学探究课程 12 门和计算编程课程 4 门,科学探究课程包括各专业实验课程和核反应堆设计、全尺寸模拟机和压水堆运行模拟等,计算机编程课程包括Matlab 程序设计、Linux 系统、C 语言、Labview 数据采集和通信课程。第四阶段课程为塑造学生解决复杂工程问题能力开设的实习实践课程 4 门,包括"一二六"三段式共 9 个月的驻企业实习,和 8 个月不停课本科毕业设计[6]。

核能精英工程师培养亮点:除了围绕核工程多学科方向设置 40 多门核能特色鲜明的课程之外,本模式高度重视综合性国际化人才所需的法语、人文、经济管理类知识。语言课程贯穿本科—硕士的全部学期,学生从零法语基础,到熟练掌握法语及文化,能够听懂法语讲授数学物理和专业课程,并使用法语进行科技交流和报告撰写,要求在硕士毕业前达到法语 B2 的水平。英语作为约 1/4 课程的交流语言和本科及硕士毕业论文的答辩语言,保障了英文学术交流能力。四类人文课程与法语文化课程结合保障了中西文化素养与全球视野。特别地,专门开设了核工管理类课程,如:核工程经济学、核电商业模拟、工业视角下的质量管理、核项目管理工具等,由具有核工程和管理双重背景的企业专家讲授。

2. "教—学—考—评—改"五维一体的闭环教学体系保障培养质量

本模式培养的精英工程师,首先必须严格满足我国教育部对于硕士学位的制度规定与要求,还要同时满足法国 CTI 委员会对于工程师教育的要求。围绕着保障教学效果、提升学生能力的核心目标,构建了"教—学—考—评—改"五维一体的闭环教学体系。在教学过程中每门课程均由 50% 理论课和 50% 导学课组成,理论课采用大班集中讲授,导学课分成 10~20 人小班上课,课程习题大多源于中法两国核电工程问题,学生在教师辅导下讨论和解决实际问题,教师能够清晰掌握每位学生对教学内容的接受程度,并及时调整教学计划。通过精心设计融合理论与工程实际的综合性练习培养学生的创新发展能力,采用口试+小测+大考的考核形式切实保障学生的全程学习质量。教学质量全周期评价针对教师督促其根据学生评教结果不断改进教学,针对学生全面评价其学习—心理—社会影响,形成对每位学生定制的学习激励或分流计划,最后获得 CTI 工程师证书和中山大学硕士学位证书的学生数约为入学人数的七成。在外语教学上,不仅系统深入地开设法语和英语课程,80% 以上的数理和专业课也都采用法语或英语授课,采用法语或英语的教材、课件、习题和试卷,考试过程中设置采用法语进行的口试;在本科毕业设计和工程师毕业实习阶段,还要求学生撰写英语或法语的毕业论文和实习报告,并进行 60 分钟的英语答辩,全面培养学生的外语应用能力。根据课程内容和阶段不同,学院成立了物理化学教学组、数学教学组、法语教学组、工程师教学组。各教学组每周开展一次教学例会,教学团队每月开展一次研讨,每学期开展一次本科课程期末教学评价会,每年开展一次改进与教学委员会计划和审核,通过建立系统规范的教学评价与改进体系,保障课程体系的教学效果。

人才培养质量控制亮点:本模式严格控制招生规模和教学质量,结合教学组周会、教学团队月会、学期评价会、年度教学委员会,对人才培养进行全过程质量控制和教—学双向评价与提升。以 2010 年为例,第一届招收本科生 107 人,其中 89 人获得核工程学士学位,其余 18 人分流进入物理、外语、管理等专业学习;最终 79 人获得硕士学位,同时获得国际核能工程师证书,六年通过率为 74%,严格把关人才质量标准。以数学Ⅰ为例,2010 级需要补考的比率达到 10%,每名学生允许 1 次补考和 1 次重修,必修课补考和重修均不及格者不能获得学位。每学期末召开学生评价会和教学评估会,全体授课教师逐一对每名学生每门课程学习表现进行分析并提出改进建议,对于学习吃力的学生(如 2014 级本科生约 6 人,占比 7%)予以重点关注,对于多次重点关注的学生建议其分流。另外,每年 11 月中法双方召开改进与教学委员会,对本年度教学情况予以全面评估,针对潜在的问题提出实际解决方案和改进措施。委员会组成人员为中法双方教学负责人,中国广核集团、法国电力集团、阿海珐集团等企业的代表,中法教师代表,本科生和研究生代表。

3."1+2+6"三段式实践研究训练立足华南核电的国际化人才

核能工程师最终要服务于解决实际复杂工程问题,因此,实践研究训练是学生融入核电站实际工程与技术研究、成长为精英工程师的重要环节。本模式联合国内外多家核能企业和科研机构共建校外实践基地,首创了"1+2+6"三段式企业驻地实习实践体系,培养学生解决实际工程问题的创新能力。现已签订了包括中国广核集团、清华大学在内的 6 个境内实践基地,签订了包括法国原子能与可替代能源委员会(CEA)、法国电力集团(EDF)在内的 6 个境外实践基地,开展三段式共计 9 个月的校外实践。第一阶段实习为期 1 个月,安排在第三学年学习了基础数理知识后,让学生在企业接受蓝领工人应有的基本技能训练。第二阶段实习为期 2 个月,安排在第五学年学习了大量的专业理论后,让学生在核相关领域的实际技术岗位上,完成助理工程师的基本工作,培养其将理论知识运用于实际工作的能力。第三阶段实习为期 6 个月,安排在第六学年的最后半年,学生选择研究课题,在核领域的企业、研究机构接受完整的"工程师"科学技能训练,同时完成实习研究报告和硕士毕业论文。第二阶段和第三阶段实习都采用双导师制,由一名企业导师和一名校内导师共同指导,参与国内外核能领域重要科研或工程项目,培养学生的实践创新能力。到目前为止,已有 159 名学生完整完成了两轮三阶段的实习训练,在学生的实习报告和学位论文中展示了良好的培养效果。

国际化人才培养输出案例:通过在中国广核集团、法国 CEA 和法国 EDF 等单位的"1+2+6"实习训练,核能精英工程师将课堂的核工程多学科知识与广东省核电发展紧密结合,通过实践研究参与到"华龙"一号、海洋小型堆、事故容错燃料、核废料处理、核泄漏监测与应急等前沿核电研究中,锻炼了解决核工程复杂问题的能力,加上出色的中法英三语科技交流能力,使他们具备了我国核电"走出去"所需的国际化综合能力。据中国广核集团统计,2017 年中国广核集团内部选拔优秀员工参加海外核电——英国欣克利角核电站开拓项目,负责协同中法双方的海外核电扩张、建设与管理工作,派遣的 7 名精通法语和核工程技术的国际工程师均为本模式培养的毕业生。这显示出本模式的核能精英工程师在促进我国核电的国际化发展中具备天然的优势和持续的发展后劲。

（二）学科建设

学院的学科建设围绕我国核能领域的重大需求、依托中法核工程与技术联合研发中心开展，设置了四个学科方向，已取得可观的研究成果。

1. 核仿真与安全

本方向重点采用高性能仿真技术和多物理模型研究高温辐照等复杂环境下的反应堆特性和安全评估。本方向学术带头人为王彪长江学者特聘教授，学术骨干有张纯禹副教授、刘洋博士、袁岑溪博士、Bertrand Mercier 教授（法方）和 Claude Renault 教授（法方）。主要开展基于超大规模并行计算的全范围核电厂仿真、严重事故下核电厂安全性的定量预报与评估。

2. 反应堆热工水力

本方向重点研究反应堆回路系统的热工水力特性及瞬态与事故工况的动态响应，学术带头人为张小英教授，学术骨干有成松柏副教授、王丽博士、Thierry Duffar 教授（法方）和 Hubert Grard 教授（法方）。

3. 核探测与核辐射防护

本方向重点研究核辐射探测与核电站辐射环境监测。学术带头人为孙志嘉研究员，学术骨干有鲍若峪副研究员、熊涛博士、Cheikh Diop 教授（法方）和 Marc Ammerich 教授（法方）。

4. 核材料与燃料循环

本方向主要研究先进核材料的制备、性能表征与建模、放射性废料处置等。学术带头人为马显锋副教授，学术骨干有马德才副教授、康明亮副教授、Philippe Marcus 教授（法方）和 Richard Portier 教授（法方）。

学院已经建成 13 个研究平台，包括：高性能计算集群核仿真平台、核探测器实验平台、环境监测及应急系统平台、核反应堆热工水力与安全实验平台、核结构材料和机械性能测试平台、多相流和微流实验平台、智能加工中心、核电子学实验平台、电子实验室、放射化学实验室、溶解化学与电化学实验室、数据采集、交换与 Labview 实验室、核物理实验室，占地约 2176 平方米。另外，学院在建核电流体热力循环实验室、核辐射探测实验室、中子探测实验室，建成后占地约 684 平方米，总的研发实验场地约 2860 平方米。

（三）科学研究

学院与合作方法国民用核能工程师教学联盟（FINUCI）、中国广核集团、法国电力集团（EDF）、法国原子能与可替代能源委员会（CEA）等签署了科技合作协议，构建核能领域国际化高水平科研队伍。本学院还与中广核集团共建了核电安全与应急联合研发中心，并获批筹建广东省核安全与应急工程技术研究中心。

在核仿真与安全方向，本学院充分发挥与法方以及中国广核集团的合作优势，已在蒸汽爆炸严重事故下压水堆的安全评估、核电厂氢气安全分析软件、中子输运模拟等方面取得了重大进展。相关成果作为"百万千万级压水堆核电厂严重事故应对若干关键技术研究与应用"项目的重要组成部分,荣获 2014 年度广东省科学技术奖二等奖。近五年来获得国家自然科学基金和省部级等各级纵向项目 20 项,与法国电力集团和中国广核集团等横向项目 8 项。其中,学院与法国电力集团、中国广核集团合作开展为期三年的"蒸汽扩散与冷凝:实验与模拟"研究项目,协同三方在超算中心开展大规模计算研究。法国合作方已向本学院开放了中子输运计算、热工流体计算以及核结构计算等代码。近五年来本方向已在 Nucl EngDes 和 Prog Nucl Energ 等期刊上发表文章 42 篇,获得国家专利 4 项、软件著作权 2 项。2015 年,本学院联合中国广核集团共同举办了"核电站严重事故仿真与实验技术"国际研讨会,依托中法全方位合作努力打造在核电严重事故仿真方面具有影响力的学术中心。

在反应堆热工水力方向,自主开发了适用于地面和海洋条件的反应堆堆芯热工分析子通道程序以及自然循环反应堆系统热工分析程序,得到中广核集团设计和研发部门的充分认可;开展二次侧非能动余热排出系统设计验证,开发了国内唯一具有三维瞬态高精度熔堆分析功能的程序,已应用于华龙反应堆设计和安全分析。实验上,本方向已建成超临界高温高压实验装置,并正在建设反应堆水力学实验装置,是国内为数不多的具有反应堆一二回路瞬态和事故工况热工水力实验能力的装置。本学科已获得国家级和省部级等各级纵向项目 16 项,中国广核集团等重要横向合作项目 6 项,在 Ann Nucl Eng 等重要期刊上发表论文 50 篇,获得国家专利授权 3 项。

在核探测与核辐射防护方向,研究团队从上世纪 80 年代开始直接参与大亚湾、岭澳等核电站选址的环境监测设备研制,近五年来自主研发了辐射环境实时监测装置作为广东省应急指挥系统的核心部分,为中国广核集团的多数核电站研发了辐射环境监测系统。在核探测器研制方面,本学院与中科院高能所合作为我国重大科学工程——东莞散裂中子源赶制先进中子谱仪探测器,成立了"中子探测技术与应用联合实验室",发展了闪烁体探测器的关键器件批量快速检测系统和大规模制作的关键技术。本方向共承担国家级和省部级等纵向合作项目 18 项,中国广核集团等重要横向项目 8 项,发表学术论文 33 篇,获得国家实用新型和发明专利 3 项。

在核材料与燃料循环方向,近五年来研究团队在反应堆材料的性能无损检测系统、核燃料包壳材料的集成计算材料工程、关键核探测材料闪烁晶体的研制与表征、高放废物核素迁移和处置库场址性能评价等方面开展了系统研究,与法国格勒诺布尔理工大学和美国密歇根大学等开展合作研究取得了可喜进展。本方向获得国家自然科学基金和省部级等纵向项目 18 项,企业横向合作项目 6 项,在 Nucl Eng Des 和 J Hazard Mater 等权威期刊上发表学术论文 35 篇,获得国家实用新型和发明专利 4 项。

三、合作办学成果

常规的国际化办学项目都集中于人才培养,中法核工程与技术学院的主要特色在于将学科建设、人才培养、科学研究三者紧密结合起来,充分发挥中法合作办学和校企联合研发的优势,全方位打造精英核能工程师培养和高水平科学研究为一体的教学科研平台。本学科承担了提高中外合作办学水平国家教育体制改革试点项目和一批省部级的人才培养与教学质量工程项目,探索并最终形成了符合我国国情的民用核能专业精英人才培养模式。法国三任总理在不同场合都对本学院的发展给予了赞许。

2015 年,中法核工程与技术学院以优异的成绩通过了法国工程师职衔委员会(CTI)的认证[7][8],成为我国核能领域唯一获得国际工程师资质认证的机构。2016 年,学院又顺利获得了欧洲工程教育(EUR-ACE)认证,这意味着中法核工程与技术学院拥有了法国工程师证书直授资格,即:学院合格的硕士毕业生不出国门即可拿到欧洲认可的法国工程师证书,同时意味着学院的办学质量得到国际教育界的认可,也是对学生学术能力和职业能力的证明。这种通过中外合作办学提升学科综合竞争力的发展模式在国内高校中具有良好的示范作用。

2016 年 6 月,中法核工程与技术学院迎来了第一届 79 名工程师毕业生。这一届毕业生受到了中国广核集团、法国电力集团等用人单位的高度评价和赞赏。如:中国广核集团对本学科硕士毕业生招聘不设名额限制,公司采用双导师制的后备干部培养模式,待遇与其他高校博士毕业生待遇相当。最终有 60 余名工程师毕业生选择加入中国广核集团各设计单位和研究院工作,其他毕业生进入法国电力集团公司、法国原子能与可替代能源委员会、法国阿海珐等单位工作或读博深造。2017 年,中国广核集团对员工年度评估表明我单位的毕业生 95% 评定为优良,显示出本模式培养的核能精英工程师保持了高培养质量,受到核电行业青睐。

四、总　结

中山大学所处的华南地区拥有我国最大的核电产能、数量最多的核电发电机组和在建机组,对于核能高端技术和管理人才有着长期大量的需求。中法核工程与技术学院依托中山大学与法国民用核能工程师教学联盟合作创建,得到了中法两国政府的高度关注与大力支持,致力于引进吸收法国工程师培养模式、培养本土化国际精英核能人才、"洋为中用"持续促进核能技术创新。自 2010 年成立以来,学院在人才培养、学科建设和科学研究方面已经取得了斐然成绩,所发展的精英工程师培养模式在国内核能领域首个获得了法国工程师职衔委员会(CTI)和欧洲工程教育(EUR-ACE)的认证,为我国核电国际化培养了两批核能精英工程师人才。中法核工程与技术学院在中法全方位合作培养核能领域高端技术和管理人才方面的积极探索和经验积累,对于我国中外合作办学和工程师人才的培养具有重要的示范意义和借鉴价值。

参 考 文 献

[1]　王晓辉.法国工程师教育研究[J].清华大学教育研究,2013,34(2):36-42.

[2]　刘建立,谭俊峰,王鸿博,等.法国工程师大学校教育对"卓越工程师教育培养计划"中企业培养方案制定的启示[J].教育与教学研究,2013,27(11):59-62.

[3]　杨东华,杨佩青.法国工程师精英教育模式本土化过程中的问题与对策[J].中国电力教育,2012(6):49-50.

[4]　杨佩青,杨东华.法国工程师培养模式本土化过程中学生分流淘汰的困难及对策[J].高等工程教育研究,2013(1):95-97.

[5]　于黎明,陈辉,殷传涛,等.企业全过程参与工程师培养的探索与实践[J].高等工程教育

研究,2013,(3):62-70.

[6]　蔡杰进.法国工程师教育模式本土化过程中本科毕业设计的思考[J].中国电力教育,2014,(29):59-60.

[7]　CTI：Commision des Titres d'ingenieur. The standards and procedure of CTI accreditation[EB/OL]. http://www.cticommission.fr/en/.

[8]　Sun Yat-Sen University. Mainpage：Sino-French Institute of Nuclear Engineering and Technology[EB/OL]. (2014-09-24)http://ifcen.sysu.edu.cn/.

国际化办学背景下高校服装设计专业
校企合作人才培养探索

——以宁波大学中法联合学院为例[①]

许才国[1] 屈　萍[1] 李　婧[1] 毛屹华[2]

（1.宁波大学 中法联合学院 2.宁波市服装行业协会）

摘　要：随着全球经济一体化发展，服装产业与国际融合不断加强，对既具有国际化教育背景，又能够与本土服装产业深度融合的专业人才需求也不断增加。针对产业人才需求与高校服装设计人才培养现状，以宁波大学中法联合学院为例，探讨国际化合作办学校企合作人才培养模式，以及提升服装人才培养质量的有效方法。

关键词：服装设计专业；国际化合作办学；校企合作；人才培养

2017 年 10 月 18 日，习近平总书记在党的十九大报告中指出，要深化产教融合、校企合作。2017 年 12 月 5 日，国务院办公厅发布《国务院办公厅关于深化产教融合的若干意见》（国办发〔2017〕95 号），提出要深化引企入教改革，将工匠精神培育融入基础教育，推进产教协同育人，加强产教融合师资队伍建设。2019 年 9 月 25 日，国家发展改革委、教育部等六部委发布《国家产教融合建设试点实施方案》（发改社会〔2019〕1558 号），强调深化产教融合，促进教育链、人才链与产业链、创新链有机衔接。

校企合作是发达国家培养应用型人才非常重视的实践教学环节。美国的产教融合、校企合作人才培养模式多样，如产学交替、创业孵化器、产学研结合等，代表性高校如斯坦福大学、哈佛大学等，对硅谷、波士顿乃至整个美国经济、科技、社会的发展作出了巨大贡献。德国的产教融合是"双元制"模式，双元即指学校和企业，学生具有双重身份。日本在 1958 年提出了产学协作教育制度，参与者主要是政府、高校和企业[1]。服装设计专业作为应用型专业，深化校地合作，推进引企入教，协同产业创新，是专业高质量发展的必经之路。引入国际优质教育资源和时尚理念，结合地方产业优势，探索校企合作人才培养模式，对于提高服装设计专业人才培养质量和促进产业良性发展具有重要意义。本文以我校（宁波大学）与法国昂热大学合作办学的中法联合学院为例，探讨国际合作办学校企合作服装设计人才培养模式。

一、现代服装企业人才需求的特征

依据企业生产组织、产品设计方法，可以将服装企业类型及其对服装人才的需求做以下归纳。

①　原文刊载于：纺织服装教育 2020 年 6 月第 35 卷第三期。编入本书时进行了重新排版。许才国（1974—），男，安徽巢湖人，讲师，硕士，研究方向为服装设计理论与应用、服装产业经济。

（一）OEM 服装企业的人才需求特征

OEM（Original Equipment Manufacturer，原始设备制造商）也称为定点生产，俗称代工（生产）。原始设备制造商具体的加工任务是通过合同订购的方式委托同类产品的其他厂家生产，之后将所订产品买断，并直接贴上自己的品牌商标，品牌方提供设计方案，委托工厂生产，并负责销售。这种委托他人生产的合作方式简称 OEM，承接加工任务的制造商被称为 OEM厂商，其生产的产品被称为 OEM 产品。对于此类服装加工生产型企业来说，便属于承接品牌公司加工任务的 OEM 制造商。由于其生产类型决定了其加工产品并不需要本企业参与设计，因此对于服装人才的需求通常多为跟单、理单人员。对于外贸型加工企业来说，则需要具有国际语言应用和国际单证操作等能力的人才。

（二）ODM 服装企业的人才需求特征

ODM（Original Design Manufacturer，原始设计制造商）是由采购方委托制造方提供从研发、设计到生产、后期维护的全部服务，而由采购方负责销售的生产方式。采购方通常也会授权其品牌，允许制造方生产贴有该品牌的产品。ODM 厂商设计的产品方案可采取买断或不买断的方式提供给品牌拥有方。对于 ODM 服装企业来说，企业的设计开发能力决定了企业产品是否能够被采购方也就是品牌拥有方选中。因此，ODM 服装企业对于服装设计人才的要求较高，要求具有优异的设计应变能力，并能够开发出不同类型、不同风格的产品以适合不同的采购方。对于服务于生产周期较长的传统类型服装品牌的 ODM 企业设计人员来说，需要具有一定的企划能力，能够精准判断市场需求，做好产品规划。对于服务于快销类型的ODM 服装企业设计人员来说，则需要具有较强的市场敏感度和快速的市场应变能力，能够迅速抓住市场需求并及时转换为可售产品。

（三）OBM 服装企业的人才需求特征

OBM（OriginalBrand Manufacture，原始品牌制造商），即企业经营自有品牌，或者说生产商自行创立品牌，生产、销售拥有自主品牌的产品，或采用收购现有品牌、以特许经营方式获得品牌知识产权的形式。OBM 企业从产品设计、原料采购、生产制作到上柜销售，皆由单一公司独立完成。根据不同品牌服装企业的细分，OBM 服装企业对于人才的需求也不尽相同，原创设计主导型品牌不仅需要设计人员具有独当一面的设计能力，还需要设计人员具有品牌运作能力；单品类专门市场品牌则需要设计师具有单品类服装的深入开发、延伸设计能力，并能够与产品链上下游进行协作；快时尚品牌则需要设计师具有敏锐的市场洞察力，能够快速反应市场需求，综合协调各方资源，迅速应对小单快反。

部分服装企业兼具以上几种业务类型，其内部对于服装人才的需求则更加综合，除了设计人才、业务人才，更需要时尚管理人才的储备。

二、服装设计专业人才培养存在的问题

从服装企业对高校毕业生的用人反馈来看，服装设计专业教育存在教学内容与产业需求脱节的问题，主要表现在以下几方面。

（一）人才培养方案不能及时反映企业人才需求

通常来说,专业教育培养方案在经过缜密研究并制订完成后,在一段时间内会相对稳定,并在实际教学实践活动中不断加以修订完善,调整专业课程内容与教学大纲。人才培养方案的制订大部分高校均由专业教师完成,很少有企业高管、设计师等参与。虽然在人才培养方案制订过程中会进行国内外相关院校及企业调研,但是在时间、企业实际需求对接等方面尚存在欠缺,不能完全、及时满足产业人才需求,使得教学环节与产业需求之间的衔接存在失配现象。

（二）教学内容滞后于服装产业技术发展

随着市场需求的不断变化和纺织科学技术的快速发展,服装产业技术革新日益加剧,智能制造、互联网技术等不断促进产业变革,服装产品也不断更新。而服装高等教育存在教学内容滞后的现象,教学内容没有及时更新,仍按照既定的教学大纲要求按部就班地完成教学任务,导致服装专业毕业生进入企业后适应期过长,难以快速对接[2]。

（三）教学人员重理论轻实践,缺少"双师型"教师

受高校长期以来的考核体系及职称晋升要求的影响,多数教师的发展方向侧重于理论研究,这对于培养研究型服装人才具有较为积极的作用。但对于生产型以及品牌运作型服装企业来说,则更需要实践型技能人才,这就需要教学人员既要具有一定的理论高度,又要具有丰富的实践经验,重视培养学生的实践操作技能,做到理论教学与实践操作相辅相成。因此,对于服装设计这类实践性较强的专业来说,特别是本科阶段,迫切需要精通服装产业理论和具有实操经验的"双师型"教师,以培养符合服装产业需求的人才[3]。

（四）服装设计人员教育背景单一,缺乏国际化人才

随着全球经济一体化的深入,国外服装品牌大量进入中国市场,国内服装品牌也逐渐走出国门,在产品加工、外贸出口、品牌营销、品牌管理等方面参与国际市场的形式越来越多,服装产业链的国际化程度越来越高。而目前国内服装设计人才,除了部分留学归国人才和国际合作办学院校所培养的人才具有国际化教育经历以外,大多数从业人员缺少国际化教育背景,产业参与国际化竞争人才储备匮乏。

三、服装设计专业校企合作国际化人才培养的探索

从现代服装企业的主要类型与人才需求特征,以及服装专业人才培养存在的问题来看,针对产业发展与人才需求,校企合作培养了解国际规则,掌握国际通行的行业规范,具有国际化视野,具备服装专业技能,既了解本土产业与消费文化,又具备较好国际语言沟通能力,熟悉国际时尚潮流的服装设计人才显得尤为重要。

我校中法联合学院服装与服饰设计专业已纳入国际合作办学,该专业抓住我国高等教育国际化发展契机,大力引进国外优质教育资源和先进时尚理念,拓宽办学渠道,在国际交流与合作过程中不断提升办学水平。同时加强校地合作,与宁波市服装行业协会、宁波本土优质服装企业形成长效合作机制,注重引企入教,在专业课程教学组织与教学内容等方面开展了多种

形式的校企合作,探索培养具有国际视野的高素质复合型服装专业设计人才的途径。

(一)产教融合,构建符合国际化办学与产业需求的培养方案

根据服装产业发展对专业人才的需求,学院服装与服饰设计专业对人才培养方案进行多次修订和完善。在进行专业培养方案修订时,我们深入企业调研,听取用人单位对服装专业人才培养的需求,实行毕业生回访制度,在广泛听取企业的意见和建议后,确定了专业的培养目标。邀请兄弟院校同行专家、知名服装专家和宁波服装行业协会专家、企业设计师进行人才培养方案论证,与法方合作办学院校服装专业负责人进行多次商讨,形成了国际化创新性应用型人才培养方案。

(二)校企合作,建立校外实践教学基地

服务地方经济是高校人才培养的重要目标和职能之一。宁波作为我国重要的服装名城,具有良好的服装产业基础和发展态势。随着服装产业向纵深发展,以及消费群体、消费模式的转变,由于产业发展模式、地理位置、用人政策等方面因素,本土服装企业对于设计人才的需求矛盾愈发突显。作为本土高校,开展国际化服装设计人才培养与本土服装产业相结合的探索是十分重要的。中法联合学院服装与服饰设计专业紧密围绕本土服装产业发展所需的人才,缩短高校人才培养与企业需求之间的距离,联合本地服装企业宁波斐戈集团旗下品牌FIOCCO(斐戈),于2018年3月成立了校企联合设计工作室,共建中法合作校外实践教学基地。利用中外合作办学国际师资队伍的优质资源,形成专家智库,服务集团旗下产业创新园区所入驻品牌服装企业的产品设计开发。

(三)项目制教学,将企业产品开发流程引入专业课程

在专业课程教学中积极引入本地企业产品开发项目,开展项目制教学。专业教师根据课程教学体系人才培养目标,以及企业产品开发实际需求,设定若干个具有明确目标任务的独立项目,在教师指导下,教学过程中将学生分成若干个小组,小组成员协同合作,围绕项目开展信息收集、方案设计、项目实施,最终邀请企业设计师对产品开发方案进行评价。例如在专业图案课程教学中引入宁波马其顿儿童用品有限公司旗下童装品牌MQD 2019年春夏产品开发的图案设计项目,课程教学遵循原有教学大纲的既定培养方案,因时而动,适时微调,通过实际的企业设计项目,将课程教学内容与企业服装产品季度研发任务相结合。此类项目制课程教学组织形式,使学生在实践演练中熟悉了企业产品开发的全流程,参与服装企业设计项目操作,并在案例教学中培养分析问题、解决问题的能力,使学生在今后的创新、创业、就业等方面具有良好的竞争优势和应变能力、实操能力。

(四)设计师进课堂,企业一线设计与管理人员参与课程教学

在日常教学中注重引入不同教育资源,在课程教学和毕业设计中聘请企业设计师、工艺师进课堂[4]。如成衣设计课程邀请本土服装企业宁波乐町时尚服饰有限公司设计师加入课程教学,建立校企联合教师团队;服装结构设计课程邀请宁波伊思君凯服饰有限公司制版师担任主讲教师,将企业实战经验融入课程教学;在专业理论与服饰文化方面,邀请国外专家教授开设专题讲座,拓宽学生专业视野;在服装制作工艺课程教学中邀请浙江工匠、港城工匠解析专业

技术,通过工作坊、学徒制等形式开展产教融合课程教学,提升学生的实操技能。

四、结　语

国际化合作办学作为高校国际化人才培养的重要模式,具有很好的人才培养空间和合作前景,正在成为我国学生不出国门就能接受外国优质教育的主要形式之一。针对产业发展与转型升级的人才需求,引入国内外优质教育资源与时尚理念以及产业实践人才,开展国际合作办学、校企合作人才培养实践是高校服装专业人才培养的重要途径。利用国内外优质时尚资源,培养具有国际化视野并能融入本土产业的设计人才,既能够体现办学特色,又能满足服装企业在转型过程中的人才需求,为解决地方高校高端化、专业化人才培养与行业企业人才需求脱节的矛盾提供了较好的解决思路与方案。

参 考 文 献

[1]　牛士华,杨频,沈文其.产教融合的国内外实践借鉴与启示[J].现代企业,2016,(4):66-67.

[2]　曲义.服装与服饰设计专业校企合作育人体系研究[J].湖北第二师范学院学报,2019,(5):72-75.

[3]　王秀莲.以市场为导向的服装电子商务校企合作模式研究[J].教育园地,2019,(4):89-91.

[4]　吴昀辰.校企互动教学质量保障体系建设研究[J].教育现代化,2017,(38):69-71.

基于中外合作办学的实践教学体系研究与应用①

陈亚军②　　杨新湦　　苏志刚

中国民航大学 中欧航空工程师学院

摘　要：该文通过借鉴法国工程师培养经验,对我国航空业人才工程实践能力提升要素作出分析,并结合中国民航大学中欧学院航空工程师培养实践,从校企协同运行机制、师资实践能力培养体系和学生实践培养体系创建及学生实践能力评价标准等四个方面,构建了符合国情、国际合作的校企协同实践教学创新模式。

关键词：培养模式;实践教学;校企合作;能力评价

"十三五"时期是中国教育改革与发展的关键时期,《中共中央关于制定国民经济和社会发展第十三个五年规划的建议》明确提出的"创新、协调、绿色、开放、共享"的发展理念[1],也是推动中国教育改革与发展的重要指导思想。在全球性的转型过程中,我国的高等教育特别是工程教育,既要面向世界,又要立足国情,走中国特色发展之路。社会需求和行业需求一直以来就是决定高校人才培养的"一只看不见的手",但同时,受体制机制等多种因素影响,人才培养供给侧与产业需求侧在结构、质量、水平上还不能完全适应,"两张皮"问题仍然存在[2]。我国民航"十三五"规划中提出,以建设民航强国为主线,强化科技支撑,着力提升运输质量和国际竞争力[3]。因此深化产教融合,促进教育链、人才链与产业链、创新链有机衔接,是当前推进民航精英人才人力资源供给侧结构性改革的迫切要求。

中欧航空工程师学院(简称中欧学院或学院)是经国家教育部批准,由中国民航大学与法国航空航天大学校集团于 2007 年合作创办的中国首家专门培养航空工程师的本硕一贯制工程师学院,学制 6.5 年,学生修完本专业培养计划规定的课程及教学实践环节,学业期满,成绩合格,并通过学院评估委员会评估,授予工学学士学位、航空工程硕士学位及法国工程师学衔委员会(CTI)认证的法国工程师文凭。中欧学院同时也是法国航空航天大学校集团的一员,是教育部中法教育合作联盟理事成员和教育部中法工程师学院联盟核心成员,被列入中法两国高级别人文交流机制重要合作内容。学院旨在充分借鉴法国精英教育培养模式与经验,促进民航精英人才培养供给侧和航空产业需求侧全方位融合。本文以法国工程师精英教育理念为参照,针对中欧学院的办学特点,就其校外企业实践理念和机制、校内实验课程体系优化、实验教学模块化改革、师资融入培养机制及学生工程实践能力评价标准等方面,进行模式创新和实践探索。

---

① 原文刊载于:实验技术与管理,2019 年 1 月,第 36 卷第 1 期,编入本书时进行了重新排版.

② 陈亚军(1976—),男,吉林长春,博士,副教授,主要从事中外工程教育理念与实践研究.

一、法国工程师培养模式

发达国家工程师培养有两大模式,以美国为代表的《华盛顿协议》成员国模式和以法国为代表的欧洲大陆模式。美国模式注重知识的全面性,本科培养集管理、人文、经济、工程、技术于一身的工程人才毛坯。法国模式则注重工程实践能力的培养,更多体现社会需求的特点,学生一方面是在校企导师共同指导下,通过实践课程或项目开发,将工程实际问题带入课堂,另一方面是在企业进行实践操作技能培训。法国的工程师学院是以培养文凭工程师为目标的"大学校",意即"大学中的大学"。这些学校位于法国高等教育象牙塔的顶端,被称为"工程师的摇篮"[4-7]。法国工程师教育体系由拿破仑创立,主要目的是克服传统国立大学培养的学生理论脱离实践的弊端,历经数百年,在世界上形成独树一帜的鲜明特色,在国际工程教育领域享有盛誉。

法国工程师实践教育模式的特点表现在以下方面:

① 注重课程设置的实践性与创新性。法国工程师学院自治性很强,自主制定课程大纲和教学方法,课程知识点设置体现时效性和多样性。教学内容紧跟行业新技术发展方向不断更新和调整,具有很强的时效性,能够满足行业未来需求和企业现实需要。

② 强化学生实践能力训练。"理论加实践"是巴黎高等矿业学校的校训[8-10],学生在学习期间的各种实践活动能够促进校内深厚的理论教育与校外具体的实践经验结合,实现知识体系的无缝对接。工程师学 校将企业实习和相关的工程训练内容落实得非常好,带有非常鲜明的行业特点和明确的专业化、职业化 方向。

③ 重视师资工程能力的培养。重视与企业在人员交流与培训方面开展合作是法国学校师资队伍建设的重要方式和渠道[11]。高校和企业之间进行良性交流和互动,双方人员分别到对方企业或高校兼职,使双方共同受益。高校出台政策鼓励工程师教师跟踪行业最新技术,到企业中去更新知识。另外,学校聘用经验丰富的资深企业工程师或工业研究机构研究人员,担任授课教师或合作参加校企研究工作。

二、当前我国实践教学体系存在的主要问题

(一) 缺乏有效的校企合作机制,难以整合资源协同培养学生

学校的目标是培养人才,企业的目的是创造价值。目标的不同,导致学校和企业对学生实践的客观要求不同。近年来建立校外实习基地愈加困难,相关企业 更重视经济效益,同时由于缺乏有效联动机制协调诸如"实习生管理、安全、经费、场所、时间"等方面的问 题,影响了企业参与实习基地建设的积极性,难以实现确保学生经受较全面实践实习培养所需资源的有效整合。

(二) 师资队伍工程能力融入不足

要提高学生的工程能力,重中之重是首先强化教师的工程素养。当前我国 154 万大学教师中,45 岁以下教师占 70%,40 岁以下教师占 50% 以上[12]。相当一部分教师的经历是"从学

校毕业到学校工作",尤其是一些年轻教师,在先进国际工程教学理念、工程实践能力和将科研方向与产业需求相融合等方面存在不足。

(三)对学生分层次的实践能力培养不成体系

由于目前实践教学手段单一、设备功能不齐全和实践环境滞后,校内实践教学以灌输讲授及演示、验证性实验居多。而校外实习由于行业真实运行环境对人才实践能力培养的局限性,往往把学生实习由"工程实践"变成"现场观摩",造成课堂学习的知识点与校外实习内容不能实现"连续接力"。在实践教学体系设计中,缺乏体现能力培养深度和层次逐步递进的"工程素养提升路线图"。

(四)缺乏与国际接轨的学生实践评价标准

对学生实践实习效果的评价由于要考虑多方面因素,一直是个难题。目前的学生实践能力考核方法过于笼统,针对性不强,虚多实少,缺乏目标清晰、内容明确、过程可衡量、体现学生特性,且与国际实质等效的评价标准。

三、中欧学院航空精英工程师培养实践

(一)以"企业咨询委员会"为对接形式,构建产教融合的校企协同运行机制

构建"企业咨询委员会"运行机制,推行"引行入教"改革。企业咨询委员会是指导产教融合、机制创新的顶层机构,由中欧双方航空企业高级技术及管理人员组成,企业类型覆盖航空器设计、研发、制造、生产、运营和维护等航空全产业链,其中不乏代表科研、工程领域世界领先水平的世界五百强企业。中法代表轮流担任主席,委员会每年听取学院工作汇报,委员会成员对承担课程设计指导、选派专家承担课程教学、协助安排企业实习等负有责任。2007年至2017年,企业咨询委员会会议已召开十届,具备广泛的行业基础,形成行业主管、运营企业及学校协同推进的工作格局。该运行模式涵盖校企合作的全要素需求,对我国其他行业卓越型人才实践能力培养具有示范意义。中欧学院2016年获评中法大学合作优秀项目。

(二)吸纳国内外资源,建立以工程能力提升为导向的师资实践能力培养模式

健全双通道交流机制,吸纳国内外优质工程理念和资源,建立符合国情的、国际合作的长效师资培养模式。中欧学院对参加实践的教师提任务、提要求,让教师有目的性和针对性地到民航企业实践,制定了"学术休假和企业实践实施办法"和"教师实习考核实施细则"。采取"走出去,引进来"双向交流师资培养模式。在"走出去"方面:(1)近5年共选送留校预备师资19人赴法留学,同时派出现有师资做访问学者。现有师资团队中50%具有法国工程师学院访问学者经历,博士中比例为75%;(2)中欧学院选派21名工程师阶段教师走进企业实习,了解和发现行业一线的科研需求。学院教师与中国国际航空公司北京飞机维修工程有限公司(国航Ameco)联合技术攻关的"航空发动机部件等深度维修关键技术的研究及应用""B747飞机大修流程优化研究"和"大型客机结构维修大纲间隔确定技术开发"等三项成果,在2016年分别获得民航科学技术一等奖和航空学会三等奖。在"引进来"方面:(1)中法双方师资团队开展深

度交流与合作。法方师资团队由法国航空航天大学校集团教师和航空企业著名专家组成,每年有 20 余名来自法国的优秀师资来学院授课及交流;(2)聘请国内航空知名企业高管和高校学者,作为指导专家帮助青年教师科研和工程能力提升,仅 2017 年受聘专家就达 46 人次。

(三) 创建校企融合的双主体、交互式、立体化实践培养体系

1. 实践培养体系概况

学院专业口径广博,实验课程体系覆盖航空器推进系统、飞机结构与材料、机载电子三个方向,实验能力训练难度呈现多层次推进,如图 1 所示。认知型实验以帮助学生了解行业为主;基础型实验注重操作;综合设计型实验注重方案和结果归纳;工程实践型实验注重工程意识和实践能力培养;创新型实验注重问题分析和对策。同时重视多模式结合的实验教学,推行校内模拟仿真实验、企业一线实操、行业项目专业实习三者"虚实交互"的"实验＋实习"叠加模式。作为对外合作项目,中法双方共同制定了"实验室实践能力及培养需求方案",实施民航局中欧合作航空工程师实验室建设项目。在实践体系的建设过程中,既注重以法国航空工程师教育体系为主体,同时又兼顾我国大学本科和硕士的实践教学目标要求。明确以培养学生工程能力为核心,加强基本工程素质培养,着重培养学生知识技术的工程应用能力、工程意识和工程创新能力,构建以现代民航飞机制造、运行、维修和适航审定技术需求为主线,以航空推进系统、飞机结构与材料和机载电子系统研究方向为基础,引入国际知名航空院校的实验室建设资源和经验,具有工程认知、技术、设计、创新能力多层次的实验教学体系。

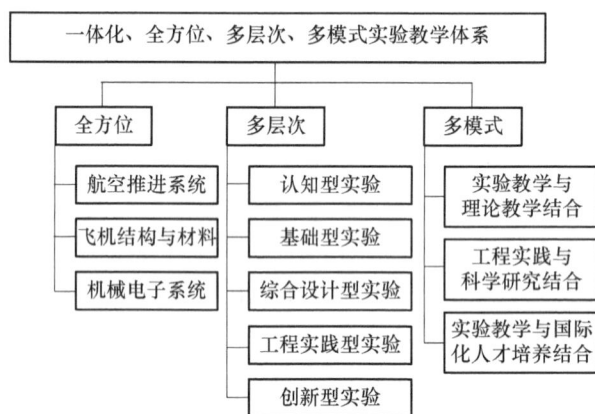

图 1　校内实验体系

我们连续 4 年进行校内"综合实验周"模块化实验 教学改革(如图 2 所示),出台了"综合实验周管理办法"。每年寒假前的 2 周,面向大四学生开放所有实验室,由工程师阶段教师参与实验选题设计,鼓励学生参与实验开发研究,内容分为基础实验和专业综合实验,每年在三个专业方向滚动更新开设 6 个基础实验和 6 个综合实验。基础实验以实验项目开发为主,全部学生 都要求参与;专业综合实验以工程实际问题预研为主,学生根据兴趣自愿参加。在此过程中,学生锻炼了实操 能力,了解了相关专业方向。依托"综合实验周"模块化 实践教学改革,近 4 年共开发基础实验 24 个,专业综合实验 24 个,学生参与率 100%。"综合实验周"成为新实验项目开发的孵化器和解决工程问题的试验田。

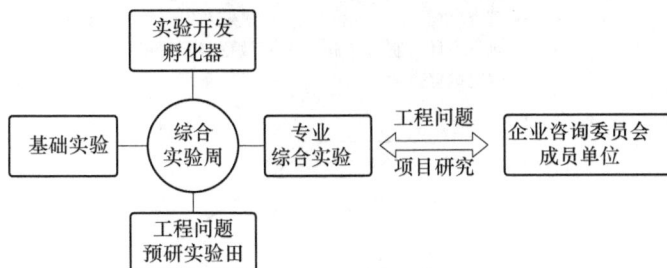

图 2　综合实验周模块改革

实践教学体系要体现"立体化"特点（认知实习、蓝领实习、技术实习和专业实习），实习内容和岗位角色要层次递进，如图 3 所示。该体系兼具全周期培养的延续特征（本科入学一直到研究生毕业），实践知识点在学生身上从本科到研究生一贯制延伸：基础实验—蓝领实习—专业实验—技术实习—综合设计实验—专业实习，实现了学校理论知识和企业工程实践的连续接力。与国航 Amec 合作，整合校企优质工程实践资源的实践，使我们获得首批"国家级工程硕士专业学位研究生联合培养示范性实践基地"称号（全国 28 个单位之一）。2015 年在教育部召开的"全国基地建设经验交流会"上做主题介绍，获得同行认可，基地建设经验于 2016 年和 2017 年分别在天津临空产业区航天精工股份有限公司和中国南方航空股份有限公司推广。

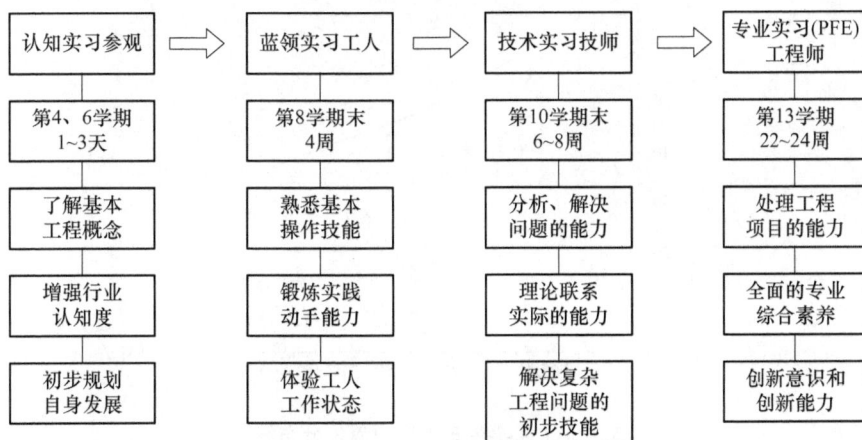

图 3　校外实践体系

2. 实践培养体系运作成效

学生在校期间共 4 次实习的累计时间在 9 个月以上。近 5 年共有 552 人完成认知实习，439 人完成蓝领实习，314 人完成技术实习，290 人完成专业实习，实习涉及到 3 个国家及国内 15 个省市的 35 个单位。在保证学生实习时间和岗位数量的同时，学院通过"双向反馈机制"动态调整实习企业的比例和结构。

图 4 和图 5 分别是我院首届（2014）毕业生与最近一届（2017）毕业生三类企业实习单位情况统计。

2014 届学生蓝领实习、技术实习和专业实习存在实习目标与单位业务范围、产业链顺序不完全对应的情况，而 2017 届则呈现随着实习角色从蓝领—技师—工程师的递进，提供一线

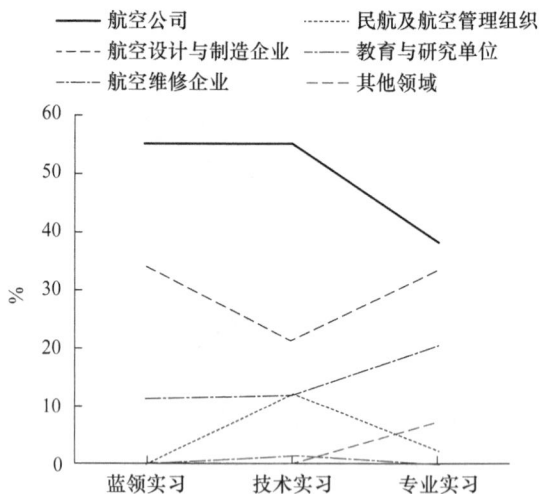

图 4　2014 届学生三类实习单位分布统计

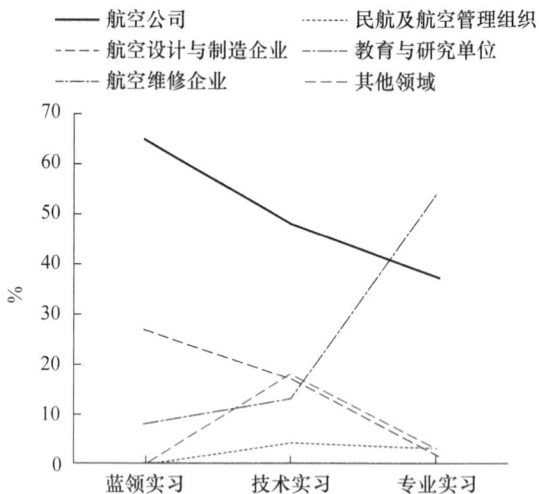

图 5　2017 届学生三类实习单位分布统计

实习岗位的维修企业和航空公司实习岗位数所占比例递减,而能够提供技术开发实习岗位的航空设计与制造企业岗位数所占比例大幅增加的状况,实现了航空产业链上下游企业在学生培养方面的有序接力。这与我院制定的逐层递进企业实习培养目标相吻合。

这种变化一方面得益于 10 年间"企业咨询委员会"成员的行业结构不断扩充和完善,另一方面得益于学院的"双向反馈机制"。学院不仅从企业得到对学生的实习评价反馈信息,同时也从实习学生答辩和教师企业锻炼反馈中,汇总、分析实习企业业务范围、岗位对应度等情况,系统梳理企业定位及实习角色符合度,充分发挥"企业咨询委员会"协调机制,从而逐步调整实习企业与实习类型的匹配度。

良好的工程实践能力也推动了学生就业,就业率近 100%。图 6 和图 7 分别为近四届毕业生专业实习单位和就业去向统计。毕业生广泛就业于国内外航空公司、设计与制造企业、航空维修企业等,专业实习比例排在前两位的航空公司和航空设计与制造企业,同时也正好是就业比例的前两位,说明企业实习制度对就业的促进作用。2017 年"其他领域"就业比例首次超过航空维修企业,说明法国工程师人才培养模式经过在我国的多年实践,使学生培养质量逐步获得其他行业认可,形成了一定的辐射推广效应。

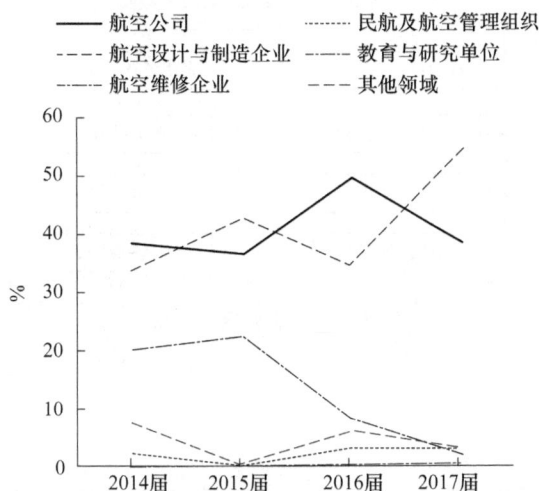

图 6　近四届毕业生专业实习单位分布统计

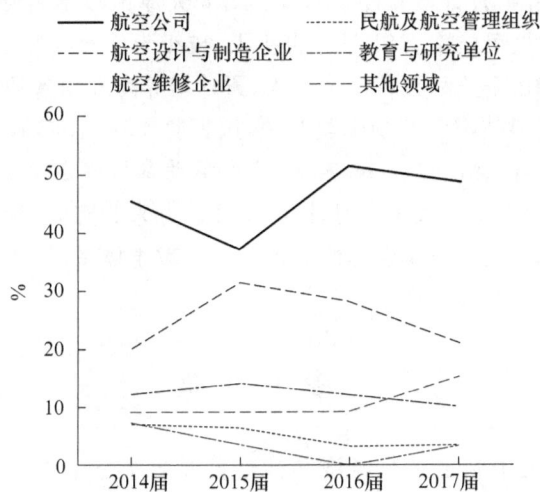

图 7　近四届毕业生就业单位分布统计

（四）制定与国际接轨的实践能力评价标准,使国外先进工程教育评价体系本土化

我们组织开展应用型人才实践能力评价及国际比较研究,分析国外发达国家工程师培养两大模式（《华盛顿协议》成员国模式和欧洲大陆模式）特点,在评价标准层面提高对国际工程教育分类及标准的认识水平,进行国际工程教育评价理念在中国的实践尝试。如图 8 所示,针对航空业国际化的人才需求,规范了学生实践能力培养的各个环节,从实习单位的类别、岗位设置、专业相符性、学生申报、企业导师选取、实习选题、质量监控、实习评价和结果反馈等各个环节入手,实现全过程规范化,与国外先进的评价标准对接,为法国航空工程师先进的教育理

念与资源在我国工程教育领域成功落地提供保障。学院先后制定并推行了包括实习类别、目标、内容、质量监控、评定标准等在内的"蓝领、技术和专业实习管理办法"。

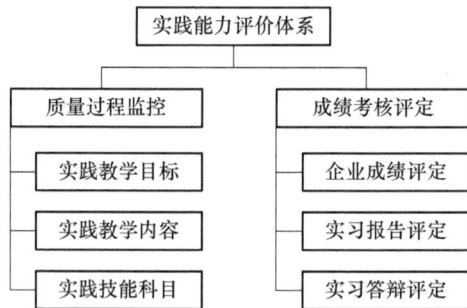

图 8　实践能力评价体系

四、结　语

基于法国精英工程师培养理念的实践教学体系建设,促进学院专业建设和人才培养上了一个台阶。近 5 年来,学院通过了法国工程师学衔委员会最高等级认证(有效期 6 年),获批成为教育部第二批卓越工程师教育培养计划单位。培养天津市教学名师、全国交通运输类专业教学指导委员会委员、中国民航中青年 学术带头人、校级十佳教师等 4 人,首批全国万名优秀创新创业导师 2 人,天津市企业科技特派员 2 人,累计培养海外预备师资 19 人,参加企业实习的师资 21 人。学生获得科技类竞赛国际奖 2 项,国家奖 4 项,省部奖 12 项,英语竞赛国家奖 6 项,省部奖 83 项,学生科技活动参与率 79%,竞赛活动参与率 26%。近 5 年选送 25 名优秀学生作为交换生赴法国航空航天大学学习,同时接收法方来我院的交换生 20 人、实习生 8 人。通过构建符合国情、国际开放的校企合作协同创新实践教学体系,提高了工程教育质量和行业适用性,形成了良好的示范和辐射作用。

参 考 文 献

[1]　新华社.中共中央关于制定国民经济和社会发展第十三个五年规划的建议[EB/OL].(2015－11－03).http://cpc.people.com.cn/n/2015/1103/c399243－27772351.html.

[2]　国务院办公厅.国务院办公厅关于深化产教融合的若干意见[EB/OL].(2017－12－19).http://www.gov.cn/zhengce/content/2017－12/19/content_5248564.htm.

[3]　中国民航局.中国民用航空发展第十三个五年规划[EB/OL].(2016－02－15).http://www.caac.gov.cn/XXGK/XXGK/ZCFB-JD/201702/t20170215_42525.html.

[4]　陈家庆,韩占生,郭亨平.法国的高等工程教育及其发展趋势[J].高等工程教育研究,2008,(4):27－32.

[5]　雷华.法国大学校的革新趋势[J].外国教育研究,2005,(5):54－56.

[6]　郑亚.法国高等教育改革趋势和高等教育的欧洲模式[J].比较教育研究,1999,(4):55－57.

［7］　李兴业.法国高等工程教育培养模式及其启示［J］.高等教育研究,1998,(2):98－102.

［8］　黄春香.法国近代高等工程教育发展研究:从巴黎理工学校透视法国近代高等工程教育［J］.世界教育信息,2007,(3):36－39,96.

［9］　孟雅君,常永才.高校追求高声誉的另一种办学模式:法国大学校的启示［J］.民族教育研究,2004,15(6):27－31.

［10］　李茂国.中国工程教育全球战略研究［J］.高等工程教育研究,2008,(6):1－12.

［11］　崔刚,陆永.面向"卓越工程师"培养的工科院校实践教学体系之架构［J］.江苏高教,2012,(5):97－98.

［12］　瞿振元.推动高等工程教育向更高水平迈进［J］.高等工程教育研究,2017,(1):12－16,23.

基于校企合作培养国际化工程师人才的
创新教学模式探究

谢海华　赵　凌　刘新桦　刘宛予

上海大学中欧工程技术学院

摘　要：为适应经济全球化和工程师教育国际化的需要,培养具有国际视野、国际交流与竞争能力的复合应用型人才,对标国家教育部"卓越工程师教育培养计划"的要求[1],上海大学中欧工程技术院借鉴法国工程师精英教育的核心理念与现代综合大学的成功经验,面向企业,服务社会探索并建立了可辐射、可推广的国际化创新型人才培养模式。本文旨在确立一种行之有效的适应工程师教学实践的校企合作方式,包含如下 4 个方面的内容:①将按一定标准遴选的企业项目和成功案例转换成可用于学校教学的实践课程;②通过引入企业导师的提纲挈领式的讲座,重点分析,专业引导,还原真实的项目推进过程;③以实际需求为导向,组成项目实施团队;④结合互联网授课,探索线上线下并行的多种教学方式,突破传统课堂教学的局限,达到培养学生以独立思考和团队协调进行项目沟通、以课内知识运用结合实战动手解决问题的和综合能力的目的。

关键词：工程师教育;校企合作;项目实战

一、引　言

中欧工程技术学院是国内首批经教育部批准成立的中法合作国际工程师学院,合作伙伴是直属法国高等教育科研部的三所工程师学校:贡比涅技术大学(UTC)、特鲁瓦技术大学(UTT)、贝尔福-蒙贝利亚技术大学(UTMB)。学院引进了法国先进的工程教育模式和理念,培养了一大批具有国际视野和国际化思维的复合应用型人才。经过多年的努力,学院进入稳健发展的阶段,并逐步进入向高水平、高质量发展的新阶段[2],致力于培养符合社会需要的实用性人才[3]自 2005 年以来,学院已招收 15 届本科生,其中 2/3 学生赴法继续攻读硕士或工程师文凭,毕业后在法国就业或回国后就职于法资企业。学院同样关注另一部分不出国的学生的学业和生涯发展,帮助他们在国内完成本科后有能力继续硕士或工程师阶段的学习,或者具备较强的竞争优势进入就业市场。为此,学院针对中国经济快速发展和企业的用人需求,尤其是国际化的创新性工程技术人才的需要,参考法国工程师职衔委员会 CTI 和欧洲工程教育专业认证体系 EUR-ACE 工程师学历教育认证指南,在校企合作方面进行了一系列的尝试与探索,旨在发挥出中外合作办学在本地化教学中的比较优势。①在学院的组织架构上,专门设立了工业企业合作关系部门,由中法院长直接负责;②聘请各类知名企业高管开展系列企业创新讲座;③学院专业老师会同企业导师将企业的项目与成功案例转化成教学资源和实践课程;④

招募学生组团参加面向企业实际需求的创新活动;⑤学院与企业共建联合实验室,为本科及硕士阶段的工程师教育(包含课程实验及项目实践等环节)提供支持。⑥学院联合企业举办大学生创新竞赛活动,企业全面介入赛题拟定、奖项评审及顾问辅导等各个环节。

二、项目教学实验课程选择与探究

基于校企合作的创新模式,引入企业的成功案例和专业导师,将典型优秀的项目案例改编成可用于教学和实践的项目实战课程,同时,引入欧洲工程教育专业认证体系,加强基础教学、拓宽专业知识、注重创新应用、培养实战能力,探究一条国际化的工程师教育培养模式,为企业和社会培养同时具有国际视野和跨文化交流与合作能力的创新型复合型的高端专业人才。

1. 课程宗旨

课程宗旨:培养学生的"四个能力"和"两个精神"。

① 培养学生在项目实战中,新技术的学习和应用能力。

② 培养学生在项目实战中,必要的实验动手能力。

③ 培养学生在项目实战中,业务沟通与工作协调能力。

④ 培养学生在项目实战中,发现问题和解决问题的能力。

⑤ 培养学生在项目实战中的团队精神。

⑥ 培养学生在项目实战中的创新精神。

2. 课程理念

课程理念以学生为中心,注重学生能力与素养的培育。

① 由老师讲、学生听的单一教学模式转变成老师问、学生答的互动教学模式。

② 在项目实战中,将学生分成若干组,每组 5~8 名成员,组成模拟企业项目团队,设立一名项目经理和若干名项目工程师,根据不同分工协同工作;老师则作为模拟用户需求方,提出项目建设要求。

3. 课程思路

课程思路:以项目为导向。

① 老师根据项目要求,进行知识点与项目技术的梳理,指导学生熟悉软件与硬件的应用,介绍行业案例与技术发展趋势。

② 学生根据项目要求,在项目负责人领导下,分工进行需求分析、方案与技术路线的调研、讨论、设计、介绍,分步进行项目实施环境搭建、模块开发和测试联调,最后完成系统交付和展示。

③ 学生将所学的课程知识和项目需要的拓展知识应用于项目及管理的全过程。

三、中欧工程技术学院项目实战课程介绍

1. 课程设置:

① 项目介绍、知识梳理、方案设计、演示交流、项目实践、团队管理等环节。

② 课程内容与安排:13 - 15 次课,其中 3 个独立项目、3 个项目实践活动、1 次公司参观、1

个综合投标项目。

    a. 信息技术项目管理实战课程介绍和要求。

    b. 公司参观及信息技术项目在企业中的应用。

    c. 网络综合布线项目要求及网络技术知识点掌握。

    d. 网络综合布线项目方案及系统设备报价交流(第一个项目作业)。

    e. 网络环境搭建与系统实现(动手能力作业)。

    f. 视频会议项目要求及通信技术知识点掌握。

    g. 视频会议项目方案及系统报价交流(第二个项目作业)。

    h. 视频会议环境搭建与演示(动手能力作业)。

    i. 网站建设项目要求及知识点掌握。

    j. 网站建设项目方案及报价交流(第三个项目作业)。

    k. 网站建设项目演示(动手能力作业)。

    l. 信息化系统项目招标要求及投标资料准备。

    m. 信息化系统项目投标及答辩(课程考试作业:提交项目技术方案和商务标书;项目答辩)。

2. 课程作业与考试作业:

① 平时作业:提交项目方案书 WORD 文档(电子版);方案演讲资料 PPT 文档(电子版)。

② 考试作业:提交投标项目技术方案书与商务报价书 WORD 文档(纸质版一份/电子版一份);方案演讲介绍资料 PPT 文档(电子版一份)。

③ 动手能力作业:以需求方项目验收报告签字为完成。

3. 课程作业评分:

① 课程学习态度(30%):学生出勤率、团队项目经理评分。

② 平时作业(30%):三个项目作业评分。

③ 考试作业(40%):投标项目(技术方案标书和商务标书)及答辩评分。

4. 课程特点:

① 选修课程,有兴趣的学生自行报名。

② 课程信息量大、知识新、实用性强、案例多。

③ 团队性作业,共同完成项目方案、介绍与演示,沟通多。

④ 梳理知识点,结合所学课程,明白原理和实际应用。

⑤ 搭建项目环境,提高动手能力和技能。

5. 学生评价:

① 通过公司参观与学习,了解公司经营、行业特征、组织架构和部门、岗位职责以及信息技术在企业中的应用。

② 通过项目实战课程,梳理所学知识,加深理论与实践的结合。

③ 通过项目实战课程,学会新技术的汲取和工作的方法论。

④ 通过项目实战课程,提升沟通与演讲能力。

⑤ 通过项目实战课程,在科技创新上给予我们引领和启发。

四、校企合作项目课程分析

1. 学生受益面向高年级转移

校企合作项目课程分析,图1是2010年至2019年参与项目课程学习的学生年级分布比例情况。可以看出,前几年的学生构成以大二和大三学生为主,大部分同学成绩处于中上水平,他们在主修课程的基础上拓展知识面,提高实践能力方面有较强的主管意愿。在学院、企业和学生的共同努力下,课程建设取得了显著的成效。当这些参与过项目课程学习的同学进入赴法留学阶段(第四学年)后,他们普遍反馈本课程的项目实践训练对于尽快适应法国的工程师教学模式有明确的帮助。另外,从图中还可以看到,参与本课程的大四学生(这些学生将在国内完成本科阶段学习)的比例逐年上升,项目课程使大四学生在校园环境下有机会深入了解企业的团队合作模式以及企业对人才的需求,帮助他们在知识、技能和心理等各个方面做好充分的准备。

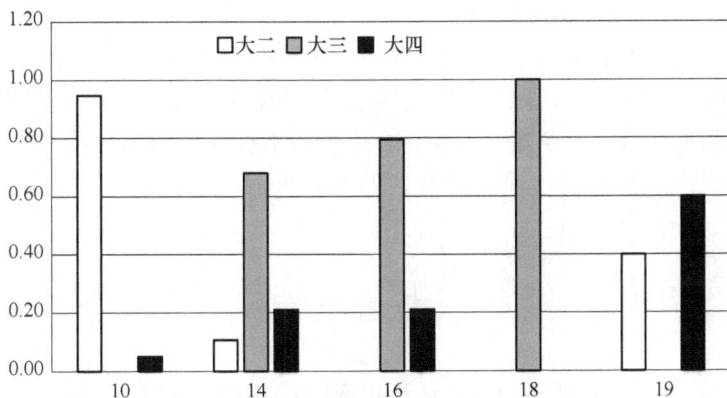

图1 校企合作项目课程的学生年级分布

2. 国际化的校企合作伙伴

与学院合作共建项目导向的核心活跃企业目前有近40家,因为中欧工程技术学院的中法合作办学背景,其中一半以上合作企业是欧洲在华的知名企业(占比53%),包括阿里云在内的国内成功企业也在学院的合作成员之列(占比38%),其余的9%是美国企业,见图2。国际化的校企合作伙伴决定了校企合作项目课程的国际化视野,为学生提供了更多的体验跨地域、跨国界的工程师文化的优质学习资源。

3. 跨行业的校企项目合作

中欧工程技术学院目前的专业设置为机械、信息、材料三个本科专业以及信息物理系统(CPS)硕士方向,如图3所示,目前合作企业以IT和工业制造业为主,但是不限于此。随着工业4.0的稳步推进,以信息技术为代表的先进生产及管理方式持续将其前沿推进到各个传统行业领域,中欧学院的毕业生就业范围不断拓宽。学院的企业合作伙伴涵盖了服务、管理、能源、零售等各个行业,通过企业项目让学生有机会深入了解企业对技术和人才的需求,培养高水平工程技术人才的职业素养。

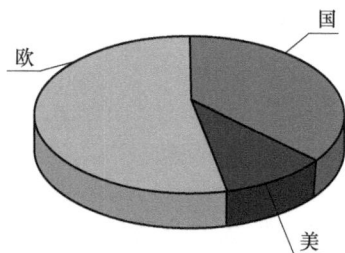

图 2　合作企业的地缘构成

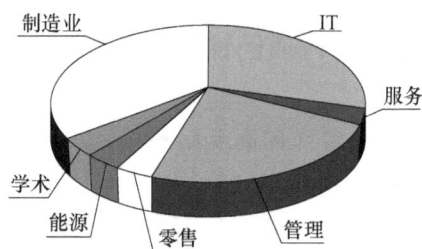

图 3　合作企业的行业构成

五、结　论

学生通过校企合作的项目实战课程,对当前信息技术的快速发展和物联网、大数据以及人工智能技术在诸多领域的应用有了较深入的认识,切实体会到国际化大背景下的企业亟需复合型人才这样一个现实,从而激发他们掌握专业知识、学习新技术并创新应用的浓厚兴趣。

基于前期良好的反馈效果,我们会进一步引入国内外企业的成功案例,强化项目实战教学,拓展可用于实践教学的项目课程资源,让学生尽可能多地接触并融入到优质的企业项目中。学院与不同领域的成功企业建立的校企合作关系不仅保证的课程项目的多样性,同时也帮助学生理解高层次工程师的内涵及其蕴含的无限可能,同时使校企双赢的合作步伐更为稳健。

参 考 文 献

[1]　熊璋,于黎明.法国工程师学历教育认证指南[M].北京:科学出版社,2012.

[2]　林金辉,刘梦今.论中外合作办学的质量建设[J].教育研究,2013,34(10):72-78.

[3]　陈瑶.国际合作办学模式的发展与创新[J].中国校外教育,2014,(18):30+38.

基于学生国际竞争力提升的校企合作模式探索与实践

于 雷 唐宏哲 洪冠新

北京航空航天大学 中法工程师学院

《国家中长期人才发展规划纲要(2010—2020 年)》指出,人才队伍建设的主要任务,就是要围绕提高自主创新能力、建设创新型国家,以高层次创新型科技人才为重点,努力造就一批世界水平的科学家、科技领军人才、工程师和高水平创新团队。教育部于 2010 年启动了卓越工程师教育培养计划,旨在培养造就一大批创新能力强、适应经济社会发展需要的高质量各类型工程技术人才,促进我国由工程教育大国迈向工程教育强国。北京航空航天大学中法工程师学院作为中法合作办学的典范,一直把培养具有国际视野的、有中国特色的工程师当作是办学目标,既博采众长,充分吸收法国工程人才培养的理论、制度和经验,又扎根中国大地,不断探索和总结有中国特色的工程师培养模式。学院建院 15 年来,一直以校企合作和企业实习作为工程师培养的重要抓手,在校企合作的理论、组织与实施上积极实践与探索,取得了一批有特色的成果。

一、背景与意义

法国的工程师制度能够获得今天的成就有着深刻的历史原因,是国家、企业、学校共同努力,经过 200 多年的磨合与发展的结果。法国工程师教育在国际上享有盛誉,企业密切参与工程师人才培养发挥了重大作用。最早的企业与工程师学校合作可以追溯到 18 世纪,巴黎路桥学校等院校暑期送学生到法国甚至到国外的工业现场去实习。法国工程师教育的校企合作具有几个特色:一是企业直接参与学校管理。法国工程师学校的行政委员会是学校的重大战略决策机构,其成员中至少有一半是校外人员,且大部分来自工业企业界。如法国中央理工大学集团,具有 12 家深度企业合作伙伴、8 家友好企业合作伙伴和超过 100 家就业企业合作伙伴,校行政委员会的校外成员大多来自于此。二是企业通过科研合作、基金会等多种形式对学校进行经费支持。企业会不断强化与学校的科研合作,通过项目研究经费的形式赞助并参与学校的科研活动。同时,也以慈善基金、奖助学金等形式支持学校建设和学生发展。三是企业承担教学任务。企业与学校共同制定课程,课堂教学内容也会根据企业的需求和实际的发展进行不断调整;企业提供有丰富经验的工程师承担技术类课程的教学,他们不仅传授知识,还带学生进行实地观摩、操作;企业提供实际的课题项目供学生研究训练,这些项目都来源于工程中发生的实际问题。四是企业支持实习就业。工程师学校与企业建立人才培养战略联盟,建立固定的学生生产实习基地,并聘请企业工程师担任实习指导教师。

北航建立之初,就高度重视教学中的理论与实践脱节问题,主动请缨,师生奋战 100 天,研制出新中国第一架轻型旅客机"北京一号"。多年来,北航不断强化企业重要主体作用,逐步拓宽企业参与高校办学的途径,注重发挥企业在高校人才培养、科技创新和成果转化过程中的重要作用。一是坚持"引企入教",汇集校内外资源提升人才培养能力。吸纳引入优秀企业参与人才培养过程,推进面向企业的教育教学供给侧改革。北航高度重视专业优势与行业特征相结合,积极探索校企合作育人模式,与中国商飞合办"大飞机班",与中航工业共建国家"试点学院",入选全国首批"工程博士"培养试点单位,促进生产任务与人才培养的有机融合,完善创新创业和应用型复合人才的培养体系与培养能力。二是坚持"引企入研",提升校企协同科技创新的深度维度。企业生产的实际需求是高校开展科技创新的重要来源,高校的科技创新能力和科研成果最终要通过市场化的推广和应用实现。北航努力构建开放、多维的协同创新体系,利用行业特色,瞄准航空科技战略制高点,与中国工程院联合成立中国航空工程科技发展战略研究院,打造相关领域首个国家级咨询研究机构;参与发起成立"空间信息产业联盟""国家通用航空产业协同创新联盟""中国云产业联盟"等,成为推动相关产业发展的关键力量,形成千亿级产业的未来集聚地;与华为公司签署战略合作协议,在软件工程、可靠性技术、系统工程等前沿技术领域方面加大合作,开启新征程,探讨校企合作产业化新模式,在基础科学研究、交叉学科研究等方面取得新的更大突破,携手打造真正能够代表中国并达到世界顶尖水平的科技成果。

北航中法工程师学院自从成立以来,既继承了北航注重理论结合实践的优良传统,又充分借鉴法国工程师院校与企业密切合作的经验,吸引企业参与到工程师培养的全过程中来,从学院的办学目标、管理模式、教学培养,到科研创新和实践就业,都与企业展开全方位的合作。中法工程师学院作为国际化人才培养改革实验田,秉承"发展、开放、合作、共赢"的办学理念,借力"高校国际化示范学院推进计划",接轨国际一流认证体系和培养体系,培养具有"全球视野、系统思维、协同创新"能力,能胜任世界多样性和快速变化挑战的工程领导领军人才。这样的定位和人才培养目标,就要求学院必须不断探索创新有利于提升学生国际竞争力的校企合作模式。

学院深刻认识到,强化国际企业合作,有利于增强学生的择业竞争力。学院在创建初期就把与世界500强企业和国内顶级企业及创新型企业合作作为学院的重要举措。优秀的企业,往往具有先进的管理理念和开拓创新的企业文化,能够占据行业技术的制高点,引领整个行业的技术发展与革新。通过与众多优秀企业保持友好而紧密的合作关系,在教学、科研、实践、管理等环节中全程参与,就能够在教学中引入企业对当前最新技术成果与发展趋势的理解与解读,增强学生的新技术感知能力。强调校企合作,还有利于优化学院的学科与课程设置。学院的合作企业都是大型企业集团,这些集团的产品和服务往往是几个专业领域的交叉,其工程师和实习生往往需要具备多学科的交叉的科研能力。学院通过与这些集团密切合作,根据集团的岗位设置动态调整学院的学科和课程设置,就能够不断进行优化,使其更适应国际化高端人才培养需求。

二、学院的校企合作模式探索与成果

学院建院 15 年来,开展校企深度合作已有 11 年,取得了丰富的成果,也得到了国际国内的认可。具体表现在以下四个方面:

(1) 学院从 2012 年第一届毕业生开始,已经培养了十届 800 多名具有国际视野、系统思维、创新意识和复杂问题解决能力的高水平人才。毕业生的综合素质和发展潜能得到了国内外企业的高度评价。除 30%的毕业生到国外继续深造外,60%以上的毕业生进入中国商飞、中航工业、道达尔、斯伦贝谢、赛峰、安永等世界 500 强企业,行业遍布航空航天、石油、电力、机械、矿业、新能源、制造、汽车、网络、通信、银行、审计、传媒等领域(见图 1)。

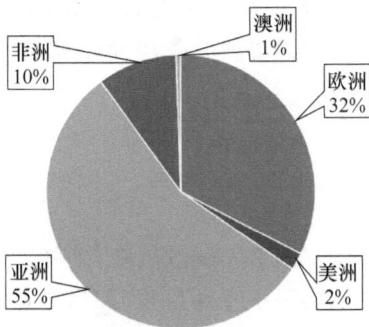

图 1　毕业生全球升学就业的地域分布图

　　毕业生的国际竞争力突出体现在,对于企业文化和工程领域具有较强的适应性,很多毕业生在就业岗位上表现优异很快进升到中层管理岗位。中国商飞公司对首届毕业生郭天鹏的评价如下:"工作积极主动,能较快地适应新的环境,主动承担岗位各项职责任务,与相关部门与工作人员沟通顺畅,很好地建立了业务关系。学习能力强,学习积极性高,尽管入职不久,但其工作表现、逻辑思维和主观能动性已给部门领导和分管领导留下深刻印象。"道达尔公司巴黎总部对毕业生林琳的评价:"可以同时用多视角看待问题并能用严谨科学的方法解决问题的人,符合道达尔这样的大公司的所有用人需求。而这样的特质也是和道达尔'有理想,好奇心,希望转变与创新'的企业理念相吻合"。

　　(2)在探索与实践校企深度合作培养研究生的过程中,学院注意分析、研究和总结培养模式、实施途径及质量保障等,形成了校企合作研究生培养各个环节中的系列工作模式与解决方案,并不断地进行修正和完善,已经发表了一批可以借鉴和参考的理论性成果。例如在《高等工程教育》等国内外著名期刊上发表了多篇论文成果,获得中外媒体的多次报道。

　　(3)学院的校企合作培养模式受到了中外政府、教育部门和高校的广泛关注。教育部、工信部、外专局等领导同学多次莅临学院视察和指导工作。2017 年 11 月 25 日,法国外交部长勒德里昂访问学院并参加了第十届中法"企业日"活动,充分肯定了学院的办学理念和校企合作模式,并进一步鼓励法国企业更多地参与学院的人才培养工作。学院目前每年接待企业访问约 30 余次,在人才培养、科学研究、产业转化等多个方面展开全方位的合作探讨。

　　(4)学院不断实践"引企入研",初步形成了合作企业以科研项目的模式参与学院科研工作的新模式。2019 年 10 月,中法工程师学院与法国电信集团成立联合研究团队,广泛结盟全球优质的企业合作伙伴,对标法国通用工程师培养标准,搭建高水平的校企合作平台。法国电信(Orange)是世界 500 强电信企业,在新一代信息技术、电力装备等行业实力非凡、行业领先,联合研究团队的成立,促进了学院与法国电信(Orange)的深度合作,双方在科学研究和人才培养等方面取得双赢。同时,学院充分发掘和利用连续举办了十三届的企业开放日活动,不断强化学院与企业的互相了解,为企业提供了解学院科研水平与研究方向的平台,为学院教师和企业的合作"搭台子、结对子",除已经成立的与法国电信集团的联合研究团队外,与法国电力集团建立科研合作平台以及与施耐德电器成立合作团队的工作也在稳步推进。

（5）学院的校企合作模式及效果得到了法国工程师职称论证委员会(CTI)与欧洲工程教育(EUR-ACE)的肯定,是国内首个连续两次通过其6年资质论证的境外办学机构。学院牵头成立了"北京卓越工程师教育培养计划高校联盟",组建中法工程师教育联盟,受到了教育部、北京市教委、同行高校的认同和肯定,每年学院接待兄弟院校来访20多次,共享校企合作模式与经验,间接对30多所高校的近万名研究生培养过程起到了积极的影响,成为高水平国际化工程人才培养的典范。

三、校企合作的理论探讨

学院在十年的校企深度合作的探索和实践过程中,始终聚焦"全球视野、系统思维、协同创新"的人才培养定位,在校企合作的实践中不断摸索与总结,逐步凝练出适合中国工程师培养的一套校企合作理论体系。

引入国际评估,用国际标准指导和提升校企合作;设计国际竞争力评价要素,分析毕业生及企业的反馈,评估研究生国际竞争力提升的效果。

法国工程师职衔委员会(CTI)是法国工程师学历教育认证机构,其对工程师人才培养开展的评估具有国际权威性。它强调工程师培养须与企业紧密合作;强调工程师接受的教育应该建立在一个宽广的、多学科的科学基础上,重点放在学习方法、学习工具、工业背景或工业环境上;强调以多学科教育、多模式教育和多元化培养提高学生的创新能力和解决复杂问题的能力。鉴于法国在工程师培养上的权威性和国际认可度,通过CTI标准进行认证评估成为检验工程师培养水平的一个金标准。

学院于2010年和2016年两次向CTI提出评估认证申请,并连续两次获得了最高6年的认证通过。学院以CTI的国际认证标准来指导和开展校企合作,也将校企合作模式和成效纳入CTI的评估和监督。2016年CTI在给学院的评估决议中指出"学院与中外企业合作伙伴联系紧密,为学生提供了资源,保证了实习,增加了就业机会。"

为了评估校企合作对提升研究生国际竞争力发挥的作用,学院设计了8项评价要素用于对研究生国际竞争力进行定性的描述和评价,包括学历和文凭、系统思维能力、工程创新能力、项目执行能力、团队协作能力、国际开拓能力、文化认知能力和科学研究能力。学院定期开展对毕业生及企业的问卷调查,及时获得反馈并进行分析,得出研究生培养能力提升的雷达图(见图2)。由图可见,相比传统培养模式,学院通过有特色的校企深度合作使研究生的综合国际竞争力得到了提升,尤其是跨文化能力、国际拓展能力以及系统思维能力有显著提升。

构建中法联合管委会和企业合作伙伴制度,从顶层设计保障企业多渠道、深层次参与学院办学全过程。

通过不断探索,逐步构建形成了层级企业合作伙伴构架体系,如图3所示。顶层企业合作伙伴包括中国商飞公司和法国赛峰集团两家,加入中法联合管理委员会,全面参与学院管理与教学决策。中法联合管理委员会是学院的最高管理机构,每年召开两次全会,企业通过管委会参与学院的顶层管理,如招生就业、培养方案、教学运行、师资队伍、科研方向、人事任免以及财务预算等决策。中国商飞公司和法国赛峰集团为学院的条件建设和学生培养提供了财力支持。

图 2　中法工程师学院毕业生国际竞争力评估雷达图

下层主要包括 21 家签约合作伙伴和底层的 30 家一般合作企业。通过层级结构,既能"强基",不断扩大企业合作伙伴的范围,允许不熟悉学院的企业通过部分合作增强对学院的认识和了解,为下一步进入签约合作伙伴做好准备;又能"求精",重点培育合作基础好的企业合作伙伴,实现双方共赢。

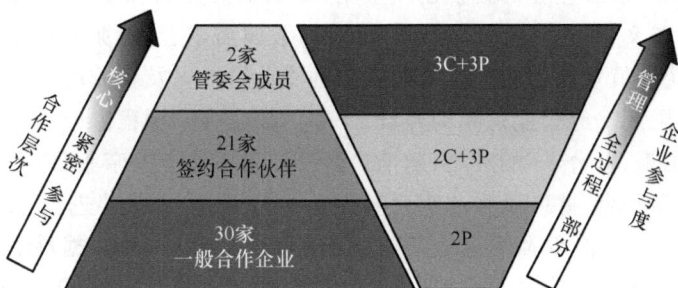

图 3　主要合作伙伴层次构架图

构建分层分段企业实习实践体系,形成企业全程参与工程师培养的正反馈闭环系统。

根据学生培养的不同阶段,学院设置了三段式企业实习模式:大三暑期为期 1 个月的企业认知与体验实习,研究生一年级暑期 3 个月的企业工程师实习,和研究生二年级 6 个月的毕业实习。不同层次的企业实习实践使学生对企业的认知不断深入,从开始接触并解决实际工业生产的技术问题,上升到能够独立思考并解决一定难度的工业生产整体方案问题,也可以使学生深度接触多种类型企业。

学院在研究生一年级开设 300 学时的创新团队项目,且作为必修环节。学院每年向企业征集研究项目 12～15 项,来源于企业提供其研发和生产过程中的需要解决的部分工程技术问题,由 4～5 名学生组成项目团队,采用企业项目导师主导和学院科学导师辅助的双聘任导师制。学院成立项目监管委员会跟踪和评估项目研究进展和成果。

四、校企合作的组织与实施

(一) 校企合作的体系建设

在理论体系的指引下,学院狠抓校企合作的组织与落实,合作的体系结构逐步构建成型,如图 4 所示。

图 4　校企合作体系构架图

顶层企业合作伙伴加入中法联合管理委员会,参与学院的重大事项的决策与管理。管委会位于校企合作体系的顶层,决定了企业课程、科研实验平台、学生实习与实践各个模块的构建、调整与优化,确保整个体系的顺畅运行。

学院每年吸纳 2~3 门企业特色优势课程,并定期调整和更新。学院与企业共同设计课程的名称和主要内容,涉及企业的科技创新应用、基础工具方法和项目管理等,同时给学生提供了企业工作环境与文化、企业对工程师的技能和素质需求、工程师在企业扮演的角色等内容,提升了学生在企业就业的适应性。针对学院的专业设置以及企业的优势领域,学院先后与斯伦贝谢、道达尔、阿海法等企业每年均开设 2~3 门校企合作课程。

学院采取"请进来、搭台子"的策略,邀请校内外知名中法专家牵头,成立联合实验室,为学院科研教师搭建科研平台,并鼓励在此平台基础上,与企业合作伙伴进行密切合作,拓展校企合作深度。从 2017 年以来,学院已经先后成立了科赛实验室、中法数据科学实验室、中法风险科学与工程实验室和中法未来城市实验室,在材料科学、信息科学、风险控制和智慧城市等热点领域初步形成影响力。

学院通过提供优质毕业生吸引企业将未来就业环节前置到在校的培养阶段。近年来,累计共计完成 2 000 多项实习,涉及企业 500 多家,学生实习的专业领域分布情况统计见图 5。有些学生的实习成果给企业创造了较好的价值,得到企业资助,并获得了北航及国家的表彰奖励。约有 1/4 的企业在毕业实习结束后,主动与研究生签订了工作合同。学生在实习过程中,既了解了企业文化,学习到了企业先进的工程技术,又锻炼了解决复杂性前沿问题的能力,并提升了团队合作与沟通交流等能力。

创新团队项目(PIC)设置以来,共 30 多家企业参与了项目,累计提供企业课题 100 余项,创新团队项目的来源企业分布及项目领域统计,如图 6。学生在项目组织实施的过程中,其综合创新能力、复杂问题解决能力、团队沟通与交流能力、企业环境适应能力等得到了全方位的锻炼。

(二) 积极推进企业合作伙伴关系建设

企业合作伙伴的关系建设不能有"等等看"思想,要化被动为主动,通过邀请企业参与学院

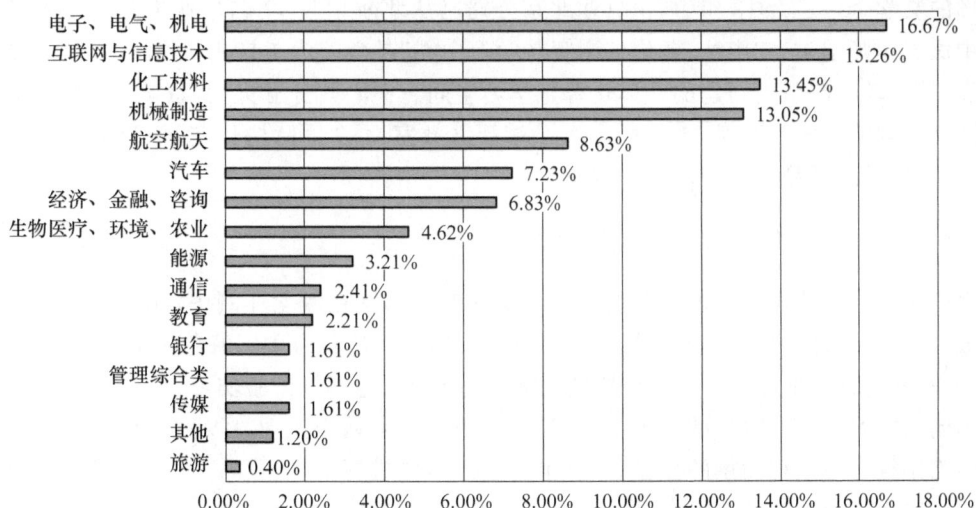

图5 学生实习的专业领域分布情况统计

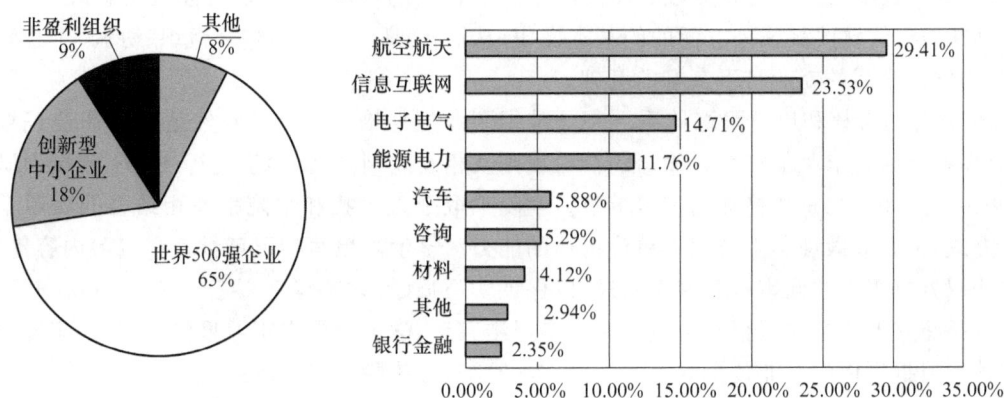

图6 创新团队项目的来源企业分布及项目领域统计

活动、去企业参观走访等形式,不断推进企业合作伙伴关系建设。

北航中法工程师学院"企业开放日"自2008年开始至今已举办13届。"企业开放日"邀请包括空中客车、中航国际、法国电力、斯伦贝谢、通用电气、米其林、华为在内的多家世界知名企业与学生零距离交流,宣讲企业理念,并提供就业或实习机会。由于中法工程师学院培养通用工程师,学生既有中法双语语言优势,也有工科专业知识,还有一定的项目管理经验,能够适应多种业务和岗位需求,颇受企业欢迎。

2019年8月,学院领导班子一行走访四达时代,双方就如何加强"校企人才战略合作"、落实"进校讲座、学生座谈、毕业生定制化培养"等事宜进行了深入的探讨和交流。四达时代认为北航中法学生素质高、能力强、稳定性突出,切合四达时代对高知、高能、高潜年轻人才的需求。四达时代希望加强与北航中法工程师学院的合作和交流,拓展学生就业选择,共同培养人才,建设学生实践基地,发展校企合作新模式,为北航中法学子提供更为广阔的成长空间。

2018年9月,"中法-斯伦贝谢智慧学习中心"正式揭牌,学院在企业合作伙伴参与学院建设模式上提出了创新思路。斯伦贝谢与中法工程师学院合作已久,其每年为学院学生提供一定数额的奖学金。自 2013 年,斯伦贝谢北京公司已从北航招收 17 名毕业生,其中 14 名来自北航中法工程师学院。"中法-斯伦贝谢智慧学习中心"是学院为了打造一流教学环境、提升教学品质、带动教学改革而新建的一体化智慧学习空间。中心共分五大"智慧学习空间",包括 1个团队互动教室,1 个小型智慧教室,1 个云端智慧教室,4 个团队协作空间,为学院创建一流教学环境、提升教学品质并带动教学改革。

(三)学生实习的组织与制度建设

生产实习是高等学校人才培养的一个重要环节。学院在教学体制中,充分融入了法国工程师教育中多层次实习训练和大量实践课程的特点,构建出具有中国特色的学生实习模式。

① 三段式的企业实习。学生在校期间需要进行三次实习:体验实习、见习实习和实岗实习。不同的实习有不同的目的和侧重,体验实习的目的是认识企业,了解企业文化,亲身体验公司的工作氛围并进行简单的操作,并对企业整体运作进行一次观摩。见习实习的目的是接触并解决实际工业生产的技术问题。实岗实习要求学生能够独立解决一定难度的工业生产及工程问题,提出解决方案,其实习报告应达到正常企业项目工程师项目报告水平。

② 实习多元化。学生的实习不仅仅局限于工程上的技术操作,还会涉及到管理行政类、金融 数据分析、软件测试等方面的的基本操作,从而提 高了学生的综合组织、协调、工程管理能力,为学生今后的就业打下良好的基础。

③ 完善的考核和质量跟踪体系。一是进行职业规划培训。有针对性地开设职业规划课程,讲授各类语言求职信和个人简历的撰写规则及相互差别,组织学生进行一对一现场面试模拟,并逐一点评。二是严格筛选实习单位。学院采取个人寻找和学院推荐相结合的实习单位选择方式,可有效锻炼学生与用人单位沟通的能力。学生需填写实习审批表和实习内容描述,由中法双方负责人共同审核并签字通过,以保证实习质量,之后学生签三方实习协议,开始实习。三是建立严格的实习报告考核体制。实习结束后,学生会提交实习报告,学院组织专业老师审核实习报告内的专业技术内容并组织实习答辩,考核验证实习成果。

五、总结与展望

经过多年在校企合作领域的探索与实践,学院提炼了具有中国特色的校企合作理论,搭建并不断完善了校企合作架构,形成了适应学院培养具有国际视野的高水平工程人才培养需求的校企合作体系。在理论层面,1)引入国际标准指导和评估校企合作,开辟了校企合作的行业督导与国际评估新途径,提升了我国工程人才培养的校企合作水平和国际知名度。2)提出研究生国际竞争力评价要素,创新了定性描述研究生国际竞争力的方法,为工程人才培养成效的评估显示提供了借鉴和参考。3)提出了企业合作伙伴制度和分层分段企业实习实践体系的构建方法,切实提升了研究生国际竞争力的培养能力。

学院成立 16 年来,培养了十届 800 多名优秀毕业生,60%以上进入世界 500 强企业,行业遍布航空、能源、机械、信息、银行、传媒等多个领域。开展校企合作的分析研究和总结,在《高等工程教育》等国内外期刊发表了多篇论文成果,获得中外媒体多次报道。校企合作模式在学校、企业和社会中得到了广泛认可和高度评价。牵头成立了"北京市卓越工程师教育培养计划高校联盟",组建中法工程师教育联盟,对 30 多所高校的近万名研究生培养过程起到了积极影响。

应该看到,我国经济正处在转变发展方式、优化经济结构、转换增长动力的攻关时期,新行业不断兴起,新业态层出不穷,对高水平工程人才的需求与日俱增,因此校企合作也面临新的机遇和挑战。政府部门在校企合作统筹规划方面的作用缺位,政策法规方面的支持保障体系缺失,从而没有形成良好的校企合作运行体制和机制。另外,在校企合作中主要是学校和企业双方的合作,仍处于各自为政的局面,学校主要完成理论教学任务,企业主要完成实践教学任务,缺乏政府、金融、科研、社会等单位或机构的广泛参与,没有形成多元谋划、协同发展的合力。

针对校企合作面临的挑战和机遇,借鉴国内外校企合作模式之长,需要寻求一种适应新时代要求的校企合作模式,为此构建校企合作"多元协同体"模式,"多元"是指除了高校和企业参与外,还需要政府部门、金融机构、新闻单位、科研院所等单位或机构的加入。以"政府主导、校企承办、其他协同"为架构,搭建一个多元化、全方位、宽领域的人才培养平台,形成多方参与、适应发展、协同合作的新格局。

法国高校学生事务管理特色及启示①

杨东华②　赵　静　马雷妮

中山大学 中法核工程与技术学院

摘　要：法国高校学生事务管理因高度社会化成为典型的外部型学生事务管理模式。法国高校学生事务管理在长期的发展中形成了机构保障法制化、学生服务社会化、学生参与制度化等特色。学习借鉴法国高校学生事务管理工作中的有益经验,推动我国高校学生事务管理工作的发展,不断丰富我国高校学生工作的内涵具有现实意义。

关键词：法国高校学生事务管理;社会化;特色与启示关键字

随着我国高等教育改革的不断深入,高校学生工作的内涵也获得了极大丰富,不在单纯意义上的思想教育和政治教育。高校学生事务管理工作是我国高校学生思想政治教育工作的有机构成和开拓延展,在强调学生工作的教育、控制、约束和规范学生等功能之外,还强调指导学生和服务学生的功能。在西方国家,高校学生事务管理已经成为大学事务的重要组成部分,是指高校通过组织和指导、服务学生以促进其全面发展而开展的课外活动和非学术性活动[1]。

从高校学生事务管理与社会的关系、组织结构来看,法国高校学生事务管理模式因其高度社会化的特征成为外部型学生事务管理模式的典型代表。其学生本位、高度专门化的特点值得我国学生事务管理在科学转型过程中积极借鉴。法国高校学生事务工作强调以服务学生、实现学生个性化成长为核心的管理理念,以促进学生成长成才为管理目标,构建了围绕学生的一系列的相关服务项目。与此同时,法国高校学生事务管理的机构高度社会化与专门化,其设置和权限划分只在学校一级进行,针对"提供服务"的不同项目分划学生事务,分成若干相应的职能部门,处理特定的工作、提供特定的服务,分工合理,职责明确[2]。

一、法国高校学生事务管理模式的形成背景

法国是个典型的中央集权制国家。法国高等教育受到本国政治文化和行政体制的影响,形成了一种独特的集权化与多样化共存的结构。这使得法国的中央政府对高等教育拥有管理、决策的权力,并通过计划、立法、拨款、监督等手段直接 调控高等教育活动。经过中央集权与大学自治长期此消彼长的矛盾斗争后,法国确立了真正自治的大学,这对后来的高校学生事务的发展带来了关键性的影响。法国通过立法来保证高校享有充分的自由,国家不能从行政

---

　　①　原文刊载于:高教学刊2016年15期。编入本书时进行了重新排版。

　　②　杨东华(1969,08-),男,汉族,云南江川人,中山大学中法核工程与技术学院副院长,副教授,硕士,研究方向:高校学生事务管理。

角度干预高校的学术事务,这为大学教师从事教学和科学研究提供了保障。因此,法国的大学仅从事教学和学术的活动。

基于法国大学管理体制的特点,学生事务逐步从高校事务中分离出来,不再由大学承担。作为教学和科研机构,大学的功能仅仅在于学术活动的界限内[3],其他的非学术活动,特别是学生事务则由社会化的服务机构来承担,仅在高校成立了作为在校学生与这些社会性服务机构间进行沟通和协调的 学生事务管理联络办公室。于是,便形成了非常具有法国特色 的外部型学生事务管理组织模式。由大学负责教学和科研,社会化机构承担学生事务为方式的法国高校学生管理,其积极 意义在于高校可以更加专注于教学与科研活动,免除了高校 自身学生后勤服务的负担和责任,还在于社会化机构对大学 生生活进行集中管理提高了工作效率,而且社会化机构的经 费与全部经营活动受财政部与高等教育部的双重监管,财务制度更加严格规范。

二、法国高校学生事务管理的机构组成及职能

(一)法国高校学生事务管理的机构组成

在法国,根据国家立法的规定,学生事务管理是由教育部直接领导下的专门化的行政机构——全国大学生事务服务中心(Centre National des œuvres Universitaires et Scolaires,简称 "CNOUS")来负责,它成立于 1955 年,隶属于法国教育部,其行政委员会的成员由教育部长直接任命,属于有独立法人资格和经费自主权的公立机构,总部设在巴黎。它在各地方的分支机构——大区大学及学校事务管理中心(Centre Régional des Oeuvres Universitaires et Scolaires,简称"CROUS")为各大学提供直接服务,管理上由克努斯(CNOUS)领导,定期向其汇报工作。

从图 1 可以看出,全国大学生事务服务中心(CNOUS)与各地区、城市的分支机构(CNOUS)相互之间存在直接的隶属关系,仅在各个高校设立联络点。同时,有与学区划分相对应的 28 个地区性学生事务服务中心、16 个地方性学生事务服务中心及 40 多个分支机构,约有 1.2 万工作人员服务于全国 200 万学生。这些组织均属于非营利性的机构,管理经费除了自行筹集之外,还包括政府的资助和社会的集资[4]。

在法国大学生事务服务中心(CNOUS)里,最高决策机构是行政管理委员会,委员会包括国家公务员、学生代表、员工代表、高等教育机构的校长或主任、地区代表、社区代表等,其主要任务是负责中心管理层人员的遴选、重大事项的决策、年度执行情况的审议和下一年度工作计划的制定等。中心主任代表中心签约,监督中心的服务,准备行政委员会的工作,并做决策;一个高级经理负责协助主任,监督管理单位的负责人,协调中心的行政管理。中心还下设人事、食宿、就业服务等机构部门,负责中心的日常运营。

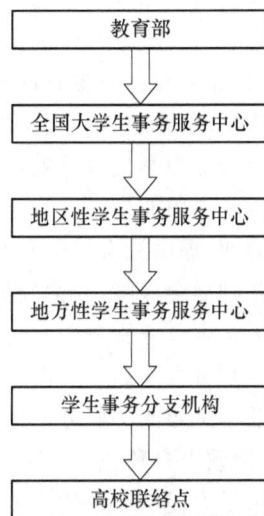

图 1 法国高校学生事务管理组织结构

(二) 法国高校学生事务管理的职能

全国大学生事务服务中心(CNOUS)服务范围和内容大致包括两大方面(如图 2 所示):后勤服务与社会福利。

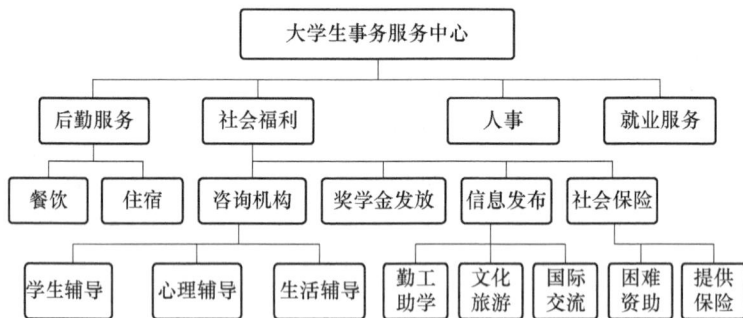

图 2　法国大学生事务服务中心职能架构示意图

后勤服务。法国高校的后勤事务主要是由社会团体和企业来承担的,主要包括住宿和餐饮。法国大学一般不为学生提高住宿,而是由大学生事务服务中心统一经营,或者推荐、联系其他渠道的住房。目前法国学生事务服务中心能够为 15 万学生提供住宿,在 150 个城市拥有居所。在餐饮方面,中心在 150 个城市开设了 500 多家餐厅,另外还有加盟餐馆 300 多家,学生凭学生证在这些餐厅就餐,可以享受到国家通过中心提供的伙食补贴[5]。

社会福利服务。大学生事务服务中心为学生提供的社会福利服务内容比较多,具体包括:

第一,奖学金的发放。在法国,政府为大学生提供的奖学金都是通过中心来发放的;

第二,提供包括学业、生活、心理等方面的咨询。中心下设的咨询机构一方面是开展日常的咨询工作,另一方面是举办相关知识的讲座和沙龙,学生可以根据自己的需要自由选择参加。与我国工作模式不同,他们的工作是采用"窗口式"方式为学生提供咨询和服务,鼓励学生主动寻求相关服务和帮助。对于来寻求咨询的学生,咨询老师只对其个人负责,不会与学生家长沟通,如果存在严重心理问题的学生则直接联系相关医院就诊。

第三,就业服务。大学生事务服务中心的就业服务体系高效、规范和社会化。中心通过整合社会资源为学生提供就业服务,一方面利用社会资源和学习资源开发专业化的就业指导,帮助学生规划职业生涯;另一方面还为学生提供就业信息,并指导学生确定就业方向、就业岗位。

第四,提供社会保险和经济资助。大学生事务服务中心专门聘用了社会福利人员为学生提供各种社会保险,并为经济有困难的学生提供一定的经济援助[4]。

大学生事务服务中心的工作基本上覆盖了学生日常生活事务管理,一方面可以把学生的日常管理事务从高校脱离出来,更加关注学生的教学和科学研究;另一方面由于社会化的运作机制及学生导向的服务原则,大大提高了管理和服务的水平和效率。同时,中心有独立经营自主权,财政上自负盈亏,完全按照市场规律运作,这不仅可以获得一定的经济效益,还可以使高校省去了为提供服务所需人力成本。

三、法国高校学生事务管理模式的特色

（一）机构保障法制化

在法国,法律依据一直是学生事务管理的显著特点,学生事务管理是通过立法来确定管理机构的。1955 年,法国政府以法令的形式重组了大学生社会服务部门,并确立了国家与大学区学生事务管理中心具有公立行政机构的地位。1987 年至 1996 年的十年里,法国政府先后七次出台或者修订了大学生社会服务的相关的法律法规,这些法律法规对中心职能、组织结构、财务运转、人员待遇、代表构成等都做了详细的规定,为中心的发展提供了法律保障。同时,法律法规也明确了政府对中心的监管机制,例如财务要接受财政部和教育部的双重监督,财政监督员可以随时进行检查。

（二）学生服务社会化

全国大学生服务中心针对学生的各种服务是由社会团体和企业来承担的,财政上实行自负盈亏,这样,服务质量和效率成为能否立足和发展的关键,因此中心有一支业务素质、专业化的服务队伍是提高工作效率和服务满意效果的保障。对学生而言,享受社会化的服务,会比由学校垄断下的服务更具竞争力,而且,学生必须走出校门,才能获得各种服务,无形中加强了学生与社会的联系,使学生能够较早地接触社会与认识社会,培养了他们的社会认知和自我生存能力。[2]

（三）学生参与制度化

学生参与是为了体现师生共同治理、民主管理、追求师生的共同利益及其实现学生的合法权利。在学生事务管理中坚 持学生参与的原则主要体现在以下两方面:一方面,学生在各级学生事务管理服务机构中担任一定的职务,让学生通过参 与行政管理机构的形式实现自我管理。例如全国大学生服务中心的行政管理委员会中就有 7 名学生代表[3],下属机构中近一半的职务有学生担任,有关学生事务的决定都需要征得学生群体的同意。另一方面,各类的学生组织和团体都是学生自发组织的,这些学生组织除了经常组织各类学生活动,还积极参加学校管理和社会活动,在大学管理方面发挥了积极的作用。由于学生的广泛参与,既增强了学生的社会责任感,培养了学生自我权益保护意识、主动意识,也使得学生事务服务机构能够持续地关注学生的利益与要求。

四、对我国高校学生工作的启示

我国高校学生工作作为高校人才培养的重要组成部分,在促进学生成长成才过程中发挥了重要的作用。随着高等教育大众化、国际化进程的不断深入,学生工作已经从关注学生政治思想发展到学生的全面发展,传统学生工作的内涵和外延都发生了较大的变化。在强化思想政治教育工作的基础上,学习和借鉴法国的学生事务管理模式对我们有一定的启示。

（一）加强我国高校学生事务管理的人本化建设是基础

高校学生事务管理人本化是指学生事务管理应以学生为本,在教育、管理、服务活动中要围绕帮助和促进学生成长成才来开展,尊重学生个性发展,为学生提供成长成才的环境,实现学生的全面发展。坚持"以人为本,以学生为主体"的学生事务管理理念,就是要把人的自我发展和自我完善作为学生事务管理目标的有机组成部分,在管理过程中,要坚持人本位与社会本位的统一,全心全意为所有学生服务。要实现高校学生事务管理人本化必须树立"以学生为中心,以服务为本位"的新理念,在工作中凸显学生的主体性作用,确立参加学生主体性发展的管理模式。

（二）加强我国高校学生事务管理的法治化建设是根本

高校学生事务管理法治化就是要建立健全高校学生事务管理制度,做到有法可依,能够用法律法规和有关管理制度来调整相关主体之间的权利义务,在管理过程中体现法律的公平与正义,使高校学生事务管理处于依法治理的状态。法国高校学生事务管理的一个显著特点就是法治化管理,法国不仅有完整的高等教育基本法,而且有专门的高校学生事务管理方面的法律法规,制订了明确的工作规范及完备的规章制度。在我国,高校学生事务管理法治化就是要把高校学生事务管理纳入法治化的轨道,消除过去高校学生事务管理行政化过多的人治行为和随意化倾向,达到依法治理高校学生事务的状态,以尊重和保护学生权益,创造有利于学生发展的环境[6]。

（三）加强我国高校学生事务管理的专业化建设是目标

高校学生事务管理专业化是高等教育发展的趋势,也是职业发展的需要,更是实现师生发展目标的需要。高校学生事务管理专业化就是强调在实现管理程序、管理手段、管理方式等的专业化过程。法国高校学生事务管理机构独立设置,履行各自相应职能,为学生提供专业化的服务。我国高校学生事务管理要不断细化工作内容、拓展职能领域,建立集教育、管理、咨询和服务一体化的工作体系,促进学生的成长成才。同时,还要从制度上、体制上予以明确和推动,建立完善的学生事务管理专业化的制度,使我国高校学生事务管理逐步实现专业化的目标。

参 考 文 献

[1] 刘功成.浅析西方国家高校学生事务管理模式对我们的启示[J].武汉科技学院学报,2009,22(06),54 - 58.

[2] 李金凤.中法高校学生事务比较研究[J].中国科教创新导刊,2011,20:32 - 33.

[3] 彭嘉芬.当前发达国家高校学生事务管理模式研究[D].湖南师范大学,2010.

[4] CNOUS,Centre National des oeuvres Universitaires et Scol aires[EB/OL].http://www.cnous.fr/.

[5] 马加力.当今法国教育概览[M].长沙:湖南教育出版社,1994:146.

[6] 储祖旺.高校学生事务管理教程[M].北京:科技出版社,2009:283 - 284.

第七章

中外合作办学之党建思政

编者按：

进入新时代，高校思想政治工作的使命任务、基础条件和客观环境等都发生了深刻变化。高校承担着"为党育人、为国育才"的神圣使命，根本任务是立德树人，要以提高人才培养质量作为一切工作的出发点和落脚点。新时代青年大学生肩负着实现中华民族伟大复兴的历史使命，不仅需要具备良好的科学文化素养和专业知识技能，更需要具有崇高的价值追求、良好的道德修养和坚强的意志品质。此外，由于国际交流合作的背景，中外合作办学机构的党建思政工作具有与生俱来的特殊属性。本章的论文以各机构党建思政基础工作为出发点，介绍了在基层实践工作中总结的经验和取得的成果。旗帜鲜明抓党建，合作办学育英才；中法联合，共克时艰，描述了新冠疫情特殊时期的应对政策；分享了涉外安全稳定工作的探索经验；探索了新形势下的学生党建工作特点；讨论了中外合作办学课程思政问题；总结了利用社会支持的家校联动实践经验。

交大巴黎高科学院党总支

——旗帜鲜明抓党建，合作办学育英才[①]

孙佳(责任编辑)

上海交通大学交大巴黎高科学院

为迎接即将召开的上海交通大学第十一次党代会，全面展示各单位第十次党代会以来党建工作所取得的成就，接续奋斗谋发展，凝心聚力创一流，学校专栏"党建风采巡礼"即日焕新重启，将陆续推出文章，立体呈现各党委、党总支、直属党支部的成绩和风采。

——八年创业，筚路蓝缕，走出了一条不平凡的路，融合创新，成为国内最高水平的中法合作办学单位，2016被中法两国政府评为"中法大学合作优秀项目"。

——在中外合作办学的特殊管理体制下，建立完善了发挥党组织政治核心作用的内部治理体系，在全国中外合作办学领域提供了可复制可借鉴的经验。

——培养具有国际视野和家国情怀的复合型精英人才。坚持价值引领，以培养精英人才的社会责任为抓手，中法双方合力育人，将师资队伍多元化带来的未知成功转化成育人优势。

——致力于法式工程教育本土化，探索实践本硕一贯制培养卓越工程人才，已经形成"交叉融合的复合型创新人才培养的 SPEIT 模式"。

上海交大-巴黎高科卓越工程师学院于 2012 年成立，在校党委的坚强领导下，在合作院校的大力支持下，走出一条不平凡的路，融合创新，形成了学院独特的人才培养模式，人才培养取得了丰硕成果。在中外合作办学特区始终坚持党的领导，充分发挥党组织的政治核心作用，坚持社会主义办学方向，聚焦立德树人的根本任务，形成中外教师育人合力，共同培养具有国际视野和家国情怀的复合型精英人才。

(一) 围绕党的政治核心作用，建立了完善的内部治理体系

交大巴黎高科学院自建院以来，始终牢牢把握社会主义办学方向，党组织与学院同时建立，2012 年～2016 年为直属党支部，2016 年 4 月经校党委批准正式建立党总支。经过多年来的磨合和探索，学院已经形成了完善的联合管理委员会领导下的内部治理体系。党组织会议、党政联席会和院务会衔接配合，形成了良好的学院日常管理沟通协调和决策机制。学院内部规章制度包容并蓄，守好底线。形成了相互理解、平等合作、锐意创新的学院文化。学院的这一成功实践，为全国中外合作办学单位提供了可复制可借鉴的经验。

加强学院理论学习中心组学习，始终和以习近平为核心的党中央保持高度一致。根据学院领导职数少的特点，学院将除法方院长以外的院领导及主要岗位负责人均吸纳为中心组成员，将学习和干部培养相结合，增强办学骨干的政治素质和业务能力。通过中心组学习，将学

[①] 原文刊载于上海交通大学巴黎卓越工程师学院官网 2020 年 11 月 25 日，编入本书时重新排版。

院办学骨干的思想统一到党中央的要求和学校党委的决策部署上来,为学院事业发展提供了重要的思想保证,曾获得二级单位理论学习中心组优秀案例。

图1　2019年巴黎高科学院党员大会

图2　中心组理论学习

在办学过程中,学院党总支不断探索中外合作办学特殊模式下开展党建及学院中心工作的方式方法,组织党员干部积极开展党建和思政课题研究,在发挥党组织核心作用、院系内部治理体系研究、流动性党员规范管理、中外合作办学师生思想政治特点、党外知识分子思想引领等方面开展课题研究,在中外合作办学党建工作领域形成了一定的研究成果,为国家制定相关政策提供了实践经验和决策参考。

（二）坚持立德树人,加强价值引领,形成中法双方育人合力

在师资队伍国际化、课题体系国际化、海外交流日常化的办学环境下,学院一直致力于凝聚中外力量形成育人合力,坚持上海交通大学"价值引领、知识探究、能力建设、人格养成"的人才培养理念。学院已培养了两届毕业生,多数就职于国内重点行业和企业,为我国国际化战略输送了优秀的工程人才。

做好价值引领。以培养精英人才的社会责任为抓手,中法双方及全体教职工形成育人合力,将师资队伍多元化带来的风险转化成育人优势,培养具有国际视野的复合型精英人才。学

院党组织对师生做进一步的思想引领,引导师生树立共产主义理想信念,学院通过书记、院长给新生上第一课,从入校开始就加强对学生的思想引导。坚守意识形态主阵地,学院党总支书记兼人文类课程协调人,对课程大纲和任课教师严格把关。同时强化党员的政治责任,意识形态工作不留工作死角守好意识形态防线。

图3 教工支部赴徐汇致康苑开展关爱儿童志愿服务活动

图4 学院党总支书记上"新生第一课"

图5 学生党支部与中国北方工业公司党支部开展"家国情怀"共建活动

图 6　巴黎高科学院"党员宿舍挂牌"主题党日活动

图 7　海外党员为祖国送祝福

　　加强出国党员联系教育。建立联络小组,发挥学生党员的作用,为同学们排忧解难,更加注重日常交流,加强思想引导。两个学生党支部负责和每一位在海外的党员对接,同步开展学习,要求出国党员定期递交思想汇报。纪念五四运动 100 周年之时,也正值留法勤工俭学运动 100 周年之际,发动海外党员学习五四精神,缅怀周恩来、邓小平等革命先驱在法国勤工俭学的红色足迹。在庆祝中华人民共和国成立 70 周年和建党 98 周年等重要时刻,紧密联系在法国交流的同学们积极参与,以照片和视频的方式传递对祖国的祝福,开展"我在法国为祖国母亲庆生"海外党员为祖国送祝福活动。

　　坚定"四个自信"。通过本科毕业生远航教育和出国动员等形式的教育活动,引导学生用正确的、客观的眼光去看西方国家。召开海外交流分享会,交换回国学生通过分享切身体会和中外对比,开拓了学生的眼界和思维;同时也让更多的同学增强对祖国发展的信心,坚信中国特色社会主义制度的优越性。这为我们的学生在今后的国际交往中讲好中国故事奠定了基础。通过这些措施,将学生在国际交流中因接触不同思潮可能产生的影响,转化为增强学生充分认识世界和中国发展大势、懂得中国特色和国际比较的育人优势,通过国际交流增强师生的"四个自信"。

　　同时,学院党总支加强学生政治思想工作,不断强化学生精英意识和精英品质的培养,把学生的学业压力转化为磨练学生敢于面对困难的难得机会,把访问教师的短期高强度教学转化为提高学生快速学习能力的工具,使学生具备成就大事业的品质和能力。

图8　学院庆祝建党九十八周年主题党日活动

(三) 立足融合创新,建立独特的卓越工程人才培养模式

学院以融合创新为使命,严格按照法国工程师教育的高标准要求和中国教育部相关专业本科和硕士培养要求,形成了学院独特的 SPEIT 人才培养模式,具有 6 大特点:以培养复合型卓越工程人才和管理人才为目标;通专兼顾本硕一体的培养计划;国际化的师资和国际化的办学环境;与时俱进的课程体系和教学内容;校企密切合作为业界培养人才;开放的人才培养体系及溢出作用。

在中法双方精诚合作的基础上严格教学管理保证教学质量,取得丰硕合作成果。学院于2015 年顺利通过法国工程师职衔委员会(CTI)认证,并同时获得欧洲工程教育(EUR - ACR)认证,2018 年 10 月获批 6 年 CTI 最长认证期限,还先后获得学校及上海市多项教学成果奖。培养的学生具备国际视野、通晓三种语言,具有跨文化沟通能力和管理能力,是投身"一带一路"战略的复合性卓越工程人才,实现了国际化工程人才培养的目标,中外合作办学的溢出效应也逐步彰显,于办学单位、于企业界,都将对工程人才培养生态产生积极影响。

中法联合，共克时艰

——东莞理工学院法国国立工艺学院联合学院留法师生抗击疫情纪实

阮旭贤　张明军

东莞理工学院法国国立工艺学院联合学院

东莞理工学院法国国立工艺学院联合学院（以下简称为"中法联合学院"），是经国家教育部批准设立的东莞市第一所公办中外合作办学机构。中法联合学院由东莞理工学院与法国国立工艺学院合作创办，是法国国立工艺学院全球教学网络的重要组成部分，也是东莞理工学院高水平理工科大学建设国际化战略的重要平台。

中法联合学院以智能制造领域为主要发展方向，在智能制造领域的通信工程、软件工程和机械设计制造及其自动化专业开展中外合作办学。中法联合学院录取的学生同时注册东莞理工学院和法国国立工艺学院学籍，本科学习期间可前往法国国立工艺学院交流学习。

2019 年 9 月至 2020 年 6 月，根据东莞理工学院和法国国立工艺学院双方合作协议安排的教学活动（见图 1），莞工中法联合学院 2017 级 106 名学生前往法国国立工艺学院亚眠校区进行为期一学年的交流学习。截至目前，全部留法学习学生平安返回国内。

图 1　东莞理工中法联合学院 2017 级学生赴法交流学习合影留念

2020 年初,新型冠状病毒引发的肺炎疫情席卷全球,给全球人民带来巨大考验。面对疫情,中国人民采取果断、有效措施,全国上下一盘棋,展开一场规模宏大的疫情防控阻击战,最大程度地保障了人民的生命健康权益。在中国疫情得到进一步遏制的同时,全球疫情逐渐升温。法国疫情感染人数从二月份以后一直攀升。中法联合学院留法学生平安时刻牵动着合作院校、联合学院的心。

法国疫情爆发以来,合作院校双方、联合学院审时度势、积极谋动,坚决打赢留法学生防疫攻坚战。中法联合学院根据两国政府的要求和合作院校的抗疫部署,立足留法师生所在国家疫况、生活实际,积极探索有效的抗疫方式,为最大限度保障抗疫期间留法学生的健康和安全,帮助留法学生顺利完成学业、平安回国打下坚实基础。

有力领导,群策群力

在东莞理工学院校党委指导下,建立了以校党委委员、副校长、中法联合学院院长杨敏林为组长的留法抗疫领导小组,筹划留法学生集体抗疫的工作部署,制定疫情防护工作方案、就医方案。法国国立工艺学院在各个教学办公区域成立疫情防控小组。亚眠校区相关负责人负责向该校区的所有师生发布疫情预防资讯、法国卫生部的疫情防控信息,驻法辅导员、相关教师负责中法留法学生为学生提供帮助。合作院校双方防疫小组,定期召开越洋工作会议,报告学生情况,交换最新工作动态,调整防疫策略。

增强自信,共抗疫情

抗疫期间,莞工中法联合学院通过召开越洋会议,电话家访等形式,增强师生抗疫信心。中法联合学院直属党支部组织召开留法学生交流会,学校各职能部门、联合学院领导班子通过网络视频与留法师生进行跨国会议,传达了学校关切及慰问,解答学生疑问,增强抗疫信心。联合学院还组织学生观看中国驻法国大使馆教育处制作的关于新冠肺炎疫情防控知识讲座视频。让学生充分了解法国科学的医疗防控体系、防控措施、自身防护措施等。

莞工中法联合学院驻法教师在法国疫情防控期间,通过学院留法学生家长微信群发布有关疫情防控的信息,通过电话与家长进行家访,充分聆听家长的建议,解答家长的疑问,让留法学生家长了解法国政府、留学院校、联合学院最新防疫措施,指导留法学生家长如何在疫情防控期间提醒孩子们做好防护工作及完成学习任务(见图 2)。

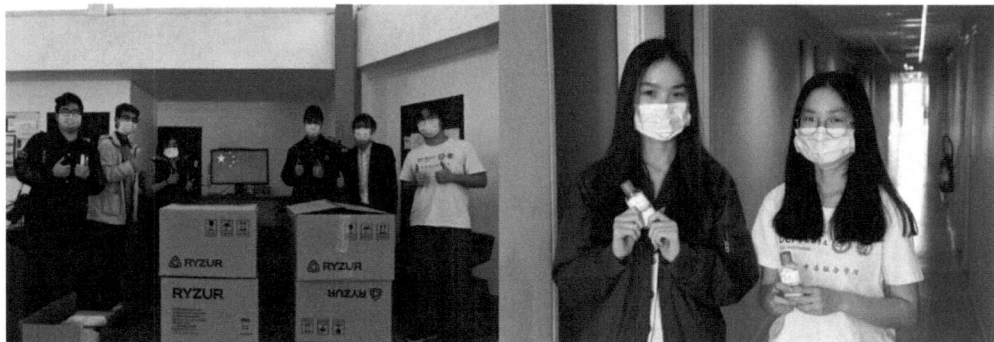

图 2 东莞理工中法联合学院抗议志愿队发放抗议物资

以生为本,关怀不停

疫情期间,合作院校、联合学院竭尽全力,确保停课不停学,身心双健康,抗疫保障足。根据法国疫情发展情况,3月16日起,政府规定全法学校停课。法国国立工艺学院完善的线上课程平台有力配合。中法联合学院的留法学子在线教学顺利开展。

留法师生入党积极分子、班级干部组成抗疫志愿队协助每天测量同学体温、协助派发中国驻法大使馆、家长代表、学校学院寄来的"抗疫健康包"、洗手液、口罩等抗疫物资。

联合学院举办留法学生在线活动。抗疫家书在线活动,通过家书表达对家人朋友的挂念,释除家人朋友担心。抗疫日记活在线活动,留法学生通过照片视频或绘画等,记录下抗疫期间学习生活,及抗疫中的思考与成长。"文明其精神、野蛮其体魄"抗疫体育实践活动,留法同学每日坚持宿舍运动,并在微信群里打卡,以体育锻炼增强积极情绪,锻炼身体,以健康的身心应对疫情,投入线上学习。

中法合作院校双方、联合学院的坚强领导,增强了留法抗疫师生的信心、温暖了人心,让留法抗疫学生感受到了祖国、学校、学院跟师生同在,激发师生同心同德,共抗疫情,共克时艰的决心。中法学子在法国学习、生活的表现得到了合作院校的充分肯定,他们快速适应国外生活学习环境,完成好自身的学习目标。尤其是在疫情防控期间,留法学生按照要求,开展线上学习和抗疫生活,展现出新时期留法学子的良好形象。

这次抗击疫情对于合作办学机构、留法师生都是一次大考。在疫情期间,东莞理工学院与法国国立工艺学院积极主动探索疫情之下抗疫模式、教学模式、保障模式。两校合作友谊加深,合作办学之路未来可期。

疫情下的中外合作办学机构应对措施

——以北京化工大学巴黎居里工程师学院为例

温楠　王洁　秦培勇　侯虹

北京化工大学巴黎居里工程师学院

北京化工大学巴黎居里工程师学院由北京化工大学与法国巴黎国家高等化学学校合作创办,2017年2月27日获得教育部批准,为北京化工大学首个中外合作办学机构,旨在培养满足国家大化工领域国际化工程人才需求,胜任工程设计,具备跨学科的知识面、创新能力、沟通能力,精通多国语言,胜任大型跨国公司或化工行业国际工程开发和协作,具有国际视野的大化工领域高水平工程人才。

在全球疫情尚未得到有效控制、跨境流动受到限制的情况下,中外合作办学机构确实面临"走不出,进不来"的严峻挑战。2020年巴黎居里工程师学院继续坚持将立德树人作为根本任务、坚持社会主义办学方向、坚持深化教育改革创新、坚持优化师资队伍结构,实行线上与线下活动相结合,化挑战为机遇,不断探索、及时调整应对举措,从基础教学、学术前沿、工程教育三方面不断推进内涵式高质量发展。

一、积极有序开展云端基础教学活动

在新冠病毒感染肺炎疫情防控的严峻形势下,学校提出了延期开学、在线教学的实施方案,为了保障本科教学质量,工程师学院积极响应学校的整体部署,组织全体任课教师快速投入到线上课程的建设中,通过使用在线教育综合平台组织教学,实现"停课不停教、停课不停学"的工作目标,以实际行动落实"以学生为中心"的教育理念,充分展示工程师学院教师教学风采。

学院2020年春季学期有法方数理化教师5名,针对法方教师使用中文在线教育综合平台有难度的情况,学院采取中法教师包联制度,即一名中方教师对接一名法方教师,中方教师克服了时差、网速、软件局限等不利因素,用法语/英语向法方教师解释线上教学的模式,如何使用在线教育平台,如何实现与学生远程互动,辅助法方教师组织各类教学活动,将线上课程建设时使用的中文网页翻译成法语形式,确保顺利开展线上教学。与此同时,学院高度重视中外教意识形态安全教育,要求中外教遵守工作纪律,精心准备课程资料,通过加强线上教学管理和监督,严防网上意识形态渗透,维护线上课程教学意识形态安全。

2020年春季学期,不包含全校公共课(政治、英语、军事理论)和实践课程,巴黎居里工程师学院总共开设27门课程,除5门课由化工、数理学院教师授课之外,其余全部由本院中外教师承担,并且新开课/开新课门数为16门。

2020年秋季学期,学院新聘请长期法国预科教师3人,其中2名新聘物理教师因疫情滞留法国。面对此种挑战,我院提出"翻转课堂"方法以保证教学质量:在法外教积极备课开展"云课堂",提前上传录好的课程视频课程,学生进行自主学习;中方教师在规定的课程时间线下梳理知识点,进行重点难点答疑,并开展习题研讨,中法教师齐心合力取得了良好教学效果。另聘请飞行教授承担工程师阶段4门课程,聘用人员为法方高等院校校长、副校长或教授,拥有丰富工程师教学经验。

二、开展系列高水平大师云端学术前沿讲座

疫情影响下,许多国际会议及学术讲座暂缓开展。巴黎居里工程师学院勇担责任,成功邀请到3位法国科学家为全校师生做学术报告。特邀2016年诺贝尔化学奖获得者、法国国家科研中心名誉研究主任 Jean‐Pierre Sauvage 开展"了解化学拓扑历史,领略分子机器魅力"主题讲座;邀请法国著名数学大师、2002年菲尔兹奖获得者、法兰西科学院院士 Laurent Lafforgue 教授讲授代数几何,用代数方程来表达集合的几何性质。还将邀请法国物理学家、欧洲原子能机构研究主任 Etienne Klein 博士做关于真空的科学讲座。

三个高水平大师讲座对于拓宽学生研究视野、近距离接触国际学术前沿、提升师生的创新思维与能力、引导学生树立正确价值导向具有积极作用。

三、推进云端工程教育系列宣讲会

学院2020年开展为期6次的法国工程师教育云端宣讲介绍会,目前已完成2次宣讲,邀请到法国里昂高等化学物理电子学校(CPE Lyon)校长 Gérard Pignault 教授为学生介绍学校的历史、强势专业、在校生规模、校企合作、校园建设、创新创业活动、学生交流交换、科研活动等情况。此后还将邀请到法国图卢兹国立高等化学工艺技术工程师学校(ENSIACET)、法国波城大学国立高等工业技术学校(ENSIGIT)、法国巴黎国家高等化学学校(ENSCP)、法国里尔国家高等化学学校(ENSCL)为学院学生解读法国工程师教育细节。这对于学生提前了解了法国工程师学校、更加熟悉法国工程师教育及未来就业方向非常具有指导意义。

小结:对外交流工作在中外合作办学机构中扮演了"前沿阵地"的重要角色,也是学院国际化特色的重要体现。巴黎居里工程师学院将继续转"危"为"机",拓宽思路、谋求新变革、创新方式方法、强调注重实效,最大程度结合办学双方及相关资源,积极拓展全球伙伴关系,持续扩大中外合作办学在国内外的影响力。

中外合作办学机构涉外安全稳定工作实践与探索

——以北京化工大学巴黎居里工程师学院为例

温 楠　秦培勇　侯 虹

北京化工大学巴黎居里工程师学院

党的十八大以来,党中央多次强调"统筹国际国内两个大局和两种资源",积极稳妥推进教育对外开放,以开放促改革、促发展。然而,国际形势风云变幻,根据习总书记的讲话精神,我们既要把握国际环境总体稳定的大势,又要重视国际安全挑战错综复杂的局面。对于高校而言,如何加强和规范涉外安全工作,是维护学校安全稳定的校园秩序、保障各类师生安全的有力抓手。

北京化工大学巴黎居里工程师学院由北京化工大学与法国巴黎国家高等化学学校合作创办,2017 年 2 月 27 日获得教育部批准,为北京化工大学首个中外合作办学机构。目前有在校生 286 人,聘请外籍教师及管理人员 9 人。

一、主要涉外安全稳定举措

1. 提高站位、强化认识

学院始终将涉外安全工作作为一项极端重要的日常工作来推进落实,高度重视、高度警惕、高度负责。带领全院上下旗帜鲜明地讲政治,要求大家增强政治敏锐性,政治上保持成熟,在每周的政治学习中都强调外籍教师的管理、课堂意识形态安全排查、教材管理、学生思想舆情监控与思想引导等方面的工作推进及落实情况。

2. 突出重点,完善制度

思想认识到位,工作任务清晰,工作目标明确,这只是确保涉外工作顺利开展的必要条件,建立完善的保障制度才是充分条件。学院运行两年多来,先后制订了《北京化工大学巴黎居里工程师学院外籍教师管理办法(试行)》《北京化工大学巴黎居里工程师学院关于外籍教师行为规范管理的补充规定(暂行)》《北京化工大学巴黎居里工程师学院章程》《北京化工大学巴黎居里工程师学院协议》《北京化工大学巴黎居里工程师学院财政协议》。

在外教管理方面,学院通过法方合作院校聘请法籍数理化预科教师及专业教师,所有外籍教师都与北京化工大学签订工作合同并在合同的附录中对其具体的工作职责、薪酬支付、评价考核等进行了详尽的说明。学院协同国际合作与交流处为其办理了《外国专家来华工作证》、《外国人居留许可》等证件。所有外籍教师在校园外自行租住入住后 24 小时以内到当地公安机关办理临时住宿登记并同时向学院报备。外教的居住地点变更,在 10 日内到公安机关办理变更手续并同时向学院报备。学院法语教学采取外包形式,每学年与合作机构签署《北京化工大学巴黎居里工程师学院××××-××××学年法语课程服务协议》,协议中对外教资质、课堂质量监控、教学教务管理等做出了明确规定。

3. 实时监控,捍卫安全

学院全体教职工认真学习贯彻落实习近平总书记在学校思想政治理论课教师座谈会上的讲话精神,切实加强学生思想政治教育工作,坚决维护意识形态安全,切实加强课堂教学、原版教材使用、学生社团、新媒体等方面的审查,把好关口,守好阵地,摒弃"杂音噪音",掌握意识形态工作的主动权,筑牢意识形态心理防线,维护高校意识形态安全,为培养社会主义事业合格建设者和可靠接班人保驾护航。具体措施如下:

（1）发挥全面督导、重点检查等手段的作用,由教学秘书根据课表安排学院全体教师及管理人员进行听课、督导,并填写听课记录,做到所有课程全覆盖。主要针对外教课堂言行、授课内容是否出现反华观点及传播西方意识形态、是否出现教学事故等方面进行实时监控。

（2）学院每学期与所有外籍教师签署《北京化工大学巴黎居里工程师学院关于外籍教师行为规范管理的补充规定（暂行）》,并由学院收集存档。明确规定外籍教师不得从事与我校教师身份不符的政治、宗教活动,不得以任何形式向社会和学生开展涉及我国政治思想、社会状况、经济和科技秘密、生物资源等方面的社会调查活动。在教学中不得进行与教学无关的活动,不得散布反华观点,不允许对学生进行宗教传播活动,不允许散布攻击我国政府的言论或挑拨事端。

（3）学院始终如一地从意识形态安全的高度加强教材管理,对引进的法语原版教材进行了内容筛查,绝不允许出现对我国高校意识形态安全造成冲击的情况出现;基础教育阶段数理化课程的所有讲义每学期要求外教提交并整理印刷,在这个过程中严格审查并加强管理。

（4）学院法方院长定期组织所有外教学习讨论,对相关规章制度进行详细解读。引导并要求所有外籍教师尊重中国的文化以及宗教政策,尊重中国人民道德规范和风俗习惯,不从事与专家或教师身份不符的活动。尊重中国法律法规,不干预中国内部事务。

二、关于涉外安全稳定工作的思考

（1）涉外安全意识、红线意识、底线意识仍需进一步强化。积极防范化解涉外安全风险具有根本性、兜底性,要将这项任务作为中外合作办学的首要任务落实落细,对意识形态的风险进行进一步科学管理。将进一步加强全院教职员工的涉外安全管理意识教育,认真学习习总书记关于高校意识形态工作的重要论述,认真领会精神,筛查问题,立行立改。

（2）关于中外合作办学机构涉外安全方面的相关规章制度建设有待加强和完善,仍未形成闭环管理机制,涉外安全管理组织体系要完善落实。学院进一步完善涉外安全管理制度,将涉外安全的管理要求嵌入学院各项工作的管理流程中,予以固化,确保学校关于涉外安全管理的各项要求得到流程上的落实。同时确保组织、人员、责任到位,设置专人专岗负责涉外安全管理,在学校相关部门的指导下探索制定签署相关岗位涉外安全管理责任承诺书。

把牢方向，突出特色，推进中外合作办学思政工作提质增效

——武汉理工大学艾克斯马赛学院思政育人探索与实践[①]

李小睿

武汉理工大学艾克斯马赛学院

新时代中外合作办学模式下，如何立足中外合作办学特点，把牢方向，突出特色，更好地贯彻落实"立德树人"根本任务，是一项需要持续探索实践的新课题。

武汉理工大学艾克斯马赛学院是由武汉理工大学和法国艾克斯马赛大学合作创建，经教育部批准设立的非独立法人性质的中外合作办学机构，是湖北省首家同时涵盖本科及硕士研究生学历教育的中外合作办学机构。现有本科生 115 人，研究生 15 人，总规模 130 人。

学院自成立以来，始终坚持立德树人主线，以思想政治引领为首要任务，以服务学生成长成才为出发点和落脚点，创新实践中外合作办学思政工作的新理念、新思路、新举措，积极探索培养高素质、国际化、创新型人才的学生工作新途径，推进中外合作办学事业提质增效、跨越发展。

一、打造思政引领品牌，强化育人工作抓手

在全国教育大会上，习近平总书记围绕培养什么人、怎样培养人、为谁培养人这一根本问题发表重要讲话。把握正确的办学方向，坚守中外合作办学中的意识形态阵地，引导和教育学生树立正确的世界观、人生观和价值观，是中外合作办学思政工作的重要使命，也是开展好中外合作办学的根本保证。

一直以来，艾克斯马赛学院致力于将学生思政教育抓早、抓小、抓实，把握学生思想特点及教育规律，针对学生"拔节孕穗期"的教育需求，以"吾理课堂"品牌为载体深入开展以"爱党爱国 爱校荣校"为主题的系列教育活动。"讲""演"结合，让小品、手语舞、单簧管、快板走上思政讲台。截至目前，"吾理课堂"已持续开展 19 期，影响覆盖学生达 2000 余人次，学生踊跃参与，取得良好育人效果（见图 1）。

学院坚持将学生思政品牌创建与当前战"疫"行动、新生入学教育、"不忘初心 牢记使命"主题教育、"青春告白祖国"、"青年大学习"、寒暑期社会实践、校情校史报告会等主题教育活动相统筹，着力打造融理想信念教育、爱国主义教育、道德情操教育、综合素质教育等于一体的育人品牌，使其成为强化大学生思想引领工作的重要抓手。

---

① 原文刊载于《中法合作办学》2020 年第 2 期，编入本书时进行了重新排版。

图1 思政课堂剪影

二、坚持"课程＋思政"相融合，致力推动协同育人

中外合作办学作为高等教育对外开放主阵地，多元思想文化在此汇聚交锋。不同文明、思维方式及意识形态的碰撞中，青年大学生的思想观念、价值观念、思维方式日趋多元化。教育教学中坚持知识传授与价值引领相结合，充分发挥课堂教学主渠道作用，用好第二课堂，"课程＋思政"融合为中外合作办学意识形态稳定工作提供了思路借鉴。

艾克斯马赛学院持续推进"党委抓课堂"工程，学院党政班子成员、思政辅导员经常性进入课堂听课，全面掌握师生教学内容及思想动态。开展"我的专业我的梦"系列主题活动，学生主讲、教授点评，引导学生立足自身专业，紧密结合应用领域研究成果，从不同角度抒发对专业的深度思考，在讲述中融入个人思考和家国情怀，树立科研报国志向；通过"一起学'霸'"主题活动，邀请学业优秀学生对经验进行总结凝练并开展分享，让全体学生在与学霸畅谈、巧辨学习捷径的过程中学有所思、学有所获；举办"法语朗读擂台赛"等活动，在协同联动中强化学风锻造，稳定学生专业思想、提升专业自豪感，鼓励青年学子用读书积蓄力量、用行动"肩负大任"。

学院坚持把思政工作贯穿教育教学全过程，鼓励专业课教师参与创新"课程＋思政"联动工作机制，促进专业教育与思政育人协同融合，把思政育人自然渗入专业教育各方面。

三、广泛运用鲜活素材，思政育人紧扣时代

习总书记指出，高校思想政治工作要因时而进、因势而新。中外合作办学党建与思政工作必须紧跟新时代步伐，用切近实际、贴近时代特点的方式和方法，让更多学生在感受祖国强大、参与民族复兴、践行青春使命的过程中，汇聚在党的旗帜下，在潜移默化中增强学生对党的政治认同、思想认同和情感认同（见图2）。

图 2　学院的思政主题活动

　　艾克斯马赛学院以学习习近平新时代中国特色社会主义思想为主线,结合"不忘初心 牢记使命"主题教育开展系列主题宣传引导活动,推动党的理论和精神进支部、进社团、进网络、进团课;以建国70周年为契机,组织学生观看历史专题片、国庆阅兵式,开展"我为祖国生日献礼""歌唱祖国三句半"等主题活动;结合中国及全球新冠肺炎疫情,积极开展战"疫"行动,组织学生精心创作中法双语视频、朗诵、摄影、海报、书法、诗文、歌曲等20余件主题作品,开展战疫主题网络"云班会""云团课"30余场,募得善款1万余元……相关事迹和作品得到光明日报、高校思政网、团中央、中国共青团杂志、武汉教育电视台等媒体平台多次报道。

图3　学院的战"疫"行动

　　学院坚持将"党建＋思政"作为着力点,构建以党建为引领、统筹推进思政工作的创新机制,始终坚持把牢方向、突出优势、形成机制、打造特色,确保党的声音占领舆论主阵地。

　　中外合作办学作为国际教育合作与交流的重要形式,对推进教育国际化的进程、拓展人才培养途径、引进国外优质教育资源、促进教育对外开放发挥着重要作用。同时,中外合作办学作为中国教育事业的重要组成部分,教育教学的特殊形式对学生党建与思政工作提出了新要求。学院将继续坚持以习近平新时代中国特色社会主义思想为指导,全面贯彻党的教育方针,把牢正确办学方向,落实立德树人根本任务,坚守中外合作办学中的意识形态阵地,不断加强对中外合作办学思政工作的探索与实践。

新形势下中外合作办学学生党建工作探析[①]

李小睿

武汉理工大学艾克斯马赛学院

摘　要：中外合作办学作为高等教育对外开放主阵地，不同文明、思维方式及意识形态在此汇聚交锋。随着青年大学生的思想观念、价值观念、思维方式日趋多元化，学生党建工作亟需加强。本文对中外合作办学学生党建工作面临的现实梗阻进行分析，并对加强学生党建的目标及实践路径展开探讨，以期为相关工作提供参考借鉴。

关键词：中外合作办学；党建工作

一、逻辑起点：中外合作办学学生党建工作的价值意蕴

随着经济全球化和我国高等教育体制改革的不断深入，教育国际化重视程度逐步提升。作为国际教育合作与交流的重要形式，中外合作办学机构对推进教育国际化进程、拓展人才培养途径、引进国外优质教育资源、促进教育对外开放发挥着重要作用。

在全国教育大会上，习近平总书记围绕"培养什么人、怎样培养人、为谁培养人"这一根本问题发表重要讲话。把握正确的办学方向，坚守中外合作办学中的意识形态阵地，引导和教育学生树立正确的世界观、人生观和价值观，是中外合作办学学生党建工作的重要使命。

中外合作办学作为中国教育事业的重要组成部分，其教育教学的特殊性对学生党建工作提出了新的要求。同时，高等教育中外合作办学进入调整结构、提质增效的新时期，加强学生党建工作势在必行。

二、现实省思：中外合作办学学生党建工作面临多方挑战

中外合作办学致力营造国际化教育环境，以达成培养国际化人才的目标。在中西方文化碰撞和不同的教育模式下，中外合作办学学生党建工作面临多方挑战。主要表现为：

（1）党建环境的复杂性。在中外合作办学发展过程中，较发达国家在向外输出优质教育资源的同时，一定程度上会伴随输出其固有的意识形态。由于不同文化或思想产生冲突、碰撞，学生不断经受西方思潮和价值观念的冲击，党建工作开展的环境相对复杂。

（2）培养模式的多样化。中外合作办学多为国内学习和出国深造相结合的"1＋3"或"2＋2"培养模式，加上师生与国外院校日常各类交流、互访频繁，培养模式的多样化对学生党建工作在时间、空间上的延展性提出了更高要求。

---

① 原文刊载于《中法合作办学》2020年第3期，编入本书时进行了重新排版。

（3）教育教学的融合性。中外合作办学搭建了中外交流平台，引进了国际先进教育资源，但教学中使用国外原版教材、密集输出国外文化、外语交流语境居多等都对学生思想观念造成直接冲击，学生在价值观形成期易产生动摇和偏离。

（4）育人队伍的特殊性。教师队伍多为外籍教师或有出国经历的年轻教师，其思想活跃且受到西方文化、制度多方位冲击，多具有不同文化背景、价值观和宗教信仰，学生在习得知识、开拓视野的同时，不可避免地会受到西方自由主义、资本主义及普及价值观的影响。

基于以上现实情况，多数中外合作办学院校学生党建工作效果不佳，具体表现为：党建工作模式落后、创新不足；对出国学生党员的管理缺位，连续性、渗透性不够；党建工作载体有限、路径单一，针对性、时效性不强等。

三、实践路径：中外合作办学学生党建工作提升的基本策略

习近平总书记指出："办好我国高等教育，必须坚持党的领导。"新时代中外合作办学模式下，如何立足中外合作办学特点，把牢方向，突出特色，更好地贯彻落实"立德树人"根本任务，是一项需要持续探索实践的新课题。

1. 确定"路线图"——完善顶层设计

不断创新党的组织机构领导形式，始终坚持把牢方向、突出优势、形成机制、打造特色，拓展和丰富中外合作办学学生党建理论研究体系，结合中外合作办学党建工作的实际，加强顶层制度建设，创新国际化学生党建育人模式，探索中外合作办学中党员发展、管理及支部建设的有效途径。

2. 开辟"试验田"——创新工作模式

结合实际探索灵活多样的党建工作模式，构建符合学生情况与中外合作办学发展特色的育人体系。引导学生在勤学笃行中坚定"四个自信"，在拓展国际化视野的同时厚植爱国情怀。同时，充分利用"两微一端"等网络思政平台，及时把握学生群体思想动态，主动进行网络舆论引导，对于外来侵蚀敢于亮剑、积极发声。

3. 筑牢"主阵地"——夯实组织建设

广泛发挥基层党支部的堡垒作用，不断提升党务工作队伍的业务水平和反渗透能力。围绕加强党员学习教育、规范党员管理、落实制度建设等方面，积极探索支部建设创新模式，为培养具有"中国情怀＋国际视野"的新时代大学生党员提供坚实政治保证、思想保证、组织保证。

4. 绘就"同心圆"——协同课程思政

教育教学中要强调坚持知识传授与价值引领相结合，充分发挥课堂教学主渠道作用，鼓励专业课教师参与创新"课程＋思政"联动工作机制，把学生党建工作贯穿教育教学全过程，促进专业教育与思政育人协同融合，把党建工作自然渗入教育教学全方位。

5. 善引"活水源"——拓展第二课堂

中外合作办学党建工作必须"因时而进、因势而新"，紧跟新时代步伐，广泛运用鲜活素材，将党建品牌创建与团学活动、社会实践、中外文化探访、夏令营等相统筹，推进学生党建品牌建设由"数量型"向"品质型"转变，引领学生感受祖国强盛、参与民族复兴、践行青春使命，在潜移

默化中增强学生对党的政治认同、思想认同和情感认同。

中外合作办学发展面临诸多挑战,因此,学生党建工作要坚决以党的思想占领前沿阵地,始终坚持用"一元"指导多元。要以习近平新时代中国特色社会主义思想为指导,全面贯彻党的教育方针,坚持落实立德树人根本任务,充分发挥政治核心作用,坚守中外合作办学中的意识形态阵地,在确保正确办学方向的基础上,以更高的政治站位、更严的工作标准、更强的建设能力来提升党建工作水平,在国际合作背景下探索培养具有"中国情怀+国际视野"的创新型人才,推进中外合作办学事业提质增效、跨越发展。

高等教育中外合作办学课程思政问题探索①

梁　君　梁晓舒②

南京审计大学 国际学院，江苏 南京，211815

摘　要：高等教育中外合作办学是中国教育事业重要组成部分，其办学模式特殊性使得其课程思政问题需要更多的研究和探索。本文作者基于对课程思政概念提出及其发展趋势的整理，以及目前高校中外合作办学课程思政的研究现状及其原因分析，提出了中外合作办学课程思政建设的一些途径及其建议。

关键词：中外合作办学；课程思政；问题探索

一、中外合作办学及其办学模式特殊性

中外合作办学是指外国教育机构同中国教育机构在中国境内合作举办以中国公民为主要招生对象的教育机构的活动。《中华人民共和国中外合作办学条例》[1]第一章第 3 条指出：中外合作办学属于公益性事业，是中国教育事业的组成部分。截止 2020 年 6 月，全国经审批机关批准设立或举办的中外合作办学机构和项目共计 2400 多个，涉及经济学、法学、教育学、文学、历史学、理学、工学、农学、医学、管理学、艺术学等 11 个学科门类 200 多个专业。合作对象涉及 36 个国家和地区，800 多所外方高校，700 多所中方高校。由此可见，中外合作办学已然发展为中国高等教育的重要组成部分。

不同于普通高等教育模式，中外合作办学大致有五种形式：一是国外院校在中国成立独立的学校，如宁波诺丁汉大学、汕头以色列理工学院等；二是成立联合学院或系，即中国的大学与国外的一流大学进行联合办学，成立一个新的下属学院，如南京信息工程大学雷丁学院；三是双学位项目，如南京审计大学与澳大利亚科廷科技大学合作举办会计学专业本科教育双学位项目；四是项目合作，即不同学院之间的学生进行一个或两个学期的交流，作为交流生，学分互认；五是中国大学的海外分校，如北大汇丰商学院牛津校区、同济大学佛罗伦萨海外校区等。可见中外合作办学在空间（国内、国外）、时间（X＋Y，受教育期间，在国内 X 年，国外 Y 年，根据合作协议而定）、办学主体、教学目标、使命愿景等方面均有其特殊性。

二、课程思政概念提出及其发展趋势

2017 年 9 月 24 日中共中央办公厅，国务院办公厅印发了《关于深化教育体制机制改革的

---

①　本文 2020 年 12 月收稿，编入本书时进行了重新排版。

②　梁君（1978—），女，安徽铜陵人，南京审计大学国际学院讲师，硕士。研究方向：国际化教育。梁晓舒（1989—），女，江苏徐州人，南京审计大学国际学院助教，硕士。研究方向：国际化教育。

意见》[2]，是第一个提到"课程思政"的中央文件——"健全全员育人，全过程育人，全方位育人的体制机制，充分发掘各门课程中的德育内涵，加强德育课程，思政课程，注重学科德育，课程思政。"

2017年12月教育部印发了《高校思想政治工作质量提升工程实施纲要》[3]中提到"大力推动以'课程思政'为目标的课堂教学改革……梳理各门专业课程所蕴含的思想政治教育元素和所承载的思想政治教育功能，融入课堂教学各环节，实现思想政治教育与知识体系教育的有效统一。"为高校课堂教学改革树立了目标。

2016年12月7日习近平在全国高校思想政治工作会议上指出：思政课需要坚持在改进中加强，提升思政教育亲和力和针对性，满足学生成长需求和期待，其他各门课都要守好一段渠、种好责任田。2019年8月，中共中央办公厅，国务院办公厅《关于深化新时代学校思想政治理论课改革创新的若干意见》[4]中指出"深度挖掘高校各学科门类专业课程蕴含的思想政治教育资源，解决好各类课程与思政课相互配合的问题，发挥所有课程育人功能，构建全面覆盖、类型丰富、层次递进、相互支撑的课程体系，使各类课程和思政课共同向同行，形成协同效应。"为高校课程思政指明了方向。

在知网中输入关键词"高校课程思政"，出现相关文章1077篇，2017年相关论文62篇，2018年257篇，2019年645篇。有国家社科基金资助项目，教育部人文社会科学研究项目，各省教育厅科学研究项目以及各高校校级科研项目等，表明高校教育工作者开始关注、研究并实践课程思政问题。

例如南京审计大学为深入学习贯彻全国高校思想政治工作会议、全国教育大会和新时代全国高等学校本科教育工作会议精神，根据教育部《高校思想政治工作质量提升工程实施纲要》，校党委于2018年制定印发《南京审计大学思想政治工作质量提升工程实施方案》[5]，明确包括"课程育人"在内的十大育人体系推进工作。校党委书记、校思政工作委员会主任晏维龙讲话指出，思想政治工作是学校各项工作的生命线，要充分发挥中国特色社会主义教育的育人优势，着力构建课程、科研、实践、文化、网络、心理、管理、服务、资助、组织等"十大育人"全员全过程全方位育人格局，结合学校实际工作，深入推进我校思想政治工作领域综合改革。

三、目前高校中外合作办学课程思政的研究现状及其原因分析

在知网中输入关键词"中外合作办学课程思政"，出现文章仅8篇，而且主要是讨论中外合作办学思政课程建设，其中对于中外合作办学课程思政问题仅点到为止，未做深入探讨：例如浙江大学爱丁堡大学联合学院的叶志国等老师在《中外合作办学机构研究生思政工作探析》[6]一文中提到了"加强研究生思想政治工作教育不仅要加强思想政治课程建设，还要做到课程思政……及在非思政类课程，如专业课程上融入思政内容"。《中外合作办学思政课建设思考——以上海交通大学为例》[7]一文中，巫晓洁等老师提出强调培养融会于相关课程中的人文精神时指出"思想政治理论课的精髓融入到各门课程的教学中，把教育和人的自由、尊严、幸福、终极价值紧密联系起来。"

笔者认为少有中外合作办学的教育工作者专门研究此问题主要是由于以下两方面原因：

1. 无差别，因此忽视

大部分教育工作者认为中外合作办学的主体对象是中国学生，大部分学习场所是在中国，

因此认为其思政课程和课程思政无需特别考虑与研究,可以照搬普通高等教育思政课程和课程思政的模式。

2. 太特殊,因此回避

部分教育工作者认为中外合作办学的主体对象学习重点应是语言能力,需在国内学习阶段打好语言基础,才能适应未来在国外的学习,因此思政课程都未能得到足够的重视,更别说课程思政。其次,根据《江苏省教育厅高校中外合作办学申报指南》[8]要求"引进的外方课程和专业核心课程应当占中外合作办学项目全部课程和专业核心课的 1/3 以上,外国教育机构教师在境内担负的课程和专业核心课程的门数和教学时数应当占中外合作办学全部课程和专业核心课程的门数和教学时数的 1/3 以上。每个项目外方教师在境内教授的专业核心课程达到8 门以上。"因此欲说服外方加入全员、全过程、全方位育人有难度。再加上中西方文化、教育理念的冲突、课程设置的矛盾、学生价值取向和原有管理模式的冲突都形成了客观难题,故选择回避的态度,避重就轻,沿用普通高等教育思政课程和课程思政的模式。

四、加强中外合作办学课程思政建设的途径及其建议

中外合作办学课程思政的研究少也反映出中外合作办学课程思政建设需要进一步加强,以下是本文作者的一些探索。

(一) 统一认识,课程思政无特区

1. 国家层面

《条例》[1]第一章第 5 条指出:中外合作办学必须遵守中国法律,贯彻中国教育方针,符合中国的公共道德,不得损害中国的国家主权、安全和社会公共利益。中外合作办学应当符合中国教育事业发展的需要,保证教育教学质量,致力于培养中国社会主义建设事业的各类人才。

《条例》[1]第四章第 30 条指出:中外合作办学机构应当按照中国对同级同类教育机构的要求开设宪法、法律、公民道德、国情等内容的课程。

中外合作办学是中国教育形式的重要组成部分,因此不该有任何特权不参与立德树人的教育事业。国家有宏观的政策指导,明确了中外合作办学课程设置的具体内容,但中外合作办学需要国家为其思政课程和课程思政设定更加有针对性的具体设置标准以及规范。

2. 学校层面

思政课程和课程思政在中外合作办学中有着重要和特殊的作用。它有助于高校学生树立正确的三观。中外合作的基础是试图学习发达国家先进的办学理念,但它的培养目标与其他办学形式是一致的,都是为社会主义事业培养合格的建设者和接班人。思政课程承载着"培养什么人、如何培养人"的使命,课程思政则是有力补充和支撑。

例如西交利物浦执行校长席酉民教授[9]所述:"西交利物浦将研究与育人相结合,以改善人类生活质量为研究己任;以学生素养、能力和竞争力的提升为核心任务,使学生通过几年的学习和训练,形成国际化的视野和参与国际竞争的实力,扎实和整合性的知识体系,使他们成为精通英语,诚信为人,富有创造性,具有强烈的个性和良好的团队精神,集学术知识、职业知识和职业道德伦理为一体的国际化高级管理和技术人才。"可见,立德树人在中外合作办学使

命中也占有非常重要的地位,没有学校可以例外。

3. 教师层面

中外合作办学中的外籍教师和中方教师都是教书育人目标实现必不可少的重要组成部分,都不能只完成自己专业课程的教授。校方需要将此理念贯彻协议章程制定、教师聘用、师资培训、教师评价考核、制度制定落实全过程,统一所有老师对此的认识。

(二) 加强沟通,课程思政无间断

《江苏省教育厅高校中外合作办学申报指南》[8]中关于教育教学方面,指出:中外双方共同设计,制定合理的培养方案,科学评估和选用先进性的教材,注重教学方法和手段的改革和创新。

合作高校基本都是欧美等西方发达国家高校,其国家和民族的文化传统、政治体制、价值取向等方面和我国均存在较大差异,导致外方合作高校对学生的课程思政不理解不赞同,因此,双方高校更需要加强沟通,求同存异。

中外合作办学双方应该从合作洽谈伊始,到签订协议,制定章程,设计人才培养方案,进行课程建设,师资评聘,制度建设等全过程,都需要保持密切联系,频繁沟通,将课程思政贯穿合作始终,牢牢准确把握住思政内容的积极性和正确性。

(三) 取之精华,课程思政无鸿沟

《江苏省教育厅高校中外合作办学申报指南》[8]中关于申报原则方面,指出:应突出引进国外优质教育资源的导向,注重优质教育资源的引进、消化、吸收、融合、创新和推广,应准确把握办学主导权,坚持以我为主,为我所用的原则。关于办学思路指导:拟办机构或项目在国际上具有一定程度的先进性或独特性,在教育思想、办学理念、教育模式、课程体系、教学方法、管理机制、人才培养、学科协同创新等方面具有优质特征。办学模式,在符合国家法规,有利于引进和吸收世界先进的办学理念和管理经验,有利于中外双方充分实现优势互补,有利于优化和改进学科专业,课程资源和教学内容,有利于培养具有国际竞争力人才。中方对思政课程一直很重视,但是方法较单一,效果欠佳,需要吸取合作外方在价值观教育方面丰富的经验,取长补短。

1. 思政内容有重合

习近平总书记在 2005 年 9 月 28 日第七十届联合国大会一般性辩论中,发表了题为《携手构建合作共赢新伙伴 同心打造人类命运共同体》[10]的讲话,指出:"和平、发展、公平、正义、民主、自由是全人类的共同价值,也是联合国的崇高目标。"共同价值可以作为外方教师课程思政的基础。

新加坡 1991 年经国会批准发表了《共同价值白皮书》,提出五大"共同价值观":国家至上,社会为先;家庭为根,社会为本;关怀扶助,尊重个人;求同存异,协商共识;种族和谐,宗教宽容[11]。这其中对于个人、家庭、社会、国家层面上的一些要求是一致的,可以选取相似的部分。

美国核心价值观:个性自由,自力更生,机会平等,竞争意识,追求财富,敬业进取。可以跟美方老师沟通,课程中融入自力更生,努力奋斗,敬业进取的拼搏精神元素。

2005 年,澳大利亚联邦政府发表澳大利亚学校价值观教育九大目标:关心和同情;尽你所

能;追求社会公平;自由;追求真理;诚信;尊重;责任;理解、容忍和包容。教师应教会学生去尊重、关心他人,在与人交往中要做到诚信、理解,要对自己所学知识和行为负责;有责任感;尽自己所能为社会、国家做贡献。

欧盟国家共同的价值观:尊重人的尊严、自由、民主、平等、法治和人权。英国强调言论自由、传统、自由和民主。日本崇尚爱国、合作、感恩、秩序、法治、尊重、友谊。

以上国家的价值观里都有积极的思政元素可以吸收,与社会主义核心价值观有相同的部分,不存在不可逾越的鸿沟。

2. 思政教育方式可借鉴

思政教育或是核心价值观教育方式最为著名的即美国的公民教育;公民教育是美国高校常抓不懈的科目。美国高校普遍采用"隐形课程"的模式,把美国社会所需要,公民应当具备的重要价值融入各种选修、必修课中,实践中体验和生成价值观。

澳大利亚开设专门的价值观教育融入的机构进行研究,搜集各学校价值观融合的案例,为学校提供数据供他们分析、整理,为学校课程设定提供理论和指导,学校依据国家课程的原则和要求制定本校有特色的价值观融合途径和内容,通过与其他各学科的整合来实现。

笔者希望国家能出台更加具体的中外合作办学课程思政指南或是实施办法;成立专门研究机构,提供技术保障;中外合作办学主体积极参与,具体落实到位。自上而下,有方向,有方法,有落实,全员全方位全过程保障课程思政的实际效果。

参 考 文 献

[1] 中华人民共和国国务院令第 372 号. 中华人民共和国中外合作办学条例. 2003 年 3 月 1 日.

[2] 中共中央办公厅、国务院办公厅. 关于深化教育体制机制改革的意见. 2017 年 5 月 23 日.

[3] 中共教育部党组. 高校思想政治工作质量提升工程实施纲要. 2017 年 12 月 4 日.

[4] 中共中央办公厅、国务院办公厅. 关于深化新时代学校思想政治理论课改革创新的若干意见. 2019 年 8 月.

[5] 南京审计大学. 南京审计大学思想政治工作质量提升工程实施方案. 2018 年.

[6] 叶志国等. 中外合作办学机构研究生思政工作探析[J]. 科教导刊. 2019(26):78 - 79.

[7] 巫晓洁,贾子懿. 中外合作办学思政课建设思考——以上海交通大学为例[J]. 高教学刊. 2018(19):192 - 193.

[8] 江苏省教育厅. 江苏省教育厅高校中外合作办学申报指南. 2014 年 9 月 22 日.

[9] 席酉民. 愿景与使命[EB/OL]. (2020 - 12 - 01). https://www.xjtlu.edu.cn/zh/about/vision - and - mission.

[10] 携手构建合作共赢新伙伴 同心打造人类命运共同体.《习近平谈治国理政》第二卷:522.

[11] 郑汉华. 新加坡共同价值观及其启示[J]. 高等农业教育. 2006(01):7 - 8.

优势视角下利用社会支持理论探索家校联动

王舒悦

南京理工大学中法工程师学院　南京　210094

一、引　言

中外合作办学是我国高等教育办学新模式,旨在将国外精英培养模式与国内高等教育相结合,培养出一批理论基础扎实、创新意识突出、综合能力显著、具有国际视野、通晓国际规则并能参与国际竞争,推动相关产业发展的领军人才和高素质复合型人才。

不可否认,中外合作办学在招生、教学及学生教育管理等方面与普通高校学院之间都存在一定的差异。在生源方面,中外合作办学专业学生入学成绩相对较低,在一定程度上容易导致学生产生自卑心理,也有部分学生存在学科基础相对薄弱的情况。在教学方面,中外合作办学专业对于学生的语言水平有较高的要求,另一方面,合作培养模式下培养方案兼具中外双方课程体系,课业压力较大。

现代教育不是一个孤立、封闭的过程,而是开放的、现实的、全方位的社会活动。著名教育家苏霍姆林斯基曾言:"没有家庭教育的学校教育和没有学校教育的家庭教育都不能完成培养人这样一个极其细微的任务。"教育实践证明:学校教育与家庭教育相辅相成。作为学校教育的重要补充,只有加强家校联系,积极争取家长的支持和配合,形成强大合力,才能真正实现"三全育人"目标,取得最突出的教育成效。

二、家校联系现状

(一) 以网络沟通为主要途径

从家校联系的方式上而言,由于信息化时代的快速发展,以及地域、工作等限制,因此以网络沟通为主要途径,包括电话、微信、QQ 等通讯平台,实现实时交流。

(二) 以学业情况为主要内容

从家校联系的内容上而言,以学生成绩、在校表现为主,特别是学生出现重大情况时,向家长进行通报,包括学习态度不佳而出现长时间旷课、大面积挂科而导致学业警示等;假期则更多通过家长了解学生在家具体学习情况,特别是学业困难学生、心理困难学生等特殊学生群体的状态。

（三）角色困境

一方面,家长对辅导员角色的理解不同导致对待辅导员联系呈现两种几乎相反的态度:一种是认为没有必要联系,觉得大学就是要靠学生自己去学习、适应、摸索;另一种则是将辅导员等同于初高中时期学生的班主任,积极配合工作的同时也会不自觉认为联系就是孩子在校表现不佳,当辅导员反映学生的一些情况之后他们会立即断章取义地"质问"孩子,而学生就会将家校联系定义成"告状",潜意识中产生排斥,造成三方关系的不和谐。另外,部分家长对学校教育存在依赖,很多时候期待笔者能够给予其与孩子相处的建议或者代为与孩子进行更多的交流与沟通,而减弱了自身的自决意识与能力。

另一方面,从辅导员本身的角色而言,特别是对于兼职辅导员而言,作为辅导员的同时也是学生角色,容易给家长带来年纪小、经验不足的刻板印象,发生身份不对等,导致存在工作难推进的风险。

（四）亲子关系调适不佳

对于大一新生而言,大多数为计划生育政策下的独生子女。对于他们的家庭来说,唯一的孩子因求学离开父母使得原本长期处于稳定状态的家庭结构骤然发生改变,家庭进入新空巢阶段,原有隐性的亲子矛盾也逐渐显现。如果在孩子离家后,家长不能及时对新的生活方式以及新方式下的亲子关系进行有效的适应,就会出现生活质量问题,进而导致家庭状态失衡。

在新空巢阶段,亲子关系从客观情况到中年父母的主观感受主要呈现出互动频率下降、沟通内容单一、情感慰藉不足、心理距离拉远、亲子权利博弈和角色定位偏差六方面的内容。其中,互动频率下降与沟通内容单一是最为明显的客观表现,情感慰藉不足与心理距离拉远则是中年父母由客观表现产生的主观感受。而家长常见的应对方式就是尽可能侵入孩子的生活空间,试图维系原有的互动关系,以养育者的角色过多的运用自身经验与权利以获得对孩子生活的掌控感与话语权。随着孩子的成长,其自我意识不断觉醒,他们更希望能够夺回对自己生活的掌控权,离家求学给了他们一个良好的契机。从而,亲子之间产生权利的博弈,造成关系的紧张或疏离。

三、理论视角解读

（一）优势视角

优势视角是 20 世纪八、九十年代在西方社会工作领域兴起的一个新的实践取向,是一种以积极的视角来看待服务对象及其行为的理论。该理论视角认为,应当关注人的内在力量和优势资源,并相信个人所具备的能力及其内部资源允许他们能够有效地应对生活中的挑战,超越了传统的问题视角的理论范式,是一种更人本主义的理论。

优势视角的关注点在于服务对象的优势和潜能,强调要把注意力聚焦于其如何生活、如何看待他们的世界以及从他们的经验里找出意义。但这并不意味着在优势视角下,我们是要刻意忽略服务对象的问题或不足之处,而是期望从另一种角度出发,协助服务对象以另一种态度去思考自己的问题与改变的机会,给予其足够的尊重与理解,让服务对象意识到自己改变的可能,从而给予其以自我处理的动机与能力。

就辅导员工作而言,优势视角理论即是指辅导员应看到学生的闪光点,引导其发挥内在的优势与潜能,适应大学生活。这对于特殊生的教育与管理具有更大的意义;引导学生及其家长从更为积极的角度看待当前可能存在的困境,激发自身潜能,增强改变动机。

(二)社会支持理论

20世纪70年代,Raschke提出社会支持是指人们感受到的来自他人的关心和支持(Raschke,1977)。依据社会支持理论的观点,一个人所拥有的社会支持网络越强大,就能够越好地应对各种来自环境的挑战。

对于学生而言,辅导员、家长都是其社会支持网络中的重要环节。辅导员主要为学生提供情报支持与手段支持,辅以情感支持,而家长则主要为学生提供情感支持与物质支持。而另一方面,在新空巢阶段,孩子虽然已经开始逐渐脱离核心家庭,但其对于父母而言依旧是重要的社会支持部分。

四、具体举措分析

(一)拓展互动增强学院认同

事实上,家长对院校与专业的认同态度在很大程度上会影响学生的想法。家长会出于专业影响力、就业等更为现实性的各方面进行考量。因此,学校可以考虑利用新生报到的家长见面会,介绍学院的培养理念与模式、专业学习要点、学生就业前景等信息,使得家长能够对学院及学生所学专业的基本情况有所了解。另一方面,以大型活动为契机,邀请部分家长共同参与,增强其体验感,例如:观看学院表彰大会了解学院年度工作与发展,参与毕业晚会甚至可以考虑加入家长代表发言的环节,给毕业生和家长都带来亲近的感受。另外,利用微信公众号、官方网站等网络平台,打造家长了解学院、学生动态的重要窗口。

(二)私人订制实现精细管理

以学生为本,关注工作细节,强调针对不同学生的情况,包括家庭背景、在校表现、成绩状况等,制定不同的学生教育管理方案。家校联系最终的目的就是打造一个更为完善的社会支持网络给予学生成长成才更强有力的支持。

年级C同学的家长提到:"我目前不敢说他,麻烦老师和他交流下,建议他在游戏上少花点时间,督促他认真学习……之前我给他做过未来规划,但是他不听我的……不知道他是怎么想的!麻烦您多多提醒他,让他在学习上多多努力,成绩优秀才能有资格选择……"在访谈中,他对孩子的评价几乎都是从问题视角入手,认为孩子没把心思放在学习上、不够努力、喜欢耍小聪明,同时对孩子的关注点也主要集中在学习方面,与孩子的交流多是命令管控式的,与孩子缺少平等多元的交流,也没有真正去倾听过孩子的想法。

因此,笔者在与其联系交流的过程中利用社会工作专业知识有意识地给予其在亲子关系调适方面的一些建议,尽可能帮助其营造一个较为和谐的家庭氛围,让家长多去关注孩子的日常生活,发现一些细小的但值得赞赏的点,多倾听孩子的想法,重构亲子关系,成为孩子人生的指导者而不是控制者。

（三）感恩教育营造温馨氛围

感恩教育是主题教育中的重要一环。利用个别谈话、班会、主题活动等形式,引导学生反思多年来与父母的相处情况,包括沟通频率、互动内容、相处态度等,营造温馨和谐的亲子关系与家庭氛围。

在与孩子的访谈中,笔者了解到:孩子并非不爱自己的父母或不懂得感恩,而是步入大学接轨社会,受到学业压力、课余生活等多重主客观的因素影响,自然地降低了与父母的互动频率。由此,子女对亲子互动所作的表达与父母的期待之间产生了落差,如何使得子女表达能够回应父母期待是辅导员介入的思考方向。例如:以母亲节为契机开展主题活动,通过对比母亲青年时期与现在的照片,回忆与母亲经历的印象深刻的往事,以 vlog 记录母亲的生活等多种形式引导学生更关注父母的生活,给予父母更多符合他们期待的注意力。

附　　录

附录1　中法合作办学发展联盟交流活动

中法合作办学发展联盟在京揭牌成立

发布者：北京航空航天大学中法工程师学院，发布日期：2019 - 10 - 22
来源：http://ecpkn.buaa.edu.cn/info/1977/6839.htm

2019 年 10 月 17 日 - 19 日，第二十届中国国际教育年会在北京国家会议中心举行，本届年会的主题是"教育 2035——对话世界的未来"。教育部党组书记、部长陈宝生出席大会并作了重要讲话。陈宝生指出，中国举办着世界上规模最大的教育，教育总体发展水平跃居世界中上行列。中国的发展得益于国际社会，中国教育的进步也得益于积极向世界各国学习取经。开放带来机遇，合作促进发展；开放带来竞争，压力推动进步。中国始终将教育置于世界坐标中去学习、去比较、去思考、去合作，中国政府将加快构建教育对外开放新格局，充分释放高等院校创新发展活力，将教育对外开放推向新高度。

年会期间，召开了第九届中外合作办学研讨会，中法合作办学发展联盟在年会研讨会上正式揭牌成立。中法工程师学院院长洪冠新教授受国际交流协会委托，代表联盟做了《中法合作办学 2018 年度报告》。法国 Chaptal 预科学校副校长 Herve RIOU 教授应邀做了《法国的

STEM 教育》报告。中法工程师学院法方院长 Frédéric GENTY 教授、副院长徐平教授出席会议。

　　中法合作办学发展联盟是由中法工程师学院提出倡议,组织全国 14 家中法合作办学机构单位和 34 个教育部审批的中法合作办学项目单位、以及相关企业、社会团体自愿参加。联盟在中国国际交流协会指导下,以"平等、协作、发展、共享"为宗旨,在人才培养、师资队伍建设、教育质量保障体系建设、校企合作、联合招生体系建设等方面开展全方位深度协作。

　　年会期间,"中国国际教育展"板块也在北京国家会议中心举行,中法工程师学院全面展示了建院 15 年来的办学特色、培养模式、社会影响、国际竞争力以及优秀学生代表等。

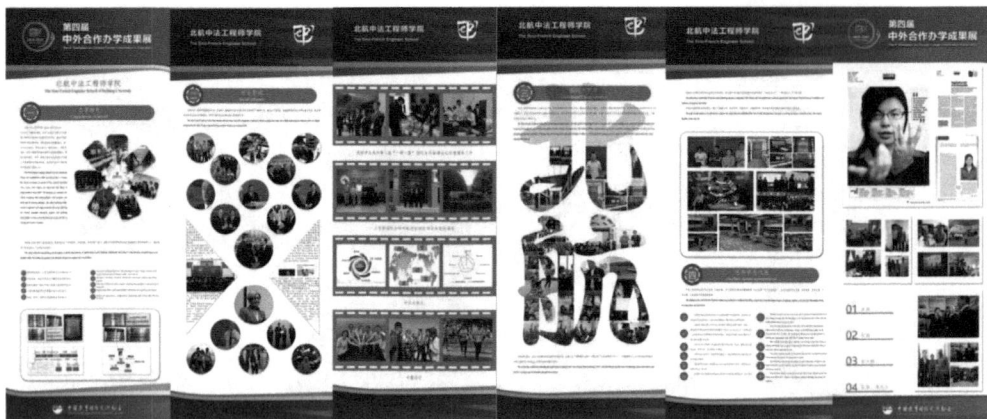

中法合作办学发展联盟 2020 年度交流研讨会在京召开

发布者:北京航空航天大学新闻网,发布日期:2021 - 11 - 27
来源:https://news.buaa.edu.cn/info/1005/52956.htm

　　北航新闻网 11 月 27 日电(通讯员 张瑾)2020 年 11 月 22 日,由北京航空航天大学中法工程师学院主办的"中法合作办学发展联盟 2020 年度交流研讨会"在唯实国际文化交流中心召开。会议邀请了教育部国际交流中心教育服务认证部副主任赵烨女士,来自中法合作办学发展联盟的 11 家机构的院长/书记出席了会议,参加此次会议的联盟成员单位有上海交大巴黎高科卓越工程师学院、中山大学中法核工程与技术学院、华中科技大学中欧清洁与可再生能源学院、中国人民大学中法学院、南京理工大学中法工程师学院、东莞理工学院法国国立工艺学院联合学院、北京化工大学巴黎居里工程师学院、天津大学国际工程师学院、华东理工大学国卓学院、河海大学河海里尔学院。

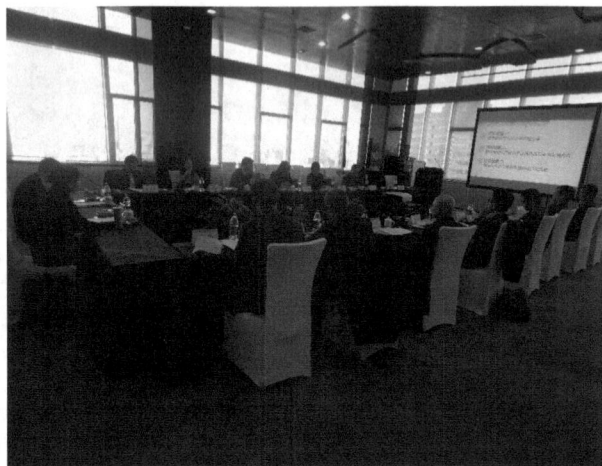

　　会议由联盟现任轮值主席单位-中法工程师学院院长洪冠新教授主持。首先,各联盟单位分享了各自的办学特点及办学经验,包括学制学位、课程设置、招生就业、师资管理等,并就新疫情时代下国际办学面临的挑战和未来的发展方向展开讨论。接着,教育部国际交流中心教

育服务认证部赵烨副主任介绍了中心在对外合作办学中的定位、详述了中心能够为各单位提供的帮助并回答了各机构代表的问题。之后,北航中法工程师学院安炜老师分享了参加法国预科物理教师资格证书考试的经验,北航中法工程师学院殷传涛副院长就法国工程师职衔委员会认证标准的变化做了报告。最后,"中法合作办学发展联盟"各成员选举产生了新任轮值主席单位-上海交大巴黎高科卓越工程师学院,并就联盟内部的运行机制和组织形式进行了探讨。

（审核：洪冠新）

编辑：贾爱平

北航和法国中央理工大学集团共同主办的"中法高等工程教育研讨会"在杭州召开

发布者：北京航空航天大学新闻网,发布日期：2021-5-20

来源：https://news.buaa.edu.cn/info/1002/54051.htm

北航新闻网 5 月 20 日电(通讯员殷传涛)2021 年 5 月 17-18 日,由北京航空航天大学和法国中央理工大学集团共同主办,北航中法合作办学办公室(杭州)和北航中法工程师学院承办的"中法高等工程教育研讨会"在杭州余杭以线上线下相结合的方式召开。会议邀请了中法两国高等教育人士,共同探讨新时期高等工程教育的新目标、新内涵、新模式、新机制,旨在进一步深化中法双方务实合作,力争为推动中法教育合作再添新助力。会议分为 5 月 17 日的主论坛和 5 月 18 日的"中法合作办学"和"国际工程教育与科技创新"两个分论坛。

5 月 17 日的会议主论坛由北京航空航天大学副校长黄海军和北航中法合作办学办公室(杭州)主任马进喜主持。杭州市余杭区委常委、副区长梅建胜在致辞中欢迎中法两国的工程教育专家来到余杭,并介绍余杭在教育、科技与产业创新方面的优势。中国国家留学基金委管理委员会副秘书长田露露在致辞中表示,中法两国在工程教育领域具有广泛的合作基础,作为中法教育合作的先行者,北京航空航天大学在培养高水平国际通用工程师领域具有行之有效的经验,是中法合作的成功典范。法国中央理工大学集团国际校区主席科赛院士在致辞中表示,中央理工大学集团在积极地探索未来工程教育的模式和机制,会携手北京航空航天大学一起共同推动国际化工程师人才的培养。

北京航空航天大学校长徐惠彬院士做了题为"挑战·改革·引领:北航高等工程教育的实践、探索与思考"的主旨报告。他在报告中阐述了以未来航空科学为代表的工程技术带来的新挑战和新机遇,介绍了北航领导领军人才培养模式的改革和创新,并提出打造科研课堂和社会课堂大力提升工程人才的科研学术能力和工程实践能力。

巴黎中央理工-高电大学校长索贝朗,法国工程师职衔委员会主席克莱蓬,巴黎中央理工-高电大学前校长彪赛,南特中央理工大学校长阿夫里耶,东南大学副校长金保昇,里尔中央理工大学副校长福乐吉等也就创新人才培养模式、学校国际化战略、工程师国际认证等方面做报告。河海大学副校长徐卫亚、东莞理工大学副校长杨敏林、18家中法合作办学机构及部分合作办学项目的中、法方院长及书记等一起参加了会议。

5月18日,在中法合作办学分论坛和国际工程教育与科技创新分论坛上,中法合作办学机构的中、法方院长、书记分享了办学过程中的探索和经验,并深入探讨了未来工程人才培养计划的发展及演变。来自于北航法国研究中心、北航高等教育研究院、清华大学、浙江大学、巴黎综合理工大学、中国科学院大学等著名高校和研究机构的专家们也就工程教育与创新创业等主题做了深刻且精辟的报告。

(审核:张江)

编辑:贾爱平

2021年度中法合作办学发展联盟交流研讨会在京召开

发布者：北京航空航天大学新闻网，发布日期：2021-10-25
来源：https://news.buaa.edu.cn/info/1005/54958.htm

　　北航新闻网10月25日电（通讯员　张瑾）2021年10月21日，由上海交通大学巴黎卓越工程师学院和北京航空航天大学中法工程师学院共同承办的"2021年度中法合作办学发展联盟交流研讨会"在北京丽亭华苑酒店会议中心召开。教育部国际合作与交流司人文交流与出国留学处处长周惠、教育部国际交流协会学术部主任唐振福，以及上海大学中欧工程技术学院、中国民航大学中欧航空工程师学院、华中科技大学中欧清洁与可再生能源学院、中山大学中法核工程与技术学院、天津大学国际工程师学院、东莞理工学院法国国立工艺学院联合学院、北京化工大学巴黎居里工程师学院、宁波大学昂热大学联合学院、武汉理工大学艾克斯马赛学院、华东理工大学国际卓越工程师学院、河海大学河海里尔学院、上海交通大学巴黎卓越工程师学院和北京航空航天大学中法工程师学院等中法合作办学学院的院长、书记和教师代表出席了会议。

　　会议由联盟现任轮值主席单位上海交通大学巴黎卓越工程师学院院长李少远教授与北航中法工程师学院院长洪冠新教授共同主持。周惠处长在致辞中肯定了中法合作办学发展联盟各实体学院长期以来在高等教育国际型人才培养中取得的成绩，并鼓励各学院积极探索新时代中外合作办学的新理念和新内涵，深入贯彻习近平总书记在中央人才工作会议上对人才培养的重要指示，充分发挥中法合作办学在中国高等教育改革和高精尖技术创新发展中的特色作用，培养既精通技术又掌握小语种战略语言的国际高端复合型人才。唐振福主任介绍了中法合作办学高质量认证工作的相关进展情况，各单位围绕该主题展开热烈讨论。联盟各成员单位分享了各自的发展情况和办学成果。

　　后疫情时代，中法合作办学面临挑战也迎来新的机遇，在充分交流和团结协作的基础上，联盟内部将形成通讯刊物出版、学生流动等有效的合作机制，并在优秀国际师资引进、国际招生等方面开展深入合作，共同谋划中法合作办学的未来发展。

（审核：张江）
编辑：贾爱平

附录 2　中法合作办学机构名单(截至 2021 年 12 月)

(数据来源:教育部中外合作办学监管共组哦信息平台,https://www.crs.jsj.edu.cn/)

序　号	中方学校代码	机构名称
1	10002	中国人民大学中法学院
2	10006	北京航空航天大学中法工程师学院
3	10010	北京化工大学巴黎居里工程师学院
4	10047	中央美术学院(中法)艺术与设计管理学院
5	10056	天津大学国际工程师学院
6	10059	中国民航大学中欧航空工程师学院
7	10248	上海交通大学上海交大-巴黎高科卓越工程师学院
8	10251	华东理工大学国卓学院
9	10280	上海大学中欧工程技术学院
10	10286	东南大学雷恩研究生学院
11	10288	南京理工大学中法工程师学院
12	10294	河海大学河海里尔学院
13	10487	华中科技大学中欧清洁与可再生能源学院
14	10497	武汉理工大学艾克斯马赛学院
15	10558	中山大学中法核工程与技术学院
16	11287	南京审计大学国际联合审计学院
17	11646	宁波大学昂热大学联合学院
18	11819	东莞理工学院法国国立工艺学院联合学院

注:上表按照中方高校代码排序

中国人民大学中法学院

以下文字摘录自学院官网 http://ifc.ruc.edu.cn/index.htm

中国人民大学中法学院(Sino-French Institute，Renmin University of China)是经中国教育部批准,由中国人民大学与法国巴黎索邦大学、蒙彼利埃保罗—瓦莱里大学、KEDGE 商学院共同合作创办的第一家以人文社会科学为主的中外合作办学机构,是隶属于中国人民大学的非独立法人办学单位。

中法学院位于江苏省苏州工业园区独墅湖科教创新区,她沐浴着苏州 2500 多年的历史文化传统,同时也享受着中国—新加坡工业园经济社会高度发展的成果。中法学院所在的独墅湖科教创新区被教育部授予"高等教育国际化示范区"称号,该示范区为全国高等教育国际化合作模式种类最全、学历体系最完整的区域。

中法学院秉承中国人民大学"实事求是"的校训,牢记"立学为民、治学报国"的人大精神,按照"高水平、有特色、国际性"的发展定位,以培养能够在东西方两个文化平台上自由行走的国际性人才为目标。

中法学院的师资团队由中国人民大学本部、法方合作院校派出的骨干教师组成。中法学院坚持中英法三语教学,2/3 课程采用国际师资授课。中法学院努力营造国际化的校园环境,接受法国留学生来校学习,创造中法两国学生直接交流的氛围。

中法学院围绕中国人民大学和法国合作院校的优势学科,目前开设了金融学专业、国民经济管理专业和法语专业。2020 年,教育部批复同意中法学院增设数学与应用数学、人力资源管理、传播学三个专业。

中法学院学生第一学年、第二学年在中国人民大学苏州校区学习,其中包括法语和英语的强化学习,以及专业课程的学习等;第三学年赴法国合作院校学习,合格者获得法国学士学位;第四学年在中国人民大学苏州校区学习,合格者获得中国人民大学本科学历、学士学位,而且这一学年特别补充法方合作院校硕士阶段第一学年课程;第五学年学生可自愿选择赴法方合作院校进行硕士第二年的课程,合格者获得法国硕士学位。

北航中法工程师学院
CENTRALE PEKIN

北京航空航天大学中法工程师学院

以下文字摘录自学院官网 http://ecpkn.buaa.edu.cn/index.htm

北航中法工程师学院是由中法两国教育部的支持下,由北京航空航天大学与法国中央理工大学集团(法国境内巴黎、里昂、里尔、南特、马赛 5 所中央理工大学组成)共同创建,并于2005 年开始招生。这是一所系统引入法国工程师学历教育体系和培养模式,立足北航空天信融合特色的学科优势和培养实力,培养高水平国际通用工程师的学院。她隶属于北航,同时也是法国中央理工大学集团的一员,行政管理最高机构是由北航、合作高校、伙伴企业等负责人组成的联合管理委员会。中法工程师学院是中法两国高等工程教育合作的先行者,首批入选教育部"卓越工程师教育培养计划",首个通过法国教育部工程师职衔委员会(CTI)和欧洲工程师教育体系(EUR - ACE)认证,具有颁发法国通用工程师文凭的资质。2011 年学院牵头成立了由全国 17 所高校组成的"中法教育合作联盟"、由北京 16 所高校组成的"北京市卓越工程师教育培养计划高校联盟",并设立了国家级区域和国别研究培育基地-法国研究中心,建立了工业科学与技术国际化创新实训基地。

中法工程师学院作为国际化人才培养改革实验田,将继续秉承"发展、开放、合作、共赢"的办学理念,借力"高校国际化示范学院推进计划",接轨国际一流认证体系和培养体系,培养具有"全球视野、系统思维、协同创新"能力,能胜任世界多样性和快速变化挑战的工程领导领军人才,率先建成扎根中国培养国际通用工程师的世界一流学院,引领示范我国高等工程教育改革发展。

培养定位:培养具有"全球视野、系统思维、协同创新"能力,胜任世界多样性和快速变化挑战的工程领导领军人才。培养学生具有五种能力素养:通晓国际规则、文化包容和跨文化协同能力;系统思维、多学科知识交叉融合和迁移能力;创新性解决不确定环境下复杂工程问题能力;工程伦理道德责任和尊重社会价值的能力;组织、协作领导能力以及批判和反思能力。

培养模式:中法工程师学院实施法国"预科-工程师"与我国"本科-硕士"相融合的本-硕一贯制培养模式,采用课程学习、实践训练和学位论文相结合的培养方式。在本科(预科)阶段强化法语、数理、人文等基础知识的培养,硕士(工程师)阶段实施具有学科交叉和工程实践特色的通用工程师教育。学院建立了中英法三语环境、中西两种文化的人才培养平台,在国内首创建立了"工业科学与技术国际化创新实训基地"。

北京化工大学巴黎居里工程师学院

以下文字摘录自学校官网 https://engineer.buct.edu.cn/main.htm

学院概况

2017 年 2 月,北京化工大学首个中外合作办学机构"北京化工大学巴黎居里工程师学院"获得教育部批准(批准号:MOE11FRA02DNR20171830N)。由北京化工大学和法国最优秀的化学工程师院校-巴黎国家高等化学学校共同合作创建,旨在引进法国精英工程师教育模式,推进北京化工大学工程教育改革以及新工科建设,培养高水平创新型工程人才。学院于 2017 年 9 月招收第一届本科生。

创办背景

法国工程师教育历史悠久,经过 200 多年的发展已形成了师生比高、专业性强、招生选拔严格、培养方案和教学方法先进科学、重视实习实践、与工业企业联系紧密、教学与科研紧密结合等特点,是国际上公认的最为成功的工程人才培养模式之一。

北京化工大学通过与法国院校紧密合作,制定并实施"大化工"工程人才培养模式的改革方案,包括培养方案、课程设置、师资队伍、科教融合、质量保障等各个方面,不断吸收和消化国外优质教育资源,逐步提升我校师资队伍国际化教学水平,提高我校国际化人才培养水平和质量。

巴黎居里工程师学院将本着加强国际教育合作交流,引进国外优质工程师教育资源和促进双方教育发展的宗旨开展合作办学,目的是通过深度教育合作,培养具有坚实的专业基础、开阔的国际视野、良好的外语沟通能力,具有国际竞争力的高素质工程专业人才。

筹建历程

为贯彻落实《国家中长期教育改革和发展规划纲要 2010—2020》精神,进一步推动我校工程人才国际化培养模式的探索,深化工程教育改革,通过引进国外优质的工程教育和管理资源,实现培养适应大化工领域科技发展需求的高端工程型人才,打造"大化工"高等工程教育品牌。在这样的背景之下,2014 年 10 月,侯德榜工程师学院正式成立,同时负责申报中法工程师学院,即之后成立的巴黎居里工程师学院。

2014 年 10 月,学校与法国巴黎国家高等化学学校签署战略合作协议;与法国化学工程师联盟(FGL)签署合作备忘录。2015 年 10 月,谭天伟校长率团访问法国院校,双方就中法工程师学院的筹备工作细节进行了深入、坦诚、务实的交流,并达成共识。2016 年 3 月,中法两校代表共同参加教育部组织的专家答辩。2016 年 6 月,谭天伟校长受邀参加在巴黎举行的"中法高等教育论坛:大学与工程教育"。在中法两国领导人的见证下,谭校长与巴黎国家高等化学学校 Christian Lerminiaux 校长签署了《北京化工大学与巴黎国家高等化学学校工程人才联合培养战略合作协议》。2017 年 1 月,中法两校签署正式的协议和章程。

2018 年 1 月 10 日,由法国巴黎高等教育、研究与创新部部长 Frédérique VIDAL 女士、北京化工大学校长谭天伟院士、巴黎国家高等化学学校校长 Christian Lerminiaux 先生、巴黎居里工程师学院院长苏海佳教授等在法国驻华大使馆,共同为北京化工大学巴黎居里工程师学院揭牌。

中央美术学院(中法)艺术与设计管理学院

以下文字摘录自学校官网 https://www.cafa.edu.cn/st/2020/80220259.htm

中央美术学院(中法)艺术与设计管理学院(以下简称"中法学院"),是经教育部批准招生的中央美术学院中外合作办学机构。中法学院是 2015 年中法建交 50 周年两国总理在人民大会堂见证签约的唯一文化教育合作项目,是中法合作面向未来的创新型学院。学院将通过艺术、设计、商业的跨领域合作,在艺术管理、博物馆管理、设计管理、创意产业管理、时尚管理、艺术与高端品牌管理等相关领域建立世界一流的教学体系和人才培养体系,并为中国经济社会发展、文化艺术发展提供创造性的智力支持。中法学院将通过中央美术学院、法国索邦大学、法国凯致商学院的跨学科合作,建设世界领先水平的艺术与设计管理学院。

经教育部批准,中法学院办学地点设在上海,校区位于上海临港自贸新片区,占地面积263 亩,拥有 4 万平方米的校舍面积,校区位于临港主城区二环带,临近滴水湖,自然环境极为优美。一期教学主体建筑由五栋关联的建筑群组成,面积近 1.5 万平方米,是一个集教学、美术馆展览、艺术图书馆等为一体的综合建筑。二期工程正在建设中。

中法学院 2020 年面向全国招生,文理兼收,欢迎广大考生报考。

学制、学位及培养方式

1. 中法学院学制为四年,课程设置为中法双学位课程。学生在完成各项课程,成绩合格,可于第三学年课业结束合格后获得法方院校本科毕业证书。第四学年学习期满,成绩合格者,颁发中央美术学院毕业证书;符合学位授予条件的,颁发中央美术学院学士学位证书和法方学士学位证书。

2. 学生在第三学年可申请赴法国凯致商学院学习,赴法学习需具备相当的法语交流能力。不申请赴法学习的学生仍在上海校区学习,并与赴法学习学生获得相同的毕业证书和双学位证书。

3. 中法学院将开设专业的英语和法语语言课程,以帮助学生适应法方院校开设的英文或法文授课的专业课程。

4. 中法学院采用中文、英文、法语授课,中文课程(含国家规定公共课)约占 60%,外文课程(均为专业课)占 40%。

5. 根据中法学院中法合作院校的协议,中法学院学生在第四年获得中法双方本科毕业证书和双学位文凭后,可在第五年直接申请索邦大学或凯致商学院不同专业攻读硕士研究生二年级课程,研究生二年级(M2)课程学习、考核、毕业论文撰写需使用英语或法语。研究生二年级课程修满,成绩合格并论文通过,可获得法国合作院校的硕士学位。

6. 申请获得法国合作院校第五年研究生二年级课程资格的学生已经不是中央美术学院注册生,将依据法国大学的相关规定,以及中华人民共和国出国留学的相关规定办理出国留学手续。

主要课程

中法学院四年的主要课程为:英语(主修)、法语(辅修)、视觉基础与创造性思维、视觉艺术基础、中国美术史、世界美术史、艺术理论与批评、视觉艺术文化、艺术管理学、美术博物馆学、艺术商业管理、展览史与展览管理、艺术与设计:文化差异与身份、当代艺术策划的艺术:历史与实践、亚欧建筑遗产管理的跨文化历程、艺术市场、经济学基础、政治学基础、金融学基础、战略管理基础、信息系统、营销学基础、导论:从艺术到创意产业管理、文化产业战略营销 & 娱乐与休闲营销、中欧比较研究:文化产业营销(合作授课)、创造力与设计思维、中欧比较研究:创意品牌(合作授课)、艺术商业、中欧比较研究:视觉艺术筹资(合作授课)、文化遗址与博物馆营销、中欧比较研究:文化遗址与博物馆筹资(合作授课)、设计史、当代设计实践、案例研究:奥赛博物馆营销、团队策划与实施、当代文化政策与艺术法、艺术与文化经济、中国及西方艺术概念、当代艺术中的现代性等。

天津大学未来技术学院国际工程师学院

天津大学国际工程师学院

以下文字摘录自学校官网 http://www.tju.edu.cn/gjjl/hzbx/gjgcsxy.htm

一、愿景与使命

天津大学国际工程师学院(Tianjin International Engineering Institute ,TIEI)秉承天津大学建校 120 多年来的工程教育改革创新的理念,借鉴法国工程师精英教育培养模式,成立于 2014 年 5 月。2017 年 7 月 TIEI 顺利通过法国工程师职衔委员会认证(CTI)授予的最高等级六年期专业认证,亦是中国首家获得 CTI 认证的非中法合作办学模式的院校。TIEI 以中华民族文化、本土精英师资、国内外领军企业为主要支撑,以国际先进经验为主要参考,探索国际工程领军人才培养所需的专业设置、课程体系、师资团队、文化信仰和教育资源等核心要素的本土化,打造天大新工科建设的研究生综合教育教学改革样板间,以"工程"为基因,扎根中国大地,建立本土化培养模式,建立"注重基础,强化实践,拓展视野,引领未来"的工程人才个性化培养体系。

二、培养目标

TIEI 以坚持对外开放为导向,以提高培养质量为主线,以统筹构建质量保障体系为着力点,以服务经济社会发展制定培养目标,突出产学结合,强化学生知识迁移力、实践创新力和职业胜任力,培养具有严谨态度、扎实基础、创新精神、实践力、领导力、可持续国际竞争力、能够适应中国社会发展需要,推动世界科技进步的工程领军人才。

三、专业方向

TIEI 融合中法两国工程教育精髓,依托天津大学优势学科,打破学科壁垒,推行学科交叉与创新,设置了五个"智能＋"专业,建立多学科交叉平台:五个"智能＋"专业:电子与通信工程(Electronics);智能建筑(Smart Building);计算机技术(Computer Science);智能医学工程(Intelligent Medicine Engineering);智慧水工程(Smart Water Engineering)。多学科交叉平台:2021 年起 TIEI 依托本科求是学部"智能机器与系统"和"储能科学与工程"等新工科交叉学科培养平台,汇集机械工程学院、电气自动化与信息工程学院、化工学院、材料科学与工程学院、智能与计算学部、精密仪器与光电子工程学院和微电子学院等多个学院优势教育教学资源,面向全国统一招收以多学科交叉模式培养的硕士研究生。

四、培养模式

中法工程师培养模式:TIEI 选拔优秀学生,开学时直接进入工程师阶段学习,由中法双方学校的师资共同完成授课任务,80％左右的课程采取中英双语授课。课程注重培养学生的实践创新能力,重视经济、管理、沟通表达等人文与素质教育。学生学习期间须接受 3 次企业实习实践,分别为 1 个月的企业认知"蓝领实习"、3 个月的企业见习"助力工程师实习"及为期 6 个月及以上的企业实岗"工程师实习",学生还有机会赴海外游学交流、实习实践。学生可在完成工程师教育阶段时,获得天津大学毕业证书、硕士学位证书及 CTI 授权颁发的法国工程师文凭。

多学科交叉平台培养模式:建立适合学生个性化学习的教学体系和学生管理机制,充分利用平台共建学院各专业的优质课程资源,鼓励学生在教师指导下个性化发展。对学生实行学分制管理,鼓励学生大胆探索科学前沿,帮助学生树立服务社会观念、大工程观念。在学科交叉导师指导下参与国家重大课题研究,加强学生的科研基础,培养科研素养,提升发展潜力,培养工程拔尖创新人才。

五、校企合作

TIEI 企业俱乐部由学院与国内外知名企业合作共建,探索企业与院校双轨培养机制,建立新型合作关系,企业不再以点对点的形式与学校某个专业领域开展合作,而是实现校企和企业之间交叉领域的资源共享和优势互补。目前已有塔塔、360、华为、西门子、等 50 家国内外相关行业的知名企业加入企业俱乐部。学院定期举办企业俱乐部理事会、企业家沙龙,增进校企和企业间的交流合作;组织"北洋大讲堂""工程师之旅"等校企协同育人系列活动,为学生搭建实习实践平台,助力学生走进企业,深入了解行业发展前沿。

中国民航大学中欧航空工程师学院

以下文字摘录自学院官网 https://www.cauc.edu.cn/siae

中欧航空工程师学院(以下简称:中欧学院)是经教育部批准的中外合作办学机构,是由中国民航大学与法国航空航天大学校集团于 2007 年合作创办的中国唯一一家航空类精英工程师学院。学院贯彻"融合中法教育理念,创新工程教育模式,持续提高人才核心竞争力和学院国际影响力"的指导思想;坚持"突出特色、强化优势、立足航空、面向世界"的办学定位;致力于培养具有深厚数理基础、广博学科专业知识,跨文化交流与协作、系统思维、卓越工程素质与创新能力,从事航空工程领域的研发、制造与运行的国际化复合型高端人才。

中欧学院借鉴法国工程师培养模式,利用中法双方优质教育资源,依托中欧航空企业合作平台,已经为中外航空工业与民航企业培养了七届毕业生。学院的创立既是中法两国政府、高等教育机构和航空企业合作培养航空精英的开端,也是国际标准"航空工程师"培养本土化的一次实践,被誉为"中法教育合作的典范"。

2011 年,被纳入国家教育部"卓越工程师教育培养计划"。2012 年,被天津市教育国际交流协会评为"天津市教育外事十佳项目"。2013 年,获得法国工程师学衔委员会(CTI)的最高等级认证,同时获得欧洲科学与工程硕士认证。2014 年,首届学生毕业典礼在中国民航局隆重举行,并纳入到中法两国建交 50 年系列庆典活动。法国驻华大使称誉:"中欧航空工程师学院在中法合作办学中具有重要的示范意义"。2015 年,第二届学生毕业典礼在空客亚洲总装线举行,时任法国总理出席典礼并向毕业生颁发学位证书。2016 年,时任国务院副总理刘延东为学校颁发了"中法大学合作优秀项目"证书。2017 年,通过了教育部学位与研究生教育发展中心对中外合作办学机构的审核性评估。2019 年,通过 CTI 第二轮评估,获得最高等级认证(6 年)和欧洲科学与工程硕士认证。2021 年,与中国商飞上海飞机设计研究院签订校企联合人才培养合作协议,成立"大飞机班",助力祖国大飞机事业。

专业设置:本科专业:飞行器动力工程;硕士专业:机械(航空工程),下设三个方向,①飞机结构与材料;②航空推进系统;③航空电子系统。

培养模式:中欧航空工程师学院采用法国工程师教育模式,培养过程涵盖中国的本科和硕士研究生教育,其中硕士专业机械(航空工程)下设三个方向:1. 飞机结构与材料:培养能够将固体力学、机械学和材料学等相关理论知识应用于飞机结构设计与制造、飞行器开发与维护等领域的航空工程师;2. 航空推进系统:培养深刻理解飞行器动力系统及相关理论,具备解决各类推进系统的设计、制造与优化等问题能力的航空工程师;3. 航空电子系统:培养具备机载电子、空中导航、地空协同等领域广博的专业知识和工程能力的航空工程师。

学生须在本科阶段结束前参加中欧学院的硕士研究生入学资格考试,通过者才能继续硕士研究生阶段的学业。完成全部学业者可获得:(1)中国民航大学本科毕业证书和学位证书(工学学士);(2)中国民航大学研究生毕业证书和工程硕士学位证书;(3)法国工程师学衔委员会(CTI)颁发的工程师学衔证书。

师资团队:学院的师资团队由中国民航大学(CAUC)教师、法国航空航天大学校集团(GEA)教授团队和欧洲著名航空企业(如空客,赛峰等)专家团队组成,其中不乏著名高校资深教授、博导和世界500强企业资深研发团队负责人、高级管理者、高级工程师等。

上海交通大学巴黎卓越工程师学院
Ecole d'Ingénieurs Paris SJTU

上海交通大学巴黎卓越工程师学院

以下文字摘录自学院官网 https://speit.sjtu.edu.cn/

为了响应《国家中长期教育改革和发展规划纲要(2010—2020)》中提出的"卓越工程师教育培养计划"重大改革项目的号召,为社会发展储备未来的精英工程师,经教育部批准,上海交通大学于 2012 年与法国巴黎高科技工程师学校集团合作创办成立"上海交大-巴黎高科卓越工程师学院"。为进一步扩大和加深合作,经上海交大和法国合作学校协商,并报中国教育部批准,学院于 2021 年 6 月 16 日正式更名为"上海交通大学巴黎卓越工程师学院"。

学院依托上海交大优势学科及办学条件,引进法国工程师培养理念和优质教学资源,旨在培养适应经济和社会发展的复合型、应用型、具有国际视野、杰出的工程技术人才和企业界领袖。

学院多年来一直致力于探索实践本硕一贯制培养卓越工程人才,形成"通专兼备、开放融合的贯通人才培养模式",力争打造精英教育和中外合作办学的典范,努力建成世界一流的工程师学院。

培养理念:强基多元、全球视野、行业精英

专业介绍

信息工程专业(本硕),专业代码:080706H

培养信息技术、计算机和数据科学领域高端技术与应用型人才。开设以数学与统计、计算机科学、科学与工程为主干的基础课程群,以通信与网络技术、数据科学、人工智能为核心的专业课程群,以大数据智能、智能互联、人工智能赋能和网络空间安全为导向的前沿课程群。配以知识产权、创新管理与工程文化等软科学培训与实践,着眼于培养学生掌握扎实的信息和通信领域基础理论与理解专业知识体系,并深入了解国内外该领域前沿技术、发展动向和最新应用,从而具备较强的解决工程问题的能力和一定的创新能力。学生能熟练地掌握英语和法语,具备跨文化沟通能力和管理能力,并有强烈的社会责任感。

机械工程专业(本硕),专业代码:080201H

培养面向工业 4.0 的机械工程高端技术和应用人才。课程涵盖机械、控制、材料等多学科的专业知识,开设以数学、物理、化学和工程科学为主干的基础课程群,以机械设计、高性能仿真计算为核心的专业课程群,以机器人设计与控制、数字化智能制造、新材料加工与制造为导向的前沿课程群。在专业课程之外,配合经管类与文化类课程、英语与法语课程,培养学生具有立足国际的视野与优秀的沟通与管理能力,成为未来的卓越工程师。

能源与动力工程专业(本硕),专业代码:080501H

培养能源转换与利用、能量效率与管理、清洁能源及智慧能源等领域高端技术和复合应用人才。开设以数学、物理、化学和工程科学为主干的基础课程群,以热传导、流体力学、新能源技术、碳捕获与利用技术等核心的专业课程群,以数字孪生、节能储能技术、碳中和为导向的前沿课程群。在专业课程之外,配合经管类与人文类课程、英语与法语等语言类课程,以及提供国外交流与企业实习机会等,多方位培养学生扎实专业创新能力、国际化视野与优秀沟通管理能力,使学生成为未来的卓越工程精英。

法语专业,专业代码:050204H

上海交通大学法语专业依托上海交通大学巴黎卓越工程师学院设置,学院结合新时代社会发展对小语种人才的需求,在价值引领、知识探究、能力建设、人格养成“四位一体”育人理念的指导下,发挥交大-巴黎高科学院中法合作办学法语授课课程资源优势,学生在学习法语语言课程与相关人文社科类课程的同时可选择学院三个工科专业之一(信息工程、机械工程、能源与动力工程)作为辅修。由此,在满足传统语言专业人才培养目标的基础上,培养不仅具备深厚语言文学功底、同时又具备工程能力、管理能力与国际化交流能力的文工交叉复合型法语人才,形成独特的应用型科技法语人才优势。

华东理工大学国际卓越工程师学院

以下文字摘录自学院官网 https://ifcen.sysu.edu.cn/

华东理工大学国际卓越工程师学院由华东理工大学与法国化学工程师院校联盟(简称盖·吕萨克联盟或 FGL 联盟)及雷恩国立高等化工学校于 2019 年正式创建。学院引进法国精英工程师教育培养模式,结合中法双方人才培养优质资源,践行卓越工程教育理念,培养具有创新精神和国际视野的高水平工程精英和企业领袖。

法国精英工程师教育体系在世界上独树一帜,享有盛誉,是法国人引以为豪的精英教育体系组成之一,工程师教育也被誉为法国高等教育"最闪亮的名片",这一产生于拿破仑时代的精英教育模式经过 200 多年的积累,已经培养出了法国前总统奥朗德先生、埃菲尔铁塔设计者埃菲尔先生、居里夫人等政界精英以及多名诺贝尔奖获得者;空中客车、赛诺菲、欧莱雅等知名法国企业中,绝大多数的总裁和高级管理人员均毕业于法国工程师学校,其工程师培养质量享誉全球。

FGL 联盟由全法 20 所专长于化学化工领域的顶尖高等工程师院校组成,拥有 19 个国家级科研实验室,至今已培养五万多名工程师就职于世界各地。华东理工大学与法国 FGL 联盟已有 10 余年的联合培养学生的项目合作,2013 年该项目获批国家留学基金委优秀本科生项目。迄今为止,150 多名华理学生参与了该交流项目,已毕业 80 余人,除了在国内外著名高校继续攻读博士学位以外,大部分毕业生已被知名法资、中法合资企业录用。

合作院校:

法国化学工程师院校联盟(简称盖·吕萨克联盟或 FGL 联盟)成立于 1994 年,是为了纪念著名的法国化学家、物理学家约瑟夫·路易·盖-吕萨克(Josephe Louis Gay-Lussac,1778—1850)。

FGL 联盟是法国最早的工程师学校联盟,汇聚了 20 所顶尖的化学工程师学校,拥有 19 个国家级科研实验室,至今已培养五万多名工程师就职于世界各地。该联盟旨在加强成员学校与工业界的联系,促进成员学校间教学与科研的交流,提高法国工程师教育体系的国际知名度。成员学校通过共享丰富的教育资源,增加学生之间的交流,实现教育个性化,从而培养出能力卓越、职业素养深厚、具备国际视野的化学工程师。FGL 联盟包括三个化学与化工职业协会,以加强成员院校与工业界、社会的联系与交流。分别是:化工联合会(L'Union des Industries Chimiques)、法国化学协会(La Société Chimique de France)和法国化学工程师联合会(L'Union Nationale des Associations Françaises d'Ingénieurs Chimistes)。FGL 联盟对学生的培养除掌握化学化工的基础知识和较强的实验技能外,还需要通法语、懂英语,特别要求了解国际相关学科的发展动向,具有良好的科学素养和创新精神,具有国际视野,能在所学专业及相关科学技术领域中从事科研、教学、技术开发和生产管理等工作的高级工程技术人才。

  华东理工大学与法国 FGL 联盟已有十余年的联合培养学生的项目合作,迄今为止,150多名华理学生参与了该交流项目,已毕业 80 余人,大部分毕业生被知名法资、中法合资企业录用。

上海大学中欧工程技术学院

以下文字摘录自学校官网 https://utseus.shu.edu.cn/

上海大学中欧工程技术学院(以下简称"中欧学院")成立于 2005 年,是由上海大学和法国技术大学集团(UTs)共同创办的一所中法工程师学院,开创了中国与欧盟国家合作办学项目的先河。办学目标是借鉴法国工程师精英教育的核心理念与现代综合大学的成功经验,面向企业,服务社会,探索并建立可辐射、可推广的国际化创新型人才培养模式,成为特色鲜明并具有国际影响力的工程师学院。

作为一个集工程师教育、研究和创新的综合性平台,中欧学院发展迅速,现有超过 1400 名学生,其中包括 1200 多名中国学生以及 100 多名国际学生。

中欧学院的中国学生本科阶段前三年在上海大学进行机械、信息、材料工程等专业的学习,其中 60%以上的学生经过选拔后前往法国继续攻读 2 年半的硕士课程,并收获法国技术大学集团与上海大学的双学位。(每年超过 130 名)。

同时,中欧学院开设了"科学与人文在中国"一个本科层次、以及"国际工程师"与"跨文化环境创新与创业"两个硕士层次的国际课程项目,来自三所法国技术大学以及其他合作院校的国际学生每年通过申请三个非学位项目来到中欧学院,其中"科学与人文在中国"项目还与中国学生的培养项目相结合,组成融合式课堂,在中法两国的学生语言、文化以及专业知识的交流中营造出浓郁的国际化氛围。

同时作为合作办学项目,中欧学院融合了中法两方的优势与资源,拥有一支由国内外教授学者领衔的开放研究型师资队伍,主要包括:中欧学院引进和培养的专职教师、上海大学优秀专任教师、法国技术大学集团及其他合作学校的外籍教师、来自企业以及学术界的项目导师与客座讲师。

在中英法三语和中法双文化的背景下,中欧学院采用法国工程师培养体系(特别是法国技术大学集团的体系),培养具有强烈的社会服务意识、前瞻的创新思维、突出的解决复杂问题能力的国际化高端工程技术人才和企业领军人物,促进上海大学和法国技术大学集团在科研方面的合作,与本国和外国公司开展产学研合作,为学生提供实习和就业机会。

东南大学雷恩研究生学院

以下文字摘录自学校官网 https://oic.seu.edu.cn/2021/1130/c18925a393006/pagem.htm

2017 年 5 月,教育部下达了《教育部关于同意设立东南大学雷恩研究生学院的函》,批准东南大学和法国雷恩第一大学(Université de Rennes 1, France)合作,设立不具有法人资格的中外合作办学机构——"东南大学雷恩研究生学院"。该院可开展硕士研究生和博士研究生教育,招生纳入国家研究生招生计划。这是继教育部批准东南大学——蒙纳什大学苏州联合研究生院之后,东南大学获批的第二个中外合作办学机构,办学许可证编号:MOE32FRA02DNR20171839N

合作院校介绍

雷恩第一大学是法国著名的公立综合性大学,历史可追溯到 1461 年,该校目前共有 23 个实验室隶属于法国国家级科研机构,包括法国国家科研中心(CNRS)、法国国家信息与自动化研究院(INRIA)、法国国家健康与医学研究院(INSERM)以及法国国家农业科学研究院(INRA)。该校在数学、经济学、化工、电子、信息、生物医学工程等领域的研究工作居国际先进水平,尤其是数学、电子和信息学科的研究成果居国际前列,化学学科居欧洲第一。

合作办学方向

东南大学和雷恩第一大学拥有近 30 年的良好合作历史,两校构建了以科研合作为主线、研究生联合培养为载体、科研与教学相辅相成、相得益彰的持续、稳定、友好的学术合作关系。此次合作办学机构的获批对于东南大学进一步凝练学科专业特色,创新人才培养模式,提升高层次人才办学质量和水平将起到积极的促进作用。

2021-11-30

南京理工大学中法工程师学院

以下文字摘录自学院官网 https://sfesn.njust.edu.cn/

　　南京理工大学中法工程师学院是经教育部正式批准设立的中外合作办学机构［教育部-教外办学函〔2015〕39 号］,由南京理工大学与法国梅斯国立工程师学院合作成立,在中国境内按照法国工程师职衔委员会 CTI 认证标准进行高等精英工程师人才培养。

　　南京理工大学是隶属于中华人民共和国工业和信息化部的全国重点大学,坐落在钟灵毓秀、虎踞龙蟠的古都南京。学校由创建于 1953 年的新中国军工科技最高学府——中国人民解放军军事工程学院(简称"哈军工")分建而成,经历了炮兵工程学院、华东工程学院、华东工学院等发展阶段,1993 年更名为南京理工大学。1995 年,学校成为国家首批"211 工程"重点建设高校;2000 年,获批成立研究生院;2011 年,获批建设"985 工程优势学科创新平台";2017年,学校入选"双一流"建设高校,"兵器科学与技术"学科入选"双一流"建设学科;2018 年,王泽山院士获得 2017 年度国家最高科学技术奖,中共中央总书记、国家主席、中央军委主席习近平亲自为王泽山院士颁奖。学校坚持"以人为本,厚德博学"的办学理念,秉持"进德修业,志道鼎新"的校训,弘扬"团结、献身、求是、创新"的校风,以服务国家战略需求、推动社会进步为使命,致力于建设国内一流、国际知名的特色高水平研究型大学。

　　法国梅斯国立工程师学院(ENIM)建立于 1962 年,是法国国立工程师学院集团(ENI GROUP)的重要成员之一,法国国立工程师学院集团由 5 所工程师学院组成,自组建以来,一直延续着一个教学目标:培养能够在工业界真正拥有实践经验、高学历及高技能的复合型人才。梅斯国立工程师学院是法国高教部和法国工程师职衔委员会 CTI 认可和认证的正规国立工程师学院,在企业实习和校企关系方面有显著特点和优势,其毕业生就职于多家世界 500 强企业。

　　中法工程师学院学制 4+2 年,前 4 年为本科阶段,颁发南京理工大学本科毕业证书、学士学位证书。毕业后符合培养要求的,可本硕贯通,继续攻读研究生 2 年,颁发南京理工大学硕士研究生毕业证书、硕士学位证书,以及经 CTI 认证的法国工程师文凭。

　　机械工程、材料科学与工程是南京理工大学中法工程师学院的首批特色专业,采用法国工程师精英培养模式(Grande Ecole),依托法国梅斯国立工程师学院在机械工程领域的突出优势,以及南京理工大学现有的国家级特色专业、江苏省品牌专业"机械工程",国家级重点学科"材料学"、国家级特色专业、江苏省品牌专业"材料科学与工程"和江苏省特色专业"材料成型及控制工程",引进法国大量优质资源(不少于 1/3 课程与师资,以法语为主要教学语言、英语并重),立足于服务国家经济与社会发展,面向现代工业需要,面向新兴产业、高新技术产业相关领域,中法合作培养具有国际视野、通晓国际规则的高层次、全科型工程技术人才。

河海大学河海里尔学院

以下文字摘录自学院官网 https://hlc.hhu.edu.cn/

河海大学河海里尔学院(Hohai‒Lille College)是中国河海大学与法国里尔大学(The University of Lille)合作举办的非独立法人中外合作办学机构,教育部 2020 年 4 月批准设立(许可证编号:MOE32FRA02DNR20202065N)。

河海里尔学院是河海大学与里尔大学强强联合,依托优势学科,坚持立德树人,开展高层次精英人才培养的学院。

联合管理委员会

河海里尔学院管理机构为联合管理委员会,由中法双方共同组成。联合管理委员会定期召开全体会议,负责对河海里尔学院建设和运行中的重大问题进行管理与决策。

培养模式

河海里尔学院吸收、借鉴法国工程师教育秉承能力和素质优先的教学理念和管理模式,探索适合中国教育的高水平在地国际化办学机制。充分集聚河海大学、法国里尔大学双方在优势学科、师资力量、办学特色等方面的资源,不断创新和完善学院管理体制机制,实施本硕一贯制培养及考核分级分流机制。坚持创新、特色、共享、开放、改革的发展思路,提升开放水平,拓宽发展空间,形成品牌效应,建设河海大学国际化办学示范区,发挥新工科教育引领和示范作用,为河海大学建设世界一流特色研究型大学打下坚实基础。

学院适应后疫情时代国际交流与合作新形势,创新人才培养的国际合作模式。强化立德树人的办学宗旨,突出国际化办学培养理念,实现中法双方优势融合,建设工程师本硕一体化培养的新工科创新人才培养体系。按照工程师认证要求,中法双方共同确定教学大纲、课程结构和教学内容,实施大类培养,中、法、英三语教学,构建国际化课程体系。着力培养具有"中国灵魂、全球视野、河海特质"的德智体美劳全面发展的一流人才。

专业介绍

土木工程(Civil engineering)

依托河海大学现有的土木工程专业(国家卓越工程师教育培养计划专业、国家级一流本科专业、国家级一类特色专业、江苏省品牌专业、A 类土木工程学科(排名全国第七))和法国里尔大学在土木工程领域突出的教学、科研资源与学科优势。培养具有工程学科特别是土木工程学科的扎实基础理论、宽广专业知识,符合高等学校土木工程专业培养要求和法国工程师认证条件,毕业后能胜任土木工程领域的技术与管理工作。土木工程专业立足法国土木工程师精英教育,培养既具法国工程师认证条件,又有中国卓越工科教育特质,厚基础、重实践、宽口径、强人文、善管理,熟悉掌握结构和岩土设计、水利水电结构工程、地下结构、环境工程等相关专业知识,能胜任土木工程领域(包括岩土工程、结构工程、水资源与水电工程、环境工程等专业方向)工作的专业技术和管理人才。

机械工程(Mechanical engineering)

依托河海大学现有的机械工程专业(通过国际工程教育专业认证、国家卓越工程师教育培养计划专业、国家专业综合改革示范点专业、江苏省品牌专业)和法国里尔大学在机械工程领域的突出教学、科研资源与学科优势。培养具有工程学科特别是机械工程学科的扎实基础理论、宽广专业知识,符合高等学校机械工程专业培养要求和法国工程师认证条件,毕业后能胜任机械工程领域的技术与管理工作。机械工程专业立足法国机械工程师精英教育,培养既具法国工程师认证条件,又有中国卓越工科教育特质,厚基础、重实践、宽口径、强人文、善管理,熟悉机械设计、机械制造、机械电子等相关知识,能胜任机械工程领域(包括机械设计、智能制造、机械电子工程、机器人、能源动力等专业方向)工作的专业技术和管理人才。

华中科技大学中欧清洁与可再生能源学院
China-EU Institute for Clean and Renewable Energy at Huazhong University of Science & Technology

华中科技大学中欧清洁与可再生能源学院

以下文字摘录自学院官网 http://icare.hust.edu.cn/xyjj/xyjj.htm

华中科技大学中欧清洁与可再生能源学院(简称:中欧能源学院或 ICARE),是按照《中华人民共和国中外合作办学条例》成立的非营利性、非独立法人的中外合作高等教育机构,是中欧高级别人文交流对话机制启动后续计划的中欧高等教育合作平台的重要内容之一,是中欧政府在工程教育合作领域第一个重要合作项目,被教育部、外交部誉为中欧高等教育合作典范和旗舰项目。现有 6 个国家 12 所重点大学共同参与支持学院运作。学院于 2012 年 3 月获得中国教育部批准,正式启动办学活动,围绕清洁与可再生能源领域开展研究生 3＋0 学历教育、非学历培训和科学研究。

作为全国专一开设新能源科学与工程专业的中外合作办学机构,学院旨在培养从事未来全球能源领域的高素质人才,为我国建立可持续的、环保的和高效的能源行业提供人才支持。目前,学院对外已经成为我国能源工程教育面向欧洲的一个重要窗口,与牛津大学等欧洲名校建立了长期合作关系,强化了与欧洲一流工程教育大学的合作,促进了中欧能源与环境领域教育科研的合作与交流。

中方-华中科技大学

华中科技大学是国家教育部直属重点综合性大学,由原华中理工大学、同济医科大学、武汉城市建设学院于 2000 年 5 月 26 日合并成立,是国家"211 工程"重点建设和"985 工程"建设高校之一,是首批"双一流"建设高校。学校校园占地 7000 余亩,园内树木葱茏,碧草如茵,环境优雅,景色秀丽,绿化覆盖率 72%,被誉为"森林式大学"。学校教学科研支撑体系完备,各项公共服务设施齐全。学校学科齐全、结构合理,基本构建起综合性、研究型大学的学科体系。拥有哲学、经济学、法学、教育学、文学、理学、工学、医学、管理学、艺术学等 10 大学科门类;设有 106 个本科专业,46 个硕士学位授权一级学科,44 个博士学位授权一级学科,39 个博士后科研流动站。现有一级学科国家重点学科 7 个,二级学科国家重点学科 15 个(内科学、外科学按三级计),国家重点(培育)学科 7 个。在教育部第四轮学科评估中,我校 44 个学科参评,全部上榜,其中机械工程、光学工程、生物医学工程、公共卫生与预防医学等 4 个学科进入 A＋,A 类学科 14 个,B＋及以上学科 33 个。入选一流建设学科数 8 个。学校实施"人才兴校"战略,师资力量雄厚。现有专任教师 3600 余人,其中教授 1300 余人,副教授 1400 余人;教师中有院士 18 人,"973 计划"项目首席科学家 15 人,重大科学研究计划项目首席科学家 2 人,国家重点研发计划项目首席科学家 87 人,国家级教学名师 9 人,教育部新世纪优秀人才支持计划入选者 224 人,国家百千万人才工程入选者 43 人。国家自然科学基金创新研究群体 11 个,教育部创新团队 19 个。

外方-国立巴黎高等矿业学校

法国国立巴黎高等矿业学校(MinesParisTech,简称"矿业学校")是 一所法国顶尖的精英工程师大学校,建于 1783 年,是法国最著名的工程师学校之一、是法国巴黎高科(ParisTech)成员学校之一,亦是巴黎文理研究大学(Paris Science and Letter Research University,简称"PSL")的一员。优势研究领域有:交通、能源、机械等。法国工程师学校的典型的特点是"小"而"精"。矿业学校是一所培养"通用型、全才型"工程师的多学科交叉的高等学府,并拥有实力强大的科研团队和研究中心。矿业学校共有 800 余名教职员工,其中教师人数约为 232人;学生约 1300 名,其中工程师学生 500 人,硕士研究生 400 人,博士生 400 人;18 个研究中心,5 大科研领域;学校和企业联系紧密,年科研合同额约为二千三百多万欧元,居法国高校榜首。74 项专利成果转化七百万欧元;诺贝尔奖得主 2 名。矿业学校在法国国内 L'Étudiant 、L'usine nouvelle、Figaro Étudiant 等权威工程师学校排名中稳居前三;在泰晤士高等教育2017 年全球大学毕业生就业能力排名第 36。其所属的大学联盟 PSL 在 2021CWUR 世界大学排名全球第 21;在 2021QS 世界大学排名全球第 52;在 2020 泰晤士高等教育世界大学排名全球第 45,年轻大学排名全球第 3。矿业学校的能源工程领域有以下几大中心:CES(Energy efficiency of Systems Center)系统能源效率研究中心、CTP(Thermodynamics of Process Center)热力学方法研究中心、OIE(Observation,Impacts,Energy Center)观测、撞击与能量研究中心、PERSEE(Process,Renewable Energies and Energy Systems Center)可再生能源和系统研究中心。其中,可再生能源和系统研究中心在可再生能源领域的科研和教学代表了欧洲的顶尖水平。此外,该校与工业企业有广泛的合作,在风能,能源效率(包括建筑,工业和交通节能),燃料电池,可再生能源的资源评估和预测,系统集成优化,环境影响评估等研究领域颇有特色,特别是在短期风能预测领域具有领先地位,该研究成果对于风电场发电控制及与电网系统集成优化意义重大。

武汉理工大学艾克斯马赛学院

以下文字摘录自学校官网 http://amucwut.whut.edu.cn/

武汉理工大学艾克斯马赛学院是经教育部批准的由武汉理工大学与法国艾克斯马赛大学联合成立的非独立法人中外合作办学机构(许可证编号:MOE42FRA02DNR20181906N),是湖北省首家同时涵盖本科及硕士研究生学历教育的中外合作办学机构,是湖北省唯一一家中法合作办学机构,也是武汉理工大学首个中外合作办学机构。学院的设立受到中法两国政府的高度关注,是2018年法国总统马克龙及总理菲利普访华期间重点推进的两国政府间重要教育合作项目。学院招生纳入全国普通高等学校招生计划,被录取学生同时注册拥有武汉理工大学和艾克斯马赛大学两校学籍。学院办学总规模为1200人,每年招收本科生240人,研究生80人。

办学宗旨:集聚中外优质教育资源,培养国际一流人才,造就一流学术成果,创造更多社会价值。

办学层次:本科生学历教育、硕士研究生学历教育。

培养目标:按照"开放兼容、协同创新"的办学思路,集聚中法优质教育资源,培养熟悉中西方文化,具有国际视野、创新精神和卓越能力的高层次国际化人才,提升学生未来职业发展、参与国际竞争的能力。

培养模式:充分利用武汉理工大学和艾克斯马赛大学的教学条件和资源,制定双方认可的培养方案,实施中法教学团队联合培养模式开展人才培养。学生课程学习期间有不少于1/3的专业核心课程由法方派出优秀师资来武汉理工大学授课。

招生专业:

本科:生物技术(071002H)、制药工程(081302H)

硕士:化学工程与技术(081700)、生物医学工程(083100)

学历学位:

本科:录取学生可注册拥有武汉理工大学和法国艾克斯马赛大学(简称AMU)两校学籍。本科生按照中法双方共同制定的教学计划修完规定的全部课程,取得规定的学分,可获得武汉理工大学本科毕业证书;达到中法双方共同规定的学士学位授予条件,无论培养期间是否赴法方学习,均可获得中法双方学士学位证书。

硕士:硕士生按照双方共同制定的培养计划修完规定的全部学分,达到双方学位授予要求,通过论文答辩,无论培养期间是否赴法方学习,可获得武汉理工大学硕士毕业证书和学位证书,以及艾克斯马赛大学相应的硕士学位证书。

中山大学中法核工程与技术学院

以下文字摘录自学院官网 https://ifcen.sysu.edu.cn/

随着世界范围内民用核能的兴起和核电项目的加速发展,中法双方政府旨在民用核能领域建立一所高水平教育机构,利用双方的教育资源为两国培养将核能应用于民用领域的高资质工程师,参与建设与保证核电站的运转,并为经济及社会发展提供稳固的智力支持。

随着核电及相关新能源产业的快速发展,我国对核电等新能源人才的需求日益迫切。广东省是能源消费大省,能源消费以化石能源为主,也带来了较大的环境污染。加快发展核电,提高核电在广东省能源供应比重,有利于改变广东过分依赖煤、油、气等常规能源的状况,降低能源供应风险。核电大发展对于保障广东省甚至整个珠三角地区的能源安全和经济安全都具有重要战略意义。

在此背景下,中山大学在教育部和法国相关政府部门的支持下,结合省内产业优势以及本校理工学院的学科优势及优秀教研经验,与法国民用核能工程师教学联盟共建中山大学"中法核工程与技术学院"(Institut Franco - chinois de l'Energie Nucléaire),引入法国在核能工程师培养上的先进经验、雄厚的科研实力以及产业资源,在华南形成核工程与技术高级人才培养和技术开发系统,培养国际一流的核电及相关产业的高级工程技术研发和管理人才,服务于快速发展的涉核产业,为地方经济社会发展服务。

法国民用核能工程师教学联盟成员包括法国格勒诺布尔国立综合理工学院、法国原子能委员会——国立核科学与技术学院、法国国立南特高等矿业学院、法国国立蒙彼利埃高等化学学院、法国国立巴黎高等化学学院,法方集团具有高度的主动性和资源调配能力,在各自的教学科研和产业实力上均为法国的领头羊。

自 2006 年开始,双方经过多年的积极磋商,确定了学院办学的基本模式与相关管理方式。2009 年 12 月 21 日,在中法两国总理的见证下,中山大学与由法国格勒诺布尔国立综合理工学院牵头的法国民用核能工程师教学联盟签署了正式的合作协议。学院于 2010 年 9 月开始正式招生,每届招收 100 - 120 名学生。

学院获得两项国际权威认证:2016 年 2 月,法国政府官方日志公布学院通过了法国工程师职衔委员会的认证,学院颁发的核能工程师证书在法国获得认可,首次认证有效期为 6 年(一般 CTI 首次通过认证的有效期为 3 年)。法方评估专家评价中法核工程与技术学院培养的学生素质同法国最顶尖的工程师学校培养的学生相比,水准毫不逊色。同年 6 月,学院又获得欧洲工程教育认证体系 EUR - ACE Master 认证。

经过多年实践,学院的教学和人才培养模式已呈现多学科融合、国际化的特点,具有较强前瞻性,已经培养出大批优秀的精英核能工程师综合性人才,受到社会广泛关注和良好评价。2016 年 12 月,王彪院长全国研究生院工科研究生教育工作研讨会上所做的"中法全方位合作共同培养核能领域高端技术和管理人才"报告获得论文一等奖;2016 年 6 月本成果在巴黎举行的中法高级别人文交流机制第三次会议上获得中法大学合作优秀项目称号,并荣获国务院副总理刘延东颁发奖章。2017 年 3 月,学院核能与核技术工程硕士专业学位研究生培养案例荣获教育部哲学社会科学研究重大课题攻关项目最佳案例一等奖。2016 年 11 月,在教育部高等学校核工程类专业教学指导委员会、核工程类专业认证委员会暨全国高校核学科院长/系主任联席会议上,康克军主任高度评价了中山大学在核能人才培养和教学模式上取得的突出成绩,与会专家一致认可学院的核能精英工程师人才培养办学理念、培养方案、课程体系和取得的成绩,评价中法核工程与技术学院的人才培养模式是一种新的探索和尝试。

南京审计大学国际联合审计学院

以下文字摘录自学校官网 https://skema.nau.edu.cn/

南京审计大学国际联合审计学院是经中华人民共和国教育部正式批准,由南京审计大学与法国 SKEMA 商学院联合举办、开展本科学历教育的非独立法人中外合作办学机构,致力于培养既有全球视野又有家国情怀,通晓国际审计准则,跨文化交际能力突出,具备创新意识、协作能力和团队精神,具有全球竞争力的新时代国际审计高层次人才。

法国 SKEMA 商学院是法国 Join A School in France(SAI)五校联考成员和法国精英商校联盟(CGE)成员,也是全球极少数同时获得素有"商学院皇冠认证"之称的欧洲管理发展基金会 EQUIS / EFMD EMBA、国际精英商学院协会 AACSB 等国际化顶级认证的商学院之一,已有 160 余年办学历史,在全球 5 大洲拥有 7 大国际校区。

SKEMA 商学院综合排名在全法精英商学院中稳居前 6。在《金融时报》公布的 2020 年排名中,SKEMA 商学院金融硕士高居全球第 3;在《QS》公布的 2021 年排名中,SKEMA 商学院金融硕士位列全球第 27,管理学硕士位列全球第 23。

面向未来全球对复合型国际审计人才的需求和新时代国家审计改革发展的要求,学院目前开设审计学(内部审计方向)、金融工程(金融审计方向)、工程管理(工程审计方向)、信息管理与信息系统(大数据审计方向)四个本科专业。基本学制为四年,采用"4+0"学制,即四年内均在中国境内学习,同时提供多渠道多形式短期国际交流机会。学业期满达到学历学位授予条件的学生将同时获得南京审计大学本科毕业证书、学士学位证书以及法国 SKEMA 商学院学士学位证书。

学院坚持社会主义办学方向,以社会主义核心价值观为引领,构建以学生为中心的"成人+成才"培养体系,重视专业技能训练的同时,更加关注学生身心健康、价值观的确立、人文素养的积淀和幸福生活能力的提升。科学制定个性化大学成长规划,成长导师、社团导师、学术导师和社会导师"四对一"跟踪指导,"不与他人争高低,只与自己争朝夕",通过成长积分制帮助学生认识自我、接纳自我、发展自我。

学院紧紧围绕新时代国家审计改革和国际审计发展的要求,在创新性继承南京审计大学审计专业特色的基础上,系统地引进、吸收、融合 SKEMA 商学院的优势专业与课程资源,创新人才培养方式,建立前沿的课程体系,50% 课程由 SKEMA 商学院的教师讲授,专业课采用研究导向型、互动式教学模式,采用小班化、全英文双师制授课方式。学院同时对标国际商科认证,法方院长常驻南审,聘请中外教学督导,引入第三方教学质量评估,对课程大纲、教案、课堂讲授、课后作业、课程考核、实践环节等进行全面质量控制与检查,确保持续稳定的高质量教学。

学院积极选派南审和 SKEMA 商学院教学经验丰富的优秀教师为学生授课。同时,按照世界知名大学标准在全球选聘师资,组建一支以享受政府特殊津贴专家、外方专家教授、行业精英等领衔的高水平的国际化国家审计教学团队。此外,学院定期邀请海内外院士、知名学者、行业专家、社会精英授课和讲座。

学院为学生提供升学与就业的指导和规划,积极鼓励学生继续深造,国际化本科学历教育经历将有力支持毕业生申请海外院校继续深造,学生既可以考取国内研究生,也可以申请国外一流大学研究生项目。我院与SKEMA商学院合作的"4+1"本硕连读项目将为学生提供法国、英国、美国、欧洲、澳洲等多国升学渠道,合作院校还包括爱丁堡大学、曼彻斯特大学、布里斯托大学、诺丁汉大学、格拉斯哥大学、伯明翰大学、墨尔本大学、澳洲国立大学、悉尼大学、昆士兰大学、莫纳什大学、萨福克大学、圣路易斯大学、俄勒冈州立大学等几十所国际知名高校,努力实现第一届毕业生80%的升学率。此外,SKEMA商学院遍布全球145个国家、由45000名校友组成的校友网,南审与审计署、国际内部审计师协会(IIA)、中央军委审计署、大中型国有企业和各大金融机构密切合作,都将为毕业生提供多渠道、高质量的就业平台。

宁波大学昂热大学联合学院
Institut conjoint des universités
de Ningbo et d'Angers

宁波大学昂热大学联合学院

以下文字摘录自学院官网 http://lhxy.nbu.edu.cn/zw/xygk/xyjj.htm

宁波大学昂热大学联合学院(以下简称"中法联合学院")是 2017 年教育部批准的,宁波大学与法国昂热大学合作举办的非独立法人的中外合作办学机构,办学地点为宁波大学本部西校区。

本机构按宁波大学二级单位建制,开设有中法合作本科专业 3 个,即旅游管理、人文地理与城乡规划、服装与服饰设计,其中旅游管理专业为国家级一流本科专业建设点,人文地理与城乡规划专业、服装与服饰设计专业为浙江省一流本科专业建设点;另有旅游管理二级硕士学位点 1 个(中法合作,学术型)。经过五年的探索和发展,机构逐步建立起一套与办学定位相称的体制机制,办学规模稳步扩大,办学效益日渐显现,现有在校生 931 人,各类中外教职员工 132 人。

机构办学坚持规范性、开放性、融合性、创新性,助推宁波大学"双一流"建设和国际化办学,学习借鉴法方办学理念和办学经验,整合双方教育资源,引入中法产业力量和行业资源,开展多维度的中法产教融合,着力打造中法人文交流的金名片、地方综合性大学教育教学改革的示范田,为旅游、时尚、城乡规划等产业培养国际化、复合型人才。机构探索并实践面向国际、面向行业的"专业+法英双外语"的复合型人才培养模式,持续引进法国优秀师资、欧洲行业精英和具有海外学习尤其是法国留学经历的专业师资,立足"一流专业"、"特色专业"建设,推进产教融合,通过中法双导师制度、案例教学、情景教学、实践教学、野外实践(采风)、海内外实习等帮助学生构建专业的知识体系,积淀深厚的人文素养,精进应用技能,助其成为产业中坚、行业骨干。机构主动响应中法高端人文交流机制、中欧高端人文交流机制和"一带一路"建设,对接区域社会经济发展需求,携手中法、中东欧的地方和行业,坚持国际化开放办学,鼓励学生参加海外夏令营、开展"双校园"学习,培养具有国际视野的、有国际竞争力的跨文化专业人才。以法语为特色,重点构建与法语国家及欧洲国家的国际合作网络,积极开展院系合作、举办国际学术会议、引进高端外国专家,提升学生跨文化专业能力与综合素质。

宁波大学昂热大学联合学院已于 2021 年通过教育部中外合作办学评估。

2022 年 11 月

东莞理工学院法国国立工艺学院联合学院

以下文字摘录自学院官网 https://sfesn.njust.edu.cn/

东莞理工学院法国国立工艺学院联合学院（DGUT - CNAM Institute，Dongguan University of Technology)是经国家教育部批准设立的东莞市第 1 家、广东省第 6 家中外合作办学机构。联合学院由东莞理工学院与法国国立工艺学院合作创办，以智能制造领域为主要发展方向，是隶属于东莞理工学院的非独立法人办学单位，也是法国国立工艺学院全球教学网络的重要组成部分。

联合学院以法国国立工艺学院在工程师培养领域的悠久历史、成熟模式及卓越贡献为依托，以东莞理工学院在理工科类专业领域重点建设和快速发展的形势为基础，结合东莞市经济产业机构转型升级的强烈需要，通过综合引入法国工程师培养体制，逐步形成既有自身特色又有国际共同特征的新时期工程教育模式，是合作办学双方教育教学理念体制融合优化的产物。

联合学院坐落于东莞市东莞理工学院莞城校区，秉承东莞理工学院"学而知不足"的校训，以学校"应用型、地方性、国际化"三大办学特色为宗旨，是东莞理工学院作为地方性大学立足地方经济社会全球化需要、为地方培养国际化专门人才的必然举措，也与学校莞城校区人才培养发展增长极和创新实验区的定位相契合。

联合学院以为地方经济创新驱动发展培养具备国际视野、通晓国际规则、具备中英法三语能力和跨文化交际能力的高素质工程师人才为办学目标。其总体办学思路是：通过全方位、实质性引入法国国立工艺学院的优质教育资源，强化师资队伍、教学模式、监控机制的国际化水平，坚持自身高等教育特色，充分利用地方实力雄厚的制造产业提供的大量实践实习机会，在人才培养、科学研究、社会服务三个方面互相促进，努力建设成为地方一流、国内知名的中外合作办学机构。

培养模式：中法联合学院录取的学生既是东莞理工学院学生，也是法国国立工艺学院学生，同时注册两校学籍，同时攻读两所大学，本科学习期间可前往法国国立工艺学院交流学习，所修学分两校互认，学生符合毕业、学位授予条件将同时授予两所大学的毕业文凭。